Peter Bentele
Thomas Metzger

Didaktik und Praxis der Heilerziehungspflege

Ein Lehrbuch

Peter Bentele
Thomas Metzger

Didaktik und Praxis
der Heilerziehungspflege

Ein Lehrbuch

Lambertus

Die Deutsche Bibliothek – CIP-Einheitsaufnahme

Bentele, Peter:
Didaktik und Praxis der Heilerziehungspflege:
ein Lehrbuch / Peter Bentele; Thomas Metzger. –
3. Aufl. – Freiburg im Breisgau: Lambertus, 1998
ISBN 3-7841-1023-1

3. Auflage 1998
Alle Rechte vorbehalten
© 1996, Lambertus-Verlag, Freiburg im Breisgau
Umschlaggestaltung: Christa Berger, Solingen
Umschlagfoto: Uwe Stratmann, Wuppertal
Herstellung: Druckerei F. X. Stückle, Ettenheim
ISBN 3 - 7841 - 1023 - 1

Inhalt

ZWEITER TEIL: GEPLANTE FÖRDERUNG
FÜR MENSCHEN MIT GEISTIGER BEHINDERUNG

Einleitung

Die „Praxis- und Methodenlehre" spielt in der theoretischen wie in der fachpraktischen Ausbildung der Heilerziehungspflege eine zentrale Rolle, weil dieses Fach als Schnittstelle von Theorie und Praxis angesehen wird sowie interdisziplinär und integrativ lebensweltbezogene Zusammenhänge herstellt. Nirgendwo sonst werden die praktische Umsetzung von Theorie und die Ergebnisse der Praxis so intensiv diskutiert, aufgearbeitet und reflektiert.

Die Bezeichnung „Praxis- und Methodenlehre" ist unserer Ansicht nach allerdings in zweierlei Hinsicht problematisch: Erstens sind wir der Meinung, daß nicht jede Praxissituation methodisch vorbereitet bzw. strukturiert werden sollte; es muß auch möglich sein, daß Begegnungen offen und spontan bleiben. Zweitens sind Methoden immer Teil der Didaktik – insofern sprechen wir von Didaktik und Praxis der Heilerziehungspflege, nicht von ihrer Praxis und Methode.

Die Kapitel dieses Buches orientieren sich am Bildungsplan der Fachschulen für Sozialpädagogik, Fachrichtung Heilerziehungspflege, in Baden-Württemberg (Oktober 1994). Sie bauen aufeinander auf, können aber auch unabhängig voneinander gelesen und genutzt werden. Leser/-innen, die das ganze Buch nutzen, werden deshalb auf Wiederholungen stoßen.

Im ersten Teil des Buches geht es um die Grundlagen heilerziehungspflegerischer Tätigkeit, wobei wir uns hier bemüht haben, alle Aspekte, die den Alltag der zu begleitenden Menschen umfassen, zu berücksichtigen. In dem Kapitel zur Didaktik haben wir versucht, ein Gesamtkonzept vorzulegen.

Im zweiten Teil des Buches geht es um die konkreten Fördermaßnahmen. Hier wird zunächst Grundlagenwissen zur Entwicklung der Wahrnehmung, der Kommunikation, des Denkens u. ä. vermittelt, das den Leser/-innen ermöglichen soll, eine umfassende Einschätzung für ihr Gegenüber zu entwickeln. Daran schließen sich die unterschiedlichen Konzepte der Förderungen an. Alle Kapitel schließen mit einer Literaturliste, die als Anregung für eine Vertiefung des Wissens dienen soll. Um den Text nicht unnötig schwer lesbar zu machen, haben wir uns entschlossen, immer von der *Heilerziehungspflegerin* zu sprechen; ansonsten verwenden wir sowohl die weibliche als auch die männliche Form. Thomas Metzger verfaßte die Kapitel I, II, IV, V, VI, VII, VIII, IX, X, XI und XIII, Peter Bentele Kapitel III, XII, XIV, XV, XVI und XVII.

Wir haben darauf Wert gelegt, viele praktische Übungen in diesem Buch vorzustellen, weil sie Erfahrungen vermitteln können, die sich nicht ohne weiteres aus dem theoretischen Wissen ableiten lassen. Es muß jedoch darauf hingewiesen werden, daß viele dieser Übungen nicht ohne fachliche Anleitung und Reflexion (spezielle Fort- und Weiterbildungen) in die Praxis umgesetzt werden sollen.

Wir wünschen uns, daß dieses Buch von vielen Menschen genutzt wird, die in der heilerzieherischen Arbeit tätig sind, und freuen uns, wenn wir damit einen Beitrag für die bessere Kommunikation und Interaktion zwischen Menschen mit und ohne Behinderung leisten.

Wir bedanken uns bei allen, die zum Gelingen dieses Buches beigetragen haben – besonders bei Anna und Christine.

I. Theorie und Praxis

Das tägliche Zusammensein von Menschen ist Praxis. Praxis kann als solche nicht beschrieben werden, sie ist zu komplex und vielschichtig. Bei der Auswahl des Wesentlichen und dessen Verallgemeinerung befände man sich bereits auf dem Weg zur Theorie.

Praxis läßt sich bei aller Unvollständigkeit lediglich exemplarisch beschreiben. Ein solcher Versuch soll im folgenden unternommen werden.

> Beispiel:
> Spätschicht: Heinz montiert gerne. Zum Geburtstag hat er einen Metallbaukasten bekommen. Mit diesem beschäftigt er sich im Augenblick in seinem Zimmer. Meine Kollegin ist krank. Peter habe ich zum Baden geschickt (von sich aus würde er nie gehen ...). Mit Walter und Fred backe ich gerade einen Apfelkuchen. Hans ist in Urlaub gefahren. Darüber bin ich nicht unglücklich, weil ich heute alleine im Dienst bin, und Hans kann, wenn er da ist, sehr anstrengend sein. Oft kommt er alle zehn Minuten und hat dann ein ganz dringendes unaufschiebbares Anliegen. Wenn man sich dann wirklich mit ihm beschäftigen will, rennt er weg.
> Walter und Fred freuen sich am Backen, sie machen gut mit. Nur Walter muß ständig ermahnt werden, er würde sonst alle Äpfel so essen. Ich schaue auf die Uhr, Martin und Karl kommen bis in einer halben Stunde aus der Werkstatt für Behinderte. Spätestens dann sollte der Kuchen im Ofen sein. Martin muß ich dann beim Duschen helfen, er hat anschließend einen Arzttermin wegen seinem Knie, da sollte ich vorher nochmals in die Akte reinschauen. Karl ist ein sehr ruhiger Bewohner, er wird sich nach der Arbeit gleich in sein Zimmer zurückziehen und Radio hören. Das aber so laut, daß alle etwas davon haben, und leider eben Volksmusik – nicht mein Geschmack. Jan arbeitet als einziger außerhalb, er benützt die öffentlichen Verkehrsmittel. Trotzdem muß ich ihn gleich abpassen. Wenn er, was häufig geschieht, eine Tüte voll eingesammelter Kippen aus der Stadt mitbringt, tausche ich sie mit seinem Einverständnis gegen frischen Tabak – er würde sonst diese Kippen in seiner Pfeife rauchen. Peter geht gerade an der Küchen-

tür vorbei. „Peter!?" Ich höre Plätschern im Bad. „Peter, geh jetzt bitte sofort ins Bad, sonst reicht es nachher für Martin nicht mehr!" Aber warum höre ich bloß Wassergeräusche? Ich zeige auf die Apfelschnitze und werfe Walter einen deutlichen Blick zu. Ich denke, daß er ihn verstanden hat. Dann ins Bad. Da läuft kein Wasser. Es kommt aus dem Zimmer von Heinz. Eine ungute Ahnung steigt in mir auf. Eine dicke lange Wasserzunge schiebt sich langsam unter dem Türspalt von Heinz' Zimmer hervor. „Heinz!" Ich kann es nicht fassen. Bei ihm ist doch das Wasser abgestellt worden, weil er von seinem zwanghaften Verhalten, alles mit Wasser füllen zu müssen, mit nichts abzubringen war. Im Bad hatte man ihm deshalb extra Spielraum und Gefäße zur Verfügung gestellt. Ich rufe nochmals „Heinz" und reiße die Tür auf. Heinz trieft vor Nässe. In der einen Hand hält er eine Rohrzange, mit der anderen preßt er ein Kleidungsstück an die Wand. Der Hahn liegt abmontiert im Waschbecken. Heinz ist zugleich ängstlich, hilflos und erstaunt.

Das Wasser läßt sich im Zimmer nicht abstellen, auch den Hahn bringe ich nicht wieder in das Rohr – wahrscheinlich ist das Gewinde kaputt. Ich merke, wie ich hektisch werde. Den Hausmeister anrufen? Nein, zuerst in den Keller und das Wasser abstellen. Wo ist der Haupthahn? Endlich, es hat aufgehört. Ich gebe Heinz trockene Kleider und ziehe mich dann selbst um. Fred ist sehr hilfsbereit. Er hat schon den Putzeimer geholt und macht sich nun daran, mit Heinz das Wasser aufzuwischen.

Wo ist Walter? Ich renne in die Küche. Zu spät – ich war zu lange weg – die Äpfel sind verputzt, auch die, die schon auf dem Kuchen waren.

Das Telefon läutet. Es ist die Mutter von Hans. Sie beschwert sich über die neuen Kleider. die wir ihrem Sohn gekauft haben. So würde sie mit ihm nicht herumlaufen. Ich erkläre ihr, daß sich Hans diese Kleider selbst ausgesucht hat und daß wir sie schön fänden. Sie klärt mich darüber auf, daß sie schon in der Textilbranche gearbeitet habe, daß sie sich mit Mode sehr gut auskenne und sich von uns Erziehern in dieser Hinsicht nichts zu sagen lassen brauche. Ich versuche ihr klar zu machen, daß ich im Moment keine Zeit habe, weil ich alleine im Dienst bin, wohingegen sie mir mit der Heimleitung droht. Ich gebe ihr die betreffende Nummer und beende das Gespräch.

Martin, der inzwischen von der WfB gekommen ist, klopft wütend an die verschlossene Badezimmertüre. Niemand rührt sich. Martin ist ganz aufgebracht, er muß zum Arzt. Peter! Ich schließe auf.

Peter steht eingeseift in der Wanne – es kommt kein Wasser mehr. Endlich ist der Hausmeister da, ich zeige ihm den Schaden. Dann klingelt das Telefon. Ich verstehe kein Ton. „Schwarzbraun ist die Haselnuß ...", schallt es durch die Räume. „Mach doch die Musik leiser!" Es ist der Fahrdienst, der nach Martin fragt. Sie warten schon, um ihn zum Arzt zu bringen. Ich sage mir, daß ich jetzt ganz ruhig bleiben muß, und hole tief Luft. Es stinkt nach alten Zigarettenkippen ... Jan raucht sie bereits in seiner Pfeife.

Wenn viel zusammenkommt, sieht die Praxis so oder so ähnlich aus. Sie umfaßt Begegnungen, Beziehungen, Verbindlichkeiten und Verantwortung. Sie erfordert, mit verschiedenen Bedürfnissen, Ausdrucksformen und Eigenheiten der Menschen umzugehen und sich auf diese Vielfalt einzustellen.

1. DIE GEGENSÄTZLICHKEIT VON THEORIE UND PRAXIS

Theoretiker der Naturwissenschaften haben gesellschaftlich ein hohes Ansehen. Sie arbeiten mit dem Kopf, haben Umgang mit Theorien, entwickeln neue Hypothesen und übersetzen ihre Ergebnisse in neue Techniken. Im Gegensatz dazu werden „Theoretiker", die sich mit dem Zusammenleben der Menschen befassen, von „Praktikern" häufig genug mit Argwohn betrachtet, läßt sich doch vieles von dem, was sich theoretisch gut anhört, nicht umsetzen bzw. nachvollziehen. Bisweilen entsteht sogar der Eindruck, dem Theoretiker fehlten fundamentale Erfahrungen von der Basis. Der „Praktiker" hingegen handelt, weiß, was in der jeweiligen Situation zu tun ist. „Das Wort Praxis wird mit Aktivität, tätigem Einsatz und gelebtem Leben gleichgesetzt, beim Wort *Theorie* denken viele an abstrakte Gedankengebäude, idealistisch überzogene Vorstellungen oder wirklichkeitsfremde Entwürfe" (Badry u. a. 1992, 10).
Die Gegensätzlichkeit von Theorie und Praxis ist aber, genauer besehen, nur eine scheinbare. Die Lehrerin, die im Pädagogikunterricht verschiedene Theorien vorstellt, steht aus ihrer Sicht mitten in der Praxis, nämlich der des Unterrichtens, während die Schüler sich ganz der Theorie ausgeliefert sehen. Aber es ist nicht so sehr die Frage des Standpunktes, welche das Verhältnis von Theorie und Praxis erhellen kann, sondern viel eher die Frage ihrer wechselseitigen Beeinflussung. Ist das Vorausdenken von Handlungen schon Theorie – oder erst das Nachdenken? Oder ist erst dann von einer Theorie zu sprechen, wenn ihre Aussagen wissenschaftlich belegbar sind?

Die Begriffe Praxis und Theorie kommen ursprünglich aus dem Griechischen: Theoria bedeutet wissenschaftliche Erkenntnis, die auf dem Zuschauen, Betrachten und Untersuchen beruht, Prattain bedeutet Vollbringen, Handeln, Tun. Theorie wurde als zweckfreies Erkennen um der Erkenntnis willen verstanden und gerade nicht als Handlungsanweisung für die Praxis. Die Praxis selbst wurde im Gegensatz zum heutigen Verständnis in zwei Begriffe, in „Praxis" und „Poiesis" aufgeteilt. „Praxis" bedeutet das verantwortliche, selbstbestimmte und ideengeleitete Handeln und „Poiesis" das herstellende Tun, kunstvolles Hervorbringen und Verfertigen von Werken. Diese Unterscheidung ist insofern von Bedeutung, als „Poiesis" ein Begriff ist, der im Gegensatz zur „Praxis" nicht auf das Phänomen Erziehung zu beziehen ist. „Während das (poietische) Machen auf ein Ergebnis zielt und seine Zwecke erst erfüllt, wenn das geplante Werk vollendet ist, trägt das (praktische) Handeln seinen Wert immer schon in sich und erfüllt seinen Sinn allein schon dadurch, daß es als etwas Gutes und Gerechtes tun geschieht, unabhängig davon, ob das Tun gelingt oder Erfolg hat" (Badry u. a. 1992, 13).

2. THEORIE UND PRAXIS IN DER ERZIEHUNG/BEZIEHUNG

Für die Theorie und Praxis der Erziehung – in unserem Fall die Heilerziehung – sollte dieses ursprüngliche Begriffsverständnis Konsequenzen haben: Die Theorie ist keine Handlungsanweisung für die Praxis! Und Praxis ist nichts „Machbares", sowenig wie Erziehung oder zwischenmenschliche Beziehungen etwas „Machbares" sind. Theorie muß nicht sofort wieder an Praxis zurückgegeben werden, sondern sie kann indirekt in das „selbstbestimmte und ideengeleitete Handeln" einfließen und muß, das ist für die praktische Pädagogik von besonderer Brisanz, verantwortet werden. Heilerziehungspflegerinnen können also ihr praktisches Handeln nicht einfach über Theorien legitimieren, sondern müssen es in der Auseinandersetzung mit theoretischen Erkenntnissen und ethischen Grundsätzen verantworten.
Mit der Entwicklung der industriell-technischen Gesellschaft hat sich auch das Verständnis von Theorie deutlich gewandelt: „...Theorie im neuzeitlichen Sinne bezeichnet ein durch und durch instrumentelles Wissen, mit anderen Worten ein *know-how*" (Böhm 1985, 45). Dieser Wandel steht im gesamtgesellschaftlichen Zusammenhang, in dem Technik und Industrie die Basis menschlichen Lebens weitgehend bestimmen. „Der Anspruch, mit dem sich einst Theorie auf Praxis bezog, ist apokryph (unecht) geworden. Anstelle einer Emanzipation

durch Aufklärung tritt die Instruktion (Anweisung) der Verfügung über gegenständliche oder vergegenständlichte Prozesse. Die gesellschaftlich wirksame Theorie ist nicht mehr an das Bewußtsein zusammenlebender und miteinander sprechender, sondern an das Verhalten hantierender Menschen adressiert" (Habermas 1971, 308). Eine solche Haltung birgt die Gefahr in sich, Menschen zu Objekten zu degradieren. Selbstverständlich soll hier nicht unterstellt werden, daß die betreuten Menschen absichtlich als „Objekte" wahrgenommen und behandelt werden. Es gilt aber zu bedenken, daß allein schon die Tatsache, daß die Kategorie des „Machbaren" einer gesellschaftlichen Norm entspricht, die Gefahr in sich birgt, Menschen mit einer Behinderung zu „behandeln", d. h. sie zu manipulieren, Einschränkungen und Begrenzungen zu organisieren und institutionalisieren. Zurecht weisen Böhm und Badry darauf hin, daß der Behaviorismus (Verhaltenspsychologie auf der Ebene des Reiz-Reaktions-Modells) dazu eine passende wissenschaftliche Theorie geliefert und die pädagogische Praxis beeinflußt hat.

Ein technischer Begriff von Theorie und ein Praxisverständnis, das eigentlich dem der „Poiesis" entspricht, verbauen tatsächlich einen zwischenmenschlichen, dialogischen und also interaktionalen Handlungsansatz.

Für eine professionelle pädagogische Arbeit muß ein Theoriebegriff im Sinne einer Handlungsanweisung an die Praxis genauso abgelehnt werden wie ein Praxisbegriff, der sich am „Machbaren" orientiert. Theorie und Praxis müssen wechselseitig aufeinander bezogen bleiben. Da es *die Praxis* nicht gibt, kann es auch niemals *die Theorie* zu der Praxis geben. Theorie kann immer nur eine partielle Verallgemeinerung gewisser Teilaspekte aus der Praxis sein.

3. ALLTAGSTHEORIEN UND WISSENSCHAFTLICHE THEORIEN

Häufig wird von Mitarbeiter/-innen in der Heilerziehungspflege die Meinung vertreten, eine bestimmte Einarbeitungszeit und der gesunde Menschenverstand seien ausreichend, um in diesem Praxisfeld zu arbeiten. Die eigene Lebenserfahrung – beispielsweise in einer Familie mit Kindern oder in einem anderen pädagogischen Praxisfeld – böten genügend Voraussetzungen, auch in diesem Bereich tätig zu werden. Weit davon entfernt, die Bedeutung persönlicher Reife in Abrede stellen zu wollen, sind wir der festen Überzeugung, daß die Anforderung an die Heilerziehungspflegerin selbst über ein spezifisch „sozialpädagogisches Wissen" weit hinausgehen muß. Menschen mit einer Behinderung sind in einem höheren Maß sensibel, wenn sie sich mit unangemessenen Umgangsformen oder Lebensbedingungen konfrontiert sehen. Unter Umständen haben sie weniger Möglichkeiten, sich zu wehren bzw. widrige Bedingungen zu kompensieren. Ein Situationsverständnis im alltagsüblichen Sinne kommt hier schnell an Grenzen. Gerade das Verstehen läßt sich nicht mehr nur auf dem Hintergrund von Alltagstheorien standardisieren.

Alltagstheorien sind wie folgt zu beschreiben: „(Sie) sind durch eigene Erfahrung und durch die Übernahme von Informationen geprägte Antworten auf den mit der menschlichen Existenz verbundenen Orientierungs- und Handlungsdruck, auf die Notwendigkeit und das Bedürfnis, sich in der Welt zurecht zu finden und sich in seinem Handeln erfolgreich zu erleben" (...)

„Alltagstheorien beinhalten Erkenntnisse, die nur zum kleineren Teil der eigenen Erfahrung, zum größeren jedoch einem vermittelten Wissen entstammen und mit ihm zusammen relativ einheitliche, biographisch gefärbte und damit subjektive Erklärungsmuster bilden" (...)

„Alltagstheorien haben für das handelnde Subjekt die Funktion, das in der alltäglichen Lebenswelt unmittelbar Erfahrene oder Bevorstehende zu erfassen und zu bewältigen" (Hierdeis/Hug 1992, 90 ff.).

Diese Zitate zeigen, daß Alltagstheorien in bestimmten Situationen nicht ausreichen, um adäquat zu reagieren, da sie nicht uneingeschränkt verallgemeinerbar sind. Darüber hinaus bergen sie die Gefahr in sich, die Übernahme von wissenschaftlichen Erkenntnissen zu blockieren.

Was ist im Gegensatz dazu unter wissenschaftlichen Theorien zu verstehen?

„Als wissenschaftliche Theorien bezeichnen wir Systeme von Begriffen und Aussagen, die eine zusammenhängende Darstellung von Sachverhalten sowie insbesondere deren Verstehen, Erklären, Kritik oder Voraussage ermöglichen. Als konzentrierte (verdichtete) Wissensansammlung sind sie die wichtigsten Informationsträger im Erkenntnisprozeß. Ihr Wissenschaftscharakter ergibt sich wesentlich aufgrund entsprechender Zuschreibungen von seiten jener, die Wissenschaft betreiben" (Hierdeis/Hug 1992, 67).

Diese Gegenüberstellung zeigt zum einen, daß wir alle auf Alltagstheorien angewiesen sind und, bewußt oder unbewußt, ihren Grundzügen folgen, und zum anderen, daß Alltagstheorien auch die Basis von wissenschaftlichen Theorien, die den Anspruch auf Allgemeingültigkeit erheben, bilden. Für unseren Zusammenhang ist es allerdings wichtig, unterscheiden zu können, wann wir uns alltagstheoretisch verhalten, wann wir eine wissenschaftliche Theorie in die Praxis transformieren sollen und wo uns wissenschaftliche Theorien helfen können, unsere Alltagstheorien in bezug auf die Praxis kritisch zu hinterfragen.

Inwieweit die Auseinandersetzung mit wissenschaftlichen Theorien im Alltag der Heilerziehungspflege fruchtbar stattfinden kann, hängt allerdings nicht nur von der individuellen Transferleistung der einzelnen Mitarbeiter/-innen ab, sondern auch von den institutionellen Rahmenbedingungen. Wie diese Transferleistung aussehen könnte, zeigt das folgende Schaubild:

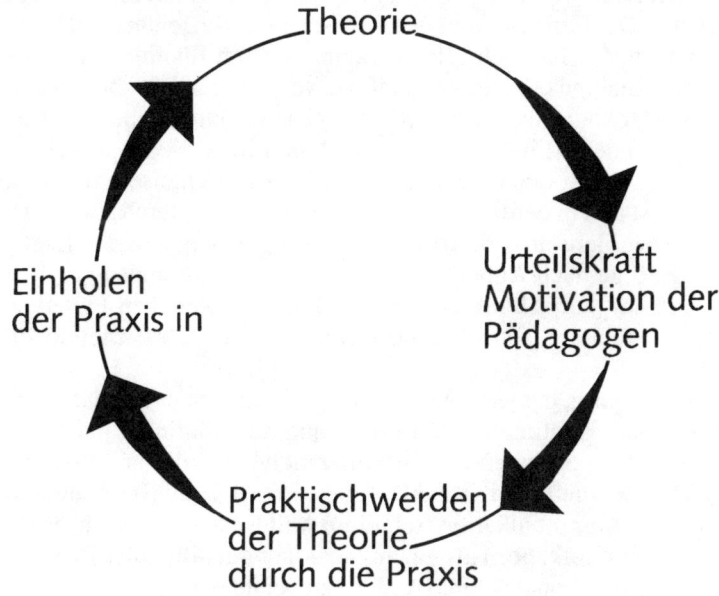

Abb. 1: Die Wechselwirkung von Theorie und Praxis
(Badry u. a. 1992, 25)

LITERATUR

Badry, E./Buchka, M./Knapp, R. (Hrsg) (1992): Pädagogik. Neuwied, Kriftel, Berlin
Böhm, W. (1985): Theorie und Praxis. Stuttgart
Habermas, J. (1971): Theorie und Praxis. Frankfurt am Main
Hierdeis, H./Hug, T. (1992): Pädagogische Alltagstheorien und erziehungswissenschaftliche Theorien. Bad Heilbrunn/OBB

II. Zwischenmenschliche Beziehungen

1. CHARAKTERISTIKA ZWISCHENMENSCHLICHER BEZIEHUNGEN

Im Alltag sprechen wir dann von einer Beziehung, wenn sich zwei oder mehrere Menschen wiederholt in ihrem Handeln aufeinander beziehen. Die Formen, in denen Menschen in Beziehung treten, können sehr unterschiedlich sein: Es kann sich um flüchtige oder intensive, regelmäßige oder unregelmäßige, vertragliche oder private, emotionale oder kognitive, symmetrische oder asymmetrische usw. Beziehungen handeln. Eines ist dieser Vielfalt von Beziehungen gemeinsam: Das Wesen einer Beziehung liegt im Gerichtetsein des Leibes zum Selbst und in der Bestätigung dieses Vorgangs durch andere Menschen. Der Mensch verkörpert ein System, welches in der Lage ist, durch Bezüge nach Außen und Innen ein Selbst aufzubauen. „Beziehungen sind dem Menschen aufgrund seiner leiblichen Fähigkeiten möglich und nötig, sonst könnte er nicht existieren" (Fornefeld 1989, 202).

Die Bestätigung, die jeder Mensch in Beziehungen sucht und braucht, bedarf einer Kontinuität. Voraussetzung für kontinuierlichen Austausch sind die Sinne und die Wahrnehmung. Mit dieser Ausstattung, die gleich auf mehreren „Kanälen" angelegt ist, kann Kommunikation stattfinden. Kommunikation ist hier im weitesten Sinne (s. unser Kapitel zur Kommunikation) als ein auf analoger oder digitaler Basis stattfindendes intentionales Sich-Äußern zu verstehen.

Bei einer Kommunikation werden Botschaften entweder mit Hilfe des Mediums Zeichen (Sprache) oder direkt mit Hilfe des Mediums Leib ausgetauscht. Wechselseitige Kommunikation ist also Interaktion. Bei den Teilnehmenden kann ein „Gleiches", zumindest ein „Ähnliches", das wiederum als Basis für weitere Bezüge dienen kann, entstehen.

Eine weitere Dimension von Beziehungen ist der Faktor Zeit, denn Beziehungen sind auf gemeinsame Zeiten angewiesen. In der Zeit steckt die Möglichkeit der Fortführung des „Bezugnehmens" und damit die Kontinuität der Beziehung.

Mit den Begriffen Intentionalität und Motivation richten wir unseren Blick auf einen weiteren Aspekt von Beziehungen – auf die „Antriebskräfte" von bezüglichem Handeln. Hierbei spielt die emotionale Ebene eine entscheidende Rolle. Sie erst ermöglicht eine ganzheitliche

Beziehung. Die Gefühle der Menschen sind die subjektiv wertende „Meßgröße" für die Gesamtheit der Interaktionen, welche die Entwicklung der Beziehung beeinflussen. Gefühle spiegeln nicht nur die Qualität einer Beziehung wider, sondern sie verleihen in ihrer Lebendigkeit und Wechselhaftigkeit jeder Beziehung einen dynamischen Charakter.

Die Begegnungen sind die Bausteine einer Beziehung – in ihnen soll das Gemeinsame, das wirkliche Verstehen und das darauf bezugnehmende Handeln gelingen. Das kann durchaus mühevolle Kleinarbeit sein.

Zwischenmenschliche Beziehungen bedeuten, daß vom Ich zum Du bzw. vom einen zum anderen Ich eine Relation hergestellt wird. Sie wird in jedem „Ich" erlebt und ist die Voraussetzung dafür, daß überhaupt ein „Ich" entstehen kann. Identität kommt aber nicht erst im bewußten „Ich" zum Ausdruck, sondern sie entsteht vor allem in den sozialen Bezügen. Nach Erikson geht es bei der Identität um die Wahrnehmung der Selbstgleichheit und Kontinuität der eigenen Existenz in Zeit und Raum und zugleich um die Bestätigung und Anerkennung dieser Gleichheit durch die Anderen (vgl. Erikson 1970, 47). Zwischenmenschliche Beziehungen sind also ein wesentlicher Bestandteil bei der Entwicklung und Entfaltung von Identität: Persönliche Identität und soziale Identität führen zur Ich-Identität: „Nur wenn beide Identitäten sich die Waage halten, kann sich Ich-Identität oder Ich-Stärke herausbilden" (Bosch 1986, 8).

Die Beziehung ist die Voraussetzung für die Herausbildung der Ich-Identität – und nicht umgekehrt, wie häufig angenommen wird.

Grundsätzlich gibt es zwei Möglichkeiten, wie Beziehungen entstehen: Entweder treffen zwei Menschen eine bewußte Entscheidung (z. B. bei einer Partnerwahl), oder Zufall und Notwendigkeit bringen die Menschen zueinander – beispielsweise eine Mutter und ihr Kind. In der Folge ist dann entscheidend, ob die betreffenden Menschen in der Lage sind, sich auf die Beziehung einzulassen. Auch wenn es zu den Wesenszügen eines jeden Menschen gehört, in Beziehungen zu leben, lassen sich Beziehungen doch nicht einseitig erzwingen.

Wie sich die Identitätsbildung in der Heilerziehungspflege über die Beziehungsebene herstellt, wird in folgendem Schaubild verdeutlicht.

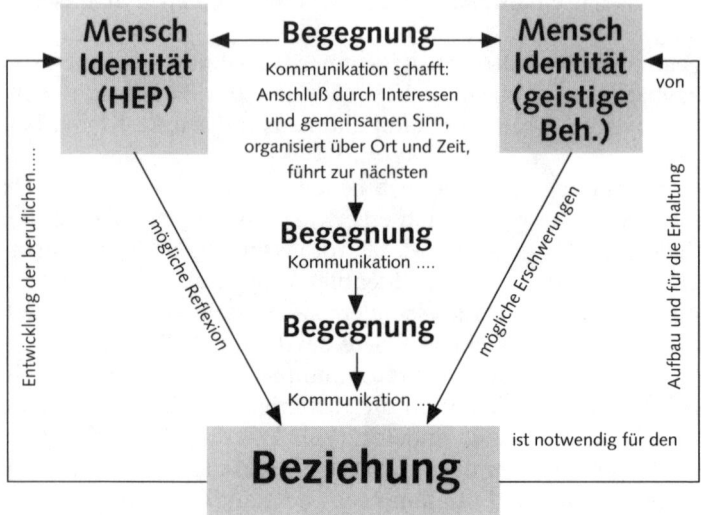

Abb. 2: Die Beziehungsebene in der Heilerziehungspflege

2. BEZIEHUNGEN ZU MENSCHEN MIT EINER SCHWEREN BEHINDERUNG

Das elementare Beziehungsgeschehen wird von Fornefeld in einem graphischen Modell dargestellt. Es handelt sich um zwei ineinander greifende Doppelspiralen, anhand derer die Rückbezüglichkeit und die Auswirkung der Beziehung auf das Selbst und auf die Identität gezeigt wird.

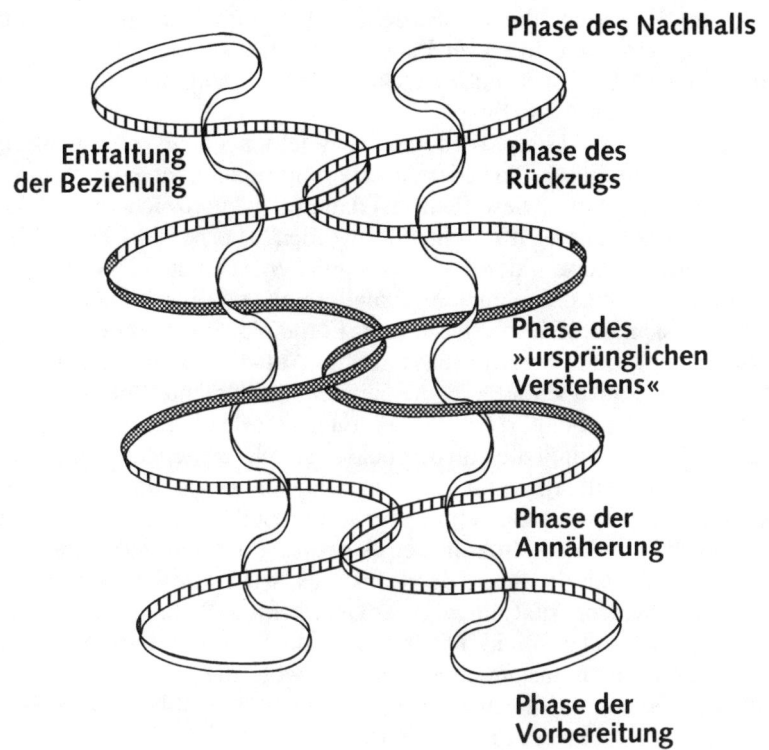

Phase des Nachhalls

Entfaltung der Beziehung

Phase des Rückzugs

Phase des »ursprünglichen Verstehens«

Phase der Annäherung

Phase der Vorbereitung

Abb. 3: Das elementare Beziehungsgeschehen (Fornefeld 1989, 234)

Fornefeld unterscheidet in diesem Modell fünf Phasen: „Während die erste Beziehungsphase eine grundsätzliche Haltung dem Anderen gegenüber symbolisiert, kommt es in der zweiten bereits zur ersten Berührung der beiden Wendeln. Die Intensität, die horizontale Dynamik, des Aufeinander-Gerichtet-Sein nimmt langsam zu, was durch die Färbung des Helices verdeutlicht wird" (Fornefeld, 1989, 230).

In der ersten Phase der Begegnung, also der Phase der Vorbereitung, geht es um gegenseitige Annäherung, um das Öffnen von gemeinsamen Sinneskanälen, um eine wechselseitige Polarisierung, um Interesse und Motivation.

Die Heilerziehungspflegerin hat hier zwei wesentliche Aufgaben zu bewältigen: Erstens muß sie die eigene Verblüffung darüber, wie anders ihr Gegenüber ist und wie wenig ihr deshalb Standards aus dem gewohnten Verhaltensrepertoire weiterhelfen, reflektieren und zweitens den/die anderen genau beobachten, um eine Veränderung im Verhalten, die als Beziehungsaufnahme zu interpretieren wäre, zu bemerken. In dieser Phase ist es nicht einfach, die eigenen Intentionen zunächst zurückzustecken, um die Intention beim anderen überhaupt erfassen zu können.

Auch die zweite Phase wird bei Fornefeld noch als relativ offen bezeichnet. In dieser Phase der Annäherung findet noch kein reziprokes Verhalten statt: „Diese Phase ist dadurch gekennzeichnet, daß die beiden Partner zur Welt für einander werden" (Fornefeld 1989, 230).

In der dritten Phase – der des ursprünglichen Verstehens – reagieren beide Beziehungsteilnehmer aufeinander und beteiligen dabei mehrere Sinneskanäle. Diese Phase hält Fornefeld für die intensivste: „Wobei der Modus des Anrufens bzw. des Antwortens, also die Gesten des Leibes oder noch anders, die Beziehungselemente (hier sind die Sinneskanäle gemeint, d. V.) für die Intensität des Erlebens unerheblich sind. Doch durch die von den beiden sich Beziehenden getroffene Wahl der jeweiligen Modi (der verwendeten Beziehungselemente) wird jede elementare Beziehung zur individuellen; vergleichbar sind sie lediglich in ihrem strukturellen Aufbau" (Fornefeld 1989, 231).

Die vierte Phase, die Phase des Rückzugs, wird durch die Unterbrechung der Reziprozität eingeleitet. Dies kann z. B durch das Lösen eines Körper- oder Blickkontaktes oder durch das Unterbrechen im auditiven Bereich zustandekommen. „Obwohl die Intensität des Erlebens nachläßt, ist die Beziehung aber nicht augenblicklich vorbei, sondern hal(l)t in jedem nach" (Fornefeld 1989, 232).

Die Phase des Rückzugs kann durch äußere Störungen, aber auch durch plötzliches Abwenden des Gegenübers eintreten. Es ist wichtig, daß der Rückzug akzeptiert wird. Vielleicht können ganz bestimmte Angebote (Ritualisierung) den Anschluß für die nächste Begegnung erleichtern: „Wie in der ersten, der Vorbereitungsphase, kommt es auch in der fünften, der des Nachhalls, nicht mehr zur Überschneidung der beiden Wendeln; sie sind einander lediglich zugewandt und bilden die Voraussetzung bzw. den Wendepunkt für die rückläufige, innere Helix, für die Entfaltung der Beziehung" (Fornefeld 1989, 232).

In der Phase des Nachhalls wirkt die Spezifität des Erlebens, die für beide Partner/-innen durchaus verschieden sein kann, weiter. Für die Heilerziehungspflegerin ist dieser Nachhall deshalb von so großer Bedeutung, weil in diesem Moment die Phase der Reflexion beginnt und damit die Professionalität in der Beziehungsgestaltung.

3. MEDIALE BEZIEHUNG

Mit diesem Begriff sind Beziehungen gemeint, die über einen Umweg, über ein Hilfsmittel, also über etwas Drittes zustande kommen. Diese Form ist besonders für die Menschen geeignet, die eine direkte leibliche Bezogenheit nicht ertragen können und diese ablehnen, z. B. Menschen mit einem autistischen Syndrom oder Menschen, die aufgrund ursprünglicher leiblicher und psychischer Negativerfahrungen den direkten Bezug als angstvoll erleben und zum Teil widersprüchliche Reaktionen zeigen. Der Bezug auf etwas Drittes erlaubt einen gewissen Sicherheitsabstand. Zum Beispiel: Ein 40jähriger autistischer Mann versucht jeden direkten Beziehungskontakt zu vermeiden. Er dreht sich bereits weg, wenn sich ihm jemand auch nur zuwendet, und vermeidet selbst den Blickkontakt. In der Regel läßt er keinen direkten Dialog zu – weder auf der sprachlichen noch gestischen oder mimischen Ebene. Allein auf ein Stofftier, das in eine kleine „Spielszene" eingebunden ist, reagiert er – bezieht seine Reaktionen aber ausschließlich auf den „medialen" Gegenstand. „Elementare Beziehungen sind nicht nur bedeutungsvoll, weil sie Schüler und Lehrer (in unserem Fall Menschen mit einer Behinderung und die Heilerziehungspflegerin, d. V.) einander näher bringen und durch Abgrenzung vom Anderen Selbsterleben bzw. Selbstfindung ermöglichen, sondern weil sie über den eigentlichen Vollzug hinaus wirkungsvoll sind und insofern gleichzeitig in mehrfacher Weise zur Selbstverwirklichung des Kindes (Menschen) mit einer Behinderung beitragen können" (Fornefeld 1989, 241).

4. DIE BEZIEHUNGSSTÖRUNG

In der Praxis ist immer wieder von Beziehungsunfähigkeit die Rede, wenn eigentlich Beziehungsstörungen gemeint sind. Jeder Mensch ist beziehungsfähig, wenn auch auf unterschiedlichen Entwicklungsniveaus. Mit Beziehungsstörung ist also nicht die Beziehungsunfähigkeit oder eine im wertenden Sinne „schlechte" Beziehung gemeint.
Eine Beziehungsstörung kommt dann zustande, wenn der Kommunikationsfluß gehemmt oder unterbrochen ist und als Folge gegenseitiges Verstehen nicht mehr möglich ist. Dies kann zu einer Fehleinschätzung der Beziehungsdimension in der subjektiven Wahrnehmung des Einzelnen führen. Beziehungen können sich aber immer erst dann entwickeln, wenn es diese Anknüpfungspunkte gibt: „In der gestörten Beziehung aber komme es durch Ausbleiben oder durch unerwartete

Gestaltung der Antwort nicht zur erwarteten Seins- und Selbstbestätigung; sie bewirke statt dessen Verblüffung, zu der Bodnehimer ausführt: ‚Die Situation, welche durch das ausbleibende oder das unerwartbar veränderte Echo verblüfft (und ängstigt), verstehen wir als gestörte Beziehung' " (Fornefeld 1989, 199).

Beziehungsstörungen haben für den Menschen mit einer Behinderung die Konsequenz, daß ausbleibende Antworten oder nicht passende Antworten als Stille, als möglicherweise angstvolle Stille erlebt werden. In diesem Zusammenhang stellt Fornefeld (1989, 200) folgende Fragen: „Stille als Antwort erzeugt Angst. Angst wovor? Angst vor dem Nichts? Angst sich zu verlieren? Was bewegt diese Angst ihrerseits wieder?"

Wie der gegenseitige Kreislauf des Nicht-Verstehens durchbrochen werden kann, zeigt Fornefeld am Beispiel eines Lehrers und eines Schülers, das wir ohne Abstriche auf die Beziehung einer Heilerziehungspflegerin und eines Menschen mit Behinderung übertragen können: „Doch aussichtslos bleibt diese Situation für beide nur so lange, bis der Lehrer die Beziehungsstörung selbst zum Ziel seiner (ihrer) Erziehung macht, das heißt, bis er (oder sie) Beziehung / elementare Beziehung zu seinem Schüler als Voraussetzung seiner bisherigen Förderintention begreift und sich durch Bewußtmachung eben dieser Störung um deren Überwindung bemüht. Dies ist möglich, wenn er dem Kind eine Welt anbietet, in der es (er) subjektiven Sinne entnehmen kann. Die erforderliche Welt ist hier zunächst der Lehrer selbst, in dem er (sie) sich unmittelbar auf das Kind richtet, sich auf den elementaren Bezug mit ihm einläßt und insofern zur Lebenswelt für es (ihn) wird" (Fornefeld 1989, 205).

5. Private Beziehungen / berufliche Beziehungen

Wenn wir davon ausgehen, daß das Wesen einer Beziehung darin besteht, daß zwei Menschen sich ganzheitlich aufeinander beziehen, dann erlaubt diese Charakterisierung keine Unterscheidung von beruflichen und privaten Beziehungen. So wenig wie sich echte Beziehungen planen lassen, so wenig lassen sie sich professionalisieren. Die Professionalität eines Menschen, der im pädagogischen Bereich tätig ist, zeichnet sich dadurch aus, daß er/sie von der Bereitschaft geprägt ist, sich immer wieder einlassen zu können, und über die Fähigkeit verfügt, immer wieder neue Beziehungsangebote machen zu können – und zwar jeweils auf den verschiedenen Kommunikationskanälen. Zur Professionalität gehört auch die Fähigkeit, über eigene Beziehungswiderstände oder mögliche Mißverständnisse im Kommunikationsprozeß zu reflektieren. Eine Heilerziehungspflegerin sollte sich auf keinen Fall nur auf objektive und funktionale Einzelausschnitte des Gegenübers beziehen.

In vielen Gesprächen mit Fachschülern und Fachkräften wird das Bedürfnis nach Grenzziehung zwischen Arbeitsbereich und privater Welt deutlich formuliert. Da die Arbeitsbeziehungen kein „Nebenprodukt" der beruflichen Tätigkeit darstellen, sondern im Zentrum stehen, wirken sie über die Arbeitszeit hinaus. Es entwickelt sich eine Verantwortung, die nicht nur über den Arbeitsvertrag definiert ist, sondern die aus der Beziehung selbst erwächst. Hier gilt es, den goldenen Mittelweg zwischen grenzenlosem Sich-Einlassen und zu frühem Rückzug zu finden. Es gilt zu verhindern, daß das Gefordertsein der ganzen Person zu Schutzmechanismen führt, die sich in einer gewissen Abkühlung bzw. in einer Reduzierung der Beziehungsangebote gegenüber den zu betreuenden Personen zeigt. Dabei ist zu berücksichtigen, daß die verfrühte Abgrenzung auf der Beziehungsebene insofern zu einer paradoxen Situation führen kann, als die Energie und Kraft, die für die Abgrenzung notwendig ist, beim Gegenüber zu Reaktionen führt, die zusätzlich beziehungsbelastend werden. Somit kann der Energieaufwand zur Abgrenzung größer sein als die Kraft, die zum sich Einlassen notwendig wäre.

Wo und wann Abgrenzungen notwendig sind, muß jeweils von den in Beziehung stehenden Personen zum Ausdruck gebracht werden. Das „Wie" hat allerdings eine nicht zu unterschätzende Wirkung im Hinblick auf die zukünftige Beziehungsentwicklung. Von unklaren und diffusen Grenzen bis hin zu ständig sich verändernden Grenzen kann derselbe Streß ausgehen, wie von einem permanenten Zurückweisen, welches mit aller Macht nur noch die Grenzen vor Augen hat.

LITERATUR

Bosch, D. (1986): Beziehungsfähigkeit als Erziehungs- und Unterrichtsziel in der Primarstufe. Münster
Erikson, E. H. (1970): Die Psychodynamik im sozialen Wandel. Stuttgart
Fornefeld, B. (1989): „Elementare Beziehung" und Selbstverwirklichung geistig Schwerstbehinderter in sozialer Integration. Reflexion im Vorfeld einer leiborientierten Pädagogik. Mainz

III. Kommunikation

Das Wort Kommunikation leitet sich aus dem Lateinischen ab, die Verbform communicare läßt sich als „gemeinsam machen, gemeinschaftlich beraten, sich gegenseitig etwas mitteilen, sich besprechen mit, verhandeln, vereinigen, etwas teilen, an etwas teilhaben, geben, gewähren" (Georges 1988, 1326 f.) übersetzen. Der Begriff Kommunikation wurde zunächst in der Nachrichtentechnik und der Informationstheorie verwendet. Erst seit den 70er Jahren findet er vermehrt Eingang in die Pädagogik und wird, allerdings äußerst unterschiedlich, auch alltagssprachlich verwendet.

Die weiteste Definition des Wortes Kommunikation umfaßt jede Form, derer sich Individuen bedienen, um ihrem inneren oder äußeren

verbal Kommunikation	nonverbal Kommunikation		
	vokale Kommunikation	körpersprachliche Kommunikation	mediale Kommunikation
Lautsprache Schriftsprache Z.B. Syntax (»Grammatik«) Semantik (»Bedeutung«) Pragmatik (»Wirkung«)	Stimme, z.B. laut, leise Sprechweise z.B. langsames, schnelles Sprechen, Pausen beim Sprechen, Tonfall, Betonung usw.	Distanz/Nähe, Körperhaltung und Bewegung, Berührungen Habitus, Mimik, Gestik, Gebärde, Blick	Ikon, (Zeichen, das sein Objekt abbildet z.B. Bilder, Modelle) Index, (Zeichen, das direkt auf ein Objekt hinweist oder es anzeigt; z.B. Wegweiser, oder Eigennamen) Symbol (Zeichen, das ein Objekt willkürlich repräsentiert, z.B. Wort für Auto)

Abb. 4: Kommunikationsarten
(nach Wachsmuth 1986, 24; mit Ergänzungen, d. V.)

Zustand Ausdruck zu verleihen, unabhängig davon, ob er sprachlich, mimisch oder gestisch erfolgt. Inhalte und Art der verwendeten Zeichen spielen zunächst ebensowenig eine Rolle wie die Tatsache, ob das Gegenüber diese Zeichen versteht (Fröhlich 1989, 104).

Enger sind die Definitionen, die ausschließlich den Austausch von Informationen zwischen Personen, Organismen und Systemen (Baun 1981, 13) umfassen oder nur den wechselseitigen Austausch von Mitteilungen zwischen zwei oder mehreren Personen (in Anlehnung an Watzlawick u. a. 1990).

Für unseren Zusammenhang ist die Definition von Fröhlich ausschlaggebend, denn wir definieren, im Sinne Watzlawicks, jedes Verhalten als Kommunikation (vgl. 1. Axiom).

Verbale und nonverbale Kommunikationsformen ergänzen sich: „Der Sprecher beginnt seine Ausführungen mit einem Blick auf seinen Partner. Dann wendet er mit zunehmendem Gewicht seiner Gedanken und Worte seinen Blick ab. Gegen Ende der Äußerungen schaut er wieder kurz seinen Partner an, um festzustellen, welchen Eindruck seine Worte hinterlassen haben. Während dieser Zeit hat der Zuhörer den Sprecher genau beobachtet, aber jetzt, da der Zuhörer selbst zum Sprecher wird, blickt er seinerseits weg und wirft gelegentliche Blicke, um die Wirkung seiner Worte zu prüfen. Auf diese Weise wechseln Rede und Blicke nach allgemein vorhersagenden Mustern hin und her" (Morris 1978, 75). Grundsätzlich kann man feststellen, daß die verbalen Anteile mehr den Inhalt bestimmen, während die nonverbalen Zeichen mehr die Beziehung zwischen den Kommunikationspartnern/-rinnen definieren. Watzlawick unterteilt die menschliche Kommunikation in Anlehnung an Morris (1972, 104) in drei Felder: Syntaktik, Semantik und Pragmatik. Die Syntaktik befaßt sich mit dem Aspekt der Nachrichtenübermittlung (z. B. Codes, Kanäle, Kapazitäten, Redundanzen usw.), die Semantik mit der Bedeutung der Wörter. Die Weitergabe von Informationen auf verbale Art setzt bei Sender und Empfänger ein semantisches Übereinkommen voraus, d. h. beide müssen sich unter einem Begriff dasselbe vorstellen. Die Pragmatik befaßt sich mit den verhaltensmäßigen Wirkungen der Kommunikation; ihr Material sind nicht nur Worte und deren Konfiguration und Bedeutung, also die Daten der Syntaktik und Semantik, sondern auch alle nonverbalen Begleiterscheinungen (Körpersprache). Watzlawick (1990, 23) führt weiter aus: „In dieser pragmatischen Sicht ist demnach nicht nur die Sprache, sondern alles Verhalten Kommunikation, und jede Kommunikation – selbst die kommunikativen Aspekte jedes Kontextes – beeinflußt das Verhalten." In den nachfolgenden Axiomen wird vor allem die pragmatische Seite der Kommunikation näher beleuchtet.

1. DIE GRUNDREGELN DER KOMMUNIKATION (AXIOME)

Man kann nicht nicht kommunizieren (Watzlawick u. a. 1990, 53)

Jedes Verhalten hat für Watzlawick Mitteilungscharakter: „Wenn man also akzeptiert, daß alles Verhalten in einer zwischenpersönlichen Situation Mitteilungscharakter hat, d. h. Kommunikation ist, so folgt daraus, daß man, wie immer man es auch versuchen mag, nicht *nicht* kommunizieren kann" (1990, 51). Jedes Verhalten, auch das abweisende, schweigende, beeinflußt die Umwelt, tritt also in Beziehung zu ihr, kommuniziert mit ihr. Selbst der Wunsch, nicht kommunizieren zu wollen, setzt eine wie auch immer geartete Mitteilung dieses Wunsches voraus. Begegnen wir z. B. in einem Zugabteil einem Mann, der seine Schirmmütze ins Gesicht gezogen hat und die Augen geschlossen hält, so teilt er uns dadurch mit, daß er seine Ruhe haben will. Jeder von uns versteht die Geste eines Menschen, der zusammengekauert, in alter zerlumpter Kleidung am Straßenrand sitzt und einen Hut vor sich hat. Ohne daß es nötig wäre, einen Blick zu wechseln oder ein Wort zu sprechen, ist jedem Passanten der Aufforderungscharakter dieser Handlung evident.

Auf ein Kommunikations- bzw. Interaktionsangebot kann man nach Watzlawick (Watzlawick u. a. 1990, 75 f.) auf verschiedene Weise reagieren:

(1) durch Annehmen: Wenn jemand auf der Straße mit einem bestimmten Anliegen angesprochen wird und auf dieses Gesprächsangebot eingeht, so wird das Kommunikationsangebot angenommen;

(2) durch Abweisen: Einem Kommunikationsangebot kann man sich entziehen, indem man expressis verbis sagt, daß man keine Kommunikation wünscht, oder sich räumlich entfernt;

(3) durch Entwerten: Die eigenen Aussagen oder die des Partners werden ihrer klaren Bedeutung beraubt: Aussagen werden beispielsweise absichtlich mißverstanden, man bildet unvollständige Sätze oder wechselt das Thema;

(4) durch Vortäuschen von Kommunikationsunfähigkeit: durch gespielte Schläfrigkeit, Trunkenheit, Unkenntnis der Sprache o. ä.

Jede Kommunikation hat einen Inhalts- und Beziehungsaspekt

In dem Kommunikationsprozeß geht es zunächst um die Vermittlung von Informationen, d. h. um den Inhalt (Inhaltsaspekt). Die „neutrale" Nachricht wird aber in einem bestimmten Bezugssystem vermittelt.

28

Vom Aspekt des/der Senders/-rin aus bedeutet das, daß kein Sachinhalt vermittelt werden kann, ohne auch die Persönlichkeit des Gegenübers zu beeinflussen (vgl. Schulz von Thun 1987, 156). Darüber hinaus spielt es eine große Rolle, wer der/die Empfänger/-in dieser Nachricht ist und auf welche Weise diese Nachricht vermittelt wird (Mandel u. a. 1973, 124).

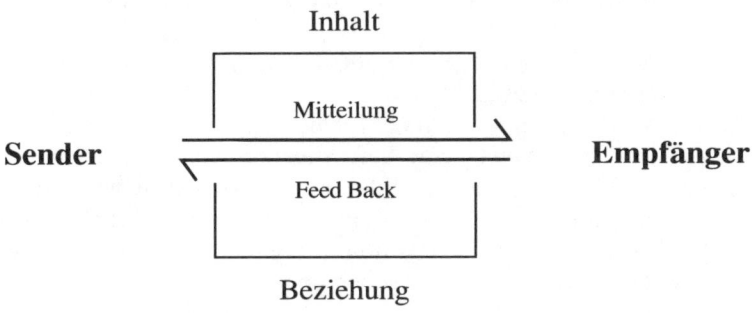

Abb. 5: Jede Kommunikation hat einen Inhalts- und Beziehungsaspekt

Beispiel:
In einer Teambesprechung werden verschiedene Probleme im Umgang mit einem Heimbewohner diskutiert. Eine angehende Heilerziehungspflegerin erzählt, daß sie aufgrund der angespannten Situation im Moment keine weiteren Anforderungen an diesen Menschen stellt und die Kontakte auf das Nötigste reduziert. Auf die Nachfrage eines Kollegen, warum sie sich so verhalte und wie sie sich in Zukunft die Beziehung mit diesem Mann vorstelle, kann sie auf unterschiedliche Weise reagieren. Wenn sie sich von ihrem Kollegen akzeptiert fühlt, wird sie offen und ehrlich antworten können, d. h. sie wird erzählen, daß sie noch mehr Zeit brauche, um den Mann kennenzulernen, oder daß sie Angst vor ihm habe usw.; bei Problemen mit einem Teammitglied kann die Reaktion aber auch so ausfallen: „ Das mußt gerade du fragen! Bei dir müssen doch alle kuschen – da ist es doch klar, daß er sich bei Dir unauffällig verhält."

Natürlich gibt es noch andere Möglichkeiten zu reagieren. Dieses Beispiel soll uns nur vor Augen führen, wie sehr der Beziehungsaspekt den Inhaltsaspekt dominieren kann. In der Kommunikation können bezüglich des Inhalts- und Beziehungsaspektes nach Watzlawick (1990, 81) folgende Variationen auftreten:

(1) Die Partner/-innen sind sich sowohl auf der Inhalts- und der Beziehungsebene einig. Das ist der Idealfall.

(2) Die Partner/-innen sind sich auf der Inhaltsebene nicht einig, doch diese Meinungsverschiedenheit führt nicht zur Beeinträchtigung ihrer Beziehung.

(3) Die Partner/-innen sind sich auf der Inhaltsstufe einig, auf der Beziehungsstufe dagegen nicht.

(4) Es herrscht Uneinigkeit auf der Inhalts- und der Beziehungsebene, d. h. es findet überhaupt keine befriedigende Kommunikation statt. Beziehungsstörungen werden häufig auf der Sachebene ausgetragen. Viele Kommunikationspartner diskutieren auf der Sachebene, obwohl sie im Prinzip die gleiche Position vertreten, aber aufgrund einer Beziehungsstörung das nicht zugeben können.

Wir halten es für sinnvoll, wie auf Abbildung 6 zu sehen ist, die Aspekte Selbstkundgabe und Appell nicht, wie Watzlawick es tut, unter den Beziehungsaspekt zu subsumieren, sondern Schulz von Tun zu folgen, um diese Aspekte besonders hervorzuheben.

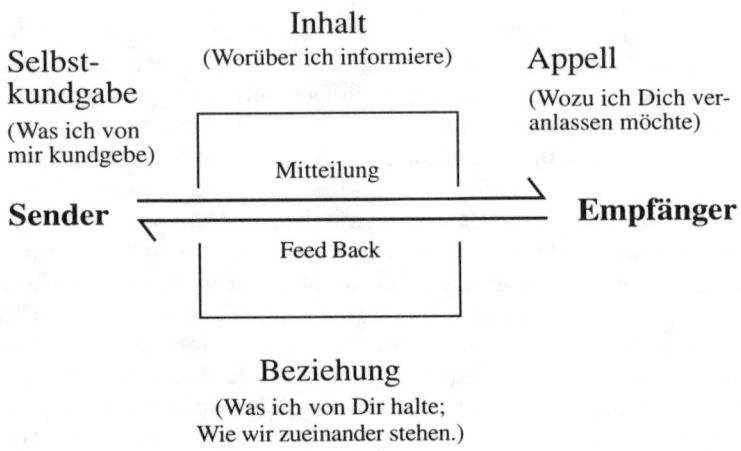

Abb. 6: Jede Nachricht hat vier Aspekte
(nach Schulz von Tun 1989, 19 f.)

Beispiel:
Eine junge Heimbewohnerin ist vom Fahrrad gestürzt und hat sich die Knie aufgeschlagen. Sie kommt zur Heilerziehungspflegerin gelaufen und schluchzt: „Schau mal, ich bin gestürzt!" Der Sachinhalt ist klar: Sturz und Verletzung. Von der Beziehungsseite her könnte man annehmen, daß sie und die Heilerziehungspflegerin ein partnerschaftliches Verhältnis haben, immerhin sucht sie Trost bei der Bezugsperson. Die Selbstkundgabe ist eindeutig, sie hat sich verletzt und kann sich artikulieren. Der Appell an die Heilerziehungspflegerin lautet wahrscheinlich: „Nimm Anteil an meinem ‚Unglück', tröste mich."

Allerdings stellt der in Abbildung 5 und 6 dargestellte Kommunikationsverlauf, bezogen auf den gesamten Kommunikationsprozeß, der in Abbildung 7 dargestellt wird, nur eine Mikrosequenz dieses Sachverhaltes dar. Kommunikation ist ein weitaus komplexeres Geschehen, das sich nur schwer in ein Schaubild pressen läßt.

Kommunikationsprozesse lassen sich in symmetrische und komplementäre Interaktionen unterscheiden.

Symmetrische Beziehungen beruhen auf der Rollenäquivalenz der Partner/-innen. Die Rollenverhältnisse sind also dadurch gekennzeichnet: „daß es den Interaktionspartnern möglich ist, ihr Rollen- und damit auch ihr Beziehungs- und Sprachspiel chancengleich zu gestalten" (Kron 1993, 176). So befinden sich z. B. in dem System Schule die Schüler/-innen untereinander bzw. die Lehrer/-innen untereinander in symmetrischen Beziehungen. Bei komplementären Beziehungen ergänzen sich die Partner/-innen gegenseitig in ihrer Unterschiedlichkeit, d. h. das System Schule funktioniert nur in dieser Ergänzung von Lehrern/-rinnen und Schülern/-rinnen. Mit der Einteilung in symmetrische und komplementäre Interaktionsprozesse ist noch keine Wertung verbunden, es kommt darauf an, ob die Partner mit der Rolle, die sie in einem Interaktionsprozeß einnehmen, einverstanden sind. Probleme entstehen immer dann, wenn einer der beiden Partner seine zugeschriebene Rolle verläßt. So übernehmen Gruppenbewohner/ -innen manchmal gern die Rolle der Erzieher/-innen, was schnell zu Konflikten führt.
Neben den symmetrischen und komplementären Beziehungen gibt es nach Haley (1978) noch die metakomplementären Beziehungen. Dar-

unter versteht man, daß eine Person (A) einen anderen (B) dazu bringt, über ihn zu verfügen, ihn zu lenken oder ihm zu helfen. B hat jetzt scheinbar die Oberhand über A, aber nur aufgrund seiner Erlaubnis. Andererseits kommt es zu metakomplementären Beziehungen, wenn ein Partner dem anderen in einer komplementären Beziehung erlaubt, ihm gegenüber als gleichwertig und gleichrangig aufzutreten.

Die Interpunktion von Ereignisfolgen

Kommunikation ist nicht einfach der Austausch von Informationen, denn jede Mitteilung erhält ihren Sinn erst durch die entsprechende Einordnung des Empfängers. Diese Einordnung ist abhängig von unserer Wahrnehmung, d. h. von dem Resultat der Interpunktion. „Interpunktieren" heißt „(willkürlich) das eine Verhalten als Ursache, das andere Verhalten als Folge oder Reaktion auslegen" (Schulz von Thun 1981, 85).

Watzlawick u. a. (1990, 59) beschreiben das an einem klassischen Beispiel: Ein Ehepaar hat andauernd Probleme. Der Mann behauptet, er müsse sich zurückziehen, weil seine Frau nörgelt; sie behauptet, nur deshalb zu nörgeln, weil sich ihr Mann zurückzieht.

Diese Interpunktionskonflikte lassen sich quasi auf alle Situationen übertragen, auch auf ein Team. In einem Team herrscht beispielsweise schlechte Stimmung. Eine Gruppe behauptet, mehr arbeiten zu müssen, weil die anderen faul sind. Die andere Gruppe ist der Meinung, nicht so viel tun zu können, weil die anderen ihnen die Arbeit wegnehmen.

In der Grammatik versteht man unter Interpunktion das Verfahren, durch Satzzeichen den Sinn einer Wortfolge oder eines Satzes klarzustellen. Die Satzstruktur und Wortfolge kann ihren Sinn vollständig ändern, je nachdem, wie die Wortfolge interpunktiert wird. Zum Beispiel: Die Heilerziehungspflegerin sagt, der Heimbewohner ist dumm. Oder: Die Heilerziehungspflegerin, sagt der Heimbewohner, ist dumm. Auf Kommunikationsprozesse übertragen, bedeutet das, daß jede Mitteilung ihren Sinn erst durch die Einordnung in ein Bezugssystem, durch die Deutung von Empfänger/-innen und Sender/-innen erhält. Ursache für Interpunktionskonflikte ist also die widersprüchliche Annahme der Partner/-innen hinsichtlich dessen, was Ursache und Wirkung des Konfliktes ist. Da die Interaktion der Partner/-innen aber nicht linear, sondern kreisförmig erfolgt, ist kein Verhalten nur Ursache des anderen, sondern jedes Verhalten ist sowohl Ursache als auch Wirkung zugleich (vgl. Watzlawick u. a. 1990, 93).

Digitale und analoge Kommunikation

Informationen können auf unterschiedliche Art und Weise gesendet werden; digital und analog sind die wichtigsten Formen. Digital bedeutet, daß eine Information ausdrücklich (mit Zeichen oder Symbolen) formuliert wird. Sie ist eindeutig und unmißverständlich: Zum Beispiel: „Ich komme aus Hamburg"; „Morgen ist Sonntag"; „Das ist meine Mutter."
Grundlage für digitale Kommunikation ist ein semantisches Übereinkommen, um die Beziehung zwischen dem Wort und dem Inhalt herzustellen. Ist uns dieses semantische Übereinkommen nicht bekannt, so ist es uns nicht möglich, die Bedeutung des Wortes zu erkennen. Wir können beispielsweise eine Radiosendung in einer uns unbekannten Sprache in keinem Fall inhaltlich verfolgen. Die digitale Mitteilung „Das ist meine Mutter" ist eine Information auf der Inhaltsebene. Diese Mitteilung sagt noch nichts über die Beziehung zwischen dem/der Sender/-in und der Mutter aus. Diese Beziehung könnte sich eher durch folgende Mitteilungen ausdrücken lassen: „Meine Mutter hat mich sehr lieb, ich mag meine Mutter." Aber erst durch die Beobachtung von Mutter und Kind kann man erkennen, wie sie sich zueinander verhalten. Mitteilungen, die durch ein bestimmtes Verhalten erfolgen, bzw. der averbale Ausdruck von Beziehungen fallen in den Bereich analoger Kommunikation. Watzlawick u. a. (1990, 64) sagen dazu: „Überall, wo die Beziehung zum zentralen Thema der Kommunikation wird, erweist sich die digitale Kommunikation als fast bedeutungslos." Die Aussage eines/einer Partners/-rin „Ich mag dich" ist dann ohne reelle Bedeutung, wenn sie nicht durch analoge Informationen verdeutlicht wird. Sympathie, Empathie bzw. Nähe können fast nur über die analoge Form vermittelt werden.
Die analoge Kommunikationsform ist sicherlich die viel ältere und besitzt eine weitaus allgemeinere Gültigkeit. So können wir die Körperhaltung von uns unbekannten Personen immer in einer gewissen Weise deuten, auch wenn sie einem anderen Kulturkreis angehören. Die Körpersprache wird häufig unbewußt eingesetzt und sagt oft mehr aus als tausend Worte. Wir genießen auch häufig diese Form der Kommunikation – z. B. die Umarmung eines geliebten Menschen. Der analogen Kommunikationsform fehlen aber so grundlegende Sinnelemente wie „Wenn-dann"- bzw. „Entweder-oder"-Konstruktionen. Abstrakte Begriffe können darin kaum ausgedrückt werden. Doppeldeutigkeiten und die Unterscheidung zwischen Vergangenheit, Gegenwart und Zukunft sind ebenfalls nicht möglich.
Die digitale Form ist sehr geeignet zur Wissensvermittlung, z. B. von

Person zu Person oder von Generation zu Generation, und erweist sich als komplexer, vielseitiger und abstrakter als die analoge Form. Watzlawick faßt dies folgendermaßen zusammen: „Menschliche Kommunikation bedient sich digitaler und analoger Modalitäten. Digitale Kommunikationen haben eine komplexe und vielseitige logische Syntax, aber eine auf dem Gebiet der Beziehungen unzulängliche Semantik. Analoge Kommunikation dagegen besitzen dieses semantische Potential, ermangeln aber die für eindeutige Kommunikationen erforderliche logische Syntax" (Watzlawick u. a. 1990, 68).

Probleme in der analogen Kommunikation sind quasi vorprogrammiert. Das Verhalten läßt sich auf verschiedene Weise interpretieren; Störungen treten meist dann auf, wenn analoge Kommunikation anders gedeutet wird, als sie gemeint war, also falsch in die digitale Kommunikation übersetzt wird. Viele analoge Kommunikationsformen werden gerade bei Menschen mit einer geistigen Behinderung nicht ins Digitale übersetzt. Informationen können dann eindeutig von Sender/-in zum/zur Empfänger/-in übermittelt werden, wenn alle Signale – die sprachlichen und nichtsprachlichen – in die gleiche Richtung weisen. Schulz von Thun bezeichnet eine solche Nachricht als kongruent. Stimmen die sprachlichen und nichtsprachlichen Signale nicht überein, so enthalten diese Nachrichten widersprüchliche Handlungsaufforderungen und schaffen eine „verrückt machende Doppelbindung" (vgl. Watzlawick u. a. 1990, 194 ff.).

2. DER KOMMUNIKATIONSPROZESS

Kommunikation erfolgt nicht linear, sondern stellt sich immer als ein Prozeß mit vielen Rückkopplungsmechanismen dar. Deshalb kann der Verlauf einer Kommunikation am besten als Kreis dargestellt werden. Dabei ist es in Wirklichkeit mühsam festzustellen, wer beim Eintreten in die kommunikative Situation zuerst Sender/-in bzw. Empfänger/-in war. Die beiden Rollen wechseln häufig sehr schnell, ein Blickkontakt eröffnet etwa die Situation, ein Blick zurück verändert die Position (analoge Rückkoppelung).

Obwohl Kommunikation so komplex ist, daß sie in ihren Einzelheiten kaum darstellbar ist, scheint es uns dennoch sinnvoll zu sein, einzelne Phasen herauszugreifen und zu beschreiben. Informationen und Mitteilungen werden von einem/einer Sender/-in an den/die Kommunikationspartner/-in, den/die Empfänger/-in, gerichtet. Dazu kann er bewußt oder unbewußt verschiedene Kommunikationskanäle einsetzen. Diese werden definiert durch die Art der Wahrnehmung des/der

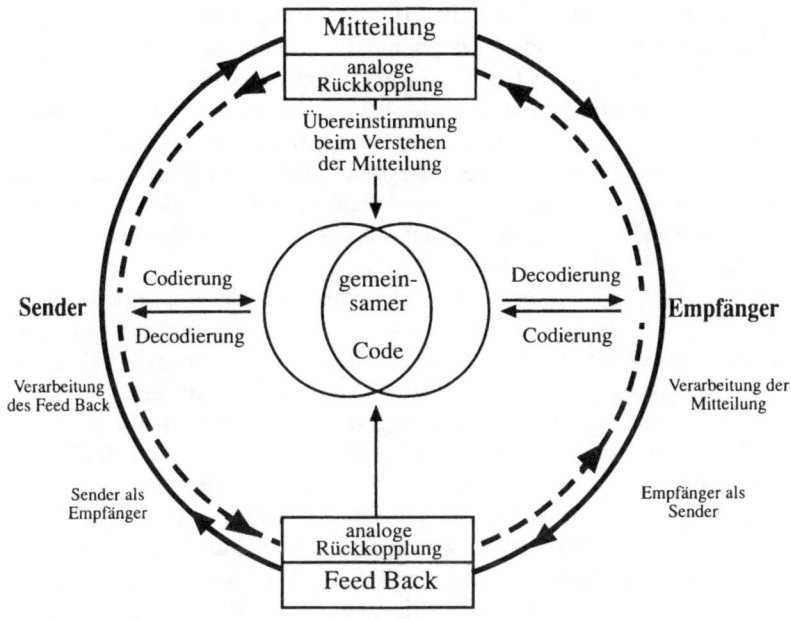

Abb. 7: Der Kommunikationsprozeß

Empfängers/-rin. Wenn die Vermittlung sprachlich erfolgt, sprechen wir von einem auditiven Kommunikationskanal; nonverbale Informationen werden über den visuellen und teilweise über den taktilen Kanal (bei Berührungen) aufgenommen. Ein wenig beachteter Kommunikationskanal ist die Nase. Die Aussage „Ich kann dich nicht mehr riechen" verdeutlicht die Bedeutung dieser Wahrnehmungsart (Modalität). Ob eine Nachricht vom Empfänger so verstanden wird, wie sie der Sender gemeint hat, hängt im wesentlichen davon ab, inwiefern der/die Empfänger/-in in der Lage ist, die Codierung des Senders zu entschlüsseln bzw. dessen analoge Kommunikationsinhalte zu interpretieren. Wenn beide im optimalen Fall die gleichen Codes benutzen, so gibt es ein hohes Maß an Übereinstimmung bei der transportierten Information. Sind die benutzten Codes sehr unterschiedlich, ist das Maß der Verzerrung bzw. der Mißverständnisse sehr hoch. Codierungen werden meist unbewußt, einige jedoch auch gezielt eingesetzt. So ist sich der Arzt häufig bewußt, daß seine Diagnose, sofern er sie in seine Fachsprache kleidet, von den Patienten/-tinnen nicht verstanden wird und es damit nicht zu Rückfragen kommt. Codierungen in der Sprache erge-

35

ben sich also einmal durch die Grammatik (Satzbau, Satzlänge usw.), den Wortschatz, die Semantik (Benutzen von Fremdwörtern), die Pragmatik, durch das Sprechen von Jargon, Dialekt und Fremdsprache usw. Auch durch die Artikulation und Modulation der Sprache können Inhalte deutlicher bzw. ungenauer transportiert werden.

Verfügen die Kommunikationspartner/-innen über gleiche oder ähnliche kommunikative Voraussetzungen, so kann bei der Vermittlung von Information über die Sprache noch ein hohes Maß an Übereinstimmung erzielt werden.

Schwieriger wird es bei der Vermittlung von Informationen auf der nonverbalen Ebene. Nonverbale Informationen haben meist zwei Ebenen: Zum einen unterstützen sie, z. B. durch Gesten, die digitale Information, zum anderen definieren nonverbale Signale die Beziehung zwischen Sender/-in und Empfänger/-in. Gesten, d. h. Körperbewegungen hauptsächlich der Arme und Hände, aber auch der Beine, unterstützen häufig die sprachliche Information. Gesten treten simultan mit der Sprache auf, versuchen sie zu unterstützen, sie zu akzentuieren. Sie sind kulturabhängig. Auch die Mimik kann das gesprochene Wort deutlich unterstützen; auch sie verfügt über eine selbständige Aussagekraft. Schon ein Stirnrunzeln kann den/die Kommunikationspartner/-in in größere Schwierigkeiten bringen. Mimik, Körperhaltung und Berührungen signalisieren häufig auch das Verhältnis zwischen den Gesprächspartnern/-rinnen, was deshalb spannend ist, weil wir häufig zwar das gesprochene Wort kontrollieren, die Signale des Körpers jedoch häufig ehrlicher sind und damit ein Widerspruch zum gesprochenen Wort entsteht. So merkt man bei einer Umarmung, daß die sprachlich gefundene Beziehungsdefinition durch die verspannte Körperhaltung des/der Partners/-rin widerlegt wird. Auch das äußere Erscheinungsbild der Kommunikationspartner erlaubt Rückschlüsse auf die soziale Herkunft, den Status, usw.

Die Gebärde hat im Vergleich zur Geste meist keinen sprachunterstützenden Charakter, sondern tritt an die Stelle der Worte. Gebärden können einmal aus dem Alltag abgeleitet sein, oder es handelt sich um Zeichen, die ein Objekt willkürlich repräsentieren und damit gelernt werden müssen. Der Sender kann dem Empfänger aber auch Informationen über Medien, sei es über einen Brief, ein Bild, ein Foto usw., zukommen lassen. Diese Form der Kommunikation gewinnt vor allem bei Personen, die nicht über Sprache verfügen und aufgrund motorischer Probleme Gebärden nicht genau definieren können, an Bedeutung. Ein nicht zu unterschätzender Faktor ist die räumliche Distanz zwischen den Gesprächspartnern/-rinnen. Man unterscheidet im europäischen Raum grundsätzlich 4 Zonen: 1. Intime Distanz, bis 45 cm;

2. persönliche Distanz, 45–120 cm; 3. gesellschaftliche Distanz, 1,2–2,7 m und die öffentliche Distanz ab 2,7 m (vgl. Argyle/Trower 1981, 23). Überschreitet einer der Kommunikationspartner/-innen die intime Distanz von anderen, so fühlen sich diese bedrängt, man fühlt sich „auf die Pelle" gerückt. Üblicherweise halten Gesprächspartner eine Entfernung von ca. 60–100 cm ein. Feedback oder Rückkopplungsmechanismen sind immer aktiv. Einmal wird der/die Sender/-in bereits in dem Moment, wo er/sie eine Botschaft mitteilen möchte, durch die Körperhaltung, Mimik, Gestik usw. seines Gegenüber beeinflußt. Stirnrunzeln bzw. das Zusammenkneifen der Augen ermutigen die Kommunikationspartner/-innen nicht gerade, neue und größere Forderungen aufzustellen. Auf der anderen Seite reagiert jeder/ jede Empfänger/-in auf die Mitteilung des/der Senders/-rin. Diese Reaktion stellt ebenfalls ein Feedback auf die Information des Senders dar, das wiederum vom Verhalten des/der Kommunikationspartners/-rin beeinflußt wird. Abbildung 8 zeigt einige Faktoren auf, die sowohl den Sender als auch den/die Empfänger/-in in ihrem Kommunikationsbestreben beeinflussen.

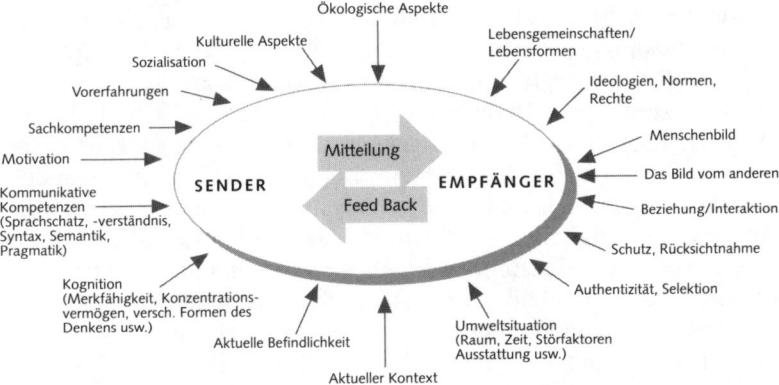

Abb. 8: Faktoren, die sowohl Sender/-in als auch Empfänger/-in in der Kommunikation beeinflussen

Die in Abbildung 8 dargestellten Faktoren stellen nur eine Auswahl dar. Dabei ist die Frage nach der Motivation von entscheidender Bedeutung. Besonders wenn wir in die Kommunikation mit Menschen mit einer geistigen Behinderung eintreten, hängt es wesentlich von unserer Bereitschaft ab, uns auf die kommunikative Situation unserer Partner/-innen einzustellen und damit einen Informationsfluß überhaupt zu ermöglichen. Ist eine intrinsische Motivationslage (intrinsisch bedeutet, daß der Antrieb zu handeln von innen kommt; es besteht ein „direktes" Interesse an Personen, Gegenständen und Vorgängen) vorhanden, so kann man davon ausgehen, daß der/die einzelne mehr Zeit, Geduld darauf verwendet, den/die Partner/-in zu verstehen. Bei einer extrinsischen Motivationslage (extrinsisch bedeutet, daß der Antrieb zu handeln von außen bestimmt wird) ist die Bereitschaft zur Kommunikation meist gering, die Probleme sind vorprogrammiert. Weitere Faktoren, wie die kommunikativen Kompetenzen, die Kognition, die Vorerfahrung und die Sachkompetenz spielen eine wesentliche Rolle. Aber auch Normen, Einstellungen und Prägungen sowie die äußere Situation (Ort und aktueller Zusammenhang) sind für den Kommunikationsprozeß äußerst wesentlich.

Jeder/jede Kommunikationspartner/-in wird von seinem/ihrem Gegenüber beeinflußt. So berücksichtigt der/die Sender/-in die Erwartungen, Haltungen, Empfindlichkeiten, Verfassungen usw. des Empfängers und umgekehrt. Unterscheiden sich Sender/-in und Empfänger/-in in mehreren dieser Faktoren deutlich, so sind Kommunikationsstörungen fast zu erwarten.

Vergegenwärtigt man sich die dargestellte Komplexität der Kommunikation, so erscheint es fast aussichtslos, zu kommunizieren, ohne daß Mißverständnisse produziert werden. Daß trotz aller Schwierigkeiten Kommunikation möglich ist, hängt mit der Redundanz in der Kommunikation zusammen. Redundanz bedeutet Überfluß, Überfülle und Wiederholung. In der Praxis menschlicher Kommunikation ist davon soviel enthalten, daß es in der Praxis möglich wird, Kommunikationsregeln zu lernen, sich auf ein Beziehungssystem einzustellen und sich auf Deutungsmöglichkeiten zu einigen. Dieser kommunikative Lernprozeß verläuft in der Regel weitgehend unbewußt und spontan.

Menschliche Kommunikation kann auch als System betrachtet werden, das sich, wenn sich ein Teil verändert, auch als Ganzes verändert. Die Ursachen sind aus dem konkreten Kommunikationsablauf nicht mehr zu erheben, da aufgrund der Offenheit des Systems verschiedene Ursachen zum gleichen Ergebnis führen können. Unter offenen Systemen werden in den Sozialwissenschaften Organisationen, Kollektive oder Gruppen verstanden, in denen die Interessen, Bedürfnisse und Intentionen, z. B. die Interpretation der Akteure, in den Vordergrund des praktischen und wissenschaftlichen Interesses rücken (vgl. Kron 1993, 299 ff.). Menschliche Kommunikation ist durch Strukturen geprägt, d. h. durch die Wiederholung oder Redundanz von Ereignissen. Diese Ereignisse liegen im Beziehungsbereich und bestimmen die Atmosphäre zwischen den Kommunikationspartnern. „Wenn wir also untersuchen, wie sich Menschen gegenseitig beeinflussen, müssen wir der Entstehung und den Ergebnissen der Beziehung viel weniger Bedeutung beimessen als ihrer Organisation" (Watzlawick u. a. 1990, 122). Beziehungen müssen aber zwischen den Kommunikationspartnern definiert und geklärt, schließlich müssen sie auch stabil werden. Redundanzen auf der Beziehungsebene sind Grundlage für ein stabiles zwischenmenschliches Kommunikationssystem. Ein schönes Beispiel dafür ist die Familie. Dieses hochempfindliche Kommunikationssystem strebt nach Stabilität (Homöostase), d. h. die Mitglieder stehen in einer engen Wechselwirkung und bilden ihre Beziehung so aus, daß sich jedes Mitglied in einem möglichst spannungsarmen Zustand befindet und die Familie als Ganzes die bestmögliche Anpassung an ihre Situation erreicht. Das dadurch erreichte Gleichgewicht ist dabei nicht notwendig identisch mit dem besten. Um das Gleichgewicht zu erhalten, werden Rollen verteilt und fixiert. Bricht ein Teil der Familie aus der Rollenfixierung heraus, ist das ganze System verunsichert. Das geschieht beispielsweise, wenn die Kinder erwachsen werden, wenn die Frau wieder berufstätig oder wenn ein Mitglied der Familie krank wird. Das System versucht nun, die alte Stabilität wiederherzustellen oder ein neues Gleichgewicht zu schaffen. Dieses kann erreicht werden, wenn z. B. die Einstellung eines Systems (Kalibrierung), z. B. die Aufgaben- und Rollenverteilung, die Verantwortungsbereiche im Sinne einer Stufenfunktion verändert wird. Dann kann das System, z. B. die Familie, eine hohe Flexibilität erreichen (Watzlawick u. a. 1990, 135).

3. KOMMUNIKATIONSPROBLEME/-STÖRUNGEN UND LÖSUNGSANSÄTZE

Im folgenden sollen, mit Hilfe der Darstellung von Schulz von Thun (vgl. Abbildung 6) einige wichtige Kommunikationsprobleme bzw. -störungen angesprochen werden.

3.1 Die Selbstkundgabe

In jede Interaktion und Kommunikation fließen, ob ich das will oder nicht, Aussagen über meine Person ein. Viele Menschen verwenden viel Energie darauf, in den Augen der anderen gut dazustehen. Schulz von Thun unterscheidet drei verschiedene Formen der Selbstdarstellung und Selbstverbergung: die Imponiertechniken, die Fassadentechniken und die demonstrative Selbstverkleinerung (vgl. Schulz von Thun 1987, 107 ff.).

Die Imponiertechniken

Imponieren bedeutet, daß man sich aufspielen, produzieren und angeben will. Wer imponieren will, versucht, sich von seiner besten Seite zu präsentieren und hat folgende Möglichkeiten, das zu tun: durch den Gebrauch einer elitären Sprache, die niemand anderes verstehen soll, durch das Fahren schneller Autos, durch penetrantes Wiederholen eigener Stärken, durch Angeben usw. Zu diesen Mechanismen zählt auch die Angewohnheit gewisser Menschen, das Gespräch immer wieder auf sich und das eigene Thema zurückzuführen.

Die Fassadentechniken

Menschen, die sich dieser Techniken bedienen, sind häufig unscheinbar und zurückhaltend. Sie sind bestrebt, möglichst wenig von der eigenen Person preiszugeben. Eine der effizientesten Möglichkeiten, das zu tun, ist das Schweigen.

Viele Menschen verstecken sich auch hinter ihrer Rolle. Typische Rollen wären z. B. die immer gut aufgelegte Mitarbeiterin, der ewige Schweiger, die griesgrämige Kollegin usw.

Die Sprache bietet auch Möglichkeiten, die eigene Meinung und Befindlichkeit hinter „Man-" „Wir-" und „Es"-Aussagen zu verstecken. Als „Du"-Botschaften werden die Techniken verstanden, die „eigenes inneres Erleben in eine Aussage über den anderen übersetzen" (Schulz von Thun 1987, 112). Sie haben den Vorteil, daß sie scheinbar von der Person des/der Senders/-rin ablenken und den/die Partner/-in in Bedrängnis bringen sollen.

Hinter einer bestimmten Art und Weise, Fragen zu stellen, kann auch die Absicht verborgen liegen, mehr über den anderen erfahren zu wollen, ohne allzuviel von sich selbst preisgeben zu wollen.

Ganz anders könnte die Situation aussehen, wenn mein/meine Kommunikationspartner/-in erfährt, warum ich dieses oder jenes wissen möchte.

Demonstrative Selbstverkleinerung

Diese ebenfalls weit verbreitete Form der Selbstdarstellung ist für beide Seiten meist äußerst problematisch. Auf die Aufforderung eines Kollegen beispielsweise, mit einem extrem verhaltensauffälligen Heimbewohner zum Zahnarzt zu gehen, reagiert eine Kollegin mit der Behauptung, daß sie das nicht schaffe.

Im günstigsten Falle könnte es sich wirklich um einen Hilferuf handeln; es könnte aber auch sein, daß sie nur ihr Selbstbewußtsein stärken und von den anderen hören will, daß sie dazu natürlich und selbstverständlich in der Lage sei (fishing for compliments). Häufig jedoch will der/die Sender/-in mit so einer Aussage erreichen, daß die anderen die lästige und schwierige Aufgabe übernehmen. Diese demonstrative Selbstverkleinerung ist eine durchaus erfolgreiche Strategie, wenn es darum geht, mit wenig Aufwand durchs alltägliche Leben zu kommen. Sie wird jedoch häufig auf diejenigen, die sie anwenden, zurückfallen.

Selbstdarstellungs- und Verbergungstechniken werden mehr oder weniger von allen Menschen benutzt und können durchaus sinnvolle und erfolgreiche Strategien sein – z. B. zur Darstellung der eigenen Kompetenzen und Befindlichkeiten. Wenn sie jedoch durchgängig angewendet werden, verursachen sie Unsicherheit, verkomplizieren die Beziehungen und können sogar zur Gefahr für das seelische Gleichgewicht (Schulz von Thun 1987, 115) werden. Weil auf dieser Ebene dann unnötigerweise sich Beziehungsschwierigkeiten ergeben, bleiben die sachlichen Probleme auf der Strecke.

Je mehr der/die Sender/-in auf die vorhin geschilderten Techniken verzichtet und statt dessen offener seine Gefühle und Gedanken „preisgibt", um so mehr kann Kommunikation gelingen. Dazu ist es aber notwendig, daß der/die einzelne die Situation analysiert, die Gefühle wahrnimmt, sie sich bewußt macht und sich entscheidet, wie er/sie mit ihnen umgehen und welche er/sie preisgeben möchte.

Ein einfaches Beispiel: Während eines Teamgespräches signalisiert eine Kollegin, von der ich angenommen habe, daß sie mich unterstützt, Ablehnung. Es geht nun darum, den eigenen Gefühlen nachzugehen und zu entscheiden, ob sie angesprochen werden sollen oder nicht. Das ist natürlich auch davon abhängig, wie ich diese Situation gerade einschätze, wie ich mich gerade fühle. Angst, Wut oder Zorn einzugestehen, kann sehr verunsichern, über Unstimmigkeiten zu sprechen, erfordert Mut und Selbstsicherheit. Das Ergebnis dieser Bemühungen kann sein, daß ich als Sender/-in für meinen/meine Partner/-in eindeutiger geworden bin: Die Kommunikationsstruktur verbessert sich. Das Durchstehen solcher Konflikte hat in den meisten Fällen positive Konsequenzen: Carl Rogers bezeichnet diese Kommunikationshaltung als Kongruenz, Schulz von Thun als Stimmigkeit, und Ruth Cohn spricht von selektiver Authentizität. Ruth Cohn (1975, 124 f.) hat Hilfsregeln für die Kommunikation aufgestellt, die für alle Gruppen geeignet sind:

(1) Vertrete dich selbst in deinen Aussagen; sprich per ich und nicht per wir oder per man.

(2) Wenn du eine Frage stellst, sage, warum du fragst und was deine Frage für dich bedeutet. Sage dich selbst aus und vermeide das Interview.

(3) Sei authentisch und selektiv in deiner Kommunikation, mach dir bewußt, was du denkst und fühlst, und wähle, was du sagst und tust.

(4) Halte dich mit Interpretationen von anderen solange wie möglich zurück, sprich statt dessen deine persönlichen Reaktionen aus.

(5) Sei zurückhaltend mit Verallgemeinerungen.

(6) Seitengespräche haben Vorrang. Sie sind als Störungen zu betrachten und würden nicht vorkommen, wenn sie nicht wichtig wären.

(Der/die Leiter/-in der Gruppe könnte diejenigen, die solche Gespräche führen, etwa wie folgt fragen: „Vielleicht wollt ihr uns erzählen, was ihr miteinander sprecht?")

3.2 Der Inhaltsaspekt

Bei oberflächlicher Betrachtungsweise einer Kommunikation dominiert dieser Aspekt, d. h., es geht um die Vermittlung von Informationen und Nachrichten. Geschieht dies auf einer sachlichen Ebene, so ergibt sich die größte Chance für eine gute Vermittlung. Schulz von Thun verdeutlicht das (1987, 129): „Sachlichkeit ist erreicht, wenn die Verständigung auf der Sachebene weiterkommt, ohne daß die Begleitbotschaften auf den anderen 3 Seiten der Nachricht störend die Oberhand gewinnen." Treten aber Störungen z. B. in der Beziehungsebene auf, so ist ein Verharren auf der Sachebene zwecklos und ohne Ertrag. Ruth Cohn (1975, 122) formuliert: „Störungen haben Vorrang. Störungen fragen nicht nach Erlaubnis, sie sind da als Schmerz, als Freude, als Angst, als Zerstreutheit. Die Frage ist nur, wie man sie bewältigt. Antipathien und Verstörtheiten können einzelne versteinern und die Gruppe unterminieren. Unausgesprochen und unterdrückt bestimmen sie die Vorgänge in Schulklassen, in Regierungen." Auch in der heilerzieherischen Praxis sollen, noch bevor über die Inhalte der Arbeit gesprochen wird, die Störungen geklärt werden. Wenn das nicht möglich ist, sollte zumindest ein Bewußtsein über diese Probleme vorherrschen. Die Erfahrung zeigt, daß Absprachen z. B. nicht eingehalten werden, wenn die Beziehungsebene nicht stimmt.

3.3 Der Beziehungsaspekt

Die Wichtigkeit des Beziehungsaspektes innerhalb der Kommunikation ist unumstritten. Dabei sind grundsätzlich zu beachten: die Einstellung der Partner/-innen zueinander und die Beziehung miteinander. Die Sichtweise meines/meiner Kommunikationspartners/-rin wird deutlich im alltäglichen Umgang. Wertschätzung bedeutet, daß ich mein Gegenüber als vollwertige, gleichberechtigte Person achte und ihr Wohlwollen entgegenbringe. Kennzeichen dieser Vorgehensweise ist einmal die Reversibilität der Sprache, aber auch entsprechende Umgangsformen, d. h. eine freundliche Grundhaltung. Geringschätzung spiegelt sich in einer entsprechenden herablassenden autoritären, demütigenden Art. Auch die Freiheiten, die ich meinem Partner zugestehe, verdeutlichen meine Grundhaltung. Starke Lenkung und Bevormundung führen immer zu Beziehungsproblemen und deutlichen Reaktionen der/des Kommunikationspartners/-rin im Sinne von Abwehr, Auflehnung, Widerstand usw.

Unser kommunikatives Verhalten läßt sich häufig leiten durch das Bild, das wir von dem anderen Menschen haben. Auftreten, Kleidung, Haltung und Sprache ermöglichen uns eine gewisse Einschätzung unseres Gegenübers. Häufig spielen jedoch auch unbewußt ablaufende Vorgänge eine Rolle. Auf zwei bekannte wollen wir hinweisen: die Projektion und die Übertragung.

Unter Projektion versteht man das Lenken von bestimmten seelischen Vorgängen oder Eigenschaften, die die eigene Person betreffen, die man aber an sich selbst nicht wahrhaben kann und will, nach außen bzw. auf andere Personen. Kommt beispielsweise ein/eine Heilerzieher/-in nicht zurecht und will dies nicht wahrhaben, so mag er/sie das Team dafür verantwortlich zu machen.

Bei einer Übertragung geschieht folgendes: Bestimmte Äußerlichkeiten einer Person erinnern uns an einen Menschen aus unserer Vergangenheit. Daraufhin übertragen wir Einstellungen und Gefühle, die wir von den Person aus der Vergangenheit kennen auf die aktuelle Bezugsperson. Übertragungen belasten Interaktionsprozesse äußerst schwer, da sie etwas ins Spiel bringen, was mit der aktuellen Situation nichts zu tun hat.

Beziehungsdefinition

Wenn immer sich zwei Menschen begegnen, gibt es ein Beziehungsangebot. Dabei hat nach Haley (1978) der Empfänger vier Möglichkeiten, auf die Beziehungsdefinition des Senders zu reagieren:

(1) Akzeptieren:
Das Beziehungsangebot wird vom Partner bestätigt. Begegnen sich zwei fremde Personen und begrüßen sich mit Handschlag, so handelt es sich um eine Beziehungsdefinition, die von beiden akzeptiert wird.

(2) Durchgehen lassen:
Hier wird das Beziehungsangebot zwar nicht zurückgewiesen, aber auch nicht bestätigt. Manche Menschen haben die Eigenschaft, nach der Begrüßung den/die Partner/-in zu berühren. Oft läßt man das durchgehen, obwohl es als unangenehm erlebt wird.

(3) Zurückweisen:
Hier gibt der/die Partner/-in klar zu erkennen, daß das Beziehungsangebot so nicht akzeptiert wird. Spricht z. B. ein Angeklagter eine Richterin mit Vornamen an, so wird die Richterin diese Beziehungsdefinition zurückweisen und das Verhältnis neu definieren.

(4) Ignorieren (entwerten):
Entweder wird das Beziehungsangebot von dem/der Empfänger/-in gar nicht wahrgenommen, registriert oder es wird entwertet. In einem Teamgespräch bringt z. B. ein junger Praktikant einen Gesprächsbeitrag ein, der von keinem der Teilnehmer/-innen zur Kenntnis genommen wird. Häufig treffen in einer Kommunikationssituation sehr unterschiedliche Partner/-innen aufeinander. Deshalb ist es nicht unerheblich, welches Selbstkonzept sie haben. Je unterschiedlicher sich dieses gestaltet, desto schwerer mag sich der Akt der Kommunikation entwickeln.

Beziehungsstörungen können nicht einfach ignoriert werden. Eine Möglichkeit, mit ihnen umzugehen, ist die Metakommunikation. „Gemeint ist eine Kommunikation über der Kommunikation, also eine Auseinandersetzung über die Art, wie wir miteinander umgehen, und über die Art, wie wir die gesendeten Nachrichten gemeint und die empfangenen Nachrichten entschlüsselt und darauf reagiert haben" (Schulz von Thun 1987, 91). Dies hört sich einfach an, bedarf aber eines gewissen Mutes: „Es scheint kaum eine kommunikative Verhaltensklasse zu geben, die die meisten Menschen so ungewohnt finden, so scheuen und doch so befreiend erleben können, wie ein Gespräch über die Beziehung, wie die explizite Metakommunikation" (Mandel u. a. 1971, 127).

3.4 Die Appellseite

Neben der Vermittlung oder Übermittlung von Informationen geht es meistens darum, auf den/die Kommunikationspartner/-in Einfluß zu nehmen. Über einen bestimmten Ausdruck (Körperhaltung, Stimmvariationen usw.) wird versucht, beim Gegenüber eine bestimmte Wirkung zu erzielen. Zum Beispiel:

(1) Mit zitternder, unsicherer Stimme sprechen bedeutet: „Hilf mir!", „Hör mir zu!"
(2) Lautes Sprechen und Schreien läßt sich übersetzen in: „Sei ruhig, hör mir zu, ich habe recht."
(3) Offene Körperhaltung signalisiert: „Du kannst mir vertrauen, ich bin ehrlich."

Ausdrucks- und wirkungsorientiertes Verhalten

In diesem Zusammenhang hat der/die Sender/-in zwei Möglichkeiten, sich zu verhalten: zum einen ausdrucksorientiert, zum anderen wirkungsorientiert. Ausdrucksorientiert verhält sich jemand, der/die seine/ihre Gefühle, Überzeugungen, Beweggründe darstellt, ohne Rücksicht auf die Umwelt zu nehmen. Die Wirkung ist sekundär und wird einfach in Kauf genommen. Anders ist es bei dem/der wirkungsorientierten Sender/-in. Er/sie orientiert sich primär an der erwarteten Wirkung seines Verhaltens (Antizipation). Diese Haltung erfordert viel Aufwand, weil die äußere Situation analysiert werden muß, um die gewünschte Wirkung zu erzielen; darüber hinaus kommt die eigene Haltung häufig zu kurz – häufig wird nur noch taktiert, was sich auf alle Aspekte der Kommunikation negativ auswirkt.

Die Wirkungslosigkeit mancher Appelle

Viele gut gemeinte Appelle verhallen wirkungslos oder rufen beim Gegenüber sogar Widerstand hervor. Im folgenden seien einige kurz dargestellt (nach Schulz von Thun 1987, 214 ff.):

(1) Erfolglose Appelle in Beziehungen: Viele Appelle, z. B. von einer Mutter an ihr Kind, sind deshalb erfolglos, weil das Kind sie als Eingriff in seine Autonomie empfindet, was häufig zu einer oppositionellen Haltung führt.
(2) Appelle als untaugliches Mittel zur Problemlösung: Der gutgemeinte Rat eines/er Partners/-rin: „Setz Dich durch, laß Dir nicht alles gefallen" ist für den/die andere/n meist schwer umzusetzen. Hätte er/sie die Fähigkeiten und die Energie dazu, würde er/sie es ja bereits tun; problematisch sind auch Appelle, die dem/der anderen komplexe Verhaltensmaßnahmen abverlangen. Die Anforderung „Benimm dich anständig" an ein Kind ist oft von Mißerfolg gekrönt, weil der Appell zu ungenau ist und auch mehr der Welt des Senders als des Empfängers entspricht.

(3) Appelle machen spontanes Verhalten unmöglich: Die Aufforderung einer Ehefrau an ihren Mann, ihr Blumen mitzubringen, macht ihm möglicherweise genau dieses unmöglich.
(4) Untaugliche, an sich selbst gerichtete Appelle, z. B. schlaf jetzt.

Verschiedene Arten von Appellen

Appelle werden in sehr unterschiedlicher Form gesendet. Es gibt:

(1) paradoxe Appelle (das Gegenteil fordern von dem, was ich möchte);
(2) offene Appelle (direkter Ausdruck von Wünschen);
(3) verdeckte Appelle (mein Verhalten soll mein Gegenüber zu einem gewissen Verhalten veranlassen).

Grundsätzlich muß sich jeder/jede darüber im klaren sein, daß Wünsche, die nicht artikuliert, nicht formuliert werden, häufig unerfüllt bleiben. Die Vorstellung, daß mein Gegenüber mir an der Nasenspitze abliest, was er/sie für mich tun kann, ist nicht realistisch. Auch auf die Gefahr hin, daß meine Wünsche zurückgewiesen werden, wenn ich offen bin, so bietet diese Art doch am meisten Transparenz und Aussicht auf Erfolg.

3.5 Das Verarbeiten einer Nachricht

Das Aufnehmen, Verarbeiten und Reagieren des/der Empfängers/-rin ist ein wesentlicher, aber störanfälliger Prozeß. Die Informationsflut muß aufgenommen, analysiert, sondiert, verglichen und verarbeitet werden. Grundsätzlich kann man sagen, daß sich jeder/jede die eigene Wunschwirklichkeit schafft. Wahrnehmung ist immer ein selektiver Prozeß. Jeder/jede nimmt gerne nur das wahr, was er/sie wahrnehmen möchte. Andere Informationen werden ingnoriert oder umgedeutet, damit sie den eigenen Vorstellungen entsprechen. Das Verarbeiten einer Nachricht erfordert, offen zu sein für das, was kommt. Zeit und Ruhe sind die Voraussetzung. Bei dem Einordnen und Werten der Informationen ist man darauf angewiesen, auf bekannte Inhalte und Erfahrungen zurückzugreifen, was die Gefahr beinhaltet, Unbekanntes und Fremdes zu überhören.
Miteinander vertraute Menschen können sich über das gleiche Thema unterhalten und sprechen trotzdem über etwas ganz anderes. Ein indianisches Sprichwort sagt: „Ich muß erst drei Tage in deinen Mocassins gehen, um dich zu verstehen." Häufig werden Inhalte, die für selbstverständlich gehalten werden, nicht mehr mitgeteilt, weil die Betref-

fenden davon ausgehen, daß es nicht nötig sei. Inhaltliche Schwerpunkte werden oft unterschiedlich gesetzt, wichtig ist das Bewußtsein darüber, daß man nur Teilaspekte wirklich wahrnimmt und den Rest durch die eigenen Erfahrungen ergänzt.

Abb. 9: Die drei Bereiche der Wahrnehmung

Wie in Abbildung 9 dargestellt, gibt es einmal die nach außen gerichtete Sinneswahrnehmungen: Sehen, Hören, Schmecken, Riechen, Tasten usw. Die anderen beiden Bereiche der Wahrnehmung sind nach innen gerichtet; es handelt sich dabei um die Gefühle, die Körperreaktionen, das Denken, Vermuten, Phantasieren und Interpretieren. Häufig registrieren wir nur letzteres. Häufig läuft dieser Prozeß außerdem sehr diffus ab, wir bemerken nicht einmal mehr unsere Vorlieben für bestimmte Wahrnehmungsarten bzw. unsere Ausrichtung darauf. Eine Möglichkeit wäre, diese komplexe Situation etwas durchschaubarer zu machen, indem diese „Wahrnehmungsautomatik" aufgelöst wird. Das bedeutet, daß die drei Bereiche der Wahrnehmung voneinander getrennt und die einzelnen Sektoren bewußter abgefragt werden sollen.

3.6 Zusammenfassung

Kommunikation ist vielschichtig und komplex; zu ihrem Gelingen müssen alle Teilnehmenden beitragen und dafür auch Verantwortung übernehmen. Die Fähigkeiten der/des einzelnen, Kommunikation zu gestalten, hängt von vielen individuellen und soziokulturellen Faktoren ab. Kommunikation kann aber auch gelernt werden. Besonders kommt es dabei auf die Haltung und Einstellung an, die ich meinem Gegenüber entgegenbringe. Folgende Überlegungen könnten die Basis für einen möglichst störungsfreien Kommunikationsverlauf sein:

(1) Jeder/jede Kommunikationsteilnehmer/-in muß sich zuerst auf sich besinnen. Er/sie muß sich im klaren darüber sein, welche Wünsche, Gefühle, Erwartungen, Erfahrungen usw. er/sie in den Kommunikationsprozeß einbringt, um dann bewußt auszuwählen, was nach außen weitergeben wird und was nicht. Übertragungen, Projektionen und Beziehungsstörungen können auf diese Art und Weise erkannt und abgebaut werden. Ruth Cohn bezeichnet ein solches Kommunikationsverhalten als authentisch (echt, stimmig) und selektiv (auswählend). Zeichen für eine solche Form wären z. B.: das Ausdrücken von Gefühlen, Bedürfnissen in der Ich-Form (Ich-Botschaften); Ehrlichkeit in der Kommunikation, z. B. bei Fragen den Grund nennen; Informationen eindeutig weitergeben, d. h. alle Signale, die sprachlichen wie die nicht-sprachlichen, müssen in die gleiche Richtung weisen;
(2) Kommunikation attraktiv gestalten, d. h. also auch bei Sachinformationen andere Aspekte einfließen lassen; den/die Partner/-in deutlich informieren, um was es geht.
Kommunikation wird dann auch gelingen, wenn die Informationen so einfach und so interessant wie möglich transportiert werden. Der/die Sender/-in muß in der Lage sein, die Information so zu verpacken, daß das Gegenüber sie verstehen kann. Dabei spielen die Wortwahl, Satzlänge und der Stil eine wichtige Rolle wie auch die non-verbalen Signale. Verständlichkeit ist Zeichen von Kompetenz, sprachliche Arroganz ein Zeichen von Inkompetenz.
(3) Auch der/die Empfänger/-in muß zunächst den Blick auf sich selber richten, auf die Erwartungen, Stimmungen und Gefühle, um die empfangene Nachricht richtig verarbeiten zu können. Weitere kommunikationsfördernde Eigenschaften des/der Empfängers/-in können sein:
eine Information oder eine Nachricht nicht als globales Machwerk zu betrachten und so darauf zu reagieren, sondern es nach seinen speziel-

len Anteilen hin zu untersuchen; die richtige Zuordnung von Information wird dann vereinfacht, wenn es dem/der Empfänger/-in gelingt, sich in die Welt des Gegenübers, in seine Situation und in den aktuellen Kontext einzufühlen; dem/der Empfänger/-in muß klar sein, daß nicht jede emotionale Botschaft für ihn/sie bestimmt ist, sondern häufig Ausdruck der Unzulänglichkeit des Gegenübers ist. Eine gewisse Diagnostik der empfangenen Nachricht kann die Situation vor allem auf der Beziehungsebene entschärfen; wenn Nachrichten des/der Senders/-rin inkongruent sind, sollte das sofort zurückgemeldet werden, so daß man aufgrund dieser uneindeutigen Botschaft und Doppelbindungen nicht selbst in die Zwickmühle gerät.

(4) Wenn es Probleme gibt, sollten die Kommunikationspartner/-innen innehalten und sich auf die Metaebene begeben und sich darüber austauschen. Es ist aber ein durchaus lohnender Weg, sich mit Kommunikation auseinanderzusetzen, sich kundig zu machen, zu üben, um sich damit viel Kraft und Energie zu sparen. Denn auf die Interaktion und Kommunikation sind wir in einer ganz besonderen Art und Weise angewiesen.

LITERATUR

Argyle, M. (1985): Körpersprache & Kommunikation. Paderborn

Argyle, M./Trower, P. (1981): Signale von Mensch zu Mensch. Weinheim und Basel

Baun, M. (1981): Förderung sprachlicher Kommunikation bei Geistigbehinderten. Berlin

Cohn, R. (1975): Von der Psychoanalyse zur themenzentrierten Interaktion. Stuttgart

Fröhlich, A. (1989): Kommunikation und Sprache körperbehinderter Kinder. Dortmund

Georges, H. (1988): Ausführliches Latein-Deutsch Handwörterbuch. Hannover

Haley, J. (1978): Gemeinsamer Nenner Interaktion. München

Kron, F. W. (1991): Grundwissen Pädagogik. München

Kron, F. W. (1993): Grundwissen Didaktik. München

Mandel, A./Mandel, K. H./Stadter, E./Zimmer, D. (1971): Einübung in Partnerschaft durch Kommunikationstherapie und Verhaltenstherapie. München

Mandel, A./Mandel, K./ Stadter, E./Zimmer, D. (1973): Einübung in Partnerschaft durch Kommunikationstherapie und Verhaltenstherapie. Leben lernen 2, München

Morris, C. W. (1973): Zeichen, Sprache und Verhalten. Düsseldorf

Morris, C. W. (1972): Grundlagen der Zeichentheorie. München

Morris, D. (1978): Der Mensch, mit dem wir leben. Ein Handbuch unseres Verhaltens. München

Rogers, C. (1973): Die klient-bezogene Gesprächstherapie. München

Rogers, C. (1978): Die Kraft des Guten. München

Scherer, K. R. (Hrsg.) (1982): Vokale Kommunikation. Weinheim

Schulz von Thun, F. (1987): Miteinander reden 1, Reinbek

Schulz von Thun, F. (1989): Miteinander reden 2, Reinbek

Spitz, R. A. (1970): Nein und Ja. Stuttgart

Spitz, R. A. (1982): Vom Dialog. Stuttgart

Spitz, R. A. (1972): Vom Säugling zum Kleinkind. Stuttgart

Tausch, R./Tausch, A. (1990): Wege zu uns und anderen. Reinbek

Wachsmuth, S. (1986): Mehrdimensionaler Ansatz zur Förderung kommunikativer Fähigkeiten Geistigbehinderter, Reihe Studientexte, Heil- und Sonderpädagogik, Bd. 10. Gießen

Watzlawick, P./Beavin, J. H./Jackson, D. (1990): Menschliche Kommunikation. Bern

IV. Didaktik

Das Wort Didaktik wird von dem griechischen Verb didaskein abgeleitet, was soviel wie lehren und lernen bzw. belehren und belehrt werden heißt. In den 50er und 60er Jahren wurde der Begriff Didaktik in einem engeren Sinn verwendet; er umfaßte nur die inhaltliche Seite der Vermittlung. Im allgemeinen Sprachgebrauch wie auch in den fachwissenschaftlichen Veröffentlichungen wird heute unter Didaktik dagegen die Lehre vom Lehren und Lernen verstanden. Die wissenschaftliche Didaktik ist eine Teildisziplin der allgemeinen Pädagogik und befaßt sich vorwiegend mit organisiertem und institutionalisiertem Lehren und Lernen, d. h. mit dem Unterricht.
Die Didaktikkonzeption, die wir im folgenden darstellen werden, geht von einem noch weiter gefaßten Begriff aus: er bezieht das Erleben, das Erfahren und das Handeln ein.

1. Didaktik als Lern- und Bildungstheorie

In der Schulpädagogik wurden verschiedene Modelle und Konzepte entwickelt, welche Inhalte auf welche Art und Weise am besten unterrichtet werden sollten. Frühere Vorstellungen (Weniger 1956) verbanden mit dem Begriff Didaktik die Frage nach den Inhalten, die zur Vermittlung anstanden; die Art und Weise der Vermittlung wurde der Methodik zugeordnet. Didaktik und Methodik standen somit gleichberechtigt nebeneinander, weshalb es in sozialpädagogischen Ausbildungseinrichtungen (auf Fach- und Fachhochschulebene) nach wie vor Fachbezeichnungen gibt, in denen Didaktik und Methodik zusammen verwendet wird oder sogar nur von Methodik die Rede ist, obwohl eigentlich Didaktik gemeint ist.
In allen neueren Didaktikmodellen hat sich Didaktik als Oberbegriff durchgesetzt. Methodik (also die Frage nach den Methoden bzw. nach der Art und Weise der Vermittlung) ist dann als ein Teilbereich der Didaktik anzusehen.
In der Schulpädagogik steht die Frage nach den Bildungsinhalten traditionell im Vordergrund. Dieser Umstand ergibt sich nicht zuletzt aus dem Zusammenhang, daß die Gesellschaft, repräsentiert durch politische und bildungspolitische Institutionen, ein vitales Interesse daran

hat, ganz bestimmte Inhalte, die für den Fortbestand und die Weiterentwicklung des sozialen und kulturellen Lebensstandards erforderlich sind, zu tradieren. Lehrern/-rinnen, Eltern und Erziehern/-rinnen
war die Frage nach dem Inhalt immer wichtiger als nach der Form.
Die sozialpädagogische Arbeit hatte dagegen schon immer einen größeren Schwerpunkt auf die Form der Vermittlung gelegt. Das ergibt
sich aus dem Umstand, daß erst mit der Begegnung und dem Austausch das Erschließen von Inhalten (bezüglich der Möglichkeiten und
Interessen einzelner Personen oder Personengruppen) sinnvoll ist.

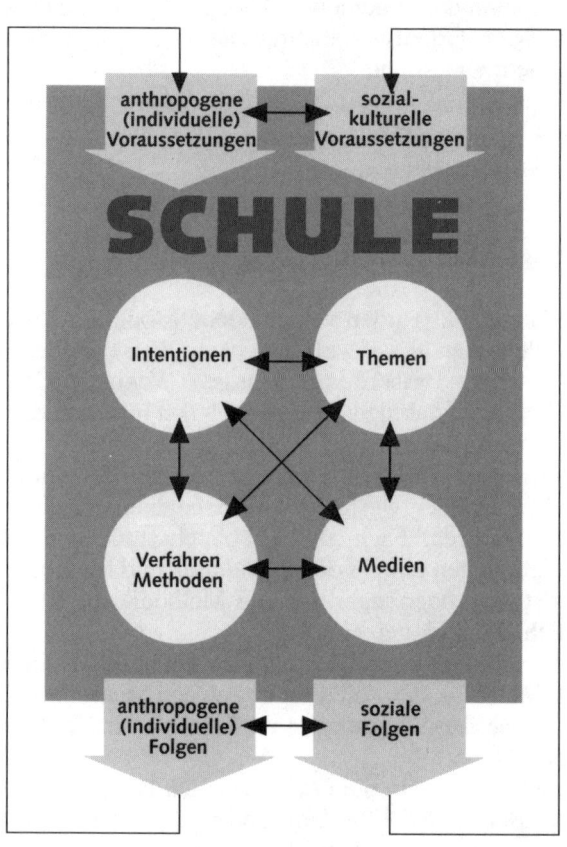

Didaktische Analyse

anthropogene (individuelle) Voraussetzungen ↔ sozial-kulturelle Voraussetzungen

SCHULE

Intentionen ↔ Themen

Verfahren Methoden ↔ Medien

anthropogene (individuelle) Folgen ↔ soziale Folgen

Abb. 10: Strukturmodell für die Unterrichtsplanung (Schulz 1970, 414)

52

Sowohl lern- als auch bildungstheoretische Didaktikmodelle – beide für den Schulunterricht entwickelt – berücksichtigen umfassende Analysen und Wechselbeziehungen des Lernens. In der kritisch-konstruktiven Didaktik geht Klafki (1991) von einem Bildungsansatz mit kritisch emanzipatorischer Richtung aus. Besonders wichtig ist der Begründungszusammenhang im Hinblick auf die Bedeutung der Vermittlung für den Lernenden. Als Modell zur Unterrichtsplanung stellt es die Ziele und hier insbesondere die Fähigkeit zur Selbst- und Mitbestimmung sowie Solidarität in den Vordergrund.

Im lerntheoretischen Didaktikmodell von Heimann/Schulz (bekannt geworden als Berliner Modell) werden Lernvoraussetzungen als Ausgangsbedingungen und die wechselseitigen Abhängigkeiten (von: Intention (Absicht), Inhalt, Methode und Medien) auf der didaktischen Entscheidungsebene deutlich gemacht.

Lern- und Vermittlungsprozesse nehmen in diesem Modell ihren Ausgangspunkt im Zusammenwirken der individuellen und soziokulturellen Voraussetzungen. Didaktische Planung muß diese Voraussetzungen genau analysieren, um adäquate Entscheidungen für die Praxis treffen zu können. Sie kann bei der Wahl der Themen, der Bestimmung der Intentionen, der Bestimmung der Verfahren (Methoden) und der Medien ansetzen, wobei sie sich bewußt sein muß, daß die Bearbeitung eines jeden Entscheidungsfeldes nicht ohne Einfluß auf die anderen Entscheidungsfelder bleiben wird: Sie muß, wie es im Fachjargon heißt, die „Interdependenz" im Auge behalten.

2. Didaktik und Heilerziehung

Die Übernahme von schuldidaktischem Denken in die Behindertenhilfe war in den 70er und 80er Jahren selbstverständlich, weil als programmatische Leitidee die gezielte Förderung im Vordergrund stand. Didaktik im Sinne von Lehren und Lernen reduzierte sich auf spezifisch ausgerichtete Förderbereiche, wie z. B. Wahrnehmungsförderung oder lebenspraktische Förderbereiche wie das An- und Auskleiden, der Gang zur Toilette usw. Bisweilen führte das dazu, daß der Tagesablauf sehr stark mit Förderprogrammen durchstrukturiert wurde (wenn es die personelle Situation erlaubte). Lerninhalte wurden dabei näher an den soziokulturellen Gegebenheiten und im persönlich individuellen Bereich mehr an Defiziten ausgerichtet.

Aus heutiger Sicht sind hier einige Veränderungen, besonders im Hinblick auf didaktische Theoriegrundlagen anzubringen. Das begründet sich nicht zuletzt dadurch, daß in der Didaktikforschung neue Entwicklungen, insbesondere die interaktionistischen Ansätze, berücksichtigt werden müssen.

Bliebe der Didaktikbegriff auf den Bereich des überprüfbaren Lernens beschränkt, so wäre Didaktik für den typischen Praxisbereich der Heilerziehungspflegerin (Bewältigung des Lebensalltags zusammen mit Menschen mit Behinderungen) nur von mäßiger Bedeutung. Geplantes und organisiertes Lernen sind die Kernpunkte der heutigen didaktischen Theoriemodelle im schulischen wie im außerschulischen Bereich. Für eine Praxis der Heilerziehungspflege sind die bestehenden Didaktikmodelle jedoch nicht ausreichend. Zum einen werden sie der Komplexität der Situationen nicht gerecht, zum andern ist ihre Differenzierung am einzelnen Menschen zu ungenau.

Der Mensch muß im Zentrum des didaktischen Denkens stehen, und ausgehend von seiner Lebenspraxis sind Erleben, Erfahren und Handeln genauso elementare Kategorien der Lebenswirklichkeit wie sie es für das Lernen sind. Erst wenn Didaktik auch Erfahren, Erleben und Handeln erfaßt, können sich im Praxisfeld Heilerziehungspflege viele Bereiche für didaktisches Denken und Handeln eröffnen.

Didaktik kann in die Bereiche Planung, Organisation und Handlung untergliedert werden. In der Regel stehen in der Heilerziehungspflege kaum oder keine Zeiten für Vorbereitung zur Verfügung. Viele Situationen im Alltag erfordern rasches Handeln. Um dennoch richtige Entscheidungen zu treffen, ist es wichtig und erforderlich, daß die Heilerziehungspflegerin didaktische Strukturen und Ansätze als Hintergrundwissen zur Verfügung hat.

Für viele Bereiche, wie z. B. Bildungsangebote, Förderung, Tagesstruktur usw., ist es nach wie vor wichtig, daß ganz konkret didaktisch geplant wird. In der Didaktik der Heilerziehungspflege geht es also nicht nur um die Optimierung von Lernprozessen, sondern es geht um die Optimierung von Lebensqualität, und dafür ist Vorbereitung, Vorwissen, Organisation und Planung erforderlich.

Für die fachpraktische Ausbildung in der Heilerziehungspflege sollte aus diesem Grunde ein didaktisches Konzept zur Verfügung stehen, mit dem zunächst auch exemplarisch gearbeitet werden kann. Somit kann eine Kompetenz entwickelt werden, mit der, selbst wenn nicht ausdrücklich didaktisch geplant wird, Handlungsentscheidungen auf dem Hintergrund von Fachwissen getroffen werden können. Didaktisches Denken und Handeln kann also im gesamten Bereich der „Praxis" stattfinden. Es soll jedoch der Begriff Didaktik dahingehend eingegrenzt werden, daß er nicht mit „der Praxis" schlechthin gleichzusetzen ist. Viele Handlungen und Entscheidungen im zwischenmenschlichen Bereich nehmen ihren Ausgang in ganz persönlichen

Interessen, vollziehen sich in der konkreten Beziehung zwischen Ich und Du. Zwischenmenschliches Zusammensein und echte Interaktionen können sich nicht immer an progressiver Entwicklung und Verbesserung der Lebensqualität orientieren. Es wird praktisch immer auch Bedingungen geben, die zu leidvollen und negativen Erfahrungen führen. Diese müssen aber nicht auch noch didaktisch organisiert oder geplant werden.

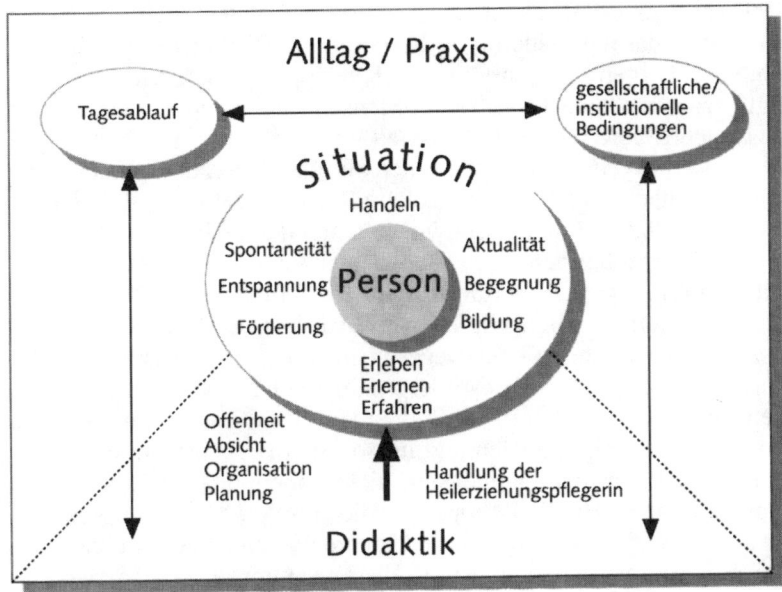

Abb. 11: Die Einbindung der Didaktik in den Alltag
der Heilerziehungspflege

Im Mittelpunkt der Heilerziehungspflege steht der Mensch mit einer Behinderung. Der Halbkreis auf dem Schaubild ist zur Situation hin absichtlich offen gehalten, um zu symbolisieren, daß die Konsequenzen der Handlungen weder vorherseh- noch festlegbar sind. Didaktik beeinflußt das Planen und Organisieren; umgekehrt kann sie von den äußeren Bedingungen beeinflußt werden.

3. Didaktik als Unterstützung von Erfahren, Handeln und Lernen

Die Optimierung von Lernprozessen konnte mit didaktischen Theorien und Modellen deutlich vorangetrieben werden. Dies gilt für die schulische, aber nur am Rande für die außerschulische Bildung. Es ist jedoch auffällig, daß für den außerschulischen Bereich nur wenig didaktische Konzeptionen entwickelt wurden (Fuhr 1985, Schilling 1993, Martin 1994). Doch selbst bei diesen steht das Lernen (wenn auch mehr das individuelle) im Vordergrund. Die herausragende Stellung von Lernen in einem didaktischen Konzept ist durchaus berechtigt, wenn man bedenkt, daß jeder Mensch jederzeit lernt, und zwar im gesamten Bereich seiner Lebenswelt.

In der Lernpsychologie wird Lernen als eine dauerhafte Veränderung des Verhaltens, welches durch äußere Reize ausgelöst wird, beschrieben. Eine andere Frage ist, inwieweit sich diese Veränderungen von einem/einer außenstehenden Beobachter/-in nachvollziehen lassen. Jedem Lernen geht Erfahrung voraus. Lernen ist also ein Prozeß, der auf sehr unterschiedlichen Ebenen im Menschen abläuft. Für das schulische Lernen stehen in der Regel überprüfbare Wissensinhalte oder Handlungsfähigkeiten im Vordergrund. Im Bereich der Persönlichkeitsentwicklung gibt es viele Veränderungsmöglichkeiten (z. B. im kognitiven, im emotionalen und im sozialen Bereich), die im einzelnen und auch in ihrer Dimension nicht unbedingt von außen erfaßt werden können. Häufig ist sogar der/die von Veränderungen Betroffene selbst nicht in der Lage, diese Veränderungen zu beschreiben.

Der Begriff Lernen beginnt bereits da schwammig zu werden, wo Entwicklungen nicht mehr als dauerhafte Verhaltensveränderung beobachtbar oder belegbar sind. Es sei dahingestellt, inwieweit ein Mensch in allen seinen Tätigkeiten und Handlungen in seinen Erfahrungen und Erlebnissen, ob sie uns passiv oder aktiv erscheinen, eine Art von „Mikrolernprozessen" durchläuft. Entscheidend ist, daß es zu subjektiv positiven Ergebnissen kommt, die ein bejahendes Selbstkonzept, und sei es in kleinsten Schritten, unterstützen kann. Das heißt, die Qualität einer Erfahrung eines Erlebnisses oder einer Handlung darf nicht nur auf dem Hintergrund ihrer dauerhaften Veränderung bestimmt werden, sondern sie muß sich auch an der subjektiven Bestätigung im lebensweltlichen Zusammenhang orientieren.

Wenn es um die Vermittlung von Geborgenheit, Sicherheit, Zuneigung und Liebe geht, also um die elemtaren Größen des pädagogischen Bezugs, so sollen und können diese beim besten Willen nicht mehr mit den didaktischen Ansätzen des gezielten Lernens organisiert und realisiert werden. Zwar läßt sich das fruchtbare Moment nicht methodisieren (Copei 1960), aber die Wahrscheinlichkeit seines Eintretens läßt sich durch Vorbereitung und Reflexion erhöhen!

Didaktik als die Organisation und Planung von gezieltem Lehren und Lernen ist somit in Richtung Erfahrung, Erleben und Handeln zu überschreiten. Dann hat Didaktik die Aufgabe, Erfahrungen zu unterstützen, die wie z. B. Musikhören, Entspannen oder sich in den verschiedenen Ausdrucksmöglichkeiten zu äußern, für den betroffenen Menschen Erfüllung, Freude, Sicherheit, Selbstvertrauen usw. bewirken. Didaktik ist auch dann angesagt, wenn es darum geht, alltägliche Interaktionsabläufe vorzubereiten, zu optimieren und zu einer subjektiven Verbesserung der persönlichen Entwicklung und Lebensqualität beizutragen.

Erlebnisse und Erfahrungen ereignen sich in Situationen. Diese lassen sich mehr oder weniger gut planen und organisieren. Wenn aber die Person, um die es im didaktischen Zusammenhang geht, mit ihrem Selbst und ihren potentiellen Fähigkeiten zur Autonomie (und liegt diese in den kleinsten Schritten) ernstgenommen wird, dann muß Planung und Organisation genauso die Offenheit einkalkulieren, die diesem Autonomieanspruch, wird er nun ausdrücklich oder nur indirekt eingefordert, gerecht wird.

Ein Dialog braucht nicht geführt zu werden, wenn der eine Teil weiß oder bestimmt, was die Beiträge des anderen sind oder zu sein haben.

4. LEBENSWELT- UND KOMMUNIKATIONSORIENTIERTE DIDAKTIK

Mit der nachfolgenden Konzeption soll versucht werden, einem bis ins „Erleben" erweiterten Didaktikverständnis gerecht zu werden. Sie versteht sich nicht als eine spezielle Didaktik für „die Praxis" mit Menschen mit einer Behinderung, sondern als allgemein gültiger, besonders ganzheitlicher und lebensweltlicher Ansatz.

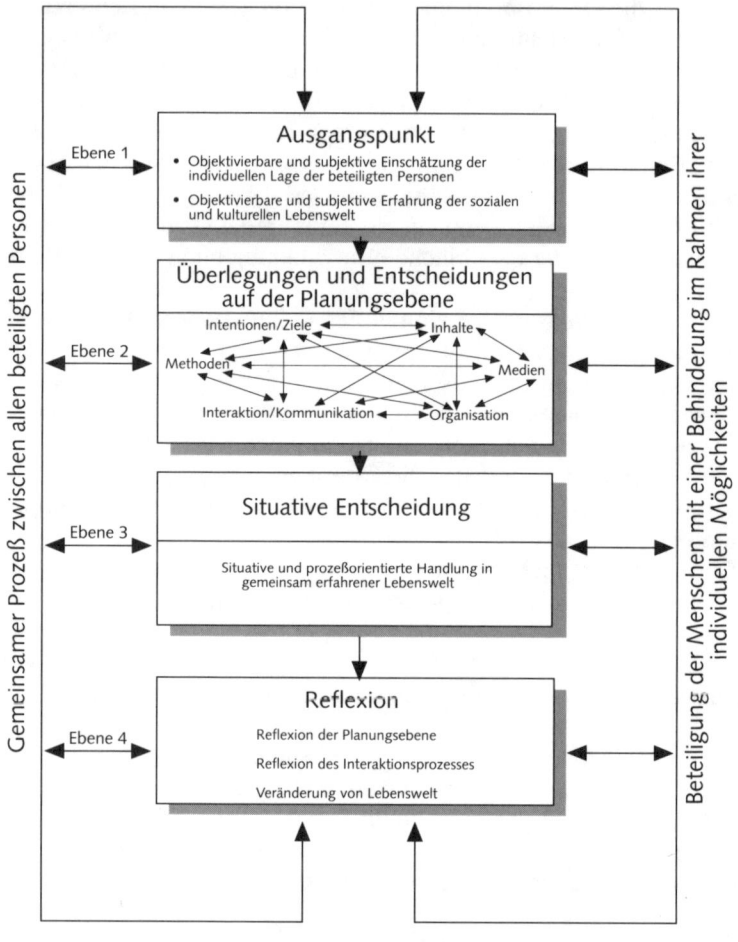

Abb. 12: Gesamtübersicht einer Didaktikkonzeption

Dieses Schaubild zeigt auf einen Blick, welche Faktoren bei einer Didaktikkonzeption zu berücksichtigen sind und in einer Situation zusammenschließen.

Faustregelhaft sind die Fragen, die an ein Didaktikkonzept zu stellen sind, an einer Hand aufzählen:

(1) Mit wem – welche Personen (Alter, Geschlecht, Fähigkeiten, Motivationen) –
(2) kann was – Inhalte (Thema und Inhalte, die neu hinzukommen, oder Inhalte, die schon bekannt sind oder an Bekanntes anknüpfen) –
(3) aus welchem Grund, mit welcher Absicht – Intentionen, Perspektiven für die Zukunft –
(4) auf welche Art und Weise oder wie – Methoden –
(5) mit welchen Hilfsmitteln (Medien) unternommen oder angeboten werden?

Dabei gilt es, drei Zeitebenen zu berücksichtigen:

die Planung/Vorüberlegung: Ebene 2 im Schaubild,
die aktuelle Situation: Ebene 3 im Schaubild,
die Reflexion: Ebene 4 im Schaubild.

Diese Dreiteilung läßt sich im Prinzip wieder auf einzelne Situationen und Situationsausschnitte anwenden. In der aktuellen Situation muß die Vorüberlegung allerdings in wenigen Augenblicken geschehen und sich auf das Erfassen der vorangegangenen Handlungssequenz beziehen. Das situative Handeln soll jedoch nicht unter einem permanenten Planungs- und Reflexionsdruck stehen, der freie Lauf spontanen Handelns muß immer gesichert bleiben.
Abbildung 13 versucht diesen Prozeß gesondert zu visualisieren.

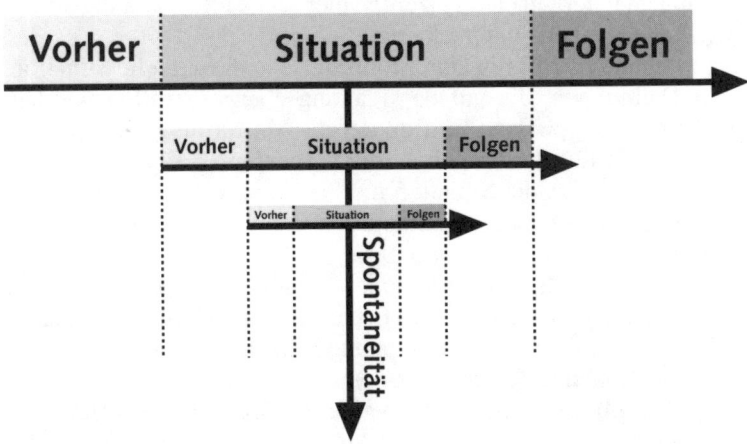

Abb. 13: Die Zeitstruktur bei didaktischen Planungen

Dadurch, daß sich diese Dreiteilung im Prinzip wieder auf einzelne Situationen und Situationsausschnitte anwenden läßt, wird eine hohe Rückkoppelung und Flexibilität selbst in der aktuellen Vermittlungssituation erreicht, ohne daß dabei eine Beliebigkeit entsteht. Außerdem wird mit dieser Struktur sichergestellt, daß die Situation in gewissem Sinne offen bleibt.

Die erste Ebene stellt die Ausgangssituation und die bestehenden Bedingungen dar. Die Person für die und mit der die Vermittlungssituation entwickelt wird, sollte an erster Stelle stehen. Sie ist der Ausgangspunkt und Maßstab, wenn es um Angebote und Unterstützung geht, die ihr Leben und ihre Entwicklung günstig beeinflussen sollen. Es ist also eine sehr gute und genaue Beobachtung notwendig, um den Entwicklungsstand und die aktuelle Ausgangslage einer Person zu erfassen. Auch grundsätzliche Kenntnisse über den Verlauf von menschlichen Entwicklungsphasen können hier hilfreich sein (Anthropologie, Entwicklungspsychologie). Eine zweite, feststehende Bedingungsgröße, die im Zusammenhang mit didaktischen Planungen berücksichtigt werden muß, sind die sozialen und kulturellen Voraussetzungen. Darin ist das Potential der möglichen Vermittlungsinhalte und Themen, die für die individuelle Entwicklung einer Person von Bedeutung sind, zu finden. Auf der Planungsebene müssen neben den Voraussetzungen oder Bedingungen, also den vorgefundenen Gegebenheiten, die flexiblen Entscheidungsfelder beachtet werden. In Anlehnung an Peterßen (1971) werden hier sechs Entscheidungsfelder auf der Planungsebene unterschieden.

Die dritte Ebene betrifft die Durchführung, also die aktuelle Situation. Die Entscheidungen, die auf der Planungsebene getroffen wurden, haben jetzt einen gewissen Einfluß auf die Vermittlungssituation. Es kann aber nicht nur darum gehen, die vorgeplanten Entscheidungen umzusetzen, sondern die Situation muß in erster Linie als Ebene der Interaktion und des Dialogs verstanden werden und damit auch offen bleiben.

Die letzte Ebene ist die der Reflexion. Jetzt geht es um das Aufdecken von Zusammenhängen und um das Erkennen von Wirkungen und Folgen, die aus der gemeinsamen (geplanten) Situation entstanden sind. Welche Intentionen (Absichten) konnten sich zu gemeinsamen Intentionen und darüber zu gemeinsamen aufeinander bezogenen Handlungen entwickeln? Es ist eine kritische Analyse bezüglich des Planungshorizontes und eine kritische Analyse bezüglich der eigenen Handlungen gefordert. Außerdem geht es um den Ausblick auf weitere Anknüpfungsmöglichkeiten an diese Situation.

Um die oben dargestellte Didkatikkonzeption in der Praxis anwenden zu können, ist es sinnvoll, sich mit den einzelnen Faktoren genauer zu beschäftigen.

5. DIE DIDAKTIKKONZEPTION IN IHREN BESTANDTEILEN

5.1 Der Mensch und seine Lebenswelt als Ausgangspunkt
Ebene 1

Die hier geforderte Vorrangstellung der Person gegenüber den sozialen und kulturellen Voraussetzungen ist in der klassischen Schuldidaktik keineswegs selbstverständlich. Diese Didaktikkonzeption will den Menschen, besonders den auf Vermittlungshilfe angewiesenen, als Person und Individuum in den Vordergrund rücken, ohne dabei die gesellschaftliche Realität aus den Augen zu verlieren. Unabhängig von dem Entwicklungsstand, auf dem sich der einzelne Mensch befindet, welche körperlichen oder psychischen Einschränkungen bei ihm vorliegen, wird davon ausgegangen, daß er eindrucks- bzw. ausdrucksfähig, lern- und bildungsfähig, erlebnis- und erfahrungsfähig ist. Die genetischen Anlagen des Menschen können erst im Zusammenhang mit einer adäquaten Umwelt realisiert werden. Die Lebensfähigkeit ist demnach nicht durch vorprogrammierte Verhaltensmuster, sondern durch Erfahrung, Lernen und Entwicklung gegeben. Da der Mensch im Laufe seines Lebens verschiedene Entwicklungsstadien durchmacht, ist es erforderlich, seinen aktuellen Entwicklungsstand relativ differenziert zu erkennen, um entsprechende Angebote und Vermittlungshilfen zu machen. Dabei gilt es zu beachten, daß der Mensch als Ganzes erfaßt wird, und nicht nur, wie in der Vergangenheit, bestimmte Teilaspekte bei der Förderung eine Berücksichtigung erfahren. Die Fähigkeit zum Handeln, die jedem Menschen zugesprochen wird, ist, wie die Abbildung 14 zeigt, als Produkt eines sehr komplexen Vorganges aus Bedürfnissen, Wahrnehmung, Wille, Gefühl und Motivation zu begreifen. „Der Mensch ist primär ein handelndes Wesen, er braucht Handlungssituationen und verwirklicht sich im Handeln, er ist von Natur aus ein aktives Wesen" (Schilling 1993, 198).

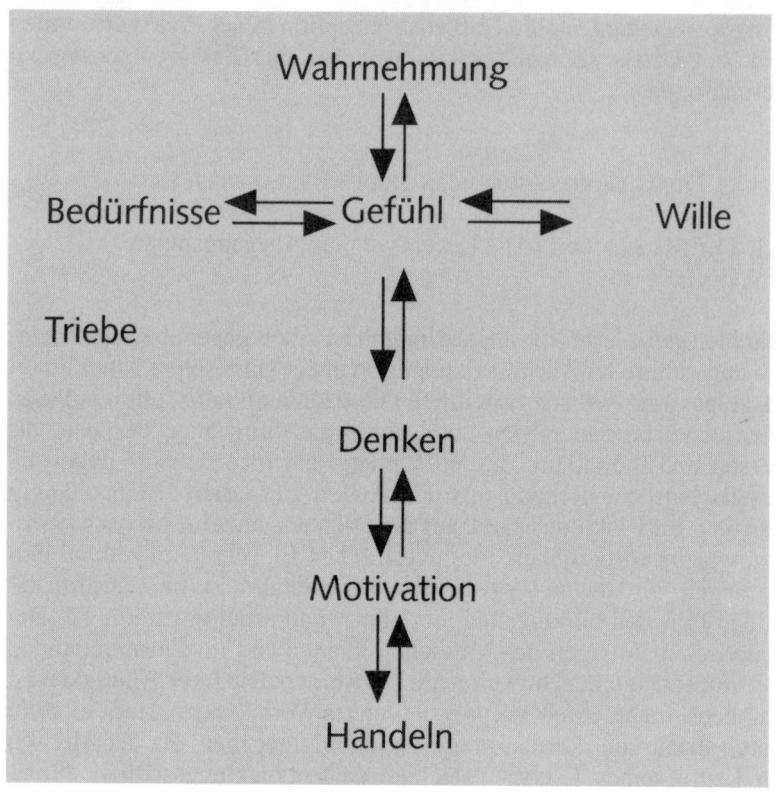

Abb. 14: Ganzheitlicher Handlungsansatz nach Macha
(Schilling 1993, 196)

Für die objektivierbare und subjektive Einschätzung bezüglich der individuellen Lage einer Person, wie sie für eine didaktische Planung erforderlich ist, ist hier von einem ganzheitlichen Ansatz auszugehen.

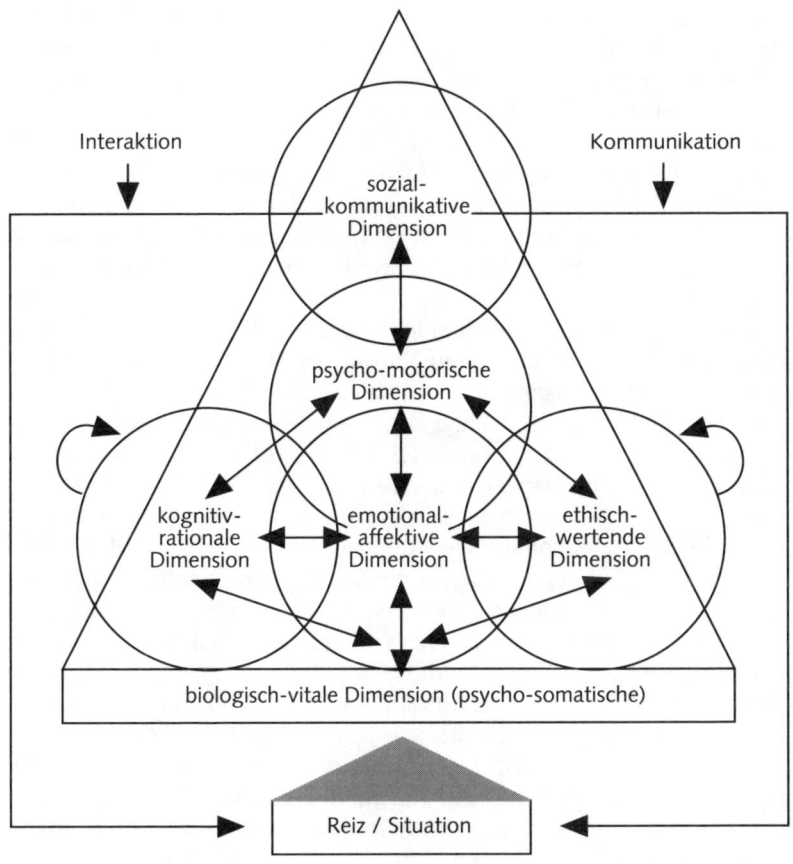

Abb. 15: Anthropologisches Orientierungsmodell
(Schilling 1993, 200)

Bei Menschen mit einer Behinderung muß die individuelle Lage besonders in den Blick rücken, da ihr Entwicklungsstand nicht, wie sonst altersentsprechend, standardisiert werden kann. Deshalb müssen diese Menschen ganz besonders sorgfältig und einfühlsam beobachtet werden. Dabei geht es nicht in erster Linie um das Sammeln von Fakten, sondern um das Verstehen ihrer Persönlichkeit.
Um einen Menschen in seiner Individualität zu erfassen, sind sein Körper mit seinen Sinnen, seine Gefühlswelt, sein Verstand mit den Wahrnehmungsfähigkeiten, sein Wertesystem, die Handlungsmöglichkeiten und die Stellung in der Gemeinschaft zu berücksichtigen

63

(Schilling 1993, 221). Zu einer vollständigen Beschreibung gehören außerdem die biographischen Daten und die wichtigsten Lebensumstände. Es gilt bei der Beschreibung einer Person, die als Ausgangspunkt für eine didaktische Planung dienen soll, darauf zu achten, daß der Mensch mit all seinen Fähigkeiten, Möglichkeiten, Bedürfnissen und in seiner aktuellen Lebenssituation beschrieben wird. Wenn in der Didaktik all diese Komponenten erfaßt werden, kann in der konkreten Arbeit an den Fähigkeiten, den Möglichkeiten und an der Motivation des/der Betreffenden angeknüpft werden, und es wird nicht defizitorientiert gearbeitet.

Häufig werden auch für noch nicht im persönlichen Kontakt bekannte Personen didaktische Überlegungen angestellt. Dann müssen die individuellen Voraussetzungen beim Planen weitgehend außer Acht bleiben, weil die Bedürfnisse, Fähigkeiten und Möglichkeiten der Probanden/-dinnen noch nicht genau beschrieben werden können. Es können dann nur zielgruppenspezifische Aussagen bzw. allgemein anthropologische Aussagen gemacht werden. In der fachpraktischen Ausbildung der Heilerziehungspflege wurde und wird in diesen Fällen häufig argumentiert, daß keine didaktische Planung und Durchführung möglich wäre. Dem muß hier klar widersprochen werden. Selbst das Kennenlernen kann sich in einem vorbereiteten Rahmen abspielen. Gleichfalls können offene Bildungsangebote (gruppenübergreifende Kurse oder Volkshochschulkurse) zum Teil mit nur ungefähren Einschätzungen bezüglich der Zielgruppen geplant und vorbereitet werden. Die Heilerziehungspflegerin, die neu auf eine Gruppe kommt, muß also genauso in der Lage sein, ein didaktisches Konzept vorzulegen wie ihr/e Kollege/-gin, der/die im „Kurzzeitbereich" (z. B. in der Psychiatrie) arbeitet. Eine inhaltliche und methodische Vorbereitung wird sie in jedem Fall leisten müssen.

Die Einschätzung der individuellen Voraussetzungen betreffen aber auch diejenigen, die die Vermittlungshilfe anbieten – in unserem Fall die Heilerziehungspflegerin. Für sie gilt es, die eigenen Kommunikationskompetenzen und Persönlichkeitsmerkmale zu reflektieren. Zusammenfassend ist also für die erste Ebene unseres Schaubildes festzuhalten, daß auf der Planungsebene die anthropologischen und psychologischen Grundkenntnisse sowie das Wissen um die individuelle Situation aller im Vermittlungsprozeß involvierten Personen so weit wie möglich vorhanden sein sollten.

Beispiel für eine Personenbeschreibung und Analyse der aktuellen Situation:

Herr K. ist dreiundvierzig Jahre alt und seit ca. neun Jahren in einer Wohngruppe zusammen mit neun anderen Personen. Er ist schlank und groß (1,82 m) und hat einen athletischen Körperbau. Herr K. ist mobil, er kann gehen und rennen. Beim Treppensteigen hält er sich immer am Geländer fest. Er arbeitet tagsüber in der Werkstatt für Behinderte. Bei der Besorgung des Haushalts hilft Herr K. regelmäßig mit (Tischabputzen, Wäsche sortieren, Blumengießen). Er zeichnet (mit verschiedenen Stiften) und kann mit einer Schere Papier schneiden.

Herr K. kennt den Tagesablauf, er pflegt sich mit gewissen Hilfestellungen (verbale Erinnerungen und Aufforderungen) selbst und kann auch die Bedeutung von Pflege erfassen.

Seine Hobbies sind Musikhören und Basteln, wobei er letzteres nur zusammen mit einem Betreuer in Angriff nimmt. Manchmal malt er ein Bild mit Buntstiften oder Wachsmalkreiden, wirft es aber anschließend wieder weg.

Herr K. kommuniziert vorwiegend mit Gesten und Mimik. Er kann in Zwei- bis Dreiwortsätzen sprechen, macht dies aber meist erst nach wiederholter Bitte. Er hat ein differenziertes Situationsverständnis, insofern ist es schwierig herauszufinden, wie umfangreich sein Sprachverständnis ist. Der Bitte, Gegenstände, die er kennt, aus einem Schrank zu holen, auch wenn diese nicht unmittelbar mit der Situation zu tun haben, kommt er nach. Auf komplizierte Sätze oder auf verschachtelte Aufforderungen reagiert er nicht oder wendet sich ab.

Wörter wie Wasser, Papier, Schere, Messer versteht er auf Anhieb, Wörter wie Hülle, Wurzel oder Datum versteht er nicht.

Herr K. tendiert zur Zurückgezogenheit. Auf Anforderungen, die neu sind oder deren Ausgang ungewiß ist, reagiert er ablehnend. In der Regel verdeutlicht er dies durch heftiges Kopfschütteln und anschließendes Entfernen.

Zu seinem Zimmernachbarn unterhält er engeren Kontakt, beide hören häufig zusammen Musik oder schauen sich Bilder an. Zu den anderen Mitbewohnern zeigt er sich eher distanziert. Dies könnte auch damit zusammenhängen, daß die anderen Mitbewohner mehr über Sprache kommunizieren und er deshalb in einer gewissen Außenseiterrolle ist.

Es gibt Phasen, in denen sich Herr K. extrem zurückzieht, er verweigert dann das Essen am gemeinsamen Tisch und kann in seinen Reaktionen sehr heftig werden. Dies tritt besonders dann auf, wenn er nicht (schnell genug) verstanden wird.

Herr. K. befindet sich seit zwei Wochen in einer schwierigen Phase. Er nimmt seine Mahlzeiten in seinem Zimmer ein und geht den anderen aus dem Weg. Trotzdem kommt es immer wieder zu Konflikten, die das Eingreifen und Vermitteln eines Mitarbeiters erfordern. Es besteht der Eindruck, daß Herr K. emotional stark belastet ist und daß er sich mit diesen Gefühlen nicht richtig ausdrücken kann.

Ich arbeite seit einem halben Jahr auf der Wohngruppe von Herrn K. Anfangs konnte ich kaum eine Nähe zu ihm aufbauen. Er wandte sich in seinen Anliegen meistens an Mitarbeiter/-innen, die schon länger da waren. Ich selbst hatte Schwierigkeiten, ihn zu verstehen. Vielleicht hatten wir beide nicht die Geduld, uns Zeit zu nehmen, um uns zu verstehen. Als wir zusammen ein Vogelhäuschen bauten, gelang der Durchbruch. In vielen alltäglichen Situationen konnten wir daraufhin unsere Beziehung festigen. Es kommt heute kaum noch zu Mißverständnissen. Als er sich in dieser schwierigen Phase befand, hatte ich im Team die Position vertreten, daß Herr K. nicht die Möglichkeit erhalten sollte, sich auch noch bei den Mahlzeiten zu isolieren. Meine Einschätzung über die Beziehung zu Herrn K. war so optimistisch, daß ich glaubte, ihn wieder integrieren zu können. Das brachte jedoch mehr Druck in unsere Beziehung. Heute bin ich überzeugt, daß die von Herrn K. selbstgewählte Isolation zunächst aktzeptiert werden muß. Ein Angebot, ähnlich wie das Vogelhäuschen, könnte uns durch gemeinsames Handeln wieder ein Schritt weiterbringen, und vielleicht ließen sich auch noch andere Kontakte neu beleben.

Wie die individuellen, so spielen auch die sozialen und kulturellen Voraussetzungen unserer Gesellschaft in unsere Didaktikkonzeption hinein. Hier sind vor allem Enkulturations- und Sozialisationsinhalte gemeint, d. h. Inhalte, die durch das Tätigsein und durch das Zusammenleben der Menschen entstehen. Im weitesten Sinn geht es hier um alle kulturellen Phänomene wie Sprache, Kunst, Arbeit, Wohnen und um die normativen Grundlagen gegenseitigen Handelns.

Die Heilerziehungspflegerin trägt bezüglich der Vermittlung dieses kulturellen Erbes ganz besondere Verantwortung und muß die Voraussetzungen dafür besonders genau analysieren.

5.2 Didaktische Entscheidungsfelder auf der Planungsebene Ebene 2

Inhalte, Intentionen, Methoden, Interaktion, Medien und Organisation sind als die variablen Planungsentscheidungen anzusehen. Sie müssen für jede didaktische Situation neu entschieden werden. Viele dieser Entscheidungen werden erst in der aktuellen Situation getroffen oder entgegen der Planung wieder geändert.

Thema / Inhalt

Die Bandbreite dessen, was für ein didaktisches Vorhaben in Frage kommen kann, erstreckt sich von den basalen Sinneserfahrungen bis hin zu so komplexen Tätigkeiten wie Fahrradfahren oder (günstigem) Einkaufen.

Um Erfahrungen, Erlebnisse, Fertigkeiten und Kentnisse zu vermitteln, gilt es zunächst, die Komplexität der Vorgänge, um die es geht und die alltäglich oder außergewöhnlich sein können, zu strukturieren und zu reduzieren. Das heißt, die Heilerziehungspflegerin muß ein entsprechendes Sach- und Fachwissen zum Themenkomplex haben und über die inhaltlichen Zusammenhänge hinaus überlegen, welche Fähigkeiten und Kenntnisse sich als Anforderung aus dem Thema/Inhalt für den Menschen mit einer Behinderung ergeben. Die Heilerziehungspflegerin sollte dabei die häufig eingeschränkte Lebenswelt eines Menschen mit einer Behinderung im Auge haben und schon auf der Planungsebene an „lebenswelterweiternde" Tätigkeiten denken. Ausgehen sollte die Planung von der individuellen Ausgangslage des Menschen mit einer Behinderung, um dann zum richtigen Zeitpunkt die passenden Inhalte und Themen herauszufinden. Inhaltsentscheidungen dürfen nicht nur von der sozialen und kulturellen Seite her begründet werden, sondern müssen immer auch für die konkrete Person zu begründen sein. Die vielleicht bedeutendste didaktische Leistung besteht darin, zum richtigen Zeitpunkt die passenden Inhalte und Themen gemeinsam mit der Person zu erschließen. Um unter Berücksichtigung der individuellen Möglichkeiten, Fähigkeiten und Bedürfnisse eines Menschen mit einer Behinderung die angemessene Vermittlung zu leisten, sollte sich die Heilerziehungspflegerin ausreichend mit den zur Debatte stehenden Themen und Inhalten auseinandersetzen.

Beispiel:
Die lebensweltliche Ausgangslage ist eine Wohngruppe mit neun männlichen Bewohnern mit mittlerer geistiger Behinderung. Regelmäßige Freizeitangebote sind in der Wochenstruktur fest integriert. Das für Herrn K. u. Herrn S. gemachte Angebot gehört in den Rahmen eines regelmäßigen, inhaltlich aber offenen Freizeitangebotes. Je nach Bedürfnislage werden solche Angebote für die ganze Gruppe oder auch nur für bestimmte Personen gemacht.

Das Malen

Malen gehört seit jeher zu den Ausdrucksweisen von Menschen. Vom Kinderbild bis zum Kunstwerk, von der gegenständlichen Abbildung bis zum abstrakten Spiel mit Formen und Farben können hier bewußte und unbewußte Ausdrucksmöglichkeiten gefunden werden. Mit dem Malen hängen bestimmte kognitive und motorische Kompetenzen zusammen: die Fähigkeit, Farben zu unterscheiden, die Fähigkeit zu einer gewissen motorischen Steuerung sowie die Fähigkeit, sich selbst als Verursacher/-in des Malens zu begreifen. Auf der technischen Seite gibt es eine große Zahl von Malmöglichkeiten und -techniken. Die gebräuchlichsten Techniken werden mit Buntstiften, Wachskreiden, Filz- oder Faserstiften, Wasserfarben, Fingerfarben, Dispersionsfarben, Temperafarben, Ölfarben, Pastell- oder Ölkreiden durchgeführt. Da eine ganze Reihe der hier aufgezählten Maltechniken sehr kompliziert sind und besondere Geräte oder sehr teuere Ausgangsmaterialien erfordern, kann eine erste Eingrenzung vorgenommen werden: Buntstifte, Wachskreiden, Wasserfarben und Fingerfarben können ohne großen Aufwand benutzt werden. Diese vier Techniken lassen sich auf Papier ausführen, wobei die Art des Papiers passend sein muß (Saugfähigkeit, Beschaffenheit der Oberfläche). Buntstifte und Wachskreiden werden durch Kraftdosierung unmittelbar auf das Papier übertragen, bei Wasserfarben und Fingerfarben muß die Farbe mittels Pinsel bzw. mit dem Finger übertragen werden. Wesentliche Unterschiede bei den aufgezählten Techniken zeigen sich beim Auftragen der Farbe, insbesondere bei der Farbintensität, der Feuchtigkeit, des Fließens und der Möglichkeit des Mischens. Die Handhabung eines Pinsels ist von den motorischen und kognitiven Voraussetzungen her komplizierter als die eines Stiftes. Fingerfarben können auf unterschiedlichem Malhintergrund benutzt (z. B. Glas, Karton, starkes Papier ...) und auch mit einem dicken Pinsel aufgetragen werden. Im Gegensatz zu Wasserfarben sind bei Fingerfarben die Farbkonsistenz und -intensität bereits fertig. Buntstifte und Wachskreiden unterscheiden sich zu Wasser- und Fingerfarben besonders im Hinblick auf die Kraftdosierung, die Farbintensität und die Konturen.

Das Angebot: Freies Malen mit Fingerfarben und Pinsel

Herr K. verfügt derzeit über eingeschränkte Ausdrucksmöglichkeiten. Im Gegensatz zur Sprache könnte das Malen eine Möglichkeit sein, die seine Kreativität aktiviert und ihn dabei nicht unter Erfolgsdruck setzt, weil er über die einzelnen Vorgänge ganz alleine entscheidet. Herr K. malt hin und wieder ein Bild mit seinen Buntstiften, wobei er Gegenstände sehr stark vereinfacht und verschiedene Perspektiven in einem Bild vereint. Er mag kräftige Farben, mag sich aber seine Hände nicht schmutzig machen. Deshalb wird ihm angeboten, mit einem Pinsel und Fingerfarben zu arbeiten.

Die positiven Erfahrungen, die Herr K. beim Basteln bereits gesammelt hat, lassen ein starkes Interesse beim Malen erwarten. Im Wohnraum der Gruppe ist seit längerem eine Galeriewand eingerichtet, die in der Regel jeden Monat neu bestückt wird. Die Aussicht, die gemalten Bilder dort auszustellen, könnte Herrn K. zusätzlich motivieren. Darüber hinaus könnte er seinen eigenen Bildern gegenüber eine höhere Wertschätzung entwickeln. Mit Worten und Gesten wird Herr K. bei der Entwicklung des Angebots einbezogen. Daß sein Mitbewohner Herr S. gleichfalls an dem Angebot teilnehmen will, scheint ihn besonders zu freuen. Dadurch kann auch ein integrativer Aspekt begünstigt werden.

Entwicklungsperspektiven, Handlungsintentionen und Lernziele

Diese drei Begriffe benennen die Wirkungen des didaktischen Handelns. Intentionen werden in der Pädagogik auch als Erziehungsziele bezeichnet. Erziehungsziele, die von Pädagogen/-ginnen formuliert werden, können allerdings mit dem Anspruch auf Selbstbestimmung und Selbständigkeit dann in Widerspruch geraten, wenn sie von den Betroffenen entweder nicht verstanden oder nicht akzeptiert werden. Die Frage nach den Lernzielen stellt sich in der heilerzieherischen Praxis mit noch größerer Schärfe: Mit dem Argument, daß Selbständigkeit im lebenspraktischen Bereich ein hoher Wert ist, wird z. B. das Ankleiden geübt. Die kognitiven Voraussetzungen, nämlich den Zusammenhang dieser Fähigkeit mit der damit verbundenen zukünftigen Unabhängigkeit zu erkennen, ist bei den Betroffenen aber häufig nicht vorhanden. Sie erleben die Leistungsanforderung als lästig und versuchen sich ihr zu entziehen bzw. zu widersetzen. Soll man nun diese Anforderung deshalb aufgeben, oder ist es sinnvoll, dem Betroffenen über seine Widerstände hinwegzuhelfen, auch wenn die Vorteile für ihn/sie erst später faßbar werden?

Wenn Erziehung als Teil der Persönlichkeitsentwicklung verstanden wird, die sich im wesentlichen im zwischenmenschlichen Bereich vollzieht, dann können Ziele nicht als Sollzustand definiert werden, der durch einen bestimmten Weg zu erreichen ist: „Die handelnde Person hat dann aber keine Verfügungshoheit über die Wirkungen ihrer Handlungen auf die andere Person. Wirkungen in diesem Sinne sind nicht die Konsequenzen der intendierten Handlungen, sondern das Ergebnis der Verarbeitung der anderen Person" (Oelkers 1984, 240).

Für die Heilerziehungspflegerin bedeutet das, daß sie stellvertretend für den Menschen, den sie betreut, im Dialog (sei es verbal oder nonverbal) mit ihm solche Ziele entwickelt und anstrebt. Exakte Beobachtung der anvertrauten Menschen ist die notwendige Voraussetzung.

Ziele sollten offen angelegt sein, ihr Gelingen oder Scheitern hat sich am Dialog zu orientieren. Auf die gemeinsamen Handlungssituationen bezogen ist es dann richtiger, von begründeten Absichten zu sprechen. Deshalb bietet es sich in unserem Zusammenhang an, den Begriff Intention als übergeordneten zu nehmen, weil er die Offenheit im Zukünftigen besser betont.

Entwicklungsperspektiven

Entwicklungsperspektiven sind Intentionen, die sich langfristig auf umfassende Persönlichkeitsmerkmale beziehen. Bei Menschen mit geistiger Behinderung sind sie im Bereich der Identitätsfindung, des Selbstbewußtseins und der Selbstverwirklichung oft besonders wichtig. Weitere Entwicklungsperspektiven können die Leiblichkeit und das Gefühlsleben, die Wahrnehmungs-, Bewegungs- und Ausdrucksfähigkeit, die Kreativität, Kommunikationskompetenz, Selbstversorgung und Selbständigkeit umfassen.

Die Individualität jedes Menschen erfordert, bei der didaktischen Planung ausschließlich die persönlichen Entwicklungsperspektiven – seien sie nun vom behinderten Menschen selbst oder stellvertretend durch die Heilerziehungspflegerin formuliert – anzustreben. Diese

Ausdifferenzierung kann davor schützen, durch eine didaktische Planung in ein zwanghaftes Zweck-Mittel-Schema zu verfallen.

Beispiel (Thema Malen):
Herr K. möchte seine Kommunikationsfähigkeit erweitern und in eindeutigen und überschaubaren Situationen verstanden und ernstgenommen werden. Ihm liegt daran, sein Selbstwertgefühl so weiter zu entwickeln, daß er, wenn er zurückgewiesen wird oder wenn seine Wünsche abgelehnt werden oder unerfüllbar bleiben, weniger Verletzungen erleiden muß. Vielleicht könnte er mit mehr Selbstbewußtsein seinen Widerstand offensiver als durch einen fast vollständigen Rückzug zeigen. Herr K. läßt erkennen, daß er an gestalterischen Tätigkeiten Freude hat. Deshalb wäre es wünschenswert, wenn es ihm gelingt, sich beim bildhaften Gestalten und Werken auszudrücken und Anerkennung zu finden.

Handlungsintentionen

Offenheit sollte bei der Entwicklung von Handlungsintentionen oberste Leitlinie bleiben. Die Heilerziehungspflegerin muß sich deshalb darüber bewußt sein, daß der Mensch, mit dem sie arbeitet, durchaus auch andere Absichten bei einer von ihr vorgeschlagenen Tätigkeit entwickeln kann, als es geplant war. Die Handlungsintentionen zu formulieren, bedeutet also nur, die für den Augenblick oder auf Dauer positiv angenommenen Folgen zu formulieren – und zwar aus der subjektiven Sicht des betroffenen Menschen. Wie das für Herrn K. und Herrn S. aussehen könnte, wollen wir im folgenden genau beschreiben.

Beispiel (Thema Malen):
Herr K. weiß, wie mit Wasserfarben zu malen ist. Die erste Intention kann nun darin bestehen, dieses bekannte Handlungsmuster auf die neue Technik zu übertragen. Als zweite Intention können wir festhalten, daß neue Erfahrungen in der Ausdrucksmöglichkeit gemacht werden: durch die Freiheit der Farb- und Formenwahl, aber auch durch die Beschaffenheit der Materialien (Farbe, Papier, Pinselstärke).

Als dritte Intention wäre zu wünschen, daß der Teilnehmer Gefallen und Freude am kreativen Handeln findet, vielleicht kann es sogar zu seinem Hobby werden. Als viertes wäre zu überprüfen, ob der Teilnehmer einen positiven Bezug zu seinem Bild entwickelt. Möglicherweise entsteht durch die eindeutige Situation (gemeinsames Malen) ein möglichst hohes Maß an gelungener Kommunikation.

Wenn es gelingt, die Aufmerksamkeit über einen längeren Zeitraum auf einen bestimmten (oder auf mehrere bestimmte) Handlungsabschnitt(e) zu konzentrieren, wäre eine weitere Intention erfüllt. Möglicherweise können Herr K. und Herr S. durch das gemeinsame Malen ihre Beziehung weiter vertiefen und eine umfassende Bestätigung von anderen Personen erfahren.

Malen muß nicht nur schöne und positive Erfahrungen nach sich ziehen; wenn es den betreffenden Menschen nicht gelingt, ihre Vorstellungen umzusetzen, sind sie enttäuscht. Allerdings können die erfolgte Wertschätzung einerseits, und die Erfahrung, etwas zu verwerfen, andererseits, letztendlich dazu beitragen, stabilisierende Verarbeitungsstrategien aufzubauen.

Das Bestimmen von Handlungsintentionen kann bereits im voraus das eigene Handeln klären, ohne es unnötig festzulegen. Wenn sich die Heilerziehungspflegerinnen über die Absichten im klaren sind, laufen sie weniger Gefahr, eigene Bedürfnisse in die Vermittlungssituation zu projizieren. Gut formulierte Intentionen schützen davor, eine inhaltliche Ergebnisorientiertheit allzuweit in den Vordergrund rücken zu lassen bzw. sich in der Komplexität der Situation zu verlieren. Handlungsintentionen, die für eine bestimmte Situation vorformuliert werden, können die vorher bereits erfaßten Entwicklungsperspektiven tendenziell realisieren.

Lernziele

Lernziele sind eine typische Zielkategorie der klassischen Bildungskonzepte. Sie werden als konkretes Wissen, als neue Fähigkeit bzw. Fertigkeit (Handlungskompetenz) beschrieben und sind überprüfbar (operationalisierbar).

Lernziele sollen hier als Möglichkeit, die Intentionen zu konkretisieren, behandelt werden. Insofern sind sie immer auch Intentionen. Umgekehrt aber lassen sich Intentionen nicht immer als Lernziele formulieren. Aus der Intention beispielsweise, daß sich Herr K. über sein kreatives Malen freut, kann kein Lernziel formuliert werden. Freude ist in diesem Zusammenhang keine neue Kompetenz, aber doch eine wünschenswerte Erfahrung. Lernziele verstehen wir somit als Teil der Intentionen, die ein konkretes Ergebnis im Auge haben. Aber auch für das Realisieren von Lernzielen gilt, daß sie, wenn es an die Umsetzung geht, hinterfragt und nötigenfalls korrigiert werden können. Wiederum am Beispiel des Malens wollen wir zeigen, wie die Formulierung von Lernzielen aussehen könnte. Wir gehen davon aus, daß eine gewisse Fähigkeit oder ein bestimmtes Wissen oder Können bezüglich des Malens noch nicht vorhanden ist und daß die Person, die im Vermittlungsprozeß steht, dieses Wissen bzw. Können erwerben will.

Beispiel:
Beim Malen mit Fingerfarben gibt es zunäct weniger Farbabstufungen wie bei Wasserfarben. Um dennoch eine Vielfalt von Farbtönen aufs Papier zu bekommen, ist eine gewisse Kenntnis über das Mischen von Farben erforderlich. Als erstes Lernziel wäre das Herstellen von Farbmischungen anzugeben, als zweites die Kenntnis und den Gebrauch einer Palette.

In vielen didaktischen Konzepten werden Lernziele in Grob- und Feinziele, Nah- und Fernziele usw. zerlegt. Es sei darauf hingewiesen, daß eine zu starke Unterteilung der Lernziele die Gefahr einer Technisierung des Lernprozesses bei gleichzeitigem Verlust der Übersicht über die gesamte Situation mit sich bringen kann.
Lernziele müssen wie Handlungsintentionen und Entwicklungsperspektiven begründbar sein.

Methoden

Das Wort Methode kommt aus dem Griechischen und bedeutet soviel wie ein nach festen Regeln oder Grundsätzen geordnetes Verfahren. „Im Bereich von Lehre und Unterricht nennt man Methode das gewählte, geplante und vollzogene Verfahren der Verlaufsgestaltung, das sich aus verschiedenen Faktoren, wie Lehrbegriffen, Phaseneinteilung, Unterrichts- und Arbeitsformen, organisatorischen Maßnahmen, Einsatz von Lehr- und Lernmitteln, verlaufsteuernden Einzelakten usw., zusammensetzt" (Bittner 1975, 165).

Für die Pädagogik empfiehlt es sich, von einem eingleisigen Ursache-Wirkung-Denken abzurücken und statt dessen subjektbezogene, interaktive Umgangsformen ins Blickfeld zu nehmen. Ist die Entscheidung für eine Vermittlung, die im Bereich des Erlebens oder des Lernens liegt, gefallen, dann ist es unumgänglich, sich darüber Gedanken zu machen, wie diese Vermittlung zustande kommen soll. „Die Methodenentscheidung mag zwar nach der Zielentscheidung liegen, aber die Umsetzung in Handlung erfolgt erst durch sie, insofern ist Methode immer eine Handlungsform und konstitutiv mit jedem pädagogischen Handlungszusammenhang verbunden" (Wittern 1985, 32 ff.).

Wenn Methoden Handlungsformen sind, dann ist zunächst die Frage zu klären, wie sich Methoden als Handlungen von anderen Handlungen unterscheiden. Im Unterschied zum Alltagshandeln erfordert methodisches Handeln, das auf Vermittlung angelegt ist, erstens ein Bewußtsein darüber, daß es sich um einen Vermittlungsprozeß handelt, und zweitens, daß es eine Handlungsform ist, die dazu beiträgt, einen bestimmten Erfahrungs-, Erlebnis- oder Lernprozeß in Gang zu bringen oder zu verbessern. Interessant ist in diesem Zusammenhang die Behauptung von Wittern (1985, 33), daß Methoden nicht nur auf seiten des Vermittelnden, sondern auch auf seiten des Lernenden angewandt werden. Nicht nur die Heilerziehungspflegerin, sondern auch die von ihr betreute Person kann also methodisch handeln. Für die Praxis hat diese Erkenntnis zur Folge, daß die strukturierten Handlungen seitens der Heilerziehungspflegerin genauso auf strukturierte Handlungen der mit ihr im Vermittlungsprozeß stehenden Personen treffen können. Konsequent gilt es, solche Handlungsformen zu erkennen und aufeinander abzustimmen.

Im folgenden stellen wir drei verschiedene Methodenkategorien vor:

Sachimmanente Methoden

Viele Inhalte setzen aufgrund ihrer Struktur, ihrer Funktion, ihres Materials und ihrer Technik Handlungsformen und -folgen voraus, die zur erfolgreichen Bewältigung eben dieses Inhalts erforderlich sind. Solche Handlungen beziehen sich in ihrer Systematik auf die Sache (oder den Inhalt) selbst. Sie werden hier als sachimmanent bezeichnet. Im Vermittlungsprozeß können sie sowohl eine direkte als auch eine indirekte Rolle spielen.

Beispiel (Thema Malen):
Beim Malvorgang ist es erforderlich, daß der Pinsel, nachdem die Farbe auf den Malgrund aufgetragen ist, vor dem Gebrauch einer anderen Farbe mit Wasser oder mit einem Lappen gereinigt wird. Das ist erforderlich, wenn die Farben (in den Töpfen) rein bleiben sollen.
Diese sachimmanente Methode könnte den Malvorgang – was die Farbentscheidungen und das Farbenmischen betrifft – hemmen. Eine handlungsfreiere Situation entstünde, wenn die Farben auf einer Palette angeboten würden.

Indirekte Methoden

Der Zeitpunkt, die Dauer, sowie die Reihenfolge von Erfahrungen, Handlungen und Informationen können durch die zeitliche Folge methodischen Charakter bekommen.
Den Ablauf einer didaktischen Einheit könnte man z.B. in folgende drei Phasen unterteilen: den Einstieg, die Reihenfolge der Handlungsschritte und den Abschluß.

Beispiele
Einstieg: - Begrüßung
- Motivation, z.B. durch ein Gespräch
- durch eine Problemstellung
- mit Hilfe eines Mediums, welches als Beispiel dient
- durch ein Material
- durch ein Situations- oder Interaktionsangebot

Reihenfolge der Handlungsschritte:
- Wechsel von Handlungsmethoden (zeigen, selbst ausprobieren lassen, fragen, bestärken ...)
- passende Reihenfolge von anstrengenden und entspannenden Phasen (Pausen, passive Phasen)
- zunehmender Schwierigkeitsgrad
- vom letzten Schritt zum ersten (die Handlung, mit der die Situation erfolgreich abgeschlossen wird, steht am Anfang)
- abnehmende Hilfestellung, zunehmende Selbsttätigkeit

Zum Ablauf von Handlungsfolgen gehört neben der zeitlichen Reihenfolge auch die Zerlegung in (Teil-) Schritte – z. B. nach Schwierigkeitsgraden (vom leichten zum schweren, vom ersten zum zweiten, dann zum dritten usw.).

Handlungsmethoden

Handeln, welches sich auf einen anderen Menschen bezieht, ist immer soziales Handeln; insofern hat es immer einen kommunikativen Aspekt. Handlungen, die zwischen Menschen vermitteln, werden als Handlungsmethoden bezeichnet und haben unabhängig davon, ob sie in einem aktiv handelnden oder in einem passiv unterlassenden Sinn im Vermittlungsprozeß zur Wirkung kommen, automatisch einen kommunikativen Aspekt.

Beispiel:
Gemeinsames Malen (Fingerfarben);
Die Intention: die Erkenntnis, daß Farbenmischen neue Farben ergibt;
Die Methode: aktiv: 1. die verbale Aufforderung, Gelb und Blau zu mischen;
2. fragen, was das Ergebnis aus der Mischung ist;
eher passiv: 1. die Farben zum Malen anbieten;
2. abwarten, bis sich Farben vermischen;
3. abwarten, bis die Mischung (das Entstehen der neuen Farbe) bemerkt ist;
aktiv: 4. sprachlich auf die neue Farbe hinweisen, wenn die Mischung nicht bemerkt wurde.

Die Heilerziehungspflegerin, die sich bewußt zu ihren Handlungen entschließt, könnte durchaus Gefahr laufen, vom „strategischen Handeln" zur Täuschung zu gelangen, was nicht im Sinne der hier entwickelten Konzeption wäre:

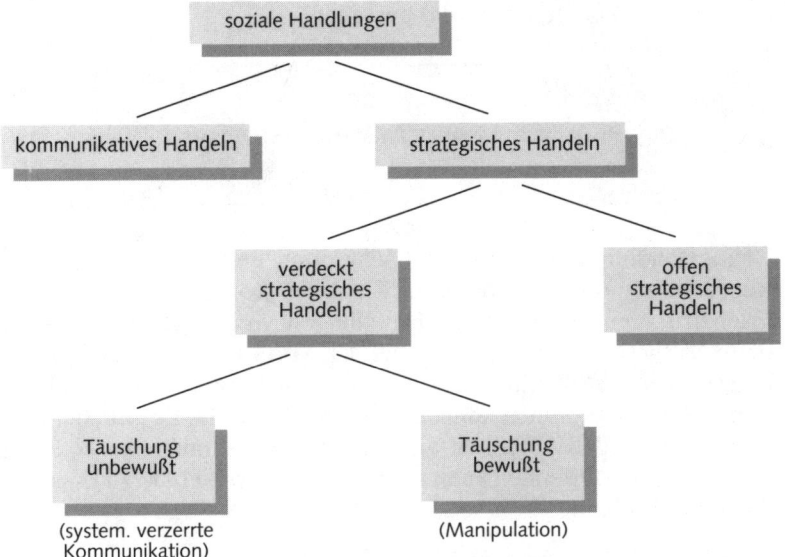

Abb. 16: Systematisch verzerrte Kommunikation im Rahmen einer Theorie des kommunikativen Handelns (Habermas 1988, 446)

Daß in Situationen, in denen eine Begegnung stattfindet, Mißverständnisse, Dissens und Nichtverstehen entstehen, ist eine Tatsache, die sich nie ausschließen läßt. Wenn man jedoch den sozialen Handlungen auf der Linie strategischer Handlungen folgt, so zeigt sich mit der Abzweigung zum verdeckt strategischen Handeln die mögliche negative Konsequenz von methodischem Handeln. Bezogen auf die Praxis in der Heilerziehungspflege muß, mit Rücksicht auf die zum Teil starken Kommunikationserschwernisse von Menschen mit einer geistigen Behinderung, darauf hingewiesen werden, daß mit manchen sogenannten „Fördermaßnahmen" die Grenze von der Handlungsmethode hin zur Manipulation weit überschritten wird!
Handlungsmethoden müssen nicht immer einen bestimmten Inhalt bzw. eine bestimmte Absicht in einem Vermittlungszusammenhang

umsetzen. Je nach didaktischem Ansatz kann es notwendig sein, den Vermittlungsprozeß mit solchen Methoden zu eröffnen, die erst zu einer Inhaltsfindung bzw. -entscheidung führen (z. B. bei der Freizeitgestaltung die Frage: Was sind eure Vorstellungen?).
Handlungen, die den Vermittlungsprozeß in Gang setzen, begünstigen oder steuern, könnten wie folgt aussehen:

Beispiel:
Anbieten, Entdecken lassen, Ausprobieren lassen, Wählen lassen, ...

Diese Handlungsmethoden sind sehr offen und begünstigen in der Regel selbständiges Handeln. Entwicklungsprozesse wie Lernen und Erleben setzen eigenständige Handlungen voraus. Handlungsorientierte Methoden haben in der Regel den Vorteil, daß sie den Vermittlungsprozeß ganzheitlich erfassen und Inhalte auch emotional und sozial adäquat zuordnen können (Wittern 1985, 41). Es gilt aber auch zu bedenken, daß Offenheit ein erhöhtes Situationsrisiko bedeuten kann. Zu große Offenheit kann auch zu Unsicherheit bzw. zu Entscheidungsstreß führen.

Beispiel:
Vormachen/Nachmachen, Imitieren, Zeigen, Wiederholen, Auffordern, Bestärken,
Provozieren, Überraschen, Unterbrechen, Ignorieren, ...

Solche Handlungsmethoden haben einen stark kommunikativen Charakter. Sie können sowohl sprachlich als auch nichtsprachlich eingesetzt werden. Meistens beziehen sie sich direkt auf den Handlungsablauf und haben einen eher steuernden Charakter.

Beispiel:
Sprechen, Vorschlagen, Diskutieren, Fragen, Erklären, Belehren, Kritisieren, Widersprechen

Das sind typisch sprachliche Handlungsmethoden. Sie setzen Symbol-verständnis und ein gewisses Abstraktionsvermögen voraus. Auch hier gilt es zu beachten, daß es Methoden mit eher offenem und solche mit eher direktivem Charakter gibt.

Beispiel:
Berühren, Bewegen, Führen, ...

Diese Handlungsmethoden laufen körpernah und -orientiert ab.
Die Körperführung gehört zu den direktesten Handlungsmethoden, sie läßt in der Regel wenig Spielraum für Handlungsabläufe des Betroffenen.
Handlungsmethoden, die nur dann einen Sinn haben, wenn sie auf einen Inhalt verweisen oder mit einem Medium in Verbindung gebracht werden – z.b. Zeigen, Vergleichen, Zuordnen usw. – machen die Wechselwirkung mit anderen didaktischen Entscheidungsfeldern deutlich.
Eine Grenze zu Methoden, wie sie in ganz bestimmten Förderkonzepten Anwendung finden oder wie sie im therapeutischen Bereich eingesetzt werden, kann nicht eindeutig gezogen werden. Konzepte, wie z. B. die basale Stimulation oder Kommunikation, aber auch gruppenspezifische Ansätze, z. B. Themenzentrierte Interaktion (TZI), haben zum Teil sachimmanente Methoden.
In der Vergangenheit hat es immer wieder Konzepte oder Ansätze gegeben, die bestimmte Methoden favorisiert und losgelöst vom Situationszusammenhang propagiert haben. Solche Methoden bergen die Gefahr in sich, eine Verzweckung und Verobjektivierung der Vermittlungssituation herbeizuführen (z. B. die Verhaltenstherapie und die Festhaltetherapie).

Medien

Fernsehen, Radio, Zeitschriften, Computer usw. werden im täglichen Sprachgebrauch als Medien bezeichnet. Medien, die Informationen in großem Umfang verfielfältigen und verbreiten, heißen Massenmedien.
In der Pädagogik sind Medien umfassender, nämlich als Mittel, mit dem ein Inhalt oder eine Information übertragen wird, zu verstehen. Es ist also nicht sinnvoll, einen Gegenstand als Medium zu bezeichnen, wenn er nicht in der Funktion einer Vermittlung steht.

Die Begriffsbestimmung für Medien wie auch für Methoden bezüglich ihres didaktischen Zusammenhangs wird von Wittern besonders herausgehoben: „Insofern kann als vorläufige Funktionsbestimmung von Medien und Methoden innerhalb pädagogisch organisierter Handlungszusammenhänge festgehalten werden, daß unter Medien alles verstanden werden soll, was als Träger, und unter Methoden, was als Form der Vermittlung charakterisiert werden kann" (Wittern 1985, 31).

Träger der Vermittlung können, je nach Vermittlungszusammenhang, die verschiedensten Materialien – der Mensch selbst, die Sprache, Bilder, Schaubilder, Modelle usw. – sein. Demnach spielen Medien in jedem Vermittlungszusammenhang eine Rolle. Oft sind sehr viele Medien in eine Situation eingebunden, werden aber bezüglich ihrer Leistung und Funktion immer wieder unterschätzt. Sei es beim Erlernen von gemeinsamen Symbolen oder beim Erleben von basalen Sinneseindrücken: Vermittlung geht, wie die Ursprungsbedeutung des Wortes es schon nahelegt, über Mittel, sprich Medien (medius bedeutet im lateinischen mittlerer, in der Mitte befindlich) . Es soll hier nicht behauptet werden, daß didaktische Situationen soweit zerlegt werden müssen, daß für jede Sequenz bestimmbar ist, was in welchem Zusammenhang als Medium anzusehen ist.

Dennoch sollten, im Rahmen der hier vorgestellten didaktischen Konzeption, Entscheidungen bezüglich der Medien bereits auf der Planungsebene getroffen werden. Dies ist auch deshalb wichtig, weil dadurch bewußt wird, welche Medien bedeutend sein könnten und wie sie eingesetzt werden sollten.

Bilderserien (Fotos), Modelle, Symbole sowie viele Kulturgegenstände haben durch ihre Konkretheit und Anschaulichkeit einen ganz besonderen Stellenwert für Menschen mit einer Behinderung. Für die Heilerziehungspflegerin geht es darum, Medien auf ihre jeweilige Tauglichkeit zu überprüfen und dafür zu sorgen, daß sie auch in ihren Möglichkeiten ausgeschöpft werden können. Medien, die ihre Wirkung nur auf eine ganz bestimmte Vermittlungsrichtung hin entfalten (Bilderserien, Modelle, Schaubilder, didaktische Spiele, aber auch Montessori-Material), haben vielleicht für ein Lernergebnis eine große Wirkung. Mit Wittern muß man aber zu bedenken geben: „Je deutlicher also ein Medium auf seine Vermittlungsabsicht hin konstruiert ist, je eindeutiger seine Einsetzbarkeit formal vorgeprägt ist, um so mehr ist zufällige Verwendung, mithin auch zufälliges Lernen ausgeschlossen" (Wittern 1985, 32). Damit wird deutlich, daß Medien als Gegenstand einer didaktischen Konzeption diese in Richtung Lebensweltgestaltung überschreiten können.

Beispiel:

Thema: Kuchen backen

Intentionen: Die Erfahrung von selbständigem Handeln, gemeinsamem Handeln, die Erfahrung des Handlungserfolges usw.;

Medien: Rezept als Bilderserie mit den einzelnen Handlungsschritten;

die Heilerziehungspflegerin selbst (z. B. wenn sie vormacht, wie das Ei aufgeschlagen wird);

alle Geräte und Zutaten, wenn sie in einen konkreten Vermittlungszusammenhang geraten: also das Ei, welches demonstrativ aufgeschlagen wird, der Meßbecher, indem an ihm seine Funktion erklärt wird, der Teig, der durch die Zutaten eine Veränderung seiner Konsistenz erfährt, usw.;

die Küchenuhr, wenn die Erklärung über die Dauer des Backvorganges mit ihr demonstriert wird.

Interaktion

Interaktion ist wechselseitige Kommunikation. Sie ist Teil der Handlungsentscheidungen.

Die für uns gebräuchlichste Interaktionsform ist die sprachliche Kommunikation. Der Austauschprozeß mit Menschen mit einer geistigen Behinderung muß manchmal vollständig ohne Sprache auskommen. Die Kommunikation und also Interaktion erfolgt oft mehr oder sogar ganz auf der nonverbalen bzw. analogen Ebene. Wenn Interaktion als wechselseitiger Prozeß zu verstehen ist, muß man die Frage stellen, inwieweit dieser Wechselwirkungsprozeß schon auf der Planungsebene berücksichtigt werden kann, ohne daß dadurch ein Widerspruch zur aktuellen Situation auftritt.

Was sich auf der Planungsebene durchaus vorwegnehmen läßt, ist das Bereitstellen von Freiräumen, die Entscheidung für Interaktionsformen und Teile der eigenen Interaktionsbeiträge. Ferner können mögliche Mißverständnisse im Interaktionsprozeß berücksichtigt und dadurch vermieden werden.

„Interaktionen sind aus der Perspektive der interagierenden Individuen oder Subjekte stets dynamische, kulturbestimmte Beziehungsverhältnisse, die sich entwickeln. Sie haben häufig einen ungewissen Ausgang und sind nur bedingt planbar. Planbarkeit und Zielgerichtetheit der Vermittlungsprozesse können an der Dymanik der sozialen und kulturellen Interaktion scheitern. (...) Im Anschluß an die Ausführungen von Habermas macht Mollenhauer daher deutlich, daß in der Dynamik der sozialen Interaktionen ein Spielraum entsteht, der sich zwar negativ in der Unplanbarkeit und Unstetigkeit zeigt, der aber positiv dazu genutzt werden kann, die Ideen, Vorschläge, Bedürfnisse und Interessen der handelnden Subjekte ins Spiel zu bringen; denn nur von ihnen aus gehen neue Impulse sowohl inhaltlicher als auch beziehungsmäßiger Art in den Lehr- und Lernprozeß ein" (Kron 1993, 171).

Organisation

Organisieren bedeutet, Aufgaben zu erfüllen, die inhaltlich, zeitlich und räumlich aufeinander abgestimmt sein müssen. In dieses Tätigkeitsfeld fallen viele Maßnahmen, die schon im Vorfeld der didaktischen Durchführung in die Tat umgesetzt werden müssen

Beispiel:
Das rechtzeitige Belegen oder Bereitstellen eines Raumes (Werkraum, Gymnastikraum, Turnhalle); Sorgen für die richtige Raumtemperatur (bei einer Massage oder im Badezimmer).

Viele Situationen erfordern das Bereitstellen von Material, Werkzeug oder Medien, was meist nicht erst plötzlich geschehen kann. Auch hier führt die Entscheidung auf der Organisationsebene schon im Vorfeld zu Vorbereitungen, deren Konsequenz maßgeblich für das Gelingen der Situation sein kann. Für das Malen mit Fingerfarben beispielsweise muß genügend Bewegungsfreiheit, Licht usw. vorhanden sein.

Interdependenz

Interdependenz bedeutet gegenseitige Abhängigkeit. Im Entscheidungsfeld auf der Planungsebene wurden die sechs Felder Intention, Inhalt, Methode, Medium, Interaktion und Organisation genannt. Interdependenz bedeutet nun, daß Entscheidungen, die in einem dieser Felder getroffen werden, Konsequenzen in den anderen Feldern nach sich ziehen. Das Wissen und Beachten dieser Interdependenzen kann das Planen äußerst erleichtern.

Beispiel:
Die inhaltliche Entscheidung zum Malen könnte die Intention Förderung der Kreativität nach sich ziehen. Wenn als Handlungsmethoden allerdings Zeigen, Vor- bzw. Nachmachen gewählt werden, so widerspricht dies der Intention.

Die Interdependenz wird in Abbildung 12 durch die Pfeile symbolisiert. Wechselseitige Abhängigkeit kann aber nicht heißen, daß alle Entscheidungsfelder in gleicher Weise voneinander abhängig sind oder aufeinander einwirken. Selbstverständlich gilt auch hier, daß die Struktur der Interdependenz nicht als starres oder harmonisch ausbalanciertes System zu verstehen ist, sondern bezüglich der Entscheidungsfelder eine Dynamik aufweist, die zu (manchmal auch unaufhebbaren) Widersprüchen führen kann. Auch hier gilt, es, das Gespür für Offenheit zu bewahren.

5.3   Die Durchführung des didaktischen Angebotes
       Ebene 3

Situation

Die Durchführung des didaktischen Angebots – Ebene 3 des Schaubildes 12 – vollzieht sich in einer Situation. Eine Situation besteht immer aus verschiedenen Faktoren: „Dieses Insgesamt von Faktoren in einem je eigenen Hier (räumlich) und Jetzt (zeitlich) nennen wir Situation (von lat. situs = Lage, Stellung, Befindlichkeit). (...) Die Situationen sind aber nicht nur komplexe und differenzierte Gegebenheiten, sondern immer zugleich „Aufgegebenheiten", Ausgangslagen, in denen sich verantwortliches Handeln zu bewähren hat, in denen es scheitern oder gelingen kann" (Badry u. a. 1992, 34). Habermas kennzeichnet eine Situation wie folgt: „Eine Situation stellt den im Hinblick auf ein Thema ausgegrenzten Ausschnitt einer Lebenswelt dar. Ein Thema kommt im Zusammenhang mit Interessen und Handlungszielen (mindestens) eines Beteiligten auf; es umschreibt den Relevanzbereich der thematisierungsfähigen Situationsbestandteile und wird durch die Pläne akzentuiert, die die Beteiligten auf der Grundlage ihrer Situationsdeutung fassen, um ihren jeweiligen Zweck zu verwirklichen. Konstitutiv für verständigungsorientiertes Handeln ist die Bedingung, daß die Beteiligten ihre Pläne in einer gemeinsamen definierten Handlungssituation einvernehmlich durchführen. Sie suchen zwei Risiken zu vermeiden: Das Risiko der fehlschlagenden Verständigung, also des Dissenses oder des Mißverständnisses, und das Risiko des fehlschlagenden Handlungsplanes, also des Mißerfolgs" (Habermas 1988, Bd. 2, 194).

Um Mißverständnisse zu vermeiden, sollten Erwartungen und Absichten auf beiden Seiten kalkuliert werden: „Die handelnden Subjekte müssen also die Handlungsabsichten oder die Handlungserwartungen, die sie gegenseitig einander stellen, ahnen, kennen oder voraussehen, wenn soziales Handeln in einer Situation gelingen soll" (Kron 1988, 226).

Da das Bewältigen einer Situation weitgehend vom Gelingen des Interaktionsprozesses abhängig ist, soll „Situation" modellhaft unter kommunikationstheoretischen Aspekten dargestellt werden.

Das im Didaktikkonzept dargestellte Feld (Abbildung 12) „Situation" entspricht einer Einbettung zwischen die Ebenen „Planung" und „Reflexion".

Der Reißverschluß (Abbildung 17) soll die Beziehung zwischen der Heilerziehungspflegerin und einem behinderten Menschen darstellen; die zunehmende Verzahnung wird durch die beiden Stränge dargestellt. Durch die wechselseitige Interaktion entwickelt sich eine Situation mit hoher „Verstehensdichte". Die Zacken, die erst in eine Ebene der gegenseitigen Passung gebracht werden müssen (das kann nur jeder für sich selbst tun), symbolisieren Ausdrucksformen und Botschaften, die sowohl auf der Inhalts- wie auf der Beziehungsebene in die Situation eingebracht werden. Bei der Verzahnung zweier aufeinander bezogenen Ausdrucksformen kann die Struktur einer Handlung auch als Methode bezeichnet werden. Methodenentscheidungen, die schon auf der Planungsebene vorbereitet oder getroffen wurden, sollen je nach Bedarf aktiviert werden. Die Graphik verdeutlicht auch, daß Methoden sowohl von der Heilerziehungspflegerin als auch von den zu betreuenden Menschen angewandt werden.

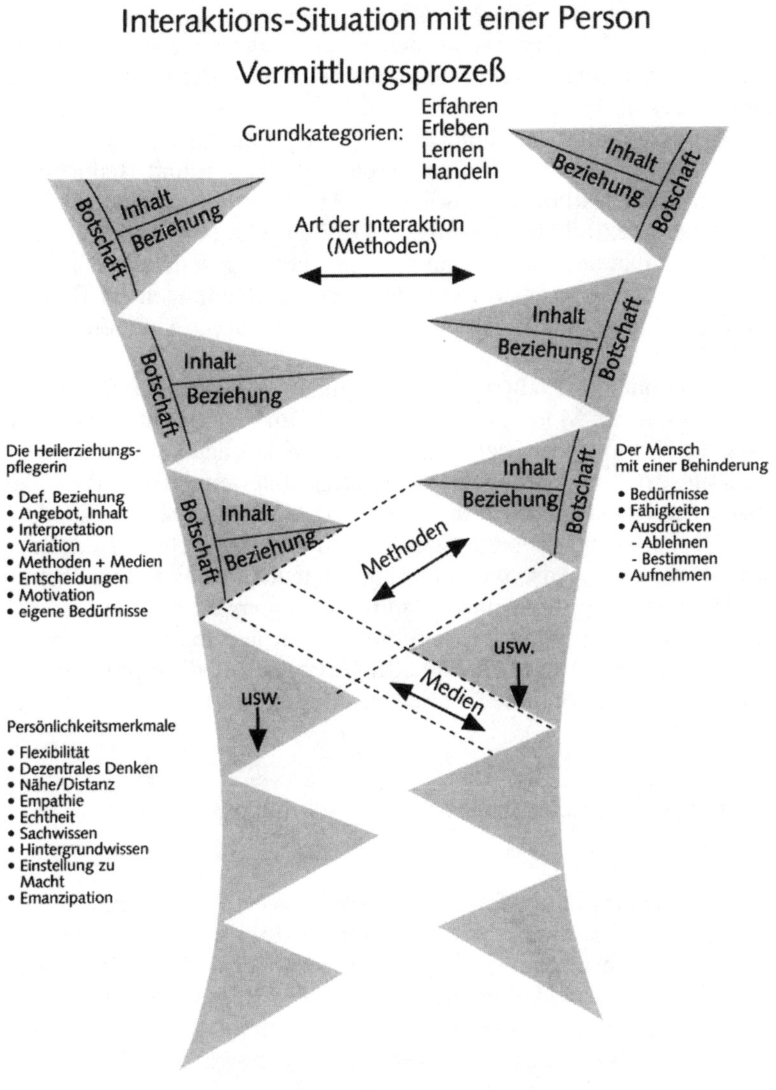

Interaktions-Situation mit einer Person

Vermittlungsprozeß

Grundkategorien:
Erfahren
Erleben
Lernen
Handeln

Art der Interaktion
(Methoden)

Inhalt · Botschaft · Beziehung

Die Heilerziehungspflegerin

• Def. Beziehung
• Angebot, Inhalt
• Interpretation
• Variation
• Methoden + Medien
• Entscheidungen
• Motivation
• eigene Bedürfnisse

Der Mensch
mit einer Behinderung

• Bedürfnisse
• Fähigkeiten
• Ausdrücken
  - Ablehnen
  - Bestimmen
• Aufnehmen

Methoden

Medien

usw.

Persönlichkeitsmerkmale

• Flexibilität
• Dezentrales Denken
• Nähe/Distanz
• Empathie
• Echtheit
• Sachwissen
• Hintergrundwissen
• Einstellung zu
  Macht
• Emanzipation

Abb. 17: Interaktionssituation mit einer Person

Wie eine Situation bewältigt werden kann, hängt maßgeblich von dem Einsatz der Medien ab. Die symbolisierte Überschneidung von Methode und Medium soll darauf verweisen, wie sie aufeinander bezogen sind. Zugleich soll gezeigt werden, daß Methoden und Medien sich überschneiden können und daß sie erst durch ihre Funktion im Ver-

85

Sowohl bei der der Heilerziehungspflegerin als auch bei dem zu betreuenden Menschen steht der lebensweltliche Hintergrund in engem Zusammenhang mit identitätsstrukturierenden und emotionalen Prozessen.

Die Professionalität der Heilerziehungspflegerin, die auf einen behinderten Menschen trifft, der bestimmte Fähigkeiten und Bedürfnisse hat und über bestimmte Ausdrucksmöglichkeiten verfügt, zeichnet sich durch Flexibilität, dezentrales Denken, Umgang mit Nähe und Distanz, Empathie, Echtheit, Sachwissen, Hintergrundwissen und den reflektierten und verantworteten Normenentscheidungen im Bereich der Einstellungen, z. B. zu Macht, Emanzipation, Autonomie und Freiheit, aus.

Die Situation selbst läßt sich auf folgende Grundstrukturen reduzieren: Agieren (im Sinn von Anbieten und Tun), Beobachten (im Sinn von Erfassen und Verstehen), Reagieren (Reaktionen auf Beziehungsangebote, im Sinn von neuem, eventuell geändertem Handeln; auf der Ebene der Reaktionen werden eventuell nicht nur Inhalts- sondern auch Beziehungsangebote ausgeschlagen oder abgelehnt.) Reagieren kann also auch als Anschlußhandlung verstanden werden. Jedoch muß das Mißlingen von einzelnen Handlungssequenzen noch nicht zum Mißlingen der Gesamtsituation führen! Allerdings kann es notwendig werden, die thematische oder inhaltliche Ebene und die mit ihr zusammenhängenden Intentionen zugunsten eines neuen Konsenses ganz zu verwerfen.

5.4 Folgen und Konsequenzen der Vermittlung
     Ebene 4

Die Komplexität einer Vermittlungssituation und die eigene direkte Beteiligung lassen eine kritische und ausführliche Reflexion der Gesamtsituation erst im nachhinein zu. Von Vermittlungssituationen erwarten wir, daß sie Folgen nach sich ziehen. Reflexion ist in diesem Sinne eine kritische Analyse und Nachbearbeitung. Mit diesem Reflexionsprozeß übernimmt die Heilerziehungspflegerin auch Verantwortung für spätere Aktionen.

Eine differenziertere Beschreibung, wie der Reflexionsprozeß aussehen könnte, ist in Kapitel 7 dieses Buches nachzulesen.

5.5 Gliederung für die Planung und Ausarbeitung von exemplarischen didaktischen Einheiten für die fachpraktische Ausbildung in der Heilerziehungspflege

I. Deckblatt
Name
Einrichtung, Gruppe, Tel.
Thema
Praxislehrer / Prüfer
Schule
Datum, Uhrzeit

II. Inhaltsverzeichnis

III. Didaktische Planung

1. Die an der Durchführung der Arbeitsprobe beteiligten Personen (Personenbeschreibung)
1.1 Beschreibung der/des Menschen mit einer Behinderung (orientiert an der Aufgabenstellung)
1.2 Beschreibung der Beziehung(en) zwischen der Studierenden und der (den) oben beschrieben Person(en)
1.3 Begründen Sie, warum Sie mit einer Person oder einer Gruppe arbeiten

2. Thema und Inhalt der Arbeitsprobe
- Grundsätzliche und themenspezifische Aussagen zum Thema oder Inhalt
(hier auch der Hinweis, wo es Gefahrenquellen geben könnte)
- Eingrenzungen der/des Inhalte(s)
2.1 Begründung des Themas für die oben vorgestellte(n) Person(en)
- persönliche und individuelle Aspekte
- Bedürfnisse: wecken, aufbauen, entwickeln, erhalten, befriedigen
- Beziehung / Kommunikation
- Wahrnehmung
- körperliche Aspekte
- kognitive Aspekte
- emotionale Aspekte

- Verhaltensaspekte: Sozialverhalten, Auffälligkeiten
- Förderung
- integrative Aspekte
- soziokulturelle Aspekte

Diese Aspekte sind als Differenzierungshilfen zu verstehen, die die ganzheitliche Sicht des Menschen mit einer Behinderung immer mit einschließt.
Für eine sinnvolle Begründung des Themas sollten nur die dazu notwendigen Aspekte herausgearbeitet werden!

3. Intentionen (mit Begründung)

3.1 Entwicklungsperspektiven
In welche Richtungen kann und will sich die Person entwickeln?

3.2 Handlungsintentionen
Welche Absichten sollen mit welchen Handlungen erreicht werden?

3.3 Lernziele
Damit sind solche Ziele gemeint, die für eine ganz bestimmte Person in einer ganz konkreten Lernsituation ein neues Wissen oder eine neue Fähigkeit (Kompetenz) anstreben.

4. Methoden / Kommunikation
Indirekte Methoden
Welche Phasen sollen/können im Verlauf aufeinander folgen?
(z. B. Einstieg, Motivation, Eigenaktivität, Pause, Abwechslung ...)

Sachimmanente Methoden
Welche Handlungsschritte oder Zusammenhänge sind vom Inhalt / von der Sache her zu beachten?

Handlungsmethoden
Welche Methoden sind sinnvoll?
Welche Methoden in welcher Situation?

Kommunikation
Was will/soll mitgeteilt werden?
Wie könnte es mitgeteilt werden?
Wie wirkt sich unsere Beziehung auf unsere Kommunikation aus?
Mögliche Mißverständnisse?

5. Ort und Rahmenbedingungen für die Arbeitsprobe (Organisation)

   - Zeit (wann, wie lange, eventuelle Abweichungen)
   - Raum (wo, Eignung des Raumes, Gestaltung, Alternative)
   - Was muß organisiert werden?

6. Medien / Material / Werkzeug / Hilfsmittel (Begründung)

7. Verlaufsplanung (Situationsskizze)
   - Inhalt
   - Handlungsschritte (Variationen)
   - Intentionen
   - Bezug zu den methodischen Schritten

IV. Literaturangaben

V. Reflexion

LITERATUR

Adl-Amini, B. (1985): Ebenen didaktischer Theoriebildung. In: Lenzen, D. (Hrsg.): Enzyklopädie Erziehungswissenschaft. Bd. 3. Suttgart, S. 27–48
Badry/Buchka/Knapp (Hrsg.) (1991): Pädagogik. Grundlagen und Arbeitsfelder. Neuwied, Kriftel, Berlin
Bittner, G. (1975): In: Zöpfel, H. (Hrsg): Kleines Lexikon der Pädagogik und Didaktik. Donauwörth, S. 43–46
Copei, F. (1960): Der fruchtbare Moment im Bildungsprozeß. Heidelberg
Fuhr, R. (1985): Didaktisches Handeln in außerschulischen Feldern. In: Lenzen, D. (Hrsg.): Enzyklopädie Erziehungswissenschaft, Bd. 3. Ziele und Inhalte von Erziehung und Unterricht. Stuttgart, S. 148–163

Gudjons, H. (1993): Didaktische Modelle. In: Pädagogik 3/93, S. 43–49

Habermas, J. (1988): Theorie des kommunikativen Handelns. 2 Bde. Frankfurt am Main

Klafki, W. (1991): Neue Studien zur Bildungstheorie und Didaktik. Zeitgemäße Allgemeinbildung und kritisch-konstruktive Didaktik. 2. Aufl. Weinheim, Basel.

Kron, F. W. (1993): Grundwissen Didaktik. München

Martin, E. (1994): Didaktik der sozialpädagogischen Arbeit. Eine Einführung in die Probleme und Möglichkeiten. 3. Aufl. Weinheim, München

Masschelein, J. (1991): Kommunikatives Handeln und pädagogisches Handeln. Weinheim

Oelkers, J. (1984): Erziehen und Unterrichten. Darmstadt

Peterßen, W. H. (1971): Die Strukturtheorie der Didaktik. Hamburg

Peterßen, W. H. (1989): Lehrbuch Allgemeine Didaktik. 2. Aufl. München

Schilling, J. (1993): Didaktik/Methodik der Sozialpädagogik. Neuwied, Kriftel, Berlin

Schulz, W. (1970): Aufgaben der Didaktik. Eine Darstellung aus lerntheoretischer Sicht. In: Kochan, D. C. (Hrsg.) (1969): Allgemeine Didaktik, Fachdidaktik, Fachwissenschaft. Ausgewählte Beiträge aus den Jahren 1956–1969. Darmstadt, S. 403–440

Weniger, E. (1956): Didaktik als Bildungslehre. Teil 1: Theorie der Bildungsinhalte und des Lehrplans. 2. Aufl. Weinheim, Berlin, Basel

Wittern, J. (1985): Methodische und mediale Aspekte des Handlungszusammenhanges pädagogischer Felder. In: Lenzen, D. (Hrsg.) (1956): Enzyklopädie Erziehungswissenschaft. Bd. 4, Stuttgart, S. 25–52

V. Die Lebenswelt

Der Begriff Lebenswelt, der auf den Phänomenologen Edmund Husserl zurückgeht, wird heute sehr unterschiedlich gefaßt. Er ist nicht eindeutig definiert und wird auch immer wieder in unterschiedlichen Bedeutungszusammenhängen verwendet. Die Philosophie der Phänomenologie versucht die Erscheinungen nicht vorschnell zu objektivieren, d. h. vom eigenen Bewußtsein unabhängige gültige Aussagen zu machen, sondern Vormeinungen oder -entscheidungen auszuklammern, um somit zu den Sachen selbst zu kommen. Die Wahrnehmungsverarbeitung selbst wird in Frage gestellt und bereits als Ergebnis interpretierter Erfahrungen markiert. Gerade durch die soziale Vermitteltheit von Welterfahrung entsteht der Eindruck einer völlig rationalen und normierten Welt. Daß die Welt durchaus eine Konstanz in ihrem Bedingungsgefüge aufweist, ist zweifellos eine Voraussetzung für die Entwicklung von Bewußtsein. In diesem Zusammenhang eröffnet sich jene Dimension, die mit dem Lebenswelt-Begriff umspannt wird: „Die Lebenswelt ist die wirklich anschauliche, wirklich erfahrene und erfahrbare Welt, in der sich unser ganzes Leben praktisch abspielt ...“ (Husserl 1982, 54, nach Pfeffer 1988, 89). Als sozialphilosophischer Begriff wird „Lebenswelt“ heute auch im Sinne von sozialer Lebenswelt (Habermas) verstanden.

Für unseren Zusammenhang erscheint uns folgende Bestimmung sinnvoll: Die Lebenswelt ist die Gesamtheit der sozialen, materiellen, zeitlichen und räumlichen Lebenspraxis, die eine Person betrifft.

Folgende Merkmale sind für den Begriff der Lebenswelt konstitutiv: die Intentionalität des Bewußtseins, die Empfindungen als „reelle“ Momente des Bewußtseins, die sinnliche Wahrnehmung, die Subjektivität, die Intersubjektivität, der Sinngehalt von Lebenswelt und die Objektivität der Lebenswelt. Ausgangspunkt des phänomenologischen Denkens ist nicht die „meßbare“ Logik der Naturwissenschaften, sondern die subjektive Welterfahrung des einzelnen Menschen, die über die Sinne erschlossen wird. Dieser Prozeß, in dem die Wahrnehmung eine besondere Rolle spielt, ist der Ausgangspunkt für die innere Erfassung und Konstruktion einer kontinuierlichen Welt. Ihr objektives Dasein läßt sich erst auf dem Hintergrund intersubjektiven Zusammenwirkens erklären. „Wenn es jedoch die Einfühlung, das Ansehen des anderen aufgrund seiner leiblichen Äußerung (als leiblich-psychische Einheit) als Möglichkeit für mich gibt, so muß es sie als Wesensmöglichkeit auch für jeden anderen geben. Hierin gründet die Herstellung eines Wechselverständnisses oder eines intersubjektiven Einverständnisses" (Marx 1987, 84).

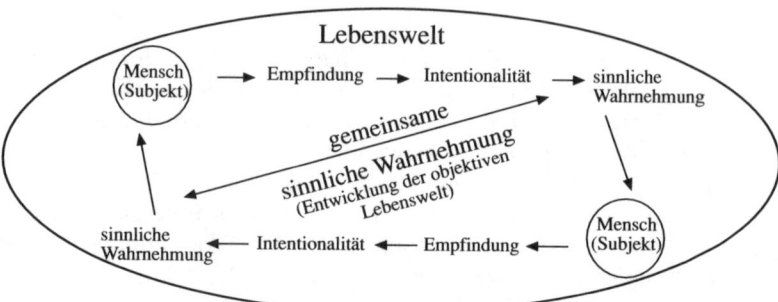

Abb. 18: Intersubjektivität

Die Intersubjektivität ist die Voraussetzung für die Entwicklung von objektiven Aspekten der Lebenswelt.

Intersubjektivität kann nur durch Interaktion entstehen. Voraussetzung für die Lebenswelt ist die Gegebenheit von „Empfindung", „Intentionalität" und „Wahrnehmung". Wenn es in diesen Bereichen zu Problemen (Schädigungen, Störungen, Abweichungen) kommt, so hat das Folgen für den Aufbau der Lebenswelt.

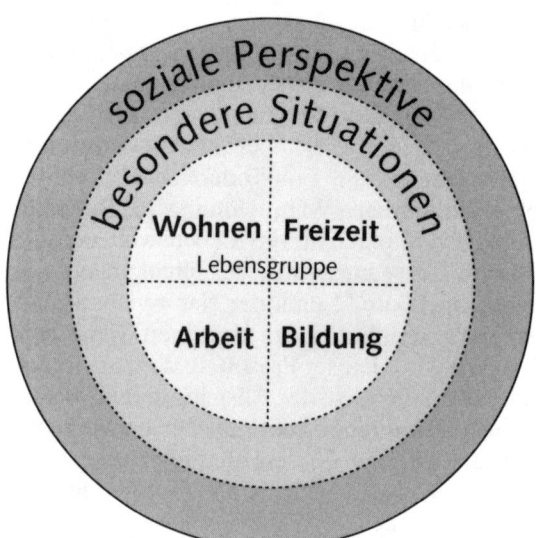

Abb. 19: Bereiche der Lebenswelt

Wir unterteilen die Lebenswelt in vier Hauptbereiche, die untereinander sowie in sozialer und situativer Hinsicht durchlässig sind. Diese vier Bereiche der Lebenswelt lassen sich unter folgenden Kategorien differenzieren:

(1) Leib (sinnliche Wahrnehmung/Subjektivität);
(2) innere Befindlichkeit (Empfindungen als reelle Momente des Bewußtseins);
(3) Selbstverwirklichung (Intentionalität des Bewußtseins);
(4) Kommunikation/Beziehung (Intersubjektivität);
(5) Integration/Normalisierung (Sinngehalt und Objektivität von Lebenswelt).

Diese Kategorien sind handfeste Kriterien, mit denen die Qualität der Lebenswelt von Menschen mit geistiger Behinderung systematisch verbessert werden kann. Die Heilerziehungspflegerin stellt Möglichkeiten zur Verfügung, um diese Bereiche ausgewogen zu organisieren. Je nach den individuellen Fähigkeiten eines Menschen mit einer Behinderung stellt sie Möglichkeiten und Freiräume bereit oder fordert Notwendigkeiten ein.

1. Das Wohnen

Jede Wohnung ist, unter dem lebensweltlichen Aspekt gesehen, der räumliche und zeitliche Ausgangs- bzw. Orientierungspunkt des Menschen. Das Wohnen ist für das innere Gleichgewicht eines Menschen von zentraler Bedeutung: „Wohnen ist somit nicht nur einfach ein Sein, sondern ist verbunden mit einem Ort, an den der Mensch sich gehörig fühlt. Wohnen ist nicht eine beliebige Tätigkeit, sondern ist eine Wesensbestimmung des Menschen und bedeutet u. a. die Gestaltung seines Verhältnisses zur Welt. Erkennen wir diese Aussage als richtig an, so kann das Wohnen von Menschen mit einer Behinderung nicht irgendwie geschehen, kann nicht zufällig gelöst werden, sondern muß als Prozeß der Wesensäußerung von Menschen respektiert werden" (Thesing 1990, 27).

„Das Wohnen befriedigt die Grundbedürfnisse nach Sicherheit, Geborgenheit, Liebe, Achtung, Freiheit, Eigentum und Selbstbewußtheit" (Speck 1982) sowie nach Schutz, Beständigkeit und Vertrautheit sowie nach Kontakt und Kommunikation, Selbstverwirklichung und Selbstdarstellung. Diese Bedürfnisse werden von Thesing mit dem „Bedürfnismodell" nach Maslow identifiziert. In Anlehnung an Mollenhauer schlägt Thesing vor, statt dem Begriff „Grundbedürfnis" von

„fundamentalen Erfahrungen" im Zusammenhang mit humanem Wohnen zu sprechen: „Wichtig für das Wohnen von Menschen mit einer Behinderung ist die Berücksichtigung der fundamentalen Erfahrungen, auf die Menschen angewiesen sind, um human existieren zu können. Betreutes Wohnen für Menschen mit einer Behinderung bedeutet Erkennen, Wahrnehmen und Hilfe bei der Realisierung dieser Bedürfnisse. Es reicht in der Praxis nicht, die Gleichheit der Bedürfnisse von Menschen mit einer Behinderung mit denen ohne eine Behinderung festzustellen, sondern es müssen auch Konsequenzen gezogen werden, anwaltliches Handeln ist engagiertes und ideenreiches Handeln" (Thesing 1990, 31).

Wenn es hier um die Praxis des Wohnens von Menschen mit einer Behinderung gehen soll, so ist das „engagierte und ideenreiche Handeln" der Heilerziehungspflegerin gefragt.

1.1 Wohnen von Menschen mit einer schweren und schwersten Behinderung (mit Eindrucks- und Ausdrucksfähigkeit)

Der Platzbedarf von Menschen mit einer „Mehrfachbehinderung" im Sinne einer Mehrfachschädigung ist besonders groß: Gehhilfen, Rollstühle, Lifte und ganze Betten müssen problemlos durch die Räume bewegt werden können. Da diese Menschen die überwiegende Zeit innerhalb der Wohnung verbringen und nicht wie andere Menschen die Möglichkeit haben, auszugehen, ist eine großzügige Raumgestaltung notwendig. Menschen, die sozio-emotionale Störungen (Verhaltensstörungen) aufweisen, brauchen außerdem geeignete Rückzugsmöglichkeiten bzw. Platz, um sich ausreichend bewegen zu können. Deshalb ist eine deutliche Erhöhung der Quadratmeterzahl von Wohnungen für Menschen mit schwerster geistiger Behinderung erforderlich.

Auch die Badezimmer müssen besonders gestaltet werden. Aufgrund der intensiven körperlichen Pflege sind Menschen mit einer schweren Behinderung täglich bis zu drei Stunden in diesem Raum, weshalb es sinnvoll ist, von der reinen Funktionalität der „klassischen" Badezimmereinrichtung wegzukommen und hier auch gestalterische und erlebnisqualitative Elemente einzusetzen (verschiedene Düfte, Musik, sinnvoll angebrachte Spiegel, Farben, Bilder, Material zum Tasten und Greifen usw.).

Leider ist es in der Regel so, daß Heilerziehungspflegerinnen nur selten optimale Wohnbedingungen vorfinden. An den baulichen und architektonischen Bedingungen lassen sich in der Regel kaum große Veränderungen durchsetzen, auch wenn das immer wieder angemahnt wird.

Die Gestaltung wird deshalb besonders wichtig. Doch gibt es auch dabei immer noch institutionell bedingte Beschränkungen – insbesondere von Hauswirtschaftsleitungen, deren Vorstellungen nicht mit den geforderten heilerzieherischen Erfordernissen zusammenfallen. Heilerziehungspflegerinnen müssen bei der Entscheidung für die Fußböden, bei der Wand- und Deckengestaltung sowie bei der Möblierung die ausschlaggebenden Entscheidungen treffen können.

Ein konkreter Vorschlag für den Wohnraum ist der Bau von Podesten auf verschiedenen Ebenen (Holzkonstruktionen mit Matratzen und Kissen), was auch im Sinne des rückenschonenden Arbeitens der Heilerziehungspflegerin ist. Wo es sinnvoll erscheint, sollen strapazierfähige Garnituren angeboten werden (es muß hier auch an die Möglichkeit von Spezialanfertigungen gedacht werden). Was Blumen und Bilder anbelangt, zeigt die Erfahrung, daß auch diese zum ganz normalen Inventar werden können, sofern die Bewohner/-innen nur, was sich allerdings über Monate hinziehen kann und große Ausdauer seitens der Heilerziehungspflegerin erfordert, sich im Umgang damit üben können.

Da es einige Menschen gibt, die die längste Zeit am Tag liegend zubringen, soll an dieser Stelle angeregt werden, besonders auf die Gestaltung der Decke mehr Wert zu legen. Das Mobile, welches über dem Bett oder Wickeltisch angebracht ist, verliert nach einer gewissen Zeit seinen Reiz. Wie oft werden solche Angebote, auch Bilder und anderes Material ausgewechselt? Entscheidend ist, daß die Heilerziehungspflegerin diese Gegenstände sowie die funktionalen Gegenstände des „Wohnalltages" ganz bewußt und variationsreich in die Kommunikation einbezieht. Erst dadurch entsteht der Sinngehalt der gemeinsamen Lebenswelt.

Das Mobiliar sollte beweglich sein. Auf leere und kahle, also anregungsarme Räume sollte besonders im Wohnbereich mit Heimcharakter verzichtet werden (Michaelke/Hafke 1994, 272; Mahlke 1994). Eine Flexibilisierung in den Innenräumen kann an den Wänden z. B. durch Galerieleisten oder durch zwei fest angedübelte Holzschienen, in die Bilderrahmen eingeschoben werden können, erreicht werden. Man könnte sich auch eine Abrollbefestigung mittels eines Holzstabes (längs oder quer) vorstellen, in welches alte Tapetenrollen mit der Rückseite eingefädelt werden, wodurch eine großflächige, vielleicht mehrere Meter lange Malfläche entsteht. Die Flexibilität des Wohnraumes kann auch dadurch erreicht werden, daß unter Möbel wie z. B. Kommoden, Tische, Sessel, Raumteilregale u. ä. Möbelrollen angebracht werden (die Sicherheitsstandards dürfen natürlich nicht vergessen werden!).

Eine hohe Beweglichkeit in der Raumgestaltung bieten Tücher. Als Vorhänge können sie Raumteilungen auf der vertikalen Ebene bewirken und zusammen mit entsprechendem Licht eine Atmosphäre von Geborgenheit vermitteln. Mit der gleichen Intention können sie auf der horizontalen Ebene parallel oder schräg zur Decke eingesetzt werden.

Wohngegenstände wie Schaukelstuhl, Wippstuhl, Korbschaukel, Hollywoodschaukel, Hängematte und ähnliches entsprechen schon durch ihre funktionale Eigenart dem hier geforderten Anspruch auf Beweglichkeit.

So wichtig die flexiblen Elemente im Wohnbereich sind, so wichtig ist es, Fixpunkte zu haben, die zum einen der Orientierung im Raum und zum anderen der Sicherheit dienlich sind (Eßplatz, Rückzugsecken, Geländer, Haltegriffe ...).

Die Farbgebung der Räume sollte dem Geschmack der dort lebenden und arbeitenden Menschen überlassen bleiben – selbst wenn psychologische Studien über die Auswirkungen von Farben eine besondere Gestaltung nahelegen. Für die Schlaf- und gemeinschaftlichen Räume wird eine Zurückhaltung bei massiven Farben empfohlen, da sie in der Regel eine bessere Flexibilität bei der Gestaltung des Raumes ermöglichen.

Die Menschen mit schwerer und schwerster geistiger Behinderung sollten, so weit das möglich ist, an einer sogenannten „normalen" Wohnkultur partizipieren. Die Heilerziehungspflegerin wird aufgrund ihres wohnkulturellen „backgrounds" diesen Aspekt in den Alltag der Wohngruppe einbringen. Normalisierung heißt in diesem Zusammenhang nicht, daß die Wohnsituation einer möglichst „normalen" Wohnform entsprechen sollte, sondern sie bedeutet, daß es normal sein müßte, daß für diese Personen eine ihrer Situation und ihren Bedürfnissen gerechte Wohnform angeboten wird. Die Kreativität, die in diesem Zusammenhang freigesetzt wird, könnte durchaus Impulse gegen die Einfallslosigkeit der zum Teil vorherrschenden „Einheitswohnkultur" geben. Die in der Fachliteratur zum Teil angestrebte Absicht, das Wohnen selbst als Teil des Förderprogrammes zu betrachten, halten wir nicht für richtig. Zwar können die in diesem Rahmen vorhandenen Materialien die Wahrnehmung anregen und die Sensibilität fördern; allerdings sollte die Wohnung niemals im Sinne eines funktionalen Förderraumes konzipiert werden, weil das zu einer Verzweckung der Lebenswelt führen würde.

Gerade die Wohnung soll ein Raum sein, der disfunktionale, ästhetische, redundante und geheimnisvolle Bereiche beinhaltet. Erst auf diese Weise findet die Wohnwelt eine Entsprechung zur Innenwelt.

Förderung in der Wohnwelt setzt eine Reihe günstiger Bedingungen voraus: die Raumgröße, die Vielfalt der Angebote durch die Raumgestaltung ebenso wie die funktionellen Bereiche zur Alltagsbewältigung und ganz besonders die intersubjektive sinnstiftende verbindende Kommunikation. Erst in der Kommunikation kann für den Menschen mit schwerer und schwerster geistiger Behinderung der Wohnraum im Sinne eines Erlebnisraumes erfahren und begriffen werden. Bei der Wohnraumgestaltung wird der akustische Bereich meistens vernachlässigt. Je nach Wahrnehmungskompetenz ist es für den betroffenen Personenkreis nicht selbstverständlich, akustische und visuelle Wahrnehmungen miteinander zu koppeln. Ein Klangmobile oder sanfte Musik im Hintergrund können unter Umständen weniger Sinnzusammenhänge herstellen als das Geräusch der sich öffnenden Küchentür oder das Lösen der Bremsen beim Rollstuhl. Vielleicht kann es eine hilfreiche Übung für die Heilerziehungspflegerin sein, wenn sie über den Tag hinweg versucht, die einzelnen Geräusche (die sonst im Alltagsleben ausgefiltert werden) ganz bewußt wahrzunehmen, insbesondere solche, die sich wiederholen und in einem direkten oder indirekten Zusammenhang mit einer Situationsveränderung für die betroffene Person stehen.

Auf die Lichtverhältnisse wird heute bei der Gestaltung von Wohnräumen für Menschen mit einer Behinderung großen Wert gelegt. Wenn vorher von dem Prinzip der Flexibilität die Rede war, so sollte es auch für die Lichtquelle angewandt werden – einmal von der Bewegung des Lichtes her, zum anderen durch die Möglichkeit, verschiedene Lichtquellen anzuordnen. Besonders die Wechselwirkung von Licht und Schatten kann einen starken Einfluß auf die innere Stimmung haben.

1.2 Wohnen für Menschen mit leichteren Behinderungen und/oder psychischen Erkrankungen

Im Gegensatz zu Menschen mit schwerer und schwerster Behinderung ist diese Gruppe weitenteils in der Lage, selbständig ihre Wohnwelt zu gestalten. Sie ist in der Lage, ihre Wünsche direkt oder indirekt zum Ausdruck zu bringen.

Menschen mit leichteren Behinderungen oder psychischen Erkrankungen erheben oft den berechtigten Anspruch auf ein eigenes Zimmer. Dabei geht es auch um das Zugeständnis der Intimsphäre und um die Möglichkeit, als Paar zusammenzuleben. Im Gegensatz zu früher wird heute versucht, die Vielfalt der Wohnmöglichkeiten den individuellen Bedürfnissen anzupassen. Auch hier stößt die Heil-

individuellen Bedürfnissen anzupassen. Auch hier stößt die Heilerziehungspflege an – sozialpolitisch bedingte – Grenzen. Bei der Belegung der Zimmer und bei der Gruppenzusammensetzung spielt die Heilerziehungspflegerin eine große Rolle. Ein gutes Verhältnis zu den Betroffenen ist die Voraussetzung, sie gut zu beraten und zu begleiten.

Um die verschiedenen Wohnformen, die sich mittlerweile etabliert haben (Thesing 1990), auch adäquat zu gestalten, hat die Heilerziehungspflegerin die Aufgabe, dem betroffenen Personenkreis entsprechende Anregungen zu geben: Einblicke in andere Wohnungen, Besuche in Einrichtungs- und Möbelhäusern oder in Wohnausstellungen. Die Heilerziehungspflegerin hat dann die Aufgabe, bei der Beschaffung der gewünschten Einrichtung zu helfen, darauf zu achten, daß der finanzielle Rahmen nicht verlassen wird und auf unberücksichtigte Aspekte oder auf vernachlässigte Bedürfnisse hinzuweisen. Bei der Beschaffung von Einrichtungsgegenständen sollte auch an die Selbstanfertigung bzw. an die Restauration von alten Möbeln gedacht werden. Möbel, die selbst hergestellt wurden, fördern das Bewußtsein über den Wert und die Bedeutung eigener Wohnutensilien. Bei Gestaltungsfragen – insbesondere der individuellen Rückzugsräume oder des eigenen Zimmers – ist seitens der Heilerziehungspflegerin Zurückhaltung und Respekt vor dem Geschmack der anderen geboten. Zur Gestaltung der Lebenswelt gehören auch die Außenbereiche: Wenn es einen Balkon oder eine Terrasse gibt, sollten diese bepflanzt werden. Ein Schrebergarten in der Nähe bietet auch gute Möglichkeiten, Landschaft und Natur zu erfahren.

Bei diesem Personenkreis, darauf sei noch nachdrücklich hingewiesen, ist das Wohnen unter den Aspekten der Normalisierung und Integration zu beurteilen; das bedeutet, daß sehr viel Wert auf die Nachbarschaft, auf Einkaufsmöglichkeiten, auf Nähe zu kulturellen Einrichtungen und Lokalen, auf Anbindung an Verkehrsmittel usw. gelegt werden sollte, um lebenswelterweiternde Aktivitäten zu ermöglichen.

2. DIE FREIZEIT

Freizeit wird in unserer Gesellschaft die Zeitspanne genannt, in der nicht gearbeitet wird. Nach Opaschowski ist sie in die erholungs-, in die konsum- und schließlich in die erlebnisorientierte Freizeitphase einzuteilen (Opaschowski 1983, 104). Jeder Mensch braucht freie Zeit – das gilt für Menschen mit und ohne Behinderung gleichermaßen. Inwieweit sich die Freizeit in sinnvolle oder sinnarme, in erholende oder anstrengende Phasen einteilen läßt, ob sie sich im kreativen und/ oder sozialen Bereich abspielt oder subjektiv als unbefriedigend erlebt wird, hängt stark von der individuellen Lage und von den sozialen Bedingungen ab.

Pöggeler spricht in diesem Zusammenhang von Freizeitfähigkeit: „In einer liberalen Demokratie hat niemand das Recht, das Freizeitverhalten der Mitmenschen dadurch zu manipulieren, daß er dem mündigen Menschen verwehrt, selbst zu bestimmen, was in der Freizeit für ihn sinnvoll sei und was nicht. Das Risiko zu tragen, das die in der Freizeit gebotene Freizeit dem Individuum bietet, diese Aufgabe kann dem Individuum durch keine Institution abgenommen werden, am wenigsten durch Einrichtungen der Erziehung und Bildung. Wohl aber ist es diesen möglich, Lernziele zu ermöglichen und zu propagieren, auch das Lernziel ‚Freizeitbefähigung‘. Gemeint ist damit z. B. die Fähigkeit zum freien Nachdenken und Verweilen, zur Pflege mitmenschlicher Beziehungen, die Fähigkeit zu neuem Naturkontakt und zu angemessenem Verhalten in der freien Natur; auch die Fähigkeit zur Geselligkeit und bildenden Unterhaltung, zum Spielen und Feiern, zum Reisen und Begegnung mit Heimat und Welt ist gemeint. Freizeitbefähigung hat sich letztlich in der Fähigkeit zur Selbstfindung und Selbstbestimmung zu bewähren" (Pöggeler 1993, 12).

„Freizeitbefähigung" als Lernziel kann jedoch der Komplexität dieses Begriffs nicht gerecht werden. Über das Lernziel „Freizeitbefähigung" hinaus muß die Heilerziehungspflegerin der Tatsache Rechnung tragen, daß Freizeit ein Bestandteil der Lebenswelt ist und auch die Freizeit Erfahrungen und Lernmöglichkeiten auf den unterschiedlichen Stufen eröffnen sollte.

In der „Praxis" können bezüglich der Freizeitgestaltung zwei extreme Positionen auftauchen: Entweder wird die verbleibende Zeit nach Schule oder Arbeit mit Therapien, Bildungsveranstaltungen, internen oder externen regelmäßigen Angeboten bzw. mit Aufgaben im hauswirtschaftlichen Bereich vollständig verplant, oder es ergibt sich die Situation, daß Menschen, die kaum in der Lage sind, von sich aus die Welt zu erschließen, viel zu wenig Angebote bekommen und gerade mit dem Argument, das wäre ihre Freizeit, stundenlang sich selbst überlassen bleiben. Die Folgen können sich z. B. in stereotypen Handlungsformen zeigen. Zwischen diesen extremen Positionen (wobei die letztere vermutlich häufiger ist) muß die Heilerziehungspflegerin eine ausgeglichene Balance herstellen.

Eine Einteilung bezüglich Art und Qualität von Freizeit stellt Pöggeler vor, indem er geplante und ungeplante Freizeit, organisierte und nicht organisierte (private, alltägliche) Freizeit, Freizeit unter Anleitung im

zeit, individuelle oder soziale (bzw. kollektive) Freizeit sowie sinnvolle oder sinnarme bzw. sinnlose Freizeit voneinander unterscheidet (Pöggeler 1993, 15).

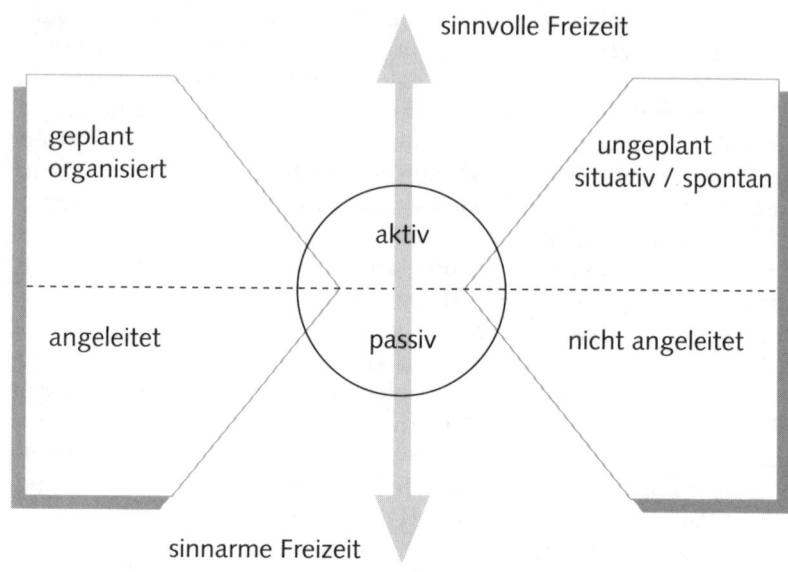

Abb. 20: Freizeit mit verschiedenen Qualitäten

Die Frage nach der Bestimmung dessen, was im Rahmen der Freizeitgestaltung als sinnarm oder als sinnvoll zu beschreiben ist, kann nur auf dem gesamtlebensweltlichen Hintergrund bestimmt werden. Für die Heilerziehungspflegerin stellt sich die Aufgabe, das Ausmaß von sinnvoller Freizeit zu Lasten der sinnarmen Freizeit zu erhöhen.

2.1 Freizeit mit Menschen mit geistiger Behinderung

Die wichtigste Prämisse der Freizeitgestaltung, nämlich die Freiwilligkeit, kann die Heilerziehungspflegerin vor große Probleme stellen: Wenn Menschen mit geistiger Behinderung mit ihren Bedürfnissen nicht richtig verstanden werden, kann es passieren, daß sie (vielleicht aus Überangepaßtheit) das Gegenteil dessen äußern, was sie eigentlich wollen. Hier ist ein hohes Maß an Feingefühl (Personenkenntnis und eine persönliche Beziehung) nötig, um die wirklichen Bedürfnisse aufzuspüren. Vorsichtiges Führen, sanftes Überreden und das Wiederholen von Angeboten können dabei gute Hilfen sein. Massi-

100

ver Druck, erpresserisches Verhalten oder gar körperliche Gewaltanwendung sind ausdrücklich abzulehnen und richten nur großen Schaden an. Wenn sich eine Person beispielsweise zum fünften Mal nicht traut, ins Wasser zu gehen, wird es in keinem Fall zu etwas gut sein, sie dazu zu zwingen. Die Möglichkeit, Wasser irgendwann einmal auch positiv erleben zu können, wäre wahrscheinlich lang anhaltend vertan.

Der finanzielle Rahmen für die Freizeitgestaltung ist heute häufig gefährdet. Die Heilerziehungspflegerin ist angehalten, bestehende Standards zu verteidigen und anerkannte Notwendigkeiten besonders hartnäckig einzufordern, was bei den betreffenden Stellen entsprechend begründet werden muß.

Das Freizeitverhalten von Menschen mit geistiger Behinderung unterscheidet sich nicht grundsätzlich von dem anderer Menschen. Sozialkontakte, der Freund oder die Freundin spielen, außer bei autistisch geprägten Menschen, eine große Rolle. Bei spontanen und selbstgewählten Freizeitbeschäftigungen ergibt sich oft passives und konsumorientiertes Verhalten, Fernseher und Radio gehören zu den Favoriten. Ein Mensch ohne Behinderung verfügt allerdings über eine schier unbegrenzte Zahl an Gestaltungsmöglichkeiten seiner Freizeit. Für Menschen mit einer Behinderung sieht dies auf Grund ihrer isolierten Lebenswelt häufig anders aus. Sie trauen sich vielleicht wenig zu, haben keinen Überblick über das Angebot und haben vielleicht Probleme, auch entsprechende Entscheidungen zu treffen. Deshalb muß sich die Heilerziehungspflege bemühen, „... die geeigneten Inhalte der Freizeiten zu gestalten, da sie den behinderten Menschen auch neue Erlebnisse und erweiterte Sozialkontakte anbieten" (Huber 1979, 40).

Bei der geplanten bzw. organisierten Freizeit sollte das didaktische Denken im Mittelpunkt stehen. Folgendes sollte aber nicht vergessen werden: „Bei allen Inhalten, die wir für die Freizeit behinderter Kinder (und Erwachsener, d.V.) anbieten, sollten wir nicht übersehen, daß für diese Kinder (und Erwachsene, d.V.) Freizeit auch ‚frei sein' und ‚nichts tun' bedeutet. Gestaltete und geplante Freizeit heißt nicht verplante Freizeit" (Huber 1992, 187).

Die Freizeitgestaltung sollte die soziale und kreative Ausdrucksfähigkeit sowie die Handlungskompetenzen im körperlichen und kognitiven Bereich fördern. Die Fächer in der Heilerziehungspflegeausbildung – Spiel, Musik, Rhythmik, Sport, Motopädagogik und Werken – bereiten auf diese Tätigkeit vor. Der aktive wie der passive Umgang mit Medien (Fernseher, Video, Foto, Radio, Kassettenrecorder, PC usw.) spielen eine zentrale Rolle im Freizeitbereich, sollten aber reflektierter eingesetzt und besser begleitet werden. Hobbys sollen entwickelt und gepflegt werden. Wo immer auch eigene persönliche Interessen seitens der Heilerziehungspflegerin bestehen, gibt es eine Chance, Anregungen zu geben. Ferien- und Reisefreizeiten, die sehr sorgfältig geplant und vorbereitet werden müssen, spielen für Menschen mit einer Behinderung insofern eine ganz besondere Rolle, weil sie häufig die einzige räumliche Erweiterung der Lebenswelt sind. Besonders Menschen mit schwerster geistiger Behinderung brauchen eine Weile, um sich räumlich (in einem anderen Haus, an einem anderen Ort, in einer anderen Landschaft) zurechtzufinden. Bei der Wahl der Ferienunterkunft sollte auch an eine mögliche medizinische Versorgung gedacht werden. Bei der Planung und Organisation von Ferienreisen muß die Heilerziehungspflegerin berücksichtigen, wo und wie es finanzielle Zuschüsse für solche Vorhaben gibt.

Mit folgenden Fragen müssen sich die Heilerziehungspflegerinnen, wenn es um die Freizeitgestaltung geht, beschäftigen: Welche Erholungsplätze und Ziele gibt es für kürzere Ausflüge in die nähere Umgebung? Dabei muß auf die Anbindung an das Netz der öffentlichen Verkehrsmittel sowie an die Möglichkeit von Ermäßigungen bzw. kostenloser Beförderung gedacht werden. Es muß mit Hilfe einer sorgfältigen Risikoanalyse geklärt werden, welche Personen in der Lage sind, ohne Begleitung, zu Fuß, mit dem Fahrrad oder mit anderen Verkehrsmitteln ihre nähere und weitere Umgebung selbst zu erschließen, wobei die Aufsichtspflicht mit Vorgesetzten und gesetzlichen Betreuern abgeklärt werden muß. Die Zusammensetzung der Reisegruppe und insbesondere auch der Betreuerschlüssel müssen sorgfältig abgewogen werden.

Die Erlebnispädagogik umfaßt hauptsächlich geplante und organisierte Freizeitaktivitäten mit Kindern, Jugendlichen und jungen Erwachsenen in der Natur. Ursprünglich als Maßnahme für „schwierige" Jugendliche gedacht, wurde dieser Ansatz teilweise schon auf Menschen mit einer Behinderung oder psychischen Erkrankung übertragen.

„Die Zielsetzung der erlebnispädagogisch orientierten Aktion ist, unter Berücksichtigung fehlender Voraussetzungen, Lernen zu fördern und emotionale Schranken abzubauen. Diese Aspekte und Ziele eines „anderen" Lernens versuchen wir in erster Linie im Rahmen von Wochenendfreizeiten zu realisieren. Um derartige ganzheitliche erlebnisorientierte Maßnahmen durchzuführen, bedarf es bestimmter Bedingungen:

(1) natürliche Umgebung (Wald, Berge, Flüsse und Seen);
(2) Nutzung der ‚Naturimpulse' (Regen, Kälte, Wärme, Wasser, Stein, Geräusche, Dunkelheit, Stille, Fauna und Flora);

(3) Einsatz von Naturmaterial;
– Selbstbeschränkung auf ‚einfaches' Leben und bewußter Verzicht auf Unwesentliches (Fernsehen, Video, Spülmaschine);
(4) sorgsame Auswahl der Unterkunft (Berghütte, Zelte);
(5) Selbstversorgung, gemeinsame Organisation des Zusammenlebens (Einkauf und Kochen zu organisieren, gemeinsam Regeln erstellen, die einzuhalten sind, Methoden der Konfliktlösung besprechen, demokratische Form der Mitbestimmung usw.)" (Loibel/Fiedler 1992, 11).

2.2 Freizeit mit Menschen mit schwerer und schwerster geistiger Behinderung

Besonders bei diesem Personenkreis wird deutlich, daß der Begriff Freizeit nicht nur in seiner Gegensätzlichkeit zur Arbeit definiert werden kann. So betrachtet, würden diese Menschen sehr viel Freizeit haben. Freizeit setzt jedoch bis zu einem gewissen Grad ein Selbstkonzept voraus, zumindest aber ein gewisses Maß an Bedürfnisrealisierung. Menschen mit schwerer und schwerster geistiger Behinderung haben in ihrem Alltag sehr viele Phasen, in denen sie einer Fremdbestimmung unterliegen – das kann auch für die Zeiten gelten, in denen ihnen Hilfsangebote gemacht werden oder Handlungen von ihnen erfordert werden, die anstrengend sind und deren Nutzen sie nicht selbst nachvollziehen können. Auch das eigene, stereotype oder zwanghafte Verhalten könnte als fremdbestimmt interpretiert werden. Freizeit könnte bei diesen Menschen heißen, keinen Zwängen zu unterliegen. Darüber hinaus sollte es geplante Freizeitangebote geben, die nicht im Zusammenhang mit den notwendigen pflegerischen Maßnahmen stehen und einen spezifischen Charakter in dem Sinn haben sollten, als sie sich auf der interaktiven Sinnes- und Körperebene abspielen und sich zeitlich über eher kürzere Sequenzen erstrecken.

3. DIE ARBEIT

Arbeit ist die Grundlage der Gütererzeugung in unserer Gesellschaft; ihr Wert wird in Leistungsgrößen und diese wiederum in Geld ausgedrückt. Mit dieser Bestimmung sind wir schon bei dem für unseren Zusammenhang zentralen Problem: dem Nützlichkeitskriterium, dem jedes Individuum in unserer Gesellschaft bezüglich seiner Verwertbarkeit für den Arbeitsmarkt unterliegt. „Diese Inhumanität kann und darf ein verantwortungsbewußter Träger nicht als unvermeidbar hinnehmen, nur weil eine aus dem wirtschaftlichen Normalbereich unkritisch übernommene Produktion das so erscheinen lassen mag. Wenn aber die Arbeit selbst die Ursache des Persönlichkeitsabbaus ist, muß eine human orientierte Arbeitskonzeption Produktionsweisen finden, die diesen Prozeß umkehren" (Crämer 1990, 2).

Wir vertreten hingegen einen Arbeitsbegriff, der keine Personengruppe ausgrenzt und der den Menschen in den Mittelpunkt stellt. Arbeit soll nicht länger als ein lästiges „Muß", als eine Abwesenheit von Freizeit und Urlaub definiert werden.

Wir verstehen Arbeit als eine Form der Lebensbewältigung und Selbstverwirklichungsmöglichkeit des Menschen, die notwendig ist und den Menschen herausfordert.

Besonders Menschen mit einer geistigen Behinderung laufen Gefahr, solche Arbeiten verrichten zu müssen, die aufgrund ihrer Gleichförmigkeit und des fehlenden Sinnzusammenhangs die Persönlichkeitsentwicklung eher verhindern als fördern. „Die Tendenz, mit wenig anspruchsvollen Arbeiten konfrontiert zu werden, wird dadurch verstärkt, daß in den Werkstätten in der Regel für Akquisition ebensowenig wie für Marketing Fachleute zur Verfügung stehen, so daß die Auftragsbeschaffung oft laienhaft angefangen wird und in diesem Bereich vieles dem Zufall überlassen sei" (Runde 1986, 159).

Es gab in der Vergangenheit durchaus die Vorstellung, daß Menschen mit einer Behinderung für Serienanfertigungen besonders geeignet seien und daß diese Tätigkeit auch ihr Selbstwertgefühl unterstütze. Heute wird diese Einstellung als weitgehend überholt angesehen. Crämer nennt drei Grundbedingungen, damit eine Arbeit als persönlichkeitsfördernd eingeschätzt wird: die Erfahrung des Könnens, die Erfahrung des Wertes, die Erfahrung des Sinnes.

Das gilt auch für die Arbeit in Werkstätten für Behinderte. Viel zu lange wurde dort das Funktionieren, das möglichst störungsfreie und reibungslose Arbeiten durch die Handlungsprinzipien des Anweisens, des Zeigens und des Trainierens in den Vordergrund gestellt. Häufig wurde und wird der wirtschaftlich bedingte Leistungsdruck als Rechtfertigung für solch direktive Handlungsstrukturen ins Spiel gebracht. Aufgabenorientiertes Handeln, ganzheitliche Aufgabenstellung und Problembewältigung, Kooperation und Mitbestimmung, Bedürfnisorientiertheit (Runde 1986, 168) sollten auch Kriterien für die Arbeit der Menschen mit einer Behinderung sein. Für sie haben sich insbesondere solche Arbeitsplätze als wertvoll und geeignet erwiesen, wo die Aufgabenstellung komplexer und vor allem bezüglich ihres Sinnzusammenhangs überschaubarer ist. Dabei kann auf ganz traditionelle

Arbeitsbereiche zurückgegriffen werden, wie die Landwirtschaft, die Gärtnerei, Bereiche der Hauswirtschaft, der Hausmeisterei, auf Küche, Wäscherei usw. In der Vergangenheit waren diese Arbeitsfelder in der Regel eher Menschen mit einer leichten Behinderung vorbehalten, da sie orientierungsfähig und selbständig sein müssen. In zunehmendem Maße bewährt es sich, themenspezifische Projekte im Grünlandbereich für Menschen mit mittleren bis schweren Behinderungen und sozio-emotionalen Auffälligkeiten (Verhaltensstörungen) einzurichten. In der Regel können das Aufgaben aus der Land-, Forst- oder Gartenwirtschaft sein, die in einfachere Handlungsschritte zerlegt werden können. Diese Tätigkeiten haben einen hohen therapeutischen Wert.

Werkstätten für Behinderte sind nach betriebswirtschaftlichen Gesichtspunkten aufgebaut; sie erfordern von den einzelnen ein Mindestmaß an wirtschaftlich verwertbarer Arbeitsleistung. Menschen mit schweren und schwersten Behinderungen haben allenfalls die Möglichkeit, in Sonderfördergruppen unterzukommen und da in zum Teil sehr begrenzten Zeiten (stundenweise) beschäftigt zu werden: „In diesen Sonderfördergruppen werden oft Menschen mit Behinderungen betreut, die eben die vom Gesetz geforderte minimale Arbeitsleistung nicht erbringen können. Bei ihnen geht es mehr um ‚Tagesstrukturierungen'" (Mrozinski 1992, 10).

Da die Arbeit für den Menschen und nicht der Mensch für die Arbeit da sein sollte, darf es bei der Auswahl der Tätigkeiten nicht darum gehen, sie nur um der Strukturierung des Tages willen auszuwählen. Arbeit sollte eine Möglichkeit darstellen, die Lebenswelt zu erweitern und neue Formen der Auseinandersetzung, des Kontaktes und der Erfahrung zu finden. Die Frage nach der Sinnhaftigkeit kann nicht alleine von außen gestellt oder beantwortet werden, sondern nur zusammen mit dem betroffenen Menschen. Es sei nur am Rande darauf hingewiesen, daß schon die kleinsten Schritte zu mehr Unabhängigkeit auch Betreuungskraft erübrigen können und im weitesten Sinne ökonomisch von Bedeutung sind.

Hahn formuliert für die WfB einen Auftrag: „Daß die WfB die Aufgabe hat, Menschen mit geistiger Behinderung – auch solchen mit schwerer Behinderung – im verantwortlichen Zusammenleben – Wohlbefinden zu ermöglichen und damit zur Sinnerfüllung ihres Lebens beizutragen. Sie kann dies auch bei Menschen mit schwerer Behinderung erreichen, wenn sie deren Unabhängigkeitspotential realisiert, subsidiär an der Befriedigung ihrer Bedürfnisse mitwirkt und durch diskursives interagierendes Aushandeln die sozialen Räume dafür schafft" (Hahn 1992, 7).

Mit dem Lebensbereich Arbeit rückt besonders die Tätigkeitsseite des Menschen in das Blickfeld. In der Regel wird die Heilerziehungspflegerin zu diesem Bereich, der sich durchaus mit den anderen Bereichen der Lebenswelt überschneiden kann, am wenigsten unmittelbaren Zugang haben. Deshalb gehört es zu ihren Aufgaben, sich genau über ihn zu informieren. Je nach Art und Ausmaß der Behinderung kann die arbeitende Person selbst nichts über ihren Ärger, ihre Frustrationen oder über ihre positiven Erlebnisse erzählen. Deshalb ist eine regelmäßige Rücksprache mit der Arbeitsstelle erforderlich. Bei anhaltender Unzufriedenheit oder bei Beziehungsproblemen (die sich zum Teil auch sehr ungünstig auf den restlichen Bereich der Lebenswelt auswirken können) muß zusammen mit den Fachkräften am Arbeitsplatz über neue Möglichkeiten gesprochen werden. Es ist auch Aufgabe der Heilerziehungspflegerin, die von ihr betreute Person bei der Kenntlichmachung ihrer Ansprüche und Bedürfnisse am Arbeitsplatz zu unterstützen. Nicht selten gibt es auch alters- oder krankheitsbedingte Veränderungen, die es erforderlich machen, z. B. von einem Arbeitsplatz mit stehender Tätigkeit zu einem mit sitzender Tätigkeit zu wechseln. Personen, die in einer Werkstatt für Behinderte z. B. eine hohe Leistung erbringen können und von den dortigen Mitarbeitern gerne behalten werden, hätten vielleicht auch die Chance auf einen Arbeitsplatz auf dem freien Markt. Die Unterstützung bei der Suche von geeigneter Arbeit ist auch Aufgabe der Heilerziehungspflegerin. So wie Fort- und Weiterbildung auch sonst im Arbeitsprozeß enthalten sind, sollen auch in den Arbeitsbereich der Menschen mit einer Behinderung bestimmte Bildungsaufgaben integriert sein. Eine gezielte Förderung im Bereich der Selbstbesorgung oder im hauswirtschaftlichen Bereich kann als Fortbildungsarbeit verstanden werden und sollte, wo es möglich ist, in der Arbeitszeit stattfinden können.

Der letzte Aspekt, auf den wir im Zusammenhang mit der Arbeit eingehen wollen, betrifft den der Arbeitsverweigerung. Auch wenn die meisten Menschen mit einer Behinderung genauso wie Menschen ohne eine Behinderung froh sind, einen Arbeitsplatz zu haben, gibt es einzelne Situationen, in denen Menschen mit einer Behinderung auf ihre Art zum Ausdruck bringen, daß es ihnen nicht möglich ist oder daß sie nicht willens sind, zur Arbeit zu gehen. Die Qualität heilerziehungspflegerischer Arbeit zeigt sich gerade darin, diese Pflicht nicht um jeden Preis durchzusetzen. Auf jeden Fall sollte darauf verzichtet werden, den eigenen Status als Arbeitnehmerin mit Vorbildcharakter auszustatten. Arbeitszwang verkehrt sich schnell in Zwangsarbeit, und dafür gibt es in unserer Geschichte bereits genügend abschreckende Beispiele. Sicherlich bedarf es beim einen mehr, beim anderen weniger Unterstützung durch die Heilerziehungspflegerin, um zur „Aufbruchsmotivation" zu kommen. Hier muß großes Einfühlungsvermögen aufgewendet werden, um zu verstehen und zu erfassen, was als Verweigerung oder als klare Ablehnung, also als Widerstand gegen die Lebenswelt Arbeit selbst zu interpretieren ist und was vielleicht eher auf eine situative Trägheit zurückzuführen ist. Der erste Schritt bei der Verweigerung von Arbeit muß eine eingehende Analyse der aktuellen Individuallage des Betroffenen sein. In der Zusammenarbeit mit den Arbeitserziehern/-rinnen und des Teams müssen die Beobachtungsdaten sorgfältig ausgewertet und Lösungsstrategien gemeinsam entwickelt und verantwortet werden. Vielleicht ist es notwendig, daß der Betreffende Urlaub macht (auch wenn das nicht in die Jahresplanung der Gruppe paßt) oder insgesamt seine Arbeitsstunden reduziert.

Manche Menschen mit einer Behinderung dürfen schon deshalb gar nicht krank sein, weil sie dann auf der Wohngruppe bleiben müssen und dieses einen nicht vorgesehenen Dienst für die Heilerziehungspflegerin nach sich ziehen würde. Für solche Situationen muß es klare Regelungen und Absprachen geben, so daß diese Menschen, wenn sie krank sind oder andere gravierende Gründe haben, zu Hause bleiben zu wollen, das auch tun können.

4. Schule, Bildung und Erwachsenenbildung

Bildung findet permanent statt. Bildung als Bereich der Lebenswelt ist grundsätzlich ein individueller Prozeß. (s. Abbildung 19). Bildung überschneidet sich besonders mit den Lebensweltbereichen Arbeit, Freizeit und Wohnen. Bildung soll hier nicht verstanden werden als abgehobener, vergeistigter Prozeß, der einer bestimmten Schicht vorbehalten ist, sondern als Recht eines jeden Menschen, sich mit Hilfe der Bildung die Lebenswelt zu erschießen, mit der notwendigen sozialen Unterstützung die eigene Individualität zu stabilisieren, sein Selbst zu finden. Dann wird es auch möglich sein, selbst auf die Lebenswelt Einfluß zu nehmen.

Bildung darf nicht das Vorrecht bestimmter Gruppen sein, sondern muß gerade im Rahmen der Chancengleichheit für benachteiligte Personengruppen mit besonderem Aufwand organisiert und angeboten werden. Bildung soll nicht als Anpassungsprozeß funktionieren, sondern schließt die Bereitschaft, Fähigkeit und Kritik zur Emanzipation und Mündigkeit ein.

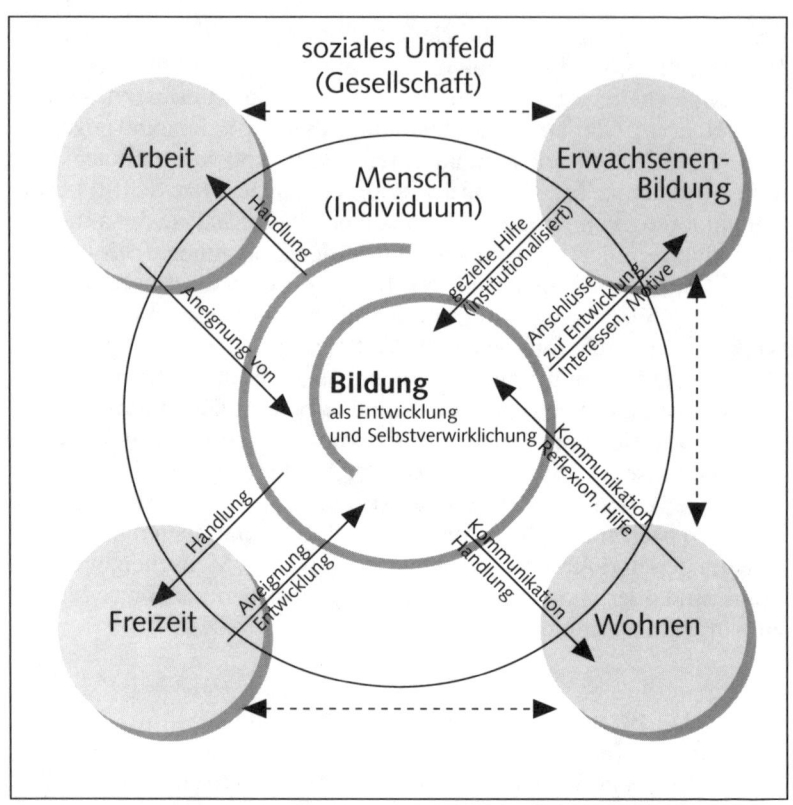

Abb. 21: Der Bildungsprozeß im Zusammenhang mit der Lebenswelt

Es ist nicht selbstverständlich, daß Kinder mit schwerer und schwerster geistiger Behinderung zur Schule gehen. Noch vor fünfundzwanzig Jahren war es ohne weiteres möglich, solche Kinder und Jugendliche auszuschulen. Heute orientieren sich die Bildungsinhalte in der Sonderschule für Menschen mit geistiger Behinderung sehr stark am individuellen Entwicklungsstand. Praktische und handlungsbezogene Inhalte werden anschaulich und erfahrungsnah vermittelt. Ausdrücklich fordert Speck von der Schule für Menschen mit geistiger Behinderung, daß sie sich als „akzeptierende Lebenswelt" zu erweisen hat.
„Schule wird zur Lebenswelt, wenn das Kind sich darin in seinem Eigenwert von anderen bestätigt fühlt und hinreichend Gelegenheit erhält, sich in seinen Begabungen und Interessen zu entfalten, ohne wegen seiner Schwächen stigmatisiert zu werden. Im einzelnen ist es unverzichtbar, daß das Kind mit geistiger Behinderung

(1) sich hinreichend sozial angenommen und emotional sicher und geborgen fühlt;
(2) Möglichkeiten zur Entfaltung seiner Handlungskompetenz und seiner Erlebnisfähigkeit erhält, und zwar in bezug auf alle seine Fähigkeiten;
(3) sozial partizipieren kann, also Freunde haben kann und in seinen kommunikativen Annäherungs- und Austauschprozessen Unterstützung findet;
(4) im Schulalltag einen verläßlichen Rhythmus erlebt, der ihm Orientierung und Sicherheit und genügend Raum für seine individuellen Entspannungsbedürfnisse gibt, und
(5) geistigen und moralischen Rückhalt erfährt, der sich darin zeigt, daß die Achtung vor seiner Menschenwürde und sein Wert als Mensch trotz aller individuellen Unzulänglichkeit gewahrt und gesichert werden.
Schule als Lebenswelt verlangt die Unterordnung schulorganisatorischer Gesichtspunkte, z. B. des Stundenplanes, unter lebensweltliche Normen.
Die Schule für geistig Behinderte, zumal die kleine Schule, hat besondere Voraussetzungen dafür, daß sie ein wirklicher Ort zum Leben, eine wirkliche Lebenswelt mit Sicherheit gebender Konstanz und Kontinuität für das geistig behinderte Kind wird" (Speck 1991, 110).
Diese hohen Ansprüche können in so vielen kleinen Situationen des Alltags verortet werden. Regelmäßige Kontakte zur Schule sollten für die Heilerziehungspflegerin selbstverständlich sein.

Andragogik bedeutet die Lehre von der Bildungsarbeit mit Erwachsenen. Bei Menschen mit einer Behinderung müssen wir von einer anderen Form oder einer anderen Art des Erwachsenseins ausgehen, was aber keineswegs die Vermittlungsformen der Erwachsenenbildung in Frage stellt: „Bildungsarbeit hebt sich von bloßer Freizeitaktivität durch Zielgerichtetheit und sorgfältige Planung von Lernprozessen ab. Sie beinhaltet Mitbestimmung der Kursteilnehmer und partnerschaftlich orientierten Unterricht. (...) Erwachsenenbildung für Menschen mit geistiger Behinderung soll sich am Vokabular, an den Organisationsformen und der inhaltlichen Ausstattung von Bildungskursen an allgemeinen Bildungswerken, wie Volkshochschulen und anderen ausrichten" (Baumgart 1988, 3). Speck spricht bei der Erwachsenenbildung von einer „unverzichtbaren Notwendigkeit": „Notwendigkeit und Sinn von Erwachsenenbildung müssen sich auf *alle Schweregrade* geistiger Behinderung beziehen, also auch Intensivgrade in solcher Behinderung" (Speck 1987, 391).

Erwachsenenbildung bei Menschen mit geistiger Behinderung hat sich zunächst an den Richtlinien der allgemeinen Erwachsenenbildung zu orientieren, welche folgende Punkte umfassen:

(1) das Prinzip der Freiwilligkeit und der Selbstentscheidung;
(2) die Inhalte sind auf die individuelle Lage und Situation der Person bezogen;
(3) die Bildungssituation impliziert kommunikative, also soziale und darüber hinaus integrative Aspekte;
(4) die Angebote der Erwachsenenbildung berücksichtigen bestehende Lebenserfahrungen und versuchen, an diesen anzuknüpfen.

Erwachsenenbildung bei Menschen mit einer geistigen Behinderung hat nach Baumgart dieselben Ziele, wie sie allgemein für die Erwachsenenbildung gelten: „(...) das einmal Gelernte möglichst lange zu behalten.

(1) Neues dazulernen, sei es im beruflichen oder privaten Bereich,
(2) spezielle persönliche Bildungsdefizite aufholen, die gesellschaftlich behindernd oder diskriminierend sind,
(3) die eigene Persönlichkeit zu entfalten, auszubilden, abzurunden und
(4) geselliges Beisammensein zu suchen, sich mit bekannten Menschen zu treffen und neue Menschen kennenzulernen" (Baumgart 1985, 32).

In der Fachliteratur werden verschiedene Formen von Bildungsangeboten für Menschen mit einer geistigen Behinderung unterschieden. Die erste Stufe gilt der Stabilisierung. Darunter sind solche Angebote zu verstehen, die das Selbständigwerden unterstützen und in einem geschützten Rahmen Selbst- und Sozialerfahrungen ermöglichen. Auf der zweiten Stufe von Bildungsangeboten steht die Integration im Vordergrund. Hier werden gemeinsame Lernprozesse zwischen Teilnehmern/-rinnen mit und ohne Behinderung angeboten. Dabei geht es um Lernangebote, die für alle Teilnehmer angemessen sind und die zur Interaktion herausfordern. Die dritte Stufe wird als die der Partizipation bezeichnet. Hier soll das Bildungsangebot in die ganz normale Erwachsenenbildung integriert sein, von speziellen Sondergruppen wird Abstand genommen (Meyer-Jungclaussen 1985,134 f.).

Die Heilerziehungspflegerin kann in die Erwachsenenbildung auf unterschiedliche Weise eingebunden sein; als zuständige Fachkraft hat sie primäre und sekundäre Aufgaben. Unter den primären wird hier das unmittelbare Tätigsein, also das konkrete Bildungsangebot und auch die didaktische Umsetzung mit dem entsprechenden Personenkreis vor Ort verstanden. Zu den sekundären Aufgaben gehört die Wahrnehmung verschiedener möglicher Bildungsangebote sowie die Anregung und Motivation, an solchen Bildungsangeboten teilzunehmen und nicht zuletzt, dafür zu sorgen, daß auch ein organisatorischer Rahmen dafür bereitgestellt ist.

Verschiedene Autoren plädieren dafür, die Angebote in der Erwachsenenbildung von anderen Lebensweltbereichen, wo das möglich ist, zu trennen. Für den Personenkreis, um den es hier geht, gibt es nur leider kaum angemessene, d. h. auf dieses Klientel bezogene Bildungsangebote von außen, so daß diese Separierung praktisch kaum vollziehbar ist. Deshalb wird es häufig Aufgabe der Heilerziehungspflegerin bleiben, je nach Umständen auch gruppenübergreifend, Bildungsangebote zu planen und durchzuführen. Eine weitere Möglichkeit für Heilerziehungspflegerinnen, sich in der Bildungsarbeit zu engagieren, ist die Möglichkeit, in Volkshochschulen oder bei anderen Bildungsinstitutionen Kurse anzubieten. Die Erwachsenenbildung bei Menschen mit einer geistigen Behinderung hat leider weder praktisch noch institutionell den Stand erreicht, welcher längst eingefordert wird.

5. Die Lebensgruppe oder Wohngemeinschaft
   als soziale Perspektive

Menschen mit einer geistigen Behinderung haben, was ihre Wohnform anbelangt, längst nicht so viele Wahlmöglichkeiten wie andere Menschen. Sie können häufig weder Einfluß auf die Größe ihrer Wohngruppe nehmen noch auf deren Zusammensetzung. Bei Menschen mit einer geistigen Behinderung oder mit psychischen Erkrankungen ergibt sich das Zusammenleben meistens aus Bedingungen, die von den Institutionen vorgegeben sind. Mit der Größe der Einrichtungen bzw. des Heimes steigt die Gefahr von bürokratischen und institutionsbedingten Einschränkungen und Bevormundungen. Eine gewisse Flexibilisierung der Möglichkeiten kann sich ergeben, wenn es innerhalb einer Institution mehrere Wohngruppen gibt, so daß die Betroffenen mehr Wahlmöglichkeiten haben. Das Zusammenleben ist von z. T. unterschiedlichen Anforderungen geprägt: Auf der einen Seite braucht das autistische Mitglied der Wohngruppe viel Ruhe und möchte sich häufig zurückziehen, während das hyperaktive Mitglied kaum in der Lage ist, seine soziale Kontaktfreudigkeit auf ein Gegenüber abzustimmen. Einige der zu betreuenden Personen haben besondere Sozialisationsbedingungen durchlaufen müssen oder befinden sich an einem Punkt ihrer Persönlichkeitsentwicklung, an dem sie noch nicht in der Lage sind, die Normen des menschlichen Zusammenlebens alleine zu erfüllen. Noch weniger können sie diese hinterfragen und modifizieren. Hier hat die Heilerziehungspflegerin die Aufgabe, den Schutz und die Integrität der einzelnen Personen wahren zu helfen und womöglich gemeinsamen Sinn und dadurch zwischenmenschliche Beziehungen (auch im Kleinen) zu stiften. Hier ist die Heilerziehungspflegerin gefragt, die den Alltag in der Wohngruppe hautnah miterlebt. Sie beobachtet die Sympathien und Antipathien, sieht, wenn die Bedürfnisse einzelner nicht mit denen der anderen vereinbar sind und kann beurteilen, wann ein Wechsel der Wohngruppe oder Wohnform für die Weiterentwicklung einer Person durchaus von Vorteil sein kann.

Die Heilerziehungspflegerin hat die Aufgabe, Entwicklungen der Gesamtgruppe und Einzelentwicklungen genau im Auge zu behalten, sie gegebenenfalls zu dokumentieren und Änderungen bezüglich der Zusammensetzung der Wohngemeinschaft offen zu diskutieren. Bei Bedürfnissen bezüglich des sozialen Zusammenlebens, vor allem bei Personen mit eingeschränkten Ausdrucksfähigkeiten, muß die Heilerziehungspflegerin stellvertretend die Interessen vertreten bzw. durchsetzen.

Die Realität setzt hier häufig enge Grenzen. Schon die immer noch häufige Verwendung des Begriffes „Verlegung", wenn ein Mensch mit einer Behinderung die Wohngruppe wechselt, signalisiert die Einstellung, Menschen mit einer Behinderung seien krank und unmündig. Auch innerhalb der Wohngruppe hat die Heilerziehungspflegerin wichtige Aufgaben, um das Zusammenleben zu erleichtern und menschenwürdig zu gestalten.

6. Besondere Situationen

Die Heilerziehungspflegerin hat die Aufgabe, alle einschneidenden Lebensveränderungen der von ihr betreuten Menschen mit besonderem Einfühlungsvermögen vorzubereiten und zu begleiten. Wenn ein Wohnungswechsel ansteht, so kann es notwendig sein, den neuen Wohnort, vielleicht sogar mehrfach, mit dem Betroffenen zu besuchen oder dort auch auf Probe zu wohnen. Freizeiten oder Ferienaufenthalte mit der neuen Gruppe können den Übergang erleichtern. Die Heilerziehungspflegerin hat in jedem Fall die Aufgabe, durch eine besonders intensive Betreuung (der Betreuungsschlüssel sollte dann auf jeden Fall bei 1:1 liegen) diese Umstellung abzufedern. Bei einem Umzug sollte auch darauf geachtet werden, daß die persönlichen

Gegenstände – Möbel, Bilder, Pflanzen usw. – auch in die neue Wohnung mitgenommen werden.

Auch der Beginn einer Ausbildung, der Einstieg in die Werkstatt für Behinderte oder der Wechsel innerhalb des Arbeitsplatzes sind vorzubereiten. Für den Umstellungszeitraum kann ein höheres Maß an Zuwendung erforderlich sein. Wenn Menschen mit einer Behinderung in das Ruhestandsalter kommen, sollte die Heilerziehungspflegerin darauf schauen, ob sie vermehrt körperliche Verschleißerscheinungen oder schnellere Ermüdungserscheinungen aufweisen. Der Eintritt in den Ruhestand kann genauso wie bei Menschen ohne Behinderung mehr oder weniger gut bewältigt werden. Die Heilerziehungspflegerin kann hier in Absprache mit den Fachkräften der Werkstatt für Behinderte „weiche" Übergänge anstreben. Oft ist es schwierig, erst mit Beginn des Ruhestandes nach neuen Beschäftigungsmöglichkeiten Ausschau zu halten. Im Sinne einer begleitenden Freizeitgestaltung ist es wichtig, schon im Vorfeld Hobbys oder andere Beschäftigungen zu finden, die durchaus auch verantwortlichen Charakter haben können, um so auch für diese letzte Lebensphase Aufgaben, Sinn, Freude und soziale Begegnungsmöglichkeiten zu schaffen.

Krankenhausaufenthalte gehören in der Regel zu besonderen Lebenssituationen. Menschen mit einer geistigen Behinderung können je nach ihrem Verstandesvermögen diese Situation mehr oder weniger gut erfassen. Die Heilerziehungspflegerin sollte den Betroffenen so gut wie möglich erklären, was auf sie zukommt und sie intensiv begleiten. Auch für die Situation im Krankenhaus ist es wichtig, daß die Betroffenen persönliche Dinge bei sich haben – Bücher, Figuren oder Audiomedien. Es ist Aufgabe der Heilerziehungspflegerin, bei Krankenhauseinweisungen dafür zu sorgen, daß die Heimleitung informiert ist und die Benachrichtigung von Angehörigen bzw. des/der Betreuers/-rin in die Wege geleitet wird. Wenn möglich, sollte das Kofferpacken gemeinsam, zumindest im Beisein der betroffenen Person stattfinden. Je nach Krankenhaus kann es notwendig sein, daß die Heilerziehungspflegerin mit dem dort arbeitenden Fachpersonal ausführlicher spricht.

Es gibt noch viele andere Sondersituationen, auf die wir hier nicht im einzelnen eingehen können – z. B. Feste, Jubiläen, runde Geburtstage, Hochzeiten oder Geburten im Verwandtenkreis, Lebenskrisen, Tod eines Mitglieds der Wohngruppe oder von Angehörigen usw.

Jede Situation stellt ganz besonders hohe persönliche Anforderungen an die Heilerziehungspflegerin. Hier sind nicht mehr die organisatorischen Handlungsanweisungen gefragt, sondern ihre persönliche Kompetenz, Ausstrahlung und Fähigkeit zur Anteilnahme.

LITERATUR

Badry, E./Buchka, M./Knapp, R. (Hrsg.) (1992): Pädagogik. Neuwied, Kriftel, Berlin

Baumgart, E. (1985): Bildungsclub. Luzern

Baumgart, E. (1988): Schleißheimer Fachgespräch zur Lebensgestaltung erwachsener Menschen mit geistiger Behinderung. München

Crämer, S. (1990): Landwirtschaft und Weinbau. Ökologischer Ansatz einer idealen Arbeit für Menschen mit geistiger Behinderung. In: Geistige Behinderung, 1/90

Hahn, M. (1992): Im Tätigen Lebenssinn erfahren. Arbeit in der WfB. In: Zur Orientierung, 3/92

Huber, N. (1979): Die Einheit von gezielter und kontinuierlicher Förderung und gestalteter Freizeit in einer stationären Einrichtung. In: Zielniok, W. J. u. a.: Gestaltete Freizeit mit geistig Behinderten. 2. Aufl. Heidelberg

Huber, N. (1992): Rehabilitation: Worauf es ankommt. Freiburg i. Br.

Husserl, E. (1986): Phänomenologie der Lebenswelt. Ausgewählte Texte. Hrsg. Held, K. Stuttgart

Kron, F. W. (1988): Grundwissen Pädagogik. München, Basel

Loibel, S./Fiedler, K. (1992): Erlebnispädagogik für geistig behinderte Menschen. In: Zusammen, 5/92

Mahlke, W. (1994): Raum als Erfahrungsfeld der Sinne, Teil 1. In: Praxis der Psychomotorik, Heft 1, 2/94

Mahlke, W./Schwarte, N. (1985): Wohnen als Lebenshilfe. Weinheim

Mahlke, W./Schwarte, N. (1989): Raum für Kinder. Weinheim

Marx, W. (1987): Die Phänomenologie Edmund Husserls. München

Michaelke/Haffke (1994): Raumgestaltung zur Förderung behinderter Menschen. In: geistige Behinderung, 3/94

Meyer-Jungclaussen, V. (1985): Geistige Behinderung und Erwachsenenbildung.

Mrozinski, P. (1992): Da kann noch was draus werden! Rechtliche Aspekte zur Wiedereingliederung in die WfB. In: Zur Orientierung, 3/92

Opaschowski. H. W. (1983): Freizeit und Animation. In: Enzyklopädie Erziehungswissenschaft. Hrsg. Skiba, E.-G. u. a. Stuttgart

Pfeffer, W. (1988): Förderung schwer geistig Behinderter. Eine Grundlegung. Würzburg

Pöggeler, F. (1993): Die Bedeutung der Freizeit für den Menschen. In: Freizeit – Zeit zum Menschsein. Tagungsbericht. Hrsg. Verband katholischer Einrichtungen für Lern- und Geistigbehinderte e.V. Freiburg

Runde, P. (1986): Zukunft der Rehabilitation. Bilanz und Perspektiven unter veränderten Arbeitsmarktbedingungen. Hamburg

Speck, O. (1982): Die Bedeutung des Wohnens für den geistig behinderten Menschen aus philosophisch-anthropologischer Sicht. In: Humanes Wohnen – seine Bedeutung für das Leben geistig behinderter Erwachsener. Bd. 5. Hrsg. Bundesvereinigung der Lebenshilfe für geistig Behinderte e.V. Marburg

Speck, O. (1991): Die Zukunft der Schule für geistig Behinderte. Perspektiven und unverzichtbare Grundprinzipien. In: Geistige Behinderung, 2/91

Speck, O. (1987): System Heilpädagogik. Eine ökologisch reflexive Grundlegung. München, Basel

Thesing, T. (1990): Betreute Wohngruppen und Wohngemeinschaften für Menschen mit einer geistigen Behinderung. Freiburg i. Br.

Theunissen, G. (1993): Allgemeine Bildungstheorie und Erwachsenenbildung. Eine Grundlegung aus kritisch-reflexiver Sicht. In: Geistige Behinderung, 3/93

Zielniok, W. J. u. a. (1983): Gestaltete Freizeit mit geistig Behinderten. 3. Aufl. Heidelberg

VI. Beobachtung

Im Gegensatz zur Wahrnehmung, die als Grundlage und Voraussetzung der Beobachtung angesehen werden muß, geht es bei der Beobachtung um das gezielte Verfolgen von Zusammenhängen hinsichtlich ihrer Sinnbezüge. Beobachtung ist ein Vorgang, der mit allen, in einer Situation möglichen, einsetzbaren Sinnen vonstatten geht. „Beobachtung ist nicht eingeschränkt auf visuelle Beobachtung, sondern findet grundsätzlich mit allen Sinnesorganen und mit Hilfe technischer Medien statt" (Martin/Wawrinowski 1993, 33).

Beobachten bedeutet zunächst also eine zielgerichtete Aufmerksamkeit eines Menschen auf ein sinnlich wahrnehmbares Ereignis. Noch grundsätzlicher wird Lahmann, indem er Beobachtung als die Handhabung von Unterscheidungen bezeichnet (vgl. Lahmann 1987, 359). Beobachtung als Herstellung einer Differenz heißt, die Aufmerksamkeit gezielt auf den Unterschied zwischen Erwartung und Wirklichkeit zu lenken. Das macht deutlich, daß Beobachtung immer etwas mit den eigenen Vorerfahrungen zu tun hat und mit bewußten und unbewußten Kriterien operiert. Die Kriterien für das Beobachten hängen auch mit den Erwartungen, den Interessen oder der Aufgabenstellung des Beobachters zusammen.

Beobachtung in der heilerzieherischen Arbeit bedeutet also, aus der zielgerichteten Wahrnehmung und den daraus resultierenden Differenzierungen Informationen zu beziehen, die dann gezielt dem Entwicklungsprozeß des Menschen mit einer Behinderung zugute kommen sollen. Die zum Teil erheblichen Einschränkungen bezüglich der Kommunikationskompetenz bei Menschen mit einer geistigen Behinderung macht die Fähigkeit zum sorgfältigen Beobachten besonders notwendig. Es geht hierbei um das Erkennen von Bedürfnissen (Hunger, Durst, Lageveränderung, Schlaf, Ruhe, soziale Kontakte usw.), von Nöten (Unterdrückung durch andere, Krankheit, Schmerzen usw.), von Gefahren (Straßenverkehr, offenes Fenster, scharfe Gegenstände, giftige Pflanzen usw.) und von Fähigkeiten und Motivationen (zum Aufbau von Förderangeboten, für passende Freizeitangebote, für einen passenden Arbeitsplatz und für Beziehungsangebote und Sozialkontakte).

Ungern verwenden wir den in Psychologie und Pädagogik häufig anzutreffenden Begriff „Verhaltensbeobachtung", weil er einen naturwissenschaftlichen und objektivierenden Blick beinhaltet, der die

Vielschichtigkeit der Zusammenhänge in einer Situation unzulässig reduziert: „(...) vielmehr geht es um die Wahrnehmung eines größeren Ganzen in seinen sozialen Bezügen. Beobachtung bringt sich nicht nur in einen Prozeß ein, sie besitzt vielmehr selbst prozeßhaften Charakter" (Bundschuh 1985, 98 f.).

Damit ist auch gesagt, daß die Beobachtung selbst die zu beobachtende Situation beeinflußt: „Wenn ich einen Menschen beobachte, so wirkt sich das auf ihn aus. Er ist möglicherweise verunsichert, nervös, oder meint, sich besonders anstrengen zu müssen. Er verändert sein Verhalten, weil ich ihn beobachte und ihm das angenehm oder unangenehm ist. Auch mein eigenes Verhalten und meine Einstellung können sich verändern, während ich beobachte: Wenn ich eine Zeitlang vor allem darauf achte, welche positiven Verhaltensweisen der Beobachtete zeigt, so wird meine Einstellung zu ihm positiv, weil ich Negatives eher übersehe" (Klauß 1987, 60).

1. Unterschiedliche Beobachtungsarten in der heilerzieherischen Arbeit

In der Heilerziehungspflege unterscheiden wir sechs Formen der Beobachtung, die im folgenden kurz charakterisiert werden.

(1) *Die teilnehmende Beobachtung* hat „(...) ihr Hauptmerkmal darin, daß die Beobachter unmittelbar und direkt in die zu beobachtende pädagogische Interaktion eingebunden sind und damit nicht nur Erfolg und Mißerfolg ihres Handelns, sondern auch sich selbst, das Kind (den Menschen mit einer Behinderung, d.V.) und die Beziehung zueinander ,hautnah' erleben" (Kornmann u.a. 1983, 89).

(2) *Die nichtteilnehmende Beobachtung* „(...) nützt die Distanz des Beobachters aus, der nicht unmittelbar als Agierender in das pädagogische Geschehen eingebunden ist. Ihm ist die beobachtbare ,Außenseite' des pädagogischen Handelns und seine Wirkungen beim Kinde (beim Menschen mit einer Behinderung, d.V.) zugänglich; die subjektiven Gefühle der am Erziehungsprozeß Beteiligten aber bleiben verborgen. Der nichtteilnehmende Beobachter hat die Möglichkeit, Beziehungen zwischen den Handlungen der Agierenden zu entdecken, die diesen entgehen. Ihm gelingt es auch eher als den unmittelbar Beteiligten, unter bestimmten Gesichtspunkten gezielter zu beobachten. Die Anwesenheit eines Beobachters dürfte sich allerdings auf die pädagogische Interaktion auswirken" (Kornmann u.a. 1983, 89). Auch bei der nicht teilnehmenden Beobachtung kann zwischen einer verdeckten und einer offenen Beobachtung unterschieden werden. Die

verdeckte Form hat natürlich nicht so einen großen Einfluß auf die Situation – sie sollte allerdings nur in Ausnahmefällen angewandt werden, da sie auch als Einbruch in die Intimsphäre gewertet werden kann.

(3) *Die freie Beobachtung,* auch unsystematische oder Gelegenheitsbeobachtung (Klauß 1987, 53), bietet die Möglichkeit, Hintergrundwissen aufzubauen, Neues und Unerwartetes zu erfahren sowie Entwicklungen, Wünsche und Bedürfnisse zu erkennen, um adäquat reagieren zu können. Sie ist die Grundlage in der alltäglichen Arbeit.

(4) *Die systematische Beobachtung* ist auf Kontrolle und Wiederholbarkeit gerichtet. Sie „erfolgt deshalb auch in der Regel in gebundener Protokollierung, bei der vorher die einzelnen Beobachtungskategorien und deren graduelle Abstufung festgelegt sind" (Kleber 1978, 142). Systematische Beobachtungen werden meistens auf Listen oder in graphischen Darstellungen festgehalten. Sie erfassen das gesamte Spektrum vom Beobachten der Ausscheidungen bis hin zu den epileptischen Anfällen, von aggressivem oder autoaggressivem Verhalten bis hin zu den Fähigkeiten, die den Entwicklungsstand der Person umreißen (z. B. das PAC-System).

(5) *Die detaillierte Beobachtung* versucht – in einem zeitlich begrenzten Rahmen – möglichst viele Informationen vollständig ungefiltert aufzunehmen, um dann in einem zweiten Schritt das Erfaßte zu sortieren und auszuwerten. Insbesondere bei Menschen mit schwerster geistiger Behinderung ist das sehr wichtig, da sie sich zum Teil auf eine uns sehr unvertraute Weise äußern und ihre Ausdrucksformen nicht selten von ihren engsten Bezugspersonen oder von Fachkräften nur mit Mühe verstanden werden können. „Freilich wird die Detailbeobachtung (...) nur in vereinzelten Fällen zur Anwendung kommen können. Denn sie würde zu viel Zeit in Anspruch nehmen" (Thomae 1976, 45).

(6) *Die spezifische oder gezielte Beobachtung* geht von einer bestimmten (Problem-) Konstellation aus. Die Beobachtungsaufmerksamkeit wird auf ein ganz bestimmtes Verhalten gelenkt und dabei auch auf die möglichen Auslöser für dieses Verhalten.

2. BEOBACHTUNGSFEHLER

Eine Heilerziehungspflegerin sollte nicht nur die verschiedenen Beobachtungsformen kennen, sondern auch wissen, welche Beobachtungsfehler vorkommen. Diese können sich schnell zu hartnäckigen Vorurteilen festfahren und für die betroffene Person fatale Konsequenzen nach sich ziehen. Sie kann dadurch in ihrer Entwicklung gehemmt werden oder in eine Richtung gedrängt werden, daß sie sich so verhält, wie es als Folge der falschen Beobachtung erwartet wird: „Die meisten Menschen halten das, was sie beobachten (bzw. was sie davon behalten), für real und objektiv. Sie rechnen nicht mit der Menge von Beurteilungsfehlern denen jede Beobachtung unterliegt" (Klauß 1987, 55).

Ein häufiger Beobachtungsfehler besteht darin, die Beobachtung mit deren Interpretation, Bewertung zu vermischen oder sie zu verallgemeinern. Bei vielen Beobachtungen entstehen die Fehler bereits durch den Selektionsprozeß: „Verhaltensbeobachtung besitzt deutlich Figuren-, Grund-Charakter: Bestimmte Verhaltensweisen rücken in den Mittelpunkt der Aussage, viele andere werden entweder nicht gesehen oder nicht erwähnt. Die Wahrscheinlichkeit, daß ein bestimmtes Verhalten erfaßt wird, nimmt zu mit dem Grad der Abweichung dieser Verhaltensweise vom ‚üblichen', von der Norm" (Thomae 1976, 10).

Selektion, Interpretation und Wertung laufen so häufig zusammen und werden maßgeblich von den eigenen Eintstellungen mitgesteuert.

Es ist also darauf zu achten, daß die eigene Einstellung nicht objektiv angesehen wird, der Prozeß des Auswählens und des Deutens reflektiert wird und die zu beobachtende Person keiner Zuschreibung unterliegt.

Folgende Beobachtungsfehler können hinsichtlich des Effektes, den sie haben, unterschieden werden.

(1) *Einstellungsfehler:* Diese kommen dadurch zustande, daß z. B. im normativen Bereich die eigene Einstellung Anspruch auf Objektivität erhebt und damit zum Maßstab wird. In diesem Zusammenhang sind auch solche Prozesse zu sehen, bei denen der beobachteten Person gegenteilige Wesensmerkmale zugeschrieben werden oder gar auf sie projiziert wird.

(2) Der *„Halo-Effekt"* entsteht, wenn bestimmte Einzeleigenschaften oder besonders hervorstechende Merkmale auf die ganze Person hin verallgemeinert werden.

(3) Der *„Mildeeffekt"* ergibt sich, wenn aus Mitleid negativ bewertete Verhaltensformen ausgeblendet werden.

(4) *Kontrastfehler:* Hier wird besonders das beobachtet, was im Gegensatz oder im Kontrast zu den Persönlichkeitsmerkmalen oder Werteeinstellungen des Beobachtenden steht.

(5) Beim *„Vorrangeffekt"* hat der erste Eindruck, den wir bei einer Beobachtung gewonnen haben, das Bild der betreffenden Person präformiert.

„Beobachtungsfehler entstehen auch durch Konflikte in der Gruppe; aus Müdigkeit, Gereiztheit, Hunger usw. Ein überanstrengter Erzieher empfindet seine Gruppe vielleicht als undiszipliniert und schwierig (...) Negative Verhaltensweisen und Eigenschaften werden grundsätzlich stärker beachtet als positive. Das liegt daran, daß sie sich dem Beobachter aufdrängen, ihn mehr zum Handeln zwingen als angepaßtes und selbständiges Verhalten" (Klauß 1987, 56).

3. PRAKTISCHE ÜBUNGEN ZUR BEOBACHTUNG

(1) Übung zur Gelegenheitsbeobachtung:

Auftrag: Beobachten Sie ungewöhnliche Situationen (auch Orte). Bei diesem Auftrag sollen die Beobachtungen mit kurzen Notizen schriftlich festgehalten werden. Besonders interessant kann es werden, wenn mehrere Personen mit diesem Beobachtungsauftrag unterwegs sind und sich später austauschen.
Die Auswertung sollte folgende Fragen beachten:
(a) Was wurde beobachtet?
(b) Warum wurde es beobachtet?
(c) Welches waren jeweils die Beobachtungskriterien, also die Vorerfahrung oder das Vorwissen im Unterschied zur Situation, und was bedeutet in diesem Zusammenhang die geforderte Kategorie „ungewöhnlich"?
(d) Hinweise auf eventuell auftretende Beobachtungsfehler?
(e) Welche Konsequenzen lassen sich aus dieser Beobachtungsform für die Arbeit in der Behindertenhilfe ableiten?

(2) Übung zur teilnehmenden und nichtteilnehmenden Beobachtung:

Zwei Personen sitzen sich an einem Tisch gegenüber und versuchen, sich mit aufgestützten Ellenbogen Hand in Hand jeweils die Hand des Gegenübers auf den Tisch herunterzudrücken (Armdrücken zum Kräftemessen).
Beobachtungsauftrag:
Was können die am Prozeß Beteiligten beobachten?
Beobachtungsauftrag an außenstehende Zuschauer:
Was läßt sich von außen beobachten?

(3) Übung zur spezifischen oder gezielten Beobachtung:

Zwei Gruppen mit jeweils sieben Personen überlegen sich je ein Rätsel. Die Gruppen müssen sich dieses Rätsel gegenseitig stellen und jeweils das Rätsel von der anderen Gruppe lösen. Jede Gruppe hat zwei Beobachter/-innen, die sich nicht am Geschehen beteiligen dürfen. Der/die eine erhält den Auftrag, die eigene Gruppe, von der er die Entstehung des Rätsels einschließlich der Lösung kennt, zu beobachten. Der/die andere Beobachter/-in soll die gegnerische Gruppe beim Lösungsprozeß beobachten. Die Beobachtungsaufgaben können sich z.B. auf die Kommunikation in der Gruppe, zwischen den Gruppen oder auf die Strategien beziehen, die eingesetzt wurden, um das Rätsel zu lösen.
Auswertung:
(a) Welche Erfahrungen konnte der/die Beobachter/-in machen?
(b) Was wurde beobachtet?
Nach welchen Beobachtungskriterien ging der/die Beobachter/-in vor?
(c) Welche Probleme kann es geben, wenn sehr komplexe Situationen mit einem spezifischen Beobachtungsauftrag erfaßt werden müssen?

(4) Übung zur detaillierten Beobachtung:
Eine gemeinsame Mahlzeit, das An- und Ausziehen oder eine
Spielsituation würde sich hier anbieten.
Auswertung:
Im Nachhinein sollte überlegt werden, welche Kriterien für diese
Beobachtungsform herangezogen wurden und inwieweit es sinn-
voll sein kann, immer kleinere oder feinere Details zu erfassen.

4. Systematische Beobachtung und Förderdiagnostik

4.1 Das PAC-System

Mit der standardisierten systematischen Beobachtung wird bereits die
Schwelle zur Förderdiagnostik überschritten. Das PAC-System (Pädagogische Analyse und Curriculum) soll hier aufgrund seiner Verbreitung etwas ausführlicher dargestellt werden. Bei Strasser (1994, 85 f.)
wird es der funktionellen Entwicklungsdiagnostik zugeordnet. „In
Einrichtungen für Menschen mit einer geistigen Behinderung ist das
PAC-System von Günzberg (1977) sehr verbreitet. Es ist eines der
wenigen Systeme, die Veränderungen erfassen und übersichtlich darstellen. Das PAC-System geht davon aus, daß es in vier Entwicklungsbereichen (Sprache, Motorik, Sozialverhalten, Wahrnehmung) aufeinander aufbauende Fähigkeiten gibt, die nacheinander erworben werden. Sie werden im Gruppenalltag beobachtet und in ein kreisförmiges
Diagramm eingetragen. Jede Einzelfähigkeit entspricht in einem Teil
des Kreises einem Kästchen" (Klauß 1987, 59).

Die Fähigkeiten oder Leistungen, die bei der Person vorhanden sein
müssen, damit ein Kästchen ausgefüllt (schraffiert) werden darf, werden von der Kreismitte zur Kreisaußenseite immer umfassender.
Fragen, die verneint werden müssen, werden im Diagramm diagonal
gestrichen. Läßt sich die Frage nicht beantworten, wird keine Eintra-
gung vorgenommen.

SOZIALBILD

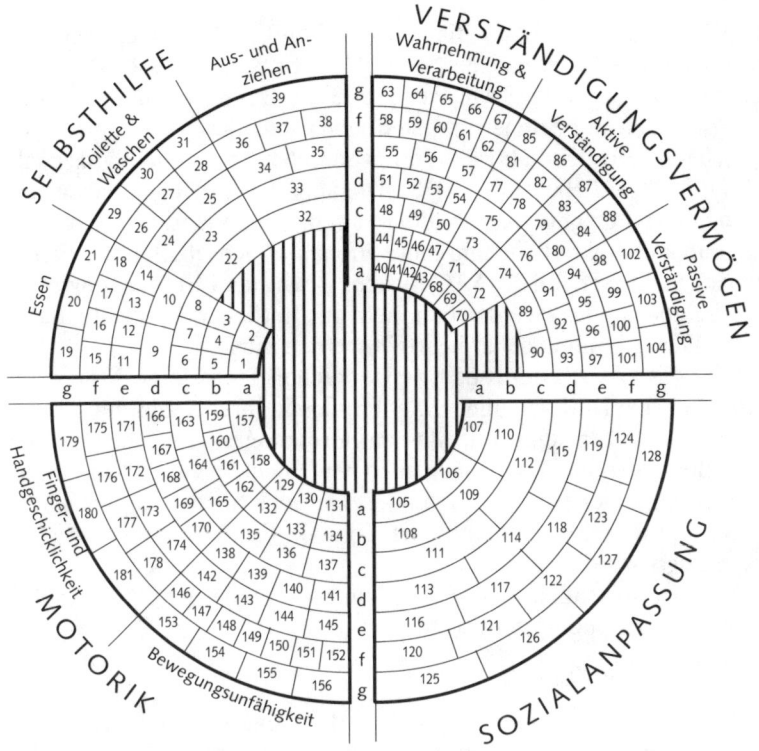

Abb. 22: Der PAC-Bogen

Zur Zeit gibt es 7 verschiedene PAC-Formulare, die verschiedenen Entwicklungsstufen zu entsprechen versuchen:

Blau – primäre PAC: für Kleinkinder in den allerersten Entwicklungsstufen, dieser Bogen orientiert sich an der normalen Entwicklung des Säuglings;
Weiß: für Kinder im Schulalter;
Gelb: für Erwachsene mit leichter bis mittelgradiger geistiger Behinderung;
Weiß-M/P PAC: Formular für Kinder mit Down-Syndrom;
Rosa-S/P PAC: Für Menschen mit schwerster geistiger Behinderung;
S/PAC 1: für Menschen, die mit ihren Fähigkeiten über den S/P PAC hinausgehen;

S/PAC 2: für Menschen, die mit ihren Fähigkeiten über den S/PAC 1 hinausgehen.

Das PAC Handbuch enthält die genau zu befolgenden Anleitungen zur objektiven Registrierung der erreichten Entwicklungsschritte oder Lernziele, so daß Eltern wie Fachkräfte die Bögen ausfüllen können. Die Fragen, die auf dem jeweiligen Bogen nachzulesen sind, werden im PAC Handbuch nochmals präzisiert, wodurch höhere Objektivität beabsichtigt ist (vgl. Lebenshilfe 1978). Die älteren PAC Bogen haben zum Teil noch ein Persönlichkeitsbilddiagramm. In ihm wird versucht, Aussagen über charakterliche und motivationale Eigenschaften der Person zu machen. Dieser Teil des PAC-Systems sowie der PEI (Pädagogischer Einschätzungsindex) werden hier nicht ausführlicher dargestellt, da sie heute als quasi unbrauchbar beurteilt werden müssen.

Obwohl das PAC-System strittig ist, sprechen doch einige Argumente dafür, daß sich Heilerziehungspflegerinnen in ihrer Ausbildung damit auseinandersetzen und mit dessen Grundlagen vertraut machen. Schließlich werden diese Bögen auch heute noch in vielen Einrichtungen der Behindertenhilfe verwendet. Darüber hinaus sollten bereits ausgefüllte Bögen auch heute noch von den Fachkräften gelesen und interpretiert werden können.

Stichpunktartig sollen hier Vorteile und Nachteile des PAC-Systems einander gegenübergestellt werden.

Vorteile des PAC-Systems:

(a) der aktuelle Entwicklungsstand wird gut dokumentiert;
(b) der Bogen zwingt durch die Beobachtungsfragen, die nicht nur das Geschehen im normalen Tagesablauf erfassen, zu differenziertem Beobachten;
(c) die Informationsweitergabe ist objektiviert;
(d) es können verschiedene Alters- und Entwicklungsstufen erfaßt werden;
(e) es erfaßt Veränderungen und stellt sie übersichtlich dar;
(f) es gibt Hilfestellungen für die Erstellung eines Gesamtförderangebots.

Nachteile des PAC-Systems:

(a) es erfaßt nicht alle für den Entwicklungsstand wichtigen Informationen;
(b) die Einteilung und Zuordnung von verschiedenen Behinderungsformen zum System ist zum Teil problematisch (z. B. der Bogen für Menschen mit Down-Syndrom);

(c) die Besonderheiten von Menschen mit einer mehrfachen Behinderung werden zum Teil nicht berücksichtigt;
(d) es wird zum Teil nicht unterschieden, ob eine Fähigkeit nicht vorhanden ist oder ob sie verweigert wird;
(e) das Persönlichkeitsdiagramm muß als untauglich eingestuft werden (zum Teil werden hier Aussagen getroffen, die zur Festschreibung von massiven Vorurteilen führen und zum Teil auch nichtssagend sind);
(f) die Beziehung zu den Menschen mit einer Behinderung wird auf eine technische Ebene gebracht;
(g) das Ausfüllen der Bögen ist sehr zeitaufwendig.

4.2 Die SIVUS-Methode

Die Entwicklung bei standardisierten Diagnoseverfahren geht deutlich weg von normstrukturierenden Items, die sich auf zum Teil zweifelhafte Durchschnittswerte beziehen. Ein wesentlich ganzheitlicheres Verfahren, das vor allem individuell und sozial-integrativ ausgerichtet ist, stellt die SIVUS-Methode dar. SIVUS kommt aus Schweden und heißt „zu deutsch: soziale und individuelle Entwicklung durch gemeinschaftliches Handeln" (Walujo/Malström 1991, 161). Die Beobachtung ist hier eng mit einem didaktischen Konzept verbunden. Die verwendeten Einschätzungsbögen sind ausdrücklich nicht als Testmethode zu verstehen. „Mit Hilfe der SIVUS-Einschätzungsbögen beurteilen wir, auf welcher Stufe der sozialen Reife eine Person handelt, so wie sich dies in ihrer sozialen Fähigkeit, Planungs-, Arbeits- und Beurteilungsfähigkeit in verschiedenen Situationen widerspiegelt. Wir können mit Hilfe dieser Beurteilung die weitere Entwicklung einer Person unterstützen und sie ermuntern, indem wir ihr helfen, die Situationen zu erfassen, die der Entwicklung förderlich sind, ohne allzu schwierig zu sein" (Walujo/Malström 1991, 164).
Das Selbstbewußtsein und dessen Entwicklung im sozialen Zusammenhang ist der Komplex, auf den sich die Beobachtung besonders richtet. Die Entwicklungsstufen, die hier eingeführt sind, orientieren sich an einer sozialen Reibung, am Grad der Selbständigkeit und an den individuellen Fähigkeiten des Menschen mit einer geistigen Behinderung.

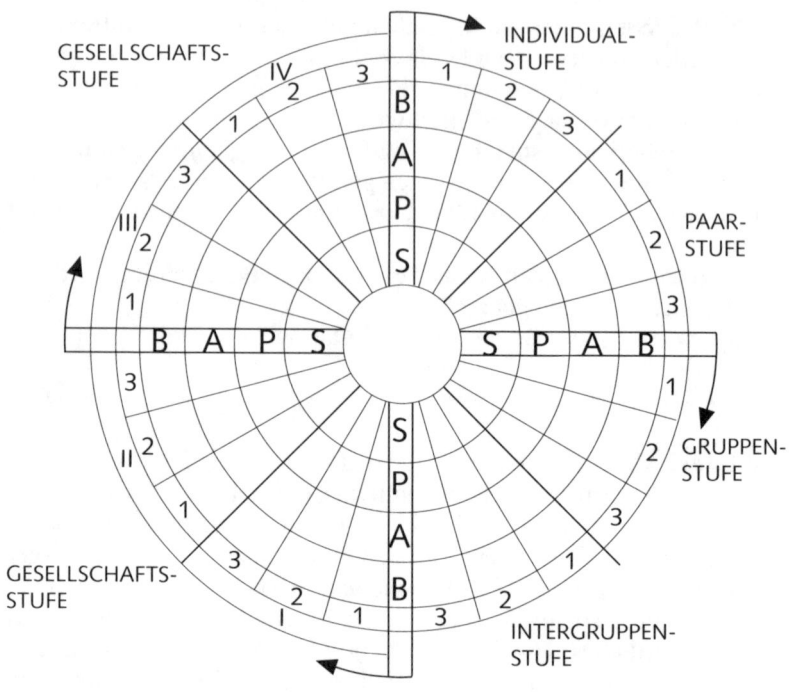

S – Soziale Fähigkeit (beisammen zu sein, sich zu vertragen und zusammenzuarbeiten)
P – Planungsfähigkeit (eine Idee zu haben, seine Arbeit/seine Aktivität zu planen)
A – Arbeitsfähigkeit (seinen Plan durchzuführen)
B – Beurteilungsfähigkeit (das Ergebnis seiner eigenen Arbeit zu beurteilen)

– Die Individualstufe (auf eigene Faust)
– Die Paarstufe (zu zweit)
– Die Gruppenstufe (innerhalb einer Gruppe)
– Die Intergruppenstufe (Gruppen untereinander innerhalb der Einrichtung)
– Die Gesellschaftsstufe, die folgendes einschließt:

   I Zu wagen, draußen in der Gesellschaft auf eigene Faust zu handeln
  II In der Gesellschaft mit einem nicht behinderten Menschen
 III In der Gesellschaft mit mehreren nicht behinderten Menschen
 IV In der Gesellschaft mit mehreren nicht behinderten Personen im Zusammenwirken
    mit anderen Gruppen

1 – Beobachten, wie andere handeln, oder etwas mit umfassender Unterstützung tun
2 – Selbst handeln mit indirekter/wenig Unterstützung
3 – Selbständig handeln ohne Unterstützung

Name:...

Datum:...

Abb. 23: Sivus-Einschätzungsbogen (Walujo/Malström 1991, 173)

Die einzelnen Felder mit den Fähigkeiten sind konkretisiert. Sie dienen der übersichtlichen Erhebung des Entwicklungsstandes. Walujo/ Malström sehen es als möglich an, diese Methode auch für Menschen mit schwerster geistiger Behinderung anzuwenden. Allerdings gibt es bislang noch kaum praktische Erfahrungen. Da die Beobachtungskriterien für diesen Personenkreis in der Sivus-Methode fehlen, muß eingeräumt werden, daß es für die Einschätzung der Entwicklungsmöglichkeiten dieses Personenkreises klare Grenzen gibt.

LITERATUR:

Bundschuh, K. (1985): Dimensionen der Förderdiagnostik. München

Klauß, T. (1987): Verwahren oder fördern? Die Aufgaben des Psychologen im Heim für geistig Behinderte. München, Basel

Kleber, E. W. (1978): Lehrbuch der sonderpädagogischen Diagnostik. Berlin

Kornmann, R./ Meister, H./ Schlee, J. (Hrsg.) (1983): Förderdiagnostik. Konzept und Realisierungsmöglichkeiten. Heidelberg

Lebenshilfe, Bd. 3 (1978): Hilfen für schwer geistig Behinderte. Eingliederung statt Isolation. Marburg

Luhmann, N. (1987): Soziale Systeme. Grundriß einer allgemeinen Theorie. Frankfurt am Main

Martin, E./Wawrinowski, U. (1993): Beobachtungslehre. Theorie und Praxis reflektierter Beobachtung und Beurteilung. 2. Aufl. Weinheim, München

Maturana, H./Varela, F. (1987): Der Baum der Erkenntnis. Wie wir die Welt durch unsere Wahrnehmung erschaffen – die biologischen Wurzeln des menschlichen Erkennens. 3. Aufl. Bern, München, Wien

Premmer-Semmler, E./Vennete, E.: Überlegungen zur Förderdiagnostik: Die Kinder verstehen und begleiten. In: Behinderte in Familie, Schule und Gesellschaft, 3/1994, S. 33–44

Strasser, U. (1994): Wahrnehmen. Verstehen. Handeln. Förderdiagnostik für Menschen mit einer geistigen Behinderung. Luzern

Thomae, H. (1971): Beobachtung von Kindern und Jugendlichen. Basel, München

Walujo, S./Malström, C. (1991): Grundlagen der SIVUS-Methode. Förderung der individuellen und sozialen Entwicklung bei Menschen mit geistiger Behinderung. München, Basel

VII. Dokumentation

1. DAS FÜHREN VON AKTEN

In der klassischen stationären Behindertenhilfe wird in der Regel für jeden/jede Bewohner/-in eine Akte angelegt. Zunächst werden die persönlichen Daten aufgeführt, also Name, Geburtstag, Name und Wohnort der Eltern, Geburtsort, vorherige Aufenthalte, Versicherungen, Krankenkasse usw. Auch die anderen biographischen Daten, beispielsweise Arbeitsstellen, Schulbesuch, Bildungsmaßnahmen, Ferienmaßnahmen oder persönliche Daten wie die Zusammenarbeit mit den Eltern und Angehörigen können in der Akte zu finden sein.

Ferner gibt es die Listen; hier werden in der Regel alle Ergebnisse der systematischen Beobachtung aufgeführt, z. B. die Gewichts-, Blutdruck-, Stuhl- und Urinliste, bei Frauen Menstruationsliste, Liste über epileptische Anfälle, über Häufigkeit bzw. Intensität von Autoaggression usw.

Dann gibt es die Sparten, wo medizinische Maßnahmen bzw. Untersuchungen (therapeutische Langzeit- und Kurzzeitmaßnahmen, z. B. Medikamente) eingetragen werden. Darüber hinaus gibt es die Berichtsblätter, wo der/die Betreuer/-in mit Datum und Unterschrift besondere Vorkommnisse oder Entwicklungen notieren. Diese aktuellen Aussagen werden in der Regel von den pädagogischen und/oder medizinischen Fachkräften gemacht. Einträge in das aktuelle Berichtsblatt bieten die Grundlage für die Diagnose- und Therapieentscheidung der Ärzte/-tinnen, Psychologen/-ginnen, Heilpädagogen/-ginnen usw. sowie für den Entwicklungsbericht oder die Konzeption von Fördermaßnahmen. In der Akte können auch Pflegepläne abgelegt werden, in denen festgehalten wird, welche Pflegemaßnahmen – von einer Diabetesdiät bis hin zur Dekubitusprophylaxe beispielsweise – in welchen regelmäßigen Abständen durchgeführt werden müssen. Heilerziehungspflegerinnen müssen in der Lage sein, Pflegepläne zu lesen und umzusetzen bzw. in Zusammenarbeit mit den Pflegefachkräften zu erstellen.

Es ist darauf zu achten, daß Akten als streng vertrauliche Dokumente behandelt werden. Auf keinen Fall dürfen sie nach Hause genommen oder an Dritte weitergegeben werden. Die Heilerziehungspflegerin hat hier ganz besondere Sorgfaltspflicht walten zu lassen.

2. DER ENTWICKLUNGSBERICHT

Entwicklungsberichte sind in der Regel Bestandsaufnahmen über die Entwicklung eines Menschen mit einer Behinderung in einem Zeitraum von einem halben oder einem ganzen Jahr. In der Regel werden sie von den Kostenträgern angefordert und von der Heimleitung verantwortet und abgegeben. Die Entwicklungsberichte sollen Veränderungen und individuelle Informationen über die aktuelle Lebenssituation der Person dokumentieren. In der Regel werden die Berichte von pädagogischen Fachkräften und insbesondere von den Heilerziehungspflegerinnen geschrieben. Das Erstellen von Entwicklungsberichten muß insofern kritisch in Frage gestellt werden, weil für die Kostenträger keine Entwicklung ersichtlich werden sollte oder dürfte, die eine Verringerung der Mittel zur Folge haben könnte.

Die erst in den letzten zwei Jahren aufkommenden Qualitätssicherungsuntersuchungen und Qualitätsmeßsysteme könnten den notwendigen Hilfebedarf differenzierter darlegen, werden sich vermutlich aber auch erst etablieren können, wenn sichergestellt ist, daß damit keine „Mehrkosten" verbunden sind.

Weil es in Entwicklungsberichten immer um die Beschreibung einer Person geht, ist die Gefahr der Stigmatisierung oder der Etikettierung im Sinne einer Fremdzuschreibung groß; hier sind besonders Formabweichungen zu nennen: „Hahn (1981) formuliert: ,Durch diese Prozesse (der Fremdzuschreibung, d.V.) wird die Andersartigkeit von Eigenschaften und Verhaltensweisen festgelegt und Personen, denen dieses Etikett der Andersartigkeit zugeschrieben wird, den sozialen Kontrollmechanismen unterworfen.' Die Folgen sind fatal: Wer sich ständig als abhängig und negativ definiert erfährt, wird sich auf Dauer dies als Bild von sich selber zu eigen machen" (Krebs 1993, 295). Auch das Weglassen bestimmter Informationen kann natürlich einen Bericht verfälschen.

Die Frage also, wem ein Entwicklungsbericht nützt, an wen er gerichtet ist und welche Einstellung, Motivation und Absicht der Berichtsschreiber hat, läßt an der Objektivität eines solchen Berichtes berechtigterweise zweifeln. „Beurteilen können wir erst, wenn wir mit bisher Bekanntem, Berichtetem, Gewohntem zu vergleichen vermögen. Doch genau da liegen Stolpersteine und Fallgruben. Perfekte Objektivität ist eine Illusion, eine höchst gefährliche dazu" (Krebs 1993, 296).

Das Schreiben eines Entwicklungsberichtes erfordert viel Verantwortung von der Heilerziehungspflegerin und ein hohes Maß an Ausgewogenheit. Folgendes Schema soll einen Anhaltspunkt dafür geben, wie ein Entwicklungsbericht zu gestalten ist:

(1) Einleitung
   (a) Daten zur Person
   (b) Bezugnahme auf den letzten Bericht.
   (c) Seit wann ist die Person in der Einrichtung?
   (d) Hinweis auf die Zusammenfassung im letzten Bericht (z. B. was ergaben die im letzten Bericht beschlossenen Maßnahmen und Ziele?).

(2) Körperlicher und gesundheitlicher Entwicklungsstand
   (a) Alter, Größe, Gewicht, körperlicher Entwicklungsstand;
   (b) gesundheitliche Verfassung;
   (c) evtl. im Berichtszeitraum durchstandene Erkrankungen;
   (d) ambulante Dienste oder spezielle Behandlungen, z. B. Krankengymnastik.

(3) Motorik (evtl. Verbindung zur Selbständigkeit)
   (a) Grobmotorik;
   (b) Feinmotorik;
   (c) Ursachen der begrenzten motorischen Fähigkeit, z. B. Körperbehinderung, Nervosität usw.

(4) Kognitive Fähigkeiten
   Wahrnehmungen, Situationsverständnis, Kommunikationskompetenzen, Merkfähigkeit, Leistungsvermögen (Schule und Wohnen), Sprache, Kulturtechniken.

(5) Emotionale Fähigkeiten
   Grundstimmungen, Stimmungsschwankungen, Fähigkeit, verschiedene Gefühle ausdrücken zu können.

(6) Soziale Fähigkeiten
   (a) Interaktionsverhalten in der Gruppe;
   (b) Anerkennung der Gruppennormen, Umgang mit gesellschaftlichen Normen;
   (c) Verantwortungsbereitschaft, Konfliktfähigkeit;
   (d) Verhalten gegenüber Erwachsenen (bei Kindern), gegenüber Außenstehenden, gegenüber den Gruppenmitgliedern, gegenüber Fremden;
   (e) Toleranzvermögen;
   (f) Verhalten und Umgang in neuen und unbekannten Situationen.

(7) Selbständigkeit
(a) innerhalb des Lebens- bzw. des Gruppenalltags;
(b) außerhalb der Gruppe (z. B. Stadtbesuch, Botengänge, Straßenverkehr).

(8) Familiäre Beziehung / Elternarbeit
(a) Art und Intensität der Beziehungen des Kindes zu den Eltern, den Geschwistern und sonstigen Familienangehörigen;
(b) Form und Verlauf der Elternarbeit.

(9) Schule / Bildung / Förderung / Arbeit

(10) Freizeit / Hobbys

(11) Veränderungen auf der Gruppe, welche die Entwicklung prägten, z. B. neue Mitbewohner oder neue Mitarbeiter etc.

(12) Zusammenfassung / prognostische Aussagen
(a) Kurze Zusammenfassung der bedeutendsten Aspekte des Berichts;
(b) Aussagen zum weiteren Entwicklungsverlauf des Kindes: Wird das ursprüngliche Maßnahmeziel weiterverfolgt? Welche Korrekturen der Zielperspektive sind erforderlich?

Folgende Grundsätze gelten für das Erstellen eines Entwicklungsberichtes:

(1) Der Bericht soll ein Datum, einen Ausstellungsort und eine Unterschrift haben.

(2) Die Inhalte des Berichtes müssen den Tatsachen entsprechen, sie müssen also möglichst belegbar sein.

(3) Ein Entwicklungsbericht ist immer auf die Reduktion von Inhalten auf das Wesentliche angewiesen; diese Reduktion kann auf beiden Seiten ein verzerrtes Bild über die Person entstehen lassen. Für den Bericht ist es notwendig, wesentliche Aussagen komprimiert zusammenzufassen, ein kurzes Praxisbeispiel kann hilfreich sein.

(4) Lange Aneinanderreihungen von Einzelaspekten und von Fakten im chronologischen Ablauf können den Bericht unnötig verlängern und den Blick auf das Wesentliche verstellen.

(5) Der Bericht sollte möglichst sachlich, neutral und ausgewogen geschrieben werden; auf rhetorische Klimmzüge oder Verwendung des „Heimjargons" sollte verzichtet werden.

(6) Jedes Zitat muß als solches kenntlich sein.

(7) Alles, was im Bericht geschrieben wird, ist das Resultat von Beobachtungen und unterliegt damit auch direkt oder indirekt einer Bewertung. Es ist darauf zu achten, eigene Interpretationen oder Meinungen auch als solche zu kennzeichnen. Die Heilerziehungspflegerin sollte auch darauf achten, Sachverhalte nicht so darzustellen, daß ihre Interpretation die Leser indirekte Schlüsse ziehen läßt oder zu unzulässigen Verallgemeinerungen führt.

(8) Die Gefahr, daß der Bericht zu einer „Beschwerdeliste" oder, noch schlimmer, zu einer persönlichen Abrechnung wird, ist bei emotional belastenden Ereignissen durchaus gegeben. Hier kann es hilfreich sein, einige Zeit verstreichen zu lassen, bevor die notwendige Aktennotiz geschrieben wird. Gespräche mit Kollegen/-ginnen können auch sehr hilfreich sein.

9) Der Bericht oder Entwicklungsbericht kann nicht das Forum für die Selbstdarstellung eigener pädagogischer Leistungen sein; in diesem Zusammenhang sollte man auch auf „Spitzen", die sich gegen Kollegen/-ginnen oder Institutionen beziehen, verzichten.

Krebs faßt die Kriterien für einen guten Entwicklungsbericht wie folgt zusammen: „Das Wesentliche wird wahrheitsgemäß berichtet, Verfälschungen durch Auslassungen oder zweckgerichtete Akzentuierungen sind unzulässig.

(a) Einseitige Zuschreibungen sind zu vermeiden;

(b) Was ausgesagt und gewertet wird kann begründet werden;

(c) Das Bemühen um Verstehen ist erkennbar;

(d) Die selbstkritische Reflexion des Berichtenden wird spürbar;

(e) Beurteilen, wo erforderlich, – verurteilen niemals;

(f) Die Sprache ist begrifflich und im Stil korrekt;

In einem Satz: Der ‚gute' Bericht wahrt die Würde des anderen" (Krebs 1993, 304 f.).

3. ALTERNATIVE FORMEN DER DOKUMENTATION

Wir haben bereits darauf hingewiesen, daß eine große Gefahr darin besteht, beim Schreiben eines Entwicklungsberichtes einen Menschen auf die medizinischen Daten zu reduzieren. In der Praxis der Heilerziehungspflege sollte verhindert werden, sich einer Dokumentationsform zu bedienen, die von den Menschen und ihrem Verhalten nur dann Notiz nimmt, wenn es zu Erkrankungen bzw. zu normabweichendem Verhalten kommt. Die persönliche Lebensgeschichte eines älteren oder alten Menschen, der nicht in der Lage ist, sich verbal zu äußern, droht verlorenzugehen, wenn es – beispielsweise durch den

Personalwechsel bedingt – niemanden gibt, der ihn/sie über eine längere Zeit begleitet hat. Der Blick in die Akten reduziert ihn auf Fieberkurven, Krankheiten, aggressive Verhaltensausbrüche oder Verweigerungshaltungen.

Von Menschen, die ihre Geschichte nicht selbst erzählen können, geht also auf diese Weise ein wesentlicher Teil ihrer Lebensgeschichte verloren.

Eine alternative Dokumentationsform könnten gemalte Bilder, Fotografien, ein Handabdruck, gepreßte Blumen, eine besonders wichtige Eintrittskarte, besondere Geschichten und Begebenheiten, Berichte aus Ferienfreizeiten, Erzählungen von Verwandten oder Freunden, Zitate, Informationen über Lieblingsspeisen und Lieblingsmusik, Briefe, Postkarten usw. ergeben. Diese Dokumentationsmappe spiegelt mehr von der Lebensgeschichte; sie kann von der Heilerziehungspflegerin gemeinsam, zumindest im Beisein mit dem betreffenden Menschen geführt werden.

Eine interessante Alternative zum Entwicklungsbericht wird von Späth aus der Jugendhilfe vorgestellt. „Gemeinsam kamen wir überein, die Entwicklungsberichte durch Protokolle von unseren gemeinsamen Erziehungsplan/Gesprächen zu ersetzen. Konkret sieht das so aus: Wir haben uns mit den Kollegen/-ginnen aus den Jugendämtern darauf verständigt, daß wir mindestens ein Mal pro Jahr einen gemeinsamen Besuch in den Familien der Tagesgruppenkinder durchführen. Bei dem dabei stattfindenden Gespräch sollen rückblickend die jeweiligen Erfahrungen, Eindrücke und Einschätzungen der durchgeführten Maßnahmen besprochen und das weitere Vorgehen vereinbart werden. Dieses Gespräch soll Bestandsaufnahme und zugleich Planungsgrundlage für die weitere Zusammenarbeit abgeben. Selbstverständlich werden an diesen Besprechungen auch die betroffenen Kinder und Jugendlichen beteiligt. Von diesen Besprechungen wird ein Protokoll angefertigt, das allen Teilnehmern/-rinnen zur Verfügung gestellt wird. Es enthält alle gemeinsam getroffenen Entscheidungen und Absprachen" (Späth 1987, 319 f.).

Wie sich eine solche oder ähnliche Form auf die Arbeit der Behindertenhilfe übertragen ließe, müßte im einzelnen untersucht werden.

LITERATUR

Hahn, M. (1981): Behinderung als soziale Abhängigkeit. München

Krebs, H. (1993): Was ist ein guter Entwicklungsbericht? Kriterien und Anforderungen bei der Erstellung von Berichten. In: Geistige Behinderung, 4/93, S. 293–307

Späth, K. (1987): Ist der Erziehungs- oder Entwicklungsbericht heute noch zeitgemäß? In: Unsere Jugend, Heft 8/1987, S. 314–321

Thomae, H. (1971): Beobachtung von Kindern und Jugendlichen. Basel, München

VIII. Reflexion

„Die Reflexion ist ein Prozeß, in dem wir erkennen, wie wir erkennen, das heißt eine Handlung, bei der wir auf uns selbst zurückgreifen" (Maturana/Varela 1987, 29). Das Phänomen der Reflexion, also das Erkennen, wie man erkennen kann, ist durchaus als eine anthropologische Konstante zu betrachten: „Der Mensch vermag sich vorstellend und denkend in räumlich ferne Zonen zu versetzen und Sachverhalte aus der Vergangenheit und Zukunft zu vergegenwärtigen. (...) Er kann sich selbst zum Objekt der Betrachtung machen, so daß er nicht nur lebt und erlebt, sondern auch sein eigenes Erleben wiedererlebt" (Plessner, zit. nach Weber 1975, 14 ff.). Reflexion setzt das Wissen um die Handlungsfähigkeit bzw. um die Freiheit von Handlungsentscheidungen genauso voraus wie die menschliche Fähigkeit, im Denken Zeit nach vorwärts und rückwärts zu überschreiten.

Als Reflexion begreifen wir also einen Prozeß, in dem ein bestimmtes Ereignis im Nachhinein gedanklich bearbeitet wird. In der Heil- und Sozialpädagogik ist die Reflexionsphase fester Bestandteil des täglichen Arbeitsablaufes. Art und Inhalt der Reflexion hängen bei dem/der einzelnen stark mit deren/dessen Erinnerung zusammen und sind durch die Filter der eigenen Wahrnehmung, Beobachtung und Einstellungen geprägt. Natürlich ist es nicht möglich, das Ereignis, über das reflektiert wird, noch einmal vollständig in der Erinnerung erstehen zu lassen. Die Beteiligten wählen die wesentlichen Momente aus, lassen etwas weg, dichten etwas Neues hinzu und nehmen dadurch eine Gewichtung vor. Es entsteht ein „Spiel-Raum" für Interpretationen. Da es bei einer Reflexion immer auch um die eigenen Anteile geht, ist die zeitliche Distanz zum erlebten Ereignis durchaus hilfreich, da ja die eigenen Handlungen gleichfalls zum Gegenstand der Reflexion gemacht werden müssen. Bei der Reflexion geht es also darum, zurückliegende Ereignisse und Handlungszusammenhänge nach bestimmten Kriterien zu ordnen und zu bewerten. Damit werden für zukünftige Situationen neue Erkenntnisse gewonnen. Der zirkuläre Prozeß kommt aber erst dann richtig zum Tragen, wenn die Filter bzw. die Auswahlmechanismen und die eigenen Einstellungen selbst kritisch hinterfragt werden. Warum man also gerade auf einen bestimmten Sachverhalt so viel Wert legt, einen anderen dagegen völlig vernachlässigt, oder welche Einstellungen und Motive in einer bestimmten Situation besonders stark zum Tragen kommen, sind letztendlich Fragen, die auf die Interessen der handelnden Personen gerichtet sind. Wer sehr selbstbewußt ist, wird vielleicht weniger Energien aufbringen müssen, um mißglückte Handlungen in gelungene Handlungen umzuinterpretieren.

Erst wenn die eigenen Interessen, Einstellungen und Auswahlmechanismen thematisiert werden, kann der Reflexionsprozeß den optimalen Erkenntnisgewinn verschaffen.

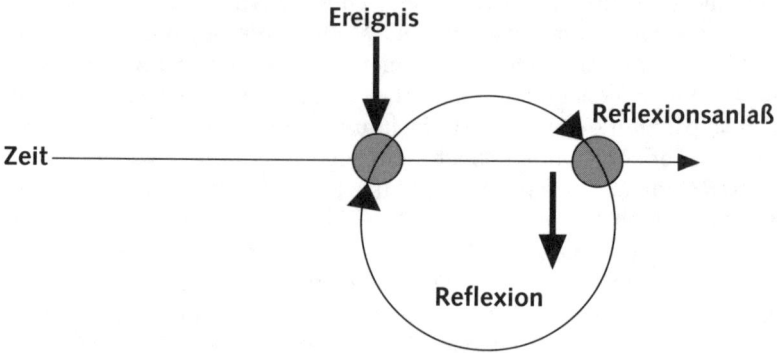

Abb. 24: Der Reflexionsprozeß

1. Verschiedene Formen der Reflexion

Reflexion ist, wie bereits deutlich geworden sein mag, ein sehr persönlicher und individueller Vorgang. Eine Praxis, die vornehmlich eine Praxis der Lebenswelt des interaktionalen Handelns ist, muß dieses Handeln selbst hinterfragen und reflektieren, wenn eine gewisse Professionalität in Anspruch genommen wird. Die Entwicklung der Reflexionsfähigkeit während der Ausbildung der Heilerziehungspflegerin muß hauptsächlich im fachpraktischen Bereich erfolgen.

Zusammenfassend werden hier folgende drei Reflexionsformen unterschieden:

(1) Bei der einfache Reflexion geht es um das gedankliche Durchspielen eines zurückliegenden Ereignisses. In der Regel ist die eigene Betroffenheit Auslöser des Nachdenkens. Der Reflexionsanlaß wird also nicht bewußt herbeigeführt, sondern kommt von selbst. Auf dieser Ebene wird häufig versucht, die Situation zugunsten der eigenen Person zu bewältigen. Diese Reflexionsform dient dazu, das Erlebte

zu verarbeiten und hat eventuell die positive Funktion, zu einer stabilen Psychohygiene beizutragen. Häufig aber verdrängen wir das, was wir erlebt haben, und verhindern auf diese Weise die Reflexion. Eine ständige Verdrängung kann auf Dauer zum „burn-out"-Syndrom beitragen.

(2) Mit der zielgerichteten Reflexion sind Prozesse gemeint, die ganz bewußt in Gang gesetzt werden, um neue Lösungsmöglichkeiten zu entwickeln.

Die zielgerichtete Reflexion spielt insbesondere bei der fachpraktischen Ausbildung eine große Rolle, da hier Inhalte des Curriculums und ihre Umsetzung in die Praxis reflektiert werden müssen. Die Fähigkeit, differenziert zu reflektieren, ist dabei ein Beurteilungskriterium.

(3) Bei der kritischen Reflexion geht es um das Erfassen der Wirklichkeit, auch wenn das Ergebnis zu Ungunsten der reflektierenden Person ausfällt.

Auf dieser Reflexionsebene werden die Reduktion und die Auswahl in den Erkenntnisprozeß einbezogen. Außerdem werden Einstellungspositionen kritisch hinterfragt. Wenn die eigene Person selbst im Zentrum der Reflexion steht, kann man von Selbstreflexion sprechen. Kritische Reflexion und Selbstreflexion müssen aber nicht unbedingt mit einer Negativbewertung zusammenlaufen! Die Frage der Bewertung ist nachrangig.

Entscheidend sind die Erkenntnisse über das Selbst, über andere Personen und über die Zusammenhänge in komplexen Handlungssituationen.

2. Verschiedene Hilfen für die Reflexion

Für die Heilerziehungspflegerin ist in erster Linie der/die fachlich ausgebildete Mitarbeiter/-in eine Reflexionshilfe. In Gesprächen (Anleitungsgesprächen) oder durch gezielte Fragen kann das alltägliche Handeln kritisch hinterfragt werden. Unterschiedliche Sichtweisen derselben Situation eröffnet eine Differenz, die im Sinne einer Objektivierung fruchtbar gemacht werden kann. Im Sonderfall können auch audiovisuelle Medien (Video, Kassettenrecorder) als Reflexionshilfen herangezogen werden. Damit können die verdrängten Aspekte aktualisiert und die Selektionsfilter sichtbarer werden.

Darüber hinaus kann durch ein Rollenspiel die Struktur einer Situation und die Intensität der emotionalen Anteile herausgearbeitet werden. Während der Ausbildungszeit sollte die Heilerziehungspflegerin sich immer wieder darin üben, die Reflexion schriftlich festzuhalten. Dabei können ebensogut einzelne Handlungssituationen ins Blickfeld rücken wie länger anhaltende schwierige Situationen (ein Mensch mit einer Behinderung zieht sich beispielsweise extrem zurück oder zeigt Veränderungen in seiner Persönlichkeitsstruktur) oder themenspezifische Inhalte, die sich über verschiedene Situationen oder Zeiträume erstrecken können (beispielsweise auf die Umsetzung der ganzheitlichen Pflege, der Kommunikation). Der Aufbau einer schriftlichen Reflexion kann wir folgt aussehen:

(1) Auswahl der wichtigsten Aussagen zum Thema oder zum Ereignis;
(2) Reflexion dieser Auswahl;
(3) Interpretation und Bewertung: Wie war die Ausgangssituation? Welche Konsequenzen zogen bestimmte Handlungsformen nach sich? Warum wird etwas als positiv, warum als negativ bewertet?
(4) Alternative Handlungsmöglichkeiten: Wann hätte es Handlungsalternativen gegeben, warum wären sie günstiger bzw. ungünstiger gewesen?
(5) Welche neuen Erkenntnisse ergeben sich aus der Analyse der Situation bzw. aus deren Zusammenhänge?
(6) Zukunftsperspektiven: Welche Handlungsmuster oder -formen haben sich bewährt bzw. nicht bewährt, und wie könnten die Handlungsmöglichkeiten in der Zukunft aussehen? Was könnte unter günstigeren Bedingungen erreicht werden, und gibt es Möglichkeiten, die Bedingungen zu ändern?

LITERATUR

Maturana, H. / Varela, F. (1987): Der Baum der Erkenntnis. Wie wir die Welt durch unsere Wahrnehmung erschaffen – die biologischen Wurzeln des menschlichen Erkennens. 3. Aufl. Bern, München, Wien
Weber, E. (1975): Pädagogik. Eine Einführung. 7. Aufl. Donauwörth

IX. Organisation in der beruflichen Arbeit

Organisation meint hier die bewußte und vorausschauende aktive Verknüpfung von räumlichen und zeitlichen Dimensionen mit Inhalten und Aufgaben. Je komplexer Lebenswelten entwickelt sind, um so höher wird der Aufwand sein, Ordnungsstrukturen aufzubauen und zu erhalten. Es geht um die Aufgabenverteilung bzw. um das selbständige Erledigen von Aufgaben, d. h. um die berühmten fünf „W's“: was, wer, wie, wo und wann. Das Organisieren gehört zum täglich Brot der Heilerziehungspflegerin. Eine gute Organisation im Zusammenleben von Menschen mit einer geistigen Behinderung oder psychischen Erkrankung spart Zeit und erhöht die Effektivität im pädagogischen Handeln. Auch das Organisieren selbst nimmt allerdings Zeit in Anspruch, wobei darauf zu achten ist, daß es nicht zur „Überorganisation“ kommt und damit zu festgefahrenen Strukturen, die entwicklungshemmenden Charakter annehmen können. Eine gute Organisation ist effektiv, sparsam und wenig korrekturbedürftig.

1. ORGANISATION UNTER DEM ZEITLICHEN ASPEKT

Zunächst soll hier die Organisation unter dem Aspekt der Zeit und Zeitplanung genauer dargestellt werden.

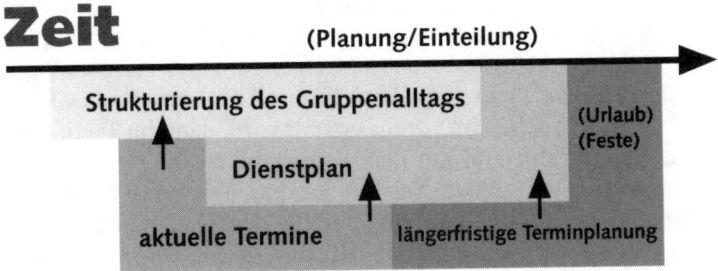

Abb. 25: Die Terminplanung

Zeit ist einer der maßgeblichen Faktoren beim Organisieren. Die zeitliche Strukturierung des täglichen Ablaufs einer Wohngruppe muß

139

sich nach den Bedürfnissen und Möglichkeiten der zu betreuenden Menschen richten – selbstverständlich im Rahmen der institutionellen Möglichkeiten sowie der arbeitsrechtlichen Bedingungen.

Bei der Strukturierung des Gruppenalltags ist es hilfreich – auch im Hinblick auf neue Mitarbeiter/-innen – einen Plan über den Tagesablauf mit gewissen Eckwerten zu erstellen, der dennoch flexibel bleiben muß. Die zeitliche Abfolge und Dauer von Aufstehen, Waschen, Anziehen, Frühstück usw. haben besonders für Menschen mit schwerer und schwerster geistiger Behinderung orientierenden Wert und tragen zum Gefühl der Sicherheit bei. Insofern kann die Tagesplanung selbst heilerzieherisch wirken. Da nicht jeder Tagesablauf dem anderen gleicht und viele Menschen mit einer Behinderung, insbesondere wenn sie keinen festen Platz in der WfB oder an einer anderen Arbeitsstelle haben, an unterschiedlichen Tagen und zum Teil zu unterschiedlichen Zeiten Termine für Förderung, Bildung oder Therapie haben, ist es sinnvoll, einen Wochenübersichtsplan zu erstellen, auf dem alle Termine, die sich regelmäßig wiederholen, aufgezeichnet sind.

Erst nach der Strukturierung des Tages- und des Wochenablaufs ist es sinnvoll, die Arbeitszeiten der Heilerziehungspflegerin und ihrer Mitarbeiter/-innen in einem Dienstplan über möglichst mehrere Wochen im voraus zu planen. Besonders bei Teams mit mehr als drei oder vier Mitarbeitern/-innen ist es sinnvoll, daß die Organisationsaufgabe der Dienstplangestaltung von einer Fachkraft verantwortlich übernommen wird. Selbstverständlich erfordert die Dienstplangestaltung ein hohes Maß an Absprache und Transparenz. Neben der Struktur des Tages- bzw. Wochenablaufs müssen bei der Dienstplangestaltung die aktuellen Termine genauso berücksichtigt werden wie die längerfristige Terminplanung. Unter aktuelle Termine fallen beispielsweise Arzttermine, Besuche und Einladungen, besondere Freizeitveranstaltungen oder -angebote, größere Besorgungen usw.; unter längerfristige Terminplanung sind in der Regel Urlaube, Ferienfreizeiten, Feste (Geburtstage, Feste des Jahresablaufs) zu verstehen. In der Regel bewährt es sich, wenn der Plan 4–8 Wochen im voraus erstellt wird, dann im Team eine Feinabstimmung erfährt und mit der Weitergabe an die Heimleitung verbindlich wird. Dienstpläne müssen korrekt gehandhabt werden: Veränderungen werden nur von dem/der für den Dienstplan verantwortlichen Mitarbeiter/-in vorgenommen und in der Regel auch der Leitung mitgeteilt. Es muß den Mitarbeitern/-rinnen eines pädagogischen Teams klar sein, daß unvereinbarte Abweichungen vom Dienstplan – besonders solche, die zu Fehlzeiten führen – zum einen die notwendigen Versorgungshilfen in Frage stellen, zum anderen als Verletzung der Arbeitspflicht gewertet werden müssen.

Die laufenden, aktuellen Termine sowie die Daten der längerfristigen Planung müssen über einen Kalender abgewickelt werden. Der Terminkalender ist das Herzstück der Terminplanung. (Ein Jahresübersichtskalender kann besonders für die längerfristige Terminplanung eine gute Hilfe sein.) Alle Mitarbeiter/-innen müssen die Abmachungen und Vereinbarungen dort eintragen. Bei der Terminplanung kann durch das System der Wiedervorlage bzw. durch einen Hinweis, der zeitlich vorgezogen notiert wird, eine zusätzliche Optimierung erreicht werden. Der vorausschauende Umgang mit Terminen zeigt, daß ein reibungsloser Organisationsablauf die unmittelbare Situation der zu betreuenden Menschen beeinflußt: Wenn beispielsweise auf einen Arzttermin, bei dem die betreffende Person nüchtern sein soll, nicht zwei oder drei Tage vorher im Kalender hingewiesen wird, kann es passieren, daß die Heilerziehungspflegerin diesen Termin erst bei Beginn ihrer Frühschicht im Kalender sieht. Die zu begleitende Person ist dann nicht auf die plötzliche Veränderung eingestellt und kann diese auch möglicherweise nicht so schnell verarbeiten. Auch das Abmelden in der Werkstatt für Behinderte, das Bereitstellen eines Fahrzeugs usw. können nicht erst am Tag des Arzttermins erfolgen.

2. Organisation unter inhaltlichen Aspekten

Pflege, Förderung, Freizeitgestaltung, hauswirtschaftliche Tätigkeiten und Verwaltung sind in die Alltagssituation eingebunden und müssen von jedem/jeder Mitarbeiter/-in bewältigt werden. Die Heilerziehungspflegerin muß aber in besonderem Maße in der Lage sein, die Aufgaben zu gewichten und unter fachlichen Gesichtspunkten zu verteilen. In der Praxis hat es sich als günstig herausgestellt, wenn folgende Aufgaben verantwortlich von jeweils einem/einer Mitarbeiter/-in erledigt werden:

(1) Finanzen: Taschengeld, Jahresetat der Wohngruppe, Arbeitsgeld;
(2) Kleidung: Einkauf, Bestellung, Reinigung, Änderung, Reparatur;
(3) Verwaltung: Ausweise, Versicherungen, Wohngeld usw.;
(4) Reparaturen, Hausverwaltung, Materialbeschaffung;
(5) Medizinische Versorgung: Arztbesuche (Vorbereitung), Medikamentenausgabe, -bestellung, -einkauf;
(6) Hygiene: Auswechseln von Zahnbürsten, Reinigen von Prothesen oder Körperersatzstücken, WC, Bad, Küche, Desinfektion;
(7) Ernährung: Speiseplan, Einkauf, Kochen, Lagerung von Lebensmitteln.

3. Organisation im pädagogischen Team

Von Fachkräften, auch von solchen, die noch in der Ausbildung sind, wird im Bereich der Organisation besonderes Engagement erwartet. Die erste Voraussetzung für eine gut funktionierende Organisation im pädagogischen Team ist der Informationsfluß und die Informationsverarbeitung. Das Zurückhalten oder Verfälschen von Informationen kann die Zusammenarbeit und das Vertrauen erheblich stören.

Der gruppeninterne Austausch ist die Basis jeder heilerzieherischen Arbeit. Er umfaßt alle Themen und Inhalte, seien sie persönlicher, pädagogischer, technischer oder struktureller Natur. Informationen zu verarbeiten bedeutet, Beobachtungen, Wahrnehmungen und Aussagen auszuwählen, zu differenzieren oder gegebenenfalls zu generalisieren und den entsprechenden Sinnzusammenhängen zuzuordnen. Es geht letztendlich darum, Informationen in Handlungen oder in Handlungswissen umzusetzen.

Externe Info-Felder

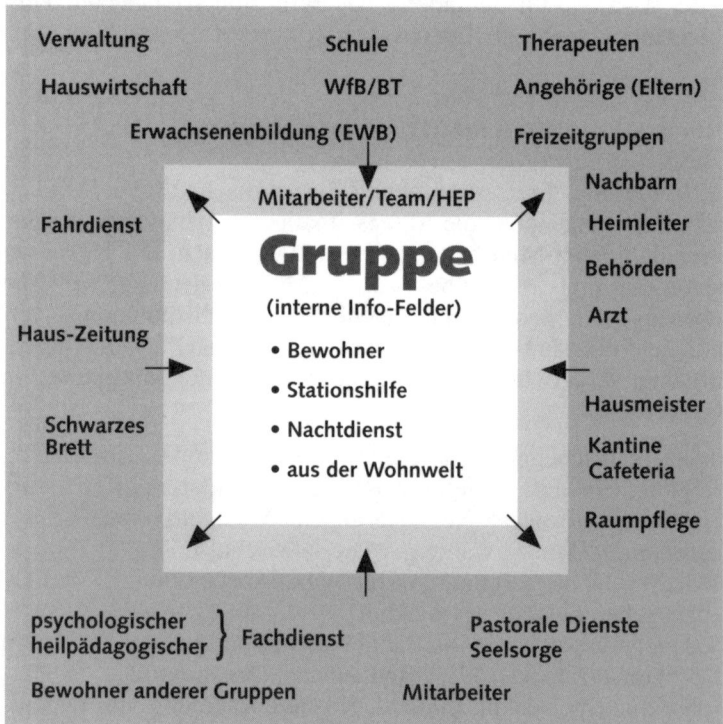

Abb. 26: Der Informationsfluß auf verschiedenen Ebenen

Abbildung 26 zeigt, daß die Heilerziehungspflegerin und ihre Mitarbeiter/-in sowohl externe als auch interne Informationen verarbeiten, d. h. weitergeben oder in Handlungen umsetzen müssen. Es ist überraschend, aus wie vielen Bereichen Informationen, ob nun schriftlich oder mündlich, zusammenkommen.

Eine Information zu verarbeiten bedeutet, entweder angemessen zu reagieren oder, wenn nötig, die Information an andere weiterzugeben.

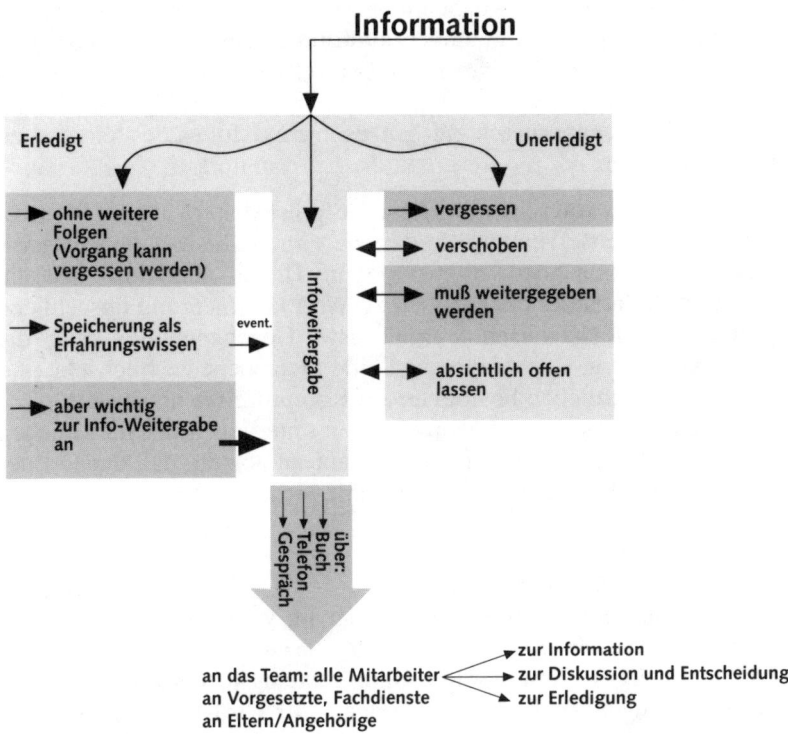

Abb. 27: Informationsverarbeitung im pädagogischen Team

Abbildung 27 verdeutlicht, wie externe und interne Informationen umgesetzt bzw. weitergegeben werden. Im ersten Schritt werden die gewonnenen Informationen interpretiert. Wenn Handlungsbedarf besteht, muß im zweiten Schritt erfaßt werden, wer diese Aufgabe bewältigen kann. Hier muß je nach Kompetenz und Dringlichkeit entschieden werden. Was erledigt und was unerledigt geblieben ist, muß im Team ausgetauscht werden. Besonders Wichtiges wird in einem Gruppen- oder Schichtübergabebuch festgehalten. Es ist sinnvoll, in diesem Buch auch auf andere Quellen (Akten, Protokolle, Kalender usw.) zu verweisen. Außerdem ist darauf zu achten, nicht zu viele Informationen kursieren zu lassen. Auch das kann hinderlich werden.

4. Gruppen-/Team-/Arbeits- und Dienstbesprechungen

Besprechungen sollten wöchentlich bis vierzehntägig stattfinden; sie sind die wichtigste Einrichtung, um Informationen weiterzugeben und sie zu verarbeiten, Aufgaben zu kontrollieren und Ergebnisse zu bewerten.

Für die Gruppenbesprechung gilt es formal folgende Aspekte zu berücksichtigen:

(1) Es kann sinnvoll sein, einen/eine Gesprächsleiter/-in oder Moderator/-in (im Wechsel) einzusetzen. Er/sie sorgt dafür, daß die Tagesordnung eingehalten wird, niemand vom Thema abkommt, daß die Gesprächsteilnehmer angemessen zu Wort kommen und unsachliche Beiträge zurückgewiesen werden usw. Gegebenenfalls kann die Gesprächsleitung vorschlagen, auf eine Metaebene zu wechseln, und bei widersprüchlichen Positionen auf Kompromisse hinweisen.

(2) Alle Inhalte solcher Besprechungen unterliegen der dienstlichen Schweigepflicht. Es ist also auch darauf zu achten, daß der Ort der Besprechung dementsprechend gewählt wird.

Die Tagesordnung

Die einzelnen Punkte werden entweder im voraus (auch schriftlich) oder zu Beginn der Sitzung gesammelt. Die Gewichtung der einzelnen Punkte sowie die Reihenfolge sollte gemeinsam festgelegt werden. Tagesordnungen sind häufig überladen; oft wird über Unwichtiges lange, über Wichtiges zu wenig gesprochen. Deshalb ist es sinnvoll, Informationen und Inhalte, die im organisatorischen Bereich liegen, an den Beginn der Tagesordnung zu setzen, und solche Themen, für die ein größerer Diskussionsbedarf vorauszusehen ist, weiter unten zu plazieren. Punkte, die ganz am Ende der Tagesordnung stehen, geraten häufig in Gefahr, aus zeitlichen Gründen nicht mehr bearbeitet zu werden.

Für die Besprechungen sollten immer Dienstplan, Terminkalender, Gruppenbuch und Berichtsakte bereitliegen. Da an vielen Sitzungen des Teams auch die Leitung, der heilpädagogische oder psychologische Fachdienst teilnehmen, sollte unbedingt darauf geachtet werden, daß das pädagogische Basisteam darüber hinaus genügend Zeit hat, in eigener Sache zu konferieren.

Es ist sinnvoll, von jeder Teambesprechung ein Protokoll anzufertigen. Zu Beginn einer jeden Besprechung sollte das Protokoll der letzten Gruppenbesprechung vorliegen, um zu überprüfen, welche Punkte erledigt sind und welche nicht. Das Protokoll sollte richtig beschriftet sein (mit Datum, Liste der Anwesenden und Entschuldigten, Name des/der Schriftführer/-in).

Die Tagesordungspunkte werden in der Reihenfolge, in der sie auch behandelt werden, aufgeführt. Außerdem sollte der Termin für die nächste Gruppenbesprechung vermerkt sein. Das Abfassen des Protokolls erfolgt dann auf der Gliederungsgrundlage der Tagesordnungspunkte; hier werden dann insbesondere zentrale Aussagen, gemeinsame Beschlüsse, Zusammenfassungen einer Diskussion und Aufgabenverteilungen festgehalten. Für die Richtigkeit des Protokolls zeichnet der/die Protokollant/-in. Es ist darauf zu achten, daß der/die Protokollant/-in pädagogisch relevante Aussagen auch in die entsprechenden Dokumentationsunterlagen für die betroffene Person einträgt.

X. Zusammenarbeit

Die Qualität der Zusammenarbeit in der pädagogischen Praxis wirkt sich immer unmittelbar auf die Lebenswelt der zu betreuenden Menschen aus. Heilerziehungspflegerinnen nehmen in dieser Lebenswelt eine Schlüsselstellung ein, da bei ihnen alle Fäden zusammenlaufen. Sie sind es, die den Kontakt zu den Angehörigen und Freunden der zu betreuenden Menschen halten. Heilerziehungspflegerinnen müssen mit Kollegen/-ginnen des eigenen Berufstandes, mit verwandten Berufsständen (Erziehern/-rinnen, Jugend- und Heimerziehern/-rinnen, Krankenschwestern, Pflegern, Altenpflegern/-rinnen usw.), mit Schülern/-rinnen und Zivildienstleistenden, mit Praktikanten/-tinnen sowie mit den verschiedenen Fachdiensten (Heilpädagogen/-ginnen, Psychologen/-ginnen, Pflegefachkräften, Ärzten/-tinnen, Krankengymnasten/-tinnen, Logopäden/-dinnen, Arbeitserziehern/-rinnen und Lehrern/-rinnen) sowie mit Vorgesetzten und Angehörigen der Verwaltung und Behörden eng zusammenarbeiten.

Die Kompetenz zur Zusammenarbeit setzt profunde Kenntnisse der Rollenstrukturen voraus sowie die Fähigkeit zur souveränen Kommunikation und zum sachkompetenten Dialog.

1. DIE HEILERZIEHUNGSPFLEGERIN IN DER ZUSAMMENARBEIT MIT DEN FACHDIENSTEN UND DER LEITUNG

Die Zusammenarbeit mit den verschiedensten Fachdiensten gehört zum beruflichen Alltag der Heilerziehungspflegerin. Da sie den unmittelbarsten Kontakt zu den behinderten Menschen hat, ist sie die Schaltstelle zu den anderen Fachkräften und -diensten und muß die Zusammenarbeit koordinieren. Je nach Größe der Einrichtung ist das Aufgabenfeld der Heilerziehungspflegerin unterschiedlich: Bei kleinen Wohneinheiten und dezentralen Wohnformen müssen die pädagogischen Basisfachkräfte, d. h. die Heilerziehungspflegerinnen, auch große Teile der Verwaltungstätigkeit, der Hauswirtschaft und der Pflege übernehmen. Es stehen dann in der Regel weniger spezialisierte Fachdienste innerhalb der Einrichtung zur Verfügung.

In größeren Institutionen, in denen die Fachdienste integraler Bestandteil sind, erfordert die Zusammenarbeit mit Ärzten/-tinnen, Therapeuten/-tinnen, Psychologen/-ginnen und Heilpädagogen/-ginnen große Koordinierungskompetenz der Heilerziehungspflegerin, da sie als einzige den ganzheitlichen Blick wahren kann. Die Notwendigkeit, bestimmte Ereignisse oder Phänomene aus einer gewissen Distanz und mit einer gewissen Fachkompetenz anzugehen, sollen hier keinesfalls in Frage gestellt werden. Wenn aber für die Heilerziehungspflegerin die Zusammenarbeit mit den Spezialisten und Fachkräften darin besteht, daß sie „Zubringerdienste" leistet und Ausführungsorgan wird, dann bedarf es einer Überprüfung der bestehenden Selbstverständnisse und der Strukturen in der Zusammenarbeit. Die in den zurückliegenden Jahren erfolgte Überbewertung von Fachdiensten und Spezialisten wurde auch in der Fachliteratur in letzter Zeit immer mehr unter ein kritisches Licht gestellt (vgl. Speck 1987, 362 ff.).

In der Zusammenarbeit mit Pflegefachkräften, Krankengymnasten/-tinnen oder Logopäden/-dinnen sollte die Heilerziehungspflegerin darauf achten, daß besonders die Informationen von der Förder- oder Pflegesituation mit dem Basisteam ausgetauscht werden und Therapie-, Förder- oder Pflegemaßnahmen, die gemeinsam mit den Spezialisten ausgearbeitet wurden, in den Tagesablauf integriert werden.

Auch die Zusammenarbeit mit den Fachkräften der Schule, der Erwachsenenbildung und der Werkstatt für Behinderte bedarf der guten Koordination. Institutionsbedingte oder berufstandsbedingte Spannungen und Vorurteile, die die Zusammenarbeit belasten könnten, sollten in den regelmäßigen Gesprächsrunden, wo auch die Entwicklungs- und Lebensperspektiven der zu begleitenden Menschen thematisiert werden, abgebaut werden. Bei außergewöhnlichen Vorkommnissen auf der Gruppe, in der Schule, in der Werkstatt für Behinderte oder in der Erwachsenenbildung sollte der Austausch spontan erfolgen, wobei auch hier darauf zu achten ist, daß aus der gemeinsamen Betreuung keine totale Überwachung wird.

Die erfolgreiche Zusammenarbeit zeigt sich im fachlichen Austausch und im Einzelfall in einer differenzierten Absprache von Handlungsabläufen, deren einziges Ziel darin liegt, die Situation des zu betreuenden Menschen zu verbessern.

Sofern die betreuende Einrichtung hauswirtschaftliche Fach- und/oder Hilfskräfte angestellt hat, können die Heilerziehungspflegerinnen bzw. die Basismitarbeiter/-innen des pädagogischen Teams ihre gesamte Energie für die Betreuung aufwenden, obwohl das Berufsbild grundsätzlich auch hauswirtschaftliche Aufgaben einschließt und im Alltag ständig hauswirtschaftliche Themen eine Rolle spielen.

Schließlich muß die Heilerziehungspflegerin beim Kochen, bei der Textilpflege und der Hygiene viele Aufgaben selbst bewältigen und auch in der Lage sein, Personen mit leichterer Behinderung kompetent zu beraten. In vielen Institutionen waren und sind hauswirtschaftliche Hilfskräfte für Aufgaben der Raumpflege zuständig und gesondert einer Hauswirtschaftsleitung unterstellt. In der Regel überschneiden sich auch Aufgaben der Hauswirtschaftleitung mit denen der Heilerziehungspflegerin. Hier kann es immer wieder zu Reibungen kommen, besonders wenn beide Seiten zu wenig Zeit für den gemeinsamen fachlichen Austausch haben oder wenn die Hauswirtschaftsleitung nur Kontroll- oder Anweisungsfunktionen übernimmt. Wenn Hauswirtschaftsleitungen oder hauswirtschaftliche Fachdienste bis in die Gestaltung der Wohnwelt eingreifen können, so erfordert das allerdings eine starke Strukturdiskussion.

Während sich die Zusammenarbeit mit den heilpädagogischen Fachdiensten, den Psychologen/-ginnen und Angehörigen anderer Berufe weitgehend etabliert hat, kommt es im Verhältnis zu den Ärzten/-tinnen und Fachärzten/-tinnen erst langsam zu einer Trendwende. An die Ärzte ist der Vorwurf zu richten, daß die Diagnosen und die Verordnung von Therapien nur unzureichend erklärt und plausibel gemacht werden. Auf Risiken, Nebenwirkungen oder alternative Therapiemöglichkeiten wird häufig überhaupt nicht hingewiesen. Ärzte/-tinnen und Fachärzte/-tinnen sollen das Vertrauen ihrer Patienten/-tinnen genießen. Sollte das nicht der Fall sein, muß es für jeden Patienten die Möglichkeit geben, einen anderen Arzt zu konsultieren. Für Menschen mit einer geistigen Behinderung, die dieses Verhältnis nicht einschätzen können, muß die Heilerziehungspflegerin (einvernehmlich mit dem Erziehungsberechtigten oder dem Betreuer) die Stellvertretung übernehmen.

Bezüglich der medikamentösen Therapie, die allein der Arzt anordnen kann, hat die Heilerziehungspflegerin besondere Sorgfaltspflicht. Ihre Beobachtungen können sich beispielsweise sowohl auf die Dosierung als auch auf die Änderung von Medikamenten auswirken.

Menschen mit einer geistigen Behinderung haben nicht selten belastende Erfahrungen durch medizinische Untersuchungen und Behandlungen erlebt und reagieren deshalb mit viel Angst und heftiger Abwehr. Die Heilerziehungspflegerin hat hier die Aufgabe, beharrlich auf humane Umgangsformen zu pochen (gegebenenfalls muß ein Arzttermin mehrmals angesetzt werden) und vielleicht auch als Vermittlerin den Weg zu bahnen.

Die Zusammenarbeit mit der Heim-, Haus- oder Bereichsleitung erfolgt auf Grundlage des Dienstverhältnisses, welches die Heilerziehungspflegerin aufgrund ihrer Anstellung, d. h. der Unterzeichnung ihres Arbeitsvertrages eingegangen ist. Die wechselseitige Informationspflicht und -notwendigkeit sollte ebenso geklärt sein wie die Verantwortlichkeiten und Kompetenzen. Zu Unklarheiten des Verhältnisses kommt es in diesen Einrichtungen häufig, weil innerhalb der strukturell hierarchischen Struktur gleichberechtigt in einem Team gearbeitet wird. Es besteht eine latente Widerspruchssituation zwischen eigenverantwortlichem Handeln und der Anweisung durch die Leitung.

Gerade wenn auf der inhaltlichen Ebene der pädagogischen Arbeit Diskussionen zwischen der Leitung und dem Team stattfinden, läßt sich mancher Vorgesetzte dazu verleiten, sich von einer zunächst offenen Ausgangssituation auf die ihm zustehende Möglichkeit der Anweisung zu wechseln. Daß ein solches Vorgehen die vertrauensvolle Zusammenarbeit belastet, ist unstrittig. Für die Heilerziehungspflegerin bleibt die Möglichkeit, zukünftige Gespräche bezüglich ihrer Offenheit im Vorfeld abzuklopfen.

Die Heilerziehungspflegerin muß entscheiden können, welche Informationen in kompetenter Form „nach oben" gegeben werden müssen, damit auch die Leitung über die Kompetenzen verfügt, um adäquat handeln zu können. Entscheidungen, die rechtliche, finanzielle, dienstplanmäßige oder andere weitreichende Konsequenzen nach sich ziehen, müssen unbedingt abgestimmt werden. Entscheidungen, die von der Leitung mitgefällt werden müssen, betreffen die Aufnahme oder den internen Umzug von Bewohnern/-rinnen sowie die Zusammensetzung der Teams. In jedem Fall ist es wichtig, daß zwischen den Hierarchieebenen ein Vertrauensverhältnis entsteht, das von gegenseitigem Respekt und kritischer Dialogfähigkeit geprägt ist.

Die Zusammenarbeit mit der Verwaltung, die je nach Größe der Einrichtung entweder eigenständig oder mehr mit der Leitung oder mit der Basis verzahnt arbeitet, gestaltet sich in der Regel eher sachlich. In Wohngemeinschaften mit wenig Betreuungshilfe müssen Verwaltungsaufgaben weitgehend vom Team übernommen werden.

2. DIE ZUSAMMENARBEIT MIT ELTERN UND ANGEHÖRIGEN

Die Situation von Eltern, die ein behindertes Kind bekommen, schildert Hinze sehr anschaulich: „Ein behindertes Kind zu bekommen, trifft die Eltern in der Regel völlig unerwartet. Sie sind darauf weder persönlich noch institutionell vorbereitet. Ihre Elternschaft ist traditionslos, weil sie sich weder auf ihre einschlägigen Erfahrungen ihrer eigenen Erziehung stützen noch sich an gesellschaftlichen Vorbildern orientieren können. Unter diesen Voraussetzungen ist eine befriedi-

gende Beziehung zum behinderten Kind ebenso wie seine auf soziale und gesellschaftliche Integration ausgerichtete Erziehung grundsätzlich sehr erschwert. (...)
Die Eltern stehen unausweichlich vor der Aufgabe, sich mit der Tatsache der Behinderung auseinandersetzen zu müssen. Von allen Beziehungspersonen sind sie am unmittelbarsten, stärksten und anhaltendsten mit der Behinderung konfrontiert. (...)
Die Behinderung ihres Kindes führt bei den Eltern in der Regel zu einer tiefgreifenden seelischen Belastung, die jahrelang andauern kann. Dabei erleben die Eltern starke Gefühle von Bedrohung, Unsicherheit und Angst. Ihr Selbstverständnis ist erschüttert, ihre Lebenseinstellungen, ihre Wertorientierungen sowie ihr Lebenssinn sind grundsätzlich in Frage gestellt. Unter diesen Umständen sind die Eltern zunächst völlig auf sich zurückgeworfen" (Hinze 1991, 14).
Soweit zur Ausgangslage dieser Eltern. Noch gibt es nicht genügend institutionelle Hilfen, damit Eltern mit dieser Situation besser fertig werden. Ihre gesellschaftliche Stigmatisierung hat allerdings in den letzten Jahrzehnten nachgelassen.
Früher wurde die Behinderung eher verborgen; heute bemühen sich die Eltern und die Angehörigen, mit den zuständigen Fachleuten und Spezialisten zusammenzuarbeiten. Diese Verbesserung hat allerdings auch ihre Kehrseite: Die Rolle der/des Kotherapeuten/-tin führte häufig zur Verunsicherung bei der Bestimmung der Elternrolle. Insofern ist es zu begrüßen, wenn Eltern auf ihrer Rolle bestehen und wenn es ihnen gelingt, Betreuungsaufgaben an professionelle Helfer/-innen weiterzugeben (vgl. Speck 1987, 365 ff.) „Die Einbeziehung der Angehörigen in den unmittelbaren Lebensbereich, die Wohngruppe des behinderten Menschen, ist für die Gruppenmitarbeiter nicht immer einfach. Sie verlangt beiderseits viel Einfühlungsvermögen, gegenseitige Toleranz sowie Verständnis und Interesse für die jeweiligen Rollen und Erwartungen. Beiderseits muß verstanden werden, daß elterliche Rechte und Pflichten auch nach der Heimaufnahme weiterbestehen und zu respektieren sind, daß aber mit der Heimaufnahme gleichzeitig die elterliche Sorge im Alltag in die Verantwortung des Heimes auf letztlich vor allem der Gruppenmitarbeiter übergeben wurde. Die Hauptaufgabe der Gruppenmitarbeiter (der Heilerziehungspflegerin, d.V.) im Blick auf die Angehörigenarbeit liegt in der Beziehungspflege zwischen Bewohnern und Angehörigen (Braun/ Klein-Jung 1994, 133).
Für Konflikte, die sich in der Zusammenarbeit ergeben können, spielen seitens der Eltern in manchen Fällen unbewältigte Schuldgefühle, Selbstvorwürfe, mangelnde Akzeptanz der Behinderung, vielleicht

auch Konkurrenz oder Eifersucht über die Nähe der Heilerziehungspflegerin zu dem „eigenen Kind" eine Rolle. Seitens der Heilerziehungspflegerin – besonders wenn sie jung ist – mag die fehlende Lebenserfahrung und/oder das Erziehungsverständnis ins Spiel kommen: „Bei vielen Konflikten geht es scheinbar um Äußerlichkeiten (z. B. Kleidung, Haare, d. V.) (...) Gegenseitige Vorwürfe beziehen sich oft auf die Frage von Überforderung und Überbehütung" (Klauß/ Werz-Schönhagen 1993, 299 f.). Die Autoren weisen darauf hin, wie schwer es sowohl den Eltern als auch den Heilerziehungspflegerinnen fällt, mit diesen Konflikten umzugehen: „Grundsätzlich scheint es kaum Formen zu geben, in denen mit Konflikten effektiv umgegangen wird. In der Interaktion zwischen Eltern und Erziehern basiert vieles auf Vermutungen, Projektionen und Unterstellungen aus Unkenntnis der Gegenseite und einer Sprachunfähigkeit untereinander" (Klauß/ Werz-Schönhagen 1993, 301 f.). Die hohe Mitarbeiterfluktuation und der Schichtdienst bauen für manche Angehörige zusätzliche Hürden auf und erschweren die Möglichkeit, sich konstruktiv auseinanderzusetzen.

Wie in allen Familien wird auch im Falle eines Menschen mit einer Behinderung der Ablösungsprozeß von den Eltern sich nicht problemlos gestalten – gerade in diese Phase sollten die Eltern mit ihren Ängsten, ihrer Kritik und ihren Anregungen ernstgenommen werden und bei der Heilerziehungspflegerin Unterstützung finden. Die Problematik von „zwei Welten" – der häuslichen und der des Heimes – kann allerdings auch positiv gewertet werden: „Manche Eltern akzeptieren, daß das Heim auch insofern eine zweite Welt ist, als dort Dinge erprobt bzw. erreicht werden können, die sie selbst nicht erreichen" (Klauß/ Werz-Schönhagen 1993, 307 f.).

Die starken Reaktionen der Bewohner/-innen eines Heimes zeigen, wie wichtig ihnen in der Regel der Kontakt zu den Eltern oder den Angehörigen ist; ob und wie oft jemand besucht wird, spielt für den Status in der eigenen Gruppe eine große Rolle. Heilerziehungspflegerinnen können einen wichtigen Beitrag dazu leisten, Angehörigenbeziehungen wieder aufzufrischen, zu intensivieren und zwischen den Beteiligten zu vermitteln. Das gilt besonders für die Eltern und Angehörige, die eine gewisse Scheu vor der Institution oder der Lebenswelt ihres/ihrer behinderten Verwandten haben.

Anregungen und Möglichkeiten für die Zusammenarbeit
mit Angehörigen

Für die wichtige Aufgabe der Kontaktpflege können drei Bereiche unterschieden werden:

(1) Organisation (des Kontaktes);
(2) Vermittlung (beim Austausch);
(3) Sinnstiftung (Verstehen, Situationsbewältigung).

Familientage, Sommerfeste, Weihnachtsmärkte, Geburtstage, Jubiläen und die anderen Feste im Jahreslauf bieten sich für Begegnungen mit den Angehörigen besonders an. Die Einladungen sollten rechtzeitig und wenn nötig mit der Bitte um ein Rückantwortschreiben erfolgen. Es ist natürlich wünschenswert, wenn die Kontakte über das Wahrnehmen dieser Termine hinausreichen. Im Einzelfall sind hier Aktivitäten der Heilerziehungspflegerin hilfreich. Ein besonderes Vertrauensklima kann dann geschaffen werden, wenn die Verwandten sich immer wieder an dieselbe Fachkraft wenden können.

Bei der regelmäßigen Kontaktpflege steht das Gespräch mit den Angehörigen im Vordergrund. Es sollte bewußt gesucht werden, um auf beiden Seiten Sinnzusammenhänge bezüglich der „zwei Welten" zu erschließen. Einfühlungsvermögen, Offenheit und Klarheit sollten seitens der Heilerziehungspflegerin im Gespräch gezeigt werden. Ungerechtfertigte Anschuldigungen sollten sachlich eindeutig zurückgewiesen werden. Die Heilerziehungspflegerin sollte sich darüber bewußt sein, daß hinter überbetont forschem oder auch überbetont legerem Verhalten seitens der Angehörigen sich Unsicherheit und Angst verbergen können.

Am Lebensort Wohngruppe muß es den Bewohnern/-rinnen möglich sein, Besuche zu empfangen: „Von den Angehörigen wird erwartet, daß vor geplantem Besuchen eine kurze Nachricht an die Wohngruppe erfolgt, damit die Freizeitplanung der Gruppe und die Dienstplanung der Mitarbeiter darauf abgestimmt werden kann" (Braun/Klein-Jung 1994, 137). Bei Besuchen geschieht es häufig, daß im Beisein der zu betreuenden Person über sie gesprochen wird. Die Heilerziehungspflegerin sollte sich darum bemühen, daß der/die Besuchte in der zweiten Person angesprochen wird und, auch wenn sie nicht alles verstehen kann, sich doch in die Kommunikation einbezogen fühlt.

Wenn es die Gelegenheit gibt, daß ein Mensch mit geistiger Behinderung seine Eltern oder Verwandten besuchen kann oder ein Ferienaufenthalt möglich ist, sollten solche Angebote von der Heilerziehungspflegerin tatkräftig unterstützt werden.

Die Heilerziehungspflegerin hat auch die Aufgabe, den brieflichen und telefonischen Kontakt zu den Angehörigen zu unterstützen. Je nach Grad der Behinderung wird sie Briefe der Angehörigen vorlesen bzw. erklären und Vorschläge machen, wie die betreffende Person antworten könnte. Wenn die zu betreuende Person selbst schreiben kann, soll sie natürlich dazu motiviert werden. Der Text für einen Brief kann aber auch von der Heilerziehungspflegerin formuliert werden, oder es kann, je nach Schweregrad der Behinderung, gänzlich auf die sprachliche Äußerungsform verzichtet werden. In einem Umschlag kann auch nur ein Bild liegen, das Papier kann beklebt werden, man kann dem Brief ein Foto, eine gepreßte Blume usw. beilegen. Um den Betroffenen auch die Bedeutsamkeit ihres Tuns zu vermitteln, sollte der Brief oder die Karte gemeinsam zur Post oder zum Briefkasten gebracht werden.

Auch beim Telefonieren ist es Aufgabe der Heilerziehungspflegerin, die entsprechenden Hilfestellungen zu geben. Wenn die betreffende Person aufgrund ihrer Behinderung gar nicht telefonieren kann, sollte die Heilerziehungspflegerin bereit sein, in gewissen Zeitabständen stellvertretend ein Gespräch zu führen.

Der Kontakt zu den Angehörigen hat darüber hinaus viel mit Festen zu tun – Familientag der Einrichtung, Sommerfest, Weihnachtsmarkt, Geburtstag, Jubiläen. Es bietet sich an, daß die Heilerziehungspflegerin gemeinsam mit den zu betreuenden Personen die Einladungskarten gestaltet.

An dieser Stelle sei deutlich darauf hingewiesen, daß die Unverletzlichkeit des Brief-, Post- und Fernmeldegeheimnisses im Grundgesetz geregelt ist und daß die Heilerziehungspflegerin mit ihrer Hilfestellung sensibel agieren muß.

„Partnerschaftliche Zusammenarbeit wird als Zusammenwirken von Teilhabern an einer gemeinsamen Aufgabe, als die gegenseitige Ergänzung von unterschiedlichen Sichtweisen und Systemen verstanden. Eltern und Fachleute gehören unterschiedlichen Systemen an, handeln deshalb auch aus unterschiedlichen Ansätzen heraus, die gegenseitig zu respektieren sind.

Voraussetzung solcher gegenseitig ergänzenden Funktionen ist ein Verhältnis zueinander, das davon bestimmt ist, daß jeder bereit ist, dem anderen zuzuhören, auf ihn vorbehaltlos einzugehen, sich bemüht, sich in ihn hineinzudenken, ihn zu verstehen, aber auch seinen eigenen Standpunkt wenn nötig zu verteidigen bzw. zu modifizieren oder zu revidieren" (Speck 1987, 371).

3. DIE ZUSAMMENARBEIT IM TEAM

Die Mitarbeiter/-innen, die auf der Wohn- oder Lebensgruppe Menschen mit einer Behinderung betreuen, wurden als Basismitarbeiter des pädagogischen Teams bezeichnet. Wir sprechen im folgenden der Einfachheit halber von „Team". Gute Zusammenarbeit im Team ist nicht selbstverständlich; für ihr gutes Gelingen sind alle Mitarbeiter/-innen verantwortlich. Sie ist nicht nur Garant für das Wohlergehen der zu betreuenden Menschen, sondern auch für das der Teammitglieder.

Die inhaltliche und organisatorische Strukturierung der Arbeit bildet den Rahmen für die Kooperation. Ein Team ist keine frei zusammengesetzte Gruppe; es gibt übergeordnete und strukturelle Zwänge (Verhältnis von Fachkräften zu unausgebildeten Kräften, von weiblichen zu männlichen, von jüngeren zu älteren Mitarbeitern/-rinnen usw.).

Ein Team ist insofern ein offenes System, als es durch die komplexen Kommunikationsstrukturen, die notwendige Informationsverarbeitung, den Wechsel der Mitarbeiter/-innen, die unterschiedliche persönliche Situation und Entwicklung der einzelnen Teammitglieder geprägt ist. Insofern befindet sich das Team in einem ständigen Prozeß. Das Team ist nicht mehr und nicht weniger als das, was die einzelnen Teammitglieder aus ihm machen. Mehr als in anderen Berufen spielen im pädagogischen Team die persönlichen Einstellungen und Werte eine wichtige Rolle.

Die Mitglieder eines Teams organisieren sich einerseits über die einzelnen Beziehungen untereinander, andererseits über die Gruppendynamik.

Die Mitglieder des Teams kommunizieren über ihre Handlungen und über Gespräche. Erinnert sei an dieser Stelle, daß Wahrnehmung und Beobachtung sowie die Differenzierung der Inhalts- und Beziehungsebene wichtige Grundvoraussetzungen für den Überblick von Interaktionen bilden. Das Geflecht von Interaktionen in einem Team ist mit Sicherheit zu komplex, als daß es vollständig erfaßt und reflektiert werden könnte. Häufig gibt es „atmosphärische" und „stimmungsmäßige" Schwingungen, die, je nach Grad der Übereinstimmung bzw. der bestehenden Widersprüche, zum Teil nur unterschwellig zum Tragen kommen.

Offenheit und Kritikfähigkeit werden in der Regel von allen Mitgliedern eines Teams als Ansprüche übereinstimmend formuliert – die Wirklichkeit sieht allerdings nicht selten anders aus. Schwierige Themen werden umgangen, anstößiges Verhalten nicht angesprochen usw. Folgendes Zitat verdeutlicht, von welchen Prozessen auszugehen ist: „Jeder Mensch, dem ich begegne, besitzt ein grundlegendes Interesse, während des Treffens (des Zusammenseins, d.V.) seine Integrität zu bewahren. Was ich sage und tue, bestimmt, ob er für eine Unterhaltung offen ist oder sich ihr verschließt. Wenn ich ihn also beobachte, beobachtet er eigentlich mein Beobachten. Wir befinden uns beide in einer beobachtenden Position. Ich beobachte, ob es Anzeichen gibt, die darauf hinweisen, daß ich zu ungewöhnlich geworden bin. Dadurch, daß ich seine Reaktion auf mein Beobachten beobachte, kann ich indirekt zum Beobachter meines eigenen Beobachtens werden. Er beobachtet, um zu bestimmen, wer ich bin, um herauszufinden, wie sehr er es wagen darf, sich an der Konversation zu beteiligen und dabei seine Integrität zu bewahren. Er fertigt ein Bild von mir an, ein bewegliches Bild, und er versieht dieses Bild mit einer Erklärung, die ihm sagt, was er von mir zu erwarten hat. Diese Erklärung wird sein Reden und Tun mir gegenüber in seiner Beziehung zu mir bestimmen" (Andersen 1990, 36).

Da solche Prozesse sich ungeheuer schnell vollziehen, ist es für die Teamarbeit wichtig, Kommunikationsabläufe besonders genau zu beobachten und Erwartungen einzukalkulieren.

Anregungen für die Zusammenarbeit im Team

Alle Teammitglieder sollten ihre persönlichen und inhaltlichen Erwartungen benennen können und sich darüber austauschen. Es ist auch darauf zu achten, daß jede Aussage, die ein/eine Mitarbeiter/-in macht, unabhängig von seiner/ihrer objektiven Rolle (als Praktikant/-in, Hilfskraft, Schüler/-in, Fachkraft) geprüft wird. Die Teammitglieder sollten sich darin schulen, die Kommunikationsabläufe zu beobachten und digitale Aussagen – die sachlogische und die intellektuelle Argumentation – sowie analoge Ausdrucksformen (z. B. Körperhaltung, Mimik, Gestik, Stimme, Blickkontakt) in Beziehung zu setzen. Außerdem muß das Augenmerk darauf gerichtet werden, ob inhaltliche Differenzen nicht Ausdruck persönlicher Spannungen sind und verhärtete Positionen aufgrund individueller Probleme entstehen.
Dann müßte die Kommunikation selbst zum Thema des Gesprächs gemacht werden. Auf Behauptungen, die sich nicht belegen lassen, sollte ganz verzichtet werden. Statt dessen kann es sinnvoll sein, Fragen oder Aussagen als Vermutungen zu formulieren: „Stimmt es, daß", „Ich vermute, ... ist mein Gefühl richtig, ..."
Die Bereitschaft und Fähigkeit, dem anderen zuhören zu können, ist in jedem Fall die wichtigste Grundlage für gute und effektive Zusammenarbeit.
In allen Teamgesprächen sollte auf das Indefinitpronomen (man) zugunsten der Personalpronomen (ich, du, wir) verzichtet werden. Die

Verwendung von „ich", „du", „wir" usw. bringt Eindeutigkeit in das Gespräch. Von der Aussage „man sollte" braucht sich niemand konkret angesprochen zu fühlen. Solche Aussagen haben gute Chancen, wirkungslos zu bleiben. Dagegen sollte das „Wir", sofern auch wirklich alle gemeint sind, von seiner gesprächstrategischen Seite her durchaus genützt werden. Bei einer selbstkritischen Äußerung, die alle betrifft, ermöglicht das „Wir" eventuell eine bessere Annahme der Kritik.

Das Gespräch in einem Team lebt von der Vielschichtigkeit der Beiträge. Auch wenn Widersprüche und Dissens bestehen, so bieten diese doch die Voraussetzung für Innovationen und für die Integration verschiedener Perspektiven. Es ist deshalb zunächst wichtig, den Unterschied von verschiedenen Positionen genau herauszuarbeiten. Das geschieht am besten durch Fragen, die allerdings echt und begründet sein sollen. Das Versäumnis von ausführlichem Fragen führt in der Regel zu unnötigen Mißverständnissen. Wenn ein Gespräch wirklich offen sein soll, so muß grundsätzlich auch die Möglichkeit bestehen, nein sagen zu können. Ansonsten wird die offene Form zur Farce. Ein unausgesprochenes Nein blockiert in der Regel die Zusammenarbeit.

Die Mitarbeiter/-innen eines Teams haben sich aber in einem Arbeitsvertrag zu einer Aufgabe verpflichtet. Daraus resultiert, daß es dienstrechtlich bedingte Anweisungbefugnisse gibt. Auch wenn die Möglichkeit der Instruktion nur unterschwellig mitschwingt, schafft sie Einschränkungen für die Offenheit des Dialogs. Es muß darauf hingewiesen werden, daß die Möglichkeit der Instruktion als solche, auch im Rahmen der Teamarbeit, gerechtfertigt sein kann oder muß – nur sollte der Grund und die Maßnahme offengelegt werden.

Bei Schwierigkeiten und Spannungen im Team ist davon auszugehen, daß die Kommunikationsebenen entweder gestört oder blockiert sind. In solchen Situationen kommen Gespräche, die vor allem „das heiße Thema" betreffen, nicht von selbst in Gang, sie müssen initiiert werden. Das kann Aufgabe eines jeden Teammitgliedes sein, eine besondere Verantwortung hat allerdings die Gruppenleiterin.

Das Einhalten von Absprachen gilt in der Praxis häufig als Maßstab für gelungene Teamarbeit. Besonders bei Absprachen, die das pädagogische Handeln betreffen, sollte jedoch daran gedacht werden, daß viele Situationen so komplex sind, daß kaum allgemeingültig festzulegen ist, was „richtig" und was „falsch" ist. In der konkreten Situation ist der/die einzelne Mitarbeiter/-in verantwortlich, nicht das Team! Jeder gemeinsame Entschluß muß kritisierbar und revidierbar bleiben. Die Balance zwischen eigenverantwortlichem Handeln und dem Einhalten von gemeinsamen Absprachen und Beschlüssen erfordert hohe Souveränität und in der Regel auch berufliche Erfahrung.

Die meisten Teams arbeiten im Schichtdienst, d. h. ein Teil der Mitarbeiter/-innen ist immer abwesend. Gespräche über die Abwesenden haben ein relativ geringes Situationsrisiko für die Integrität der eigenen Person; im Gegenteil: durch Negativbeurteilungen von anderen wertet sich der/die einzelne auf. Daß Mitarbeiter/-innen über Dritte in deren Abwesenheit sprechen, sollte an sich vermieden werden. Da die Erfahrung allerdings zeigt. daß auf „Tratsch" nicht ganz zu verzichten ist, sollten dabei bestimmte Regeln beachtet werden. Als bewährte Faustregel könnte hier gelten: Was ich über einen anderen sage, bin ich auch bereit, ihm direkt zu sagen; Aussagen, die vetraulich gemacht wurden, dürfen nicht weitergegeben werden; es besteht grundsätzlich die Möglichkeit, sich dem „Tratsch" zu verweigern.

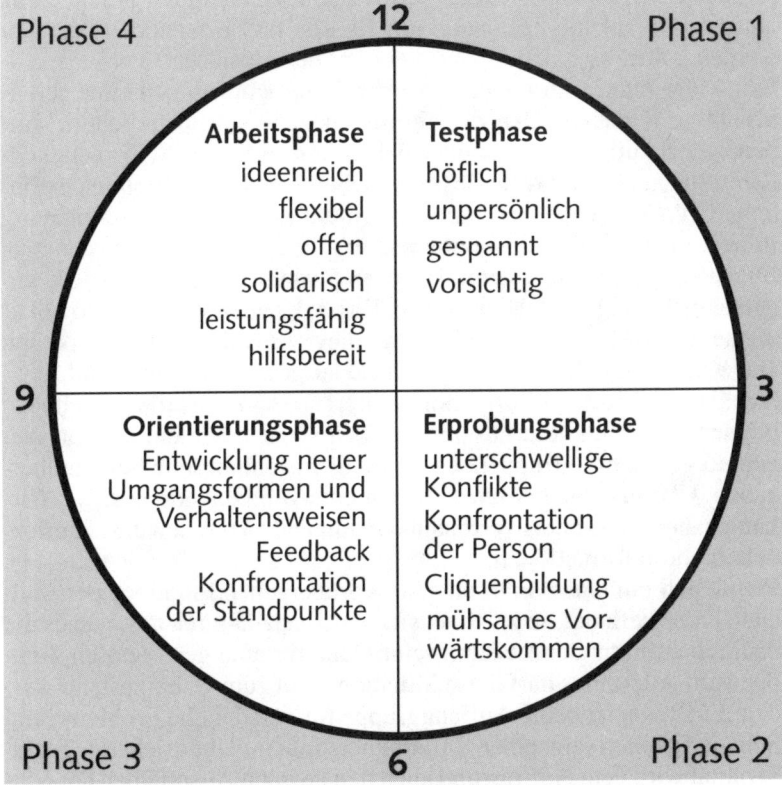

Abb. 28: Wie spät ist es in Ihrem Team?
   (modifiziert nach Haug 1994, 66)

157

Der häufige Wechsel von Mitarbeitern/-rinnen kann das Team sehr belasten, weil er immer gruppendynamische Prozesse auslöst. In einem Team zu arbeiten bedeutet, sich immer wieder aufs neue solchen Prozessen zu stellen.

Die Abbildung (Abb. 28, S. 157) zeigt vier verschiedene Phasen, in denen sich ein Team befinden kann. Es muß darauf hingewiesen werden, daß manche Teams aufgrund des häufigen Wechsels immer wieder in den ersten drei Phasen hin- und herpendeln und nie die vierte Phase erreichen.

Es ist wichtig, daß die Teammitglieder Einfluß auf die Auswahl der Mitarbeiter/-innen nehmen, weil dadurch die Integration und Identifikation sehr erleichtert wird.

Wir haben bereits darauf hingewiesen, daß es in der beruflichen Arbeit der Heilerziehungspflegerin relativ rasch zu Überschneidungen von persönlichen Interessen und beruflichem Handeln kommen kann. Auch wenn auf die Trennung von Berufs- und Privatleben geachtet werden sollte, so gehen – z. B. bei der Dienstplan- und Feriengestaltung – die Interessen ineinander über. Mitarbeiter/-innen ohne schulpflichtige Kinder sollten die Terminwünsche von Mitarbeitern/-rinnen, die schulpflichtige Kinder haben, respektieren. Selbstverständlich sollte auch auf das Bedürfnis geachtet werden, bestimmte persönliche Gründe, die beispielsweise zu einer bestimmten Terminplanung führen, nicht preisgeben zu müssen, um die Privatsphäre zu schützen.

Ein anderer Punkt, der immer wieder zu Spannungen führt, ist die Kompetenzverteilung (z. B. Dienstpläne, Kasse, Kleiderbestellung, Medikamente usw.). Es ist vorteilhaft, wenn diese Aufgaben den Fähigkeiten und Verantwortlichkeiten entsprechend ausgewogen verteilt sind.

Auch eine schlechte Informationsweitergabe kann zu erheblichen Problemen führen und die Zusammenarbeit stark in Mitleidenschaft ziehen. Regelmäßige Gruppenbesprechungen, gemeinsame Schichtübergaben, Übergabebücher usw. können eine vorbeugende positive Wirkung haben. Besonders vertrauensschädigend ist das bewußte Zurückhalten von Informationen.

Wenn sich ein/eine Mitarbeiter/-in vorübergehend in einer persönlichen Krise befindet, so zeichnet sich ein Team dadurch aus, daß es die dadurch auftretenden Leistungseinbrüche für eine gewisse Zeit kompensiert. Allerdings darf diese Situation nicht zum Dauerzustand werden. Ein Team ist keine Auffanggruppe für persönliche Probleme und Schwierigkeiten einzelner Mitarbeiter/-innen. Übertriebene Teamloyalität wird dem Auftrag und auch den eigenen Ansprüchen der Mitarbeiter/-innen nicht gerecht, zumal wenn es auf Kosten einzelner Mitarbeiter/-innen geht.

Viele Probleme, die in einem Team auftreten können, nehmen ihren Anfang in Beziehungsschwierigkeiten, die zwischen zwei Mitarbeitern/-rinnen auftreten. Dann gilt die Regel, daß die Probleme da angegangen werden sollen, wo sie auch auftreten. Andere Mitarbeiter/-innen können durchaus darauf drängen, daß die beiden Kontrahenten ein Gespräch miteinander führen.

Die Arbeit in einem pädagogischen Team erfordert ein hohes Maß an Gespür für die Balance von persönlichen und inhaltlichen Zusammenhängen. Wenn zwei Mitarbeiter/-innen liiert sind, wird es in der Regel besonders schwierig, diese Balance herzustellen. Die Verquickung von privaten und beruflichen Interessen wird in vielen Fällen zu einer Belastung des Teams. (Diese Beobachtung gilt nicht für Einrichtungen, wo die Menschen mit einer Behinderung mit den Betreuern, die häufig ein Paar sind, eine Wohngruppe bilden.)

Supervision hat sich in den letzten Jahren fast zum Zauberwort entwickelt, wenn es darum ging, festgefahrene Situationen im Team anzugehen. Eine ausgebildete Fachkraft (ein/eine Supervisor/-in), die von außen kommt, analysiert die beruflichen Bedingungen, Erfahrungen und Beziehungsebenen des Berufsfeldes gemeinsam mit den Mitarbeitern/-rinnen. Die teamzentrierte Supervision setzt sich mit Konflikten innerhalb des Teams auseinander, z. B. mit den Zuständigkeiten, der Verantwortung, den Kompetenzen, den Organisations- und Kommunikationsstrukturen. Durch Supervision soll es den Mitarbeitern/-rinnen möglich werden, erlebte berufliche Situationen unter neuen Aspekten zu betrachten, Veränderungsvorstellungen zu entwickeln und diese in neue Handlungsmöglichkeiten umzusetzen.

Insofern hat Supervision nicht nur klärenden, sondern auch progressiven Charakter. Da durch Supervision nicht nur organisatorische oder einrichtungsbedingte Probleme aufgedeckt werden, sondern sich auch ganz persönliche Schwierigkeiten herauskristallisieren können, kommt es in der Praxis vor, daß die Teilnahme von manchen Mitarbeitern/-rinnen verweigert wird – möglicherweise gerade von denen, die der Auslöser für die Supervision waren. Hier stößt Supervision an ihre Grenzen. Trotz der zum Teil hohen Kosten, die Supervisionen verursachen, müssen diese auch in Relation zur besseren Arbeitsqualität, die ein Team nach solchen Sitzungen zu leisten im Stande ist, gesehen werden (krankheitsbedingte Ausfälle oder das „burn-out-Syndrom" können möglicherweise vermieden werden). So berechtigt und wünschenswert der Einsatz von Supervision im pädagogischen Team sein kann, so muß doch darauf hingewiesen werden, daß sie kein Allheilmittel für alle Schwierigkeiten sein kann.

Manche Probleme im Team lassen sich unter Umständen nur noch durch Umbesetzung oder Versetzung bereinigen.

Das Wecken von „Selbstheilungskräften", die in einem Team vorhanden sind, sollte nicht unterschätzt werden. Insbesondere stabilisieren sie ein Team in seiner Autonomie und in seinem Selbstverständnis, das auf wechselseitiger Loyalität gegründet, eine gewisse Homogenität nach außen sowie Kontinuität und selbstkritische Reflexion nach innen aufweisen sollte.

Übung
Die Heilerziehungspflegerin in Ausbildung wird oder wurde bereits mit Erfahrungen in der Teamarbeit konfrontiert. Schwierigkeiten und Spannungen haben aber häufig ähnliche Strukturen, weshalb es sinnvoll sein kann, diese Strukturen aufzudecken. Bei der Aufarbeitung dieses Themas im Unterricht, bietet sich vor allem die Technik des Rollenspiels an, um einerseits in einem gewissen Schonraum, und andererseits in einer konkreten praktischen Situation diese Strukturen zu erfassen und angemessene Handlungsstrategien zu üben. Die Gruppenbesprechung oder die Schichtübergabe können dazu einen geeigneten Rahmen bieten. Analyse und Rollenwechsel können für die Fachschülerinnen zu neuen Erkenntnisgewinnen führen.

LITERATUR

Andersen, T. (1990): Das reflektierende Team. Dialoge und Dialoge über Dialoge. In: Andersen, T. (Hrsg.): Dortmund, S. 19–110

Braun, A./Klein-Jung, R. (1994): Angehörigenarbeit im Heim für Menschen mit geistiger Behinderung. In: Deutscher Caritasverband (Hrsg.): Caritas 1995. Jahrbuch des Deutschen Caritasverbandes. Freiburg, S. 133–145

Haug, C. (1994): Erfolgreich im Team. Praxisnahe Anregungen für effiziente Zusammenarbeit. München

Hinze, D. (1991): Väter und Mütter behinderter Kinder. Der Prozeß der Auseinandersetzung im Vergleich. Heidelberg

Speck, O. (1987): System Heilpädagogik. Eine ökologisch reflexive Grundlegung. München, Basel

XI. Allgemeine Bemerkungen zur geplanten Förderung (Förderprogramme) für Menschen mit geistiger Behinderung

Unter den Stichworten Förder- oder Trainingsprogramme sind in der Behindertenhilfe solche Maßnahmen zusammengefaßt, bei denen z. B. die Sinne, die Wahrnehmung oder die Fertigkeiten aus dem lebenspraktischen Bereich gezielt geschult werden. Das Wort Programm steht dabei für ein Konzept, in dem Förderung durch konkrete Lernschritte erfolgt.

Inhaltlich und methodisch sollen Lernprozesse, bei denen Ziele definiert werden, in bestimmten Zeiträumen erreicht werden. In der Praxis heißt das, daß bestimmte Übungsschritte regelmäßig durchgeführt und ständig wiederholt werden. Zeitknappheit und mangelnde fachliche Kenntnisse führen häufig dazu, daß mit Förderprogrammen das erstrebte Ziel nicht erreicht wird. Mit viel Begeisterung erarbeitet, „versanden" manche Konzepte in der Komplexität des Alltags und geraten in Vergessenheit.

Begegnung und Beziehung sind tragende Elemente neuerer Förderansätze, wie sie in der Behindertenhilfe und in der Pädagogik in den letzten Jahren entwickelt wurden. Sie machen eine differenzierte Betrachtungsweise erforderlich und rechtfertigen die Einführung eines neuen Begriffs. Aus diesem Grunde soll im weiteren nicht mehr von Förder- bzw. Trainingsprogrammen die Rede sein – auch wenn sich diese Begriffe in der täglichen Praxis weitgehend etabliert haben –, sondern von geplanter Förderung. Gerade bei basalen und anderen körperorientierten Ansätzen tritt der klassisch lernprogrammatische Charakter zugunsten eines interaktionalen Ansatzes in den Hintergrund. Im Gegensatz zu einer Förderung, die programmatisch festgelegt ist, erwartet und befürwortet die geplante Förderung Offenheit und Flexibilität sowohl im Konzept selbst als auch im handelnden Umsetzen durch die heilerzieherischen Fachkräfte.

Die Planung und Durchführung einer Fördermaßnahme ist ein didaktisches Unternehmen und setzt entsprechende Fachkenntnisse voraus, wie wir es in Kapitel IV dieses Buches ausführlich beschrieben haben. Wir erinnern an die wichtigsten didaktischen Grundlagen:

(1) Wie ist der Entwicklungsstand und die aktuelle Situation der Person, welche Motivatión und soziale Kompetenz wird eingebracht?
(2) In welchem inhaltlichen Bereich ist eine Förderung möglich? Aus der Perspektive der betroffenen Person? Aus der Perspektive der äußeren Bedingungen?
(3) Auf welche Erfahrungen, Kompetenzen, Fähigkeiten, Fertigkeiten und Kenntnisse der betroffenen Person kann die Zielsetzung der geplanten Förderung aufbauen?
(4) Wie soll der methodische Aufbau aussehen? (Abfolge von Teilschritten, Gliederung verschiedener Phasen im Ablauf, konkrete Handlungsmethoden)
(5) Welche Medien können den Lern- bzw. Entwicklungsprozeß unterstützen?

Für die Erstellung einer geplanten Förderung muß besonders die Zeit, der lebensweltliche Zusammenhang, die Organisation, die Reflexion und die Dokumentation berücksichtigt werden.

Eine geplante Förderung läßt sich in verschiedene Planungs- und Durchführungssequenzen zerlegen: Eine beispielhafte Gliederung für die Planung und Durchführung von Förderungsmaßnahmen sowie Beispiele für die Dokumentation in Form von zwei Arbeitsblättern sind am Ende dieses Kapitels zu finden.

Geplante Förderungen müssen einen sinnvollen Zusammenhang zur Lebenswelt der jeweiligen Person haben und so angelegt sein, daß sie den ganzen Menschen mit seiner Lebensgeschichte und seiner individuellen Lage (bestehende Fähigkeiten, Fertigkeiten, Bedürfnisse, Gefühle, Eigenheiten, Motivation usw.) berücksichtigen. Ein optimaler Rahmen für Förderung muß persönlich-individuelle, zwischenmenschliche, zeitliche, räumliche und materielle Voraussetzungen berücksichtigen. Die geplante Förderung strebt eine Weiterentwicklung und Selbstentfaltung, also eine realistische Zielperspektive für den zu fördernden Menschen an. Die Motivation zur Teilnahme soll aber nicht nur durch positive Anreize von außen (extrinsisch) erfolgen, sondern vor allem durch das positive Erleben selbst (intrinsisch) (vgl. Heckhausen 1980; Aebli 1987).

Geplante Förderung ist immer auch Interaktion, ein Dialog zwischen der Heilerziehungspflegerin und dem Menschen mit einer Behinderung. Das Ergebnis eines Dialoges kann, wenn er ernst gemeint ist, nicht vorweggenommen werden; d. h. auch die Ablehnung eines Angebotes seitens der/des Betroffenen muß denkbar sein. Wenn eine Förderung ständig auf Ablehnung stößt, muß ihre Konzeption in Frage gestellt werden. Strafen und Sanktionen können und dürfen grundsätzlich nicht Bestandteil einer geplanten Förderung sein!

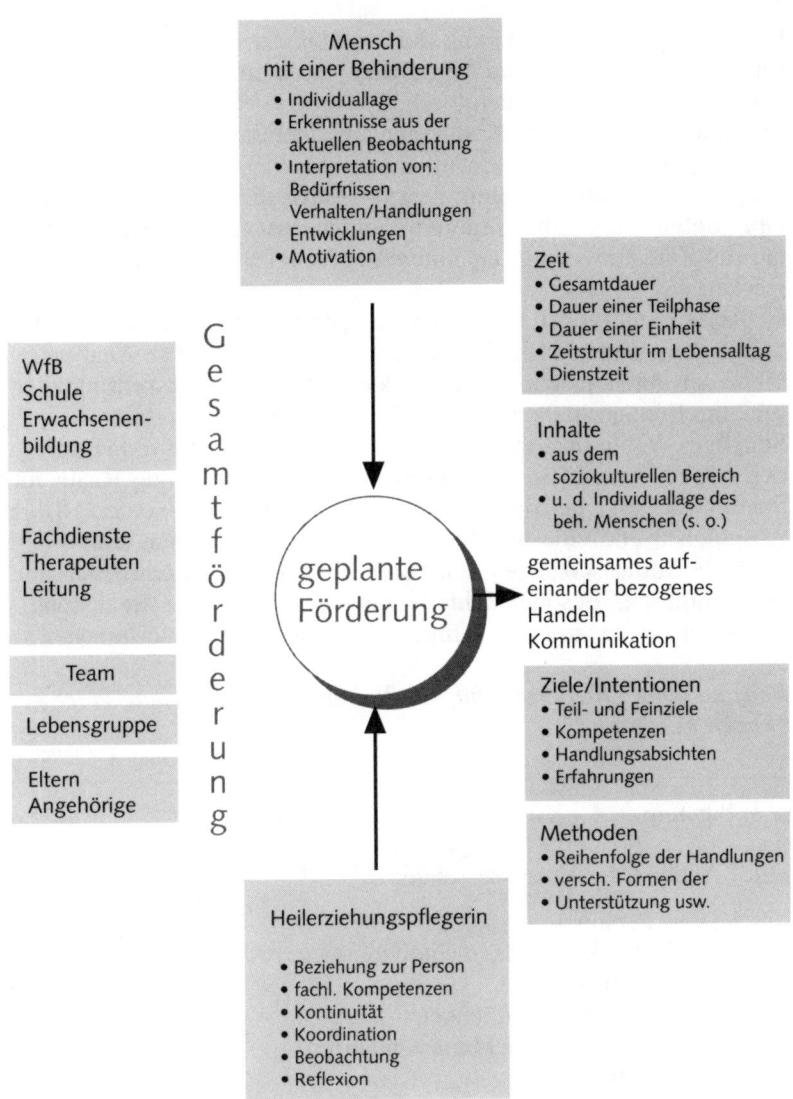

Abb. 29: Die geplante Förderung

Fördermaßnahmen sind immer noch zu sehr auf praktische und verwertbare Fertigkeiten ausgerichtet und werden hauptsächlich nach verhaltensmodifikatorischen Gesichtspunkten (konditioniertes Lernen in Wenn-dann-Strukturen) durchgeführt.

Wenn die Motivations- oder Bedürfnislage unberücksichtigt bleibt, kann eine geplante Förderung für den Menschen mit einer Behinderung wie auch für den/die Mitarbeiter/-in zu einer Tortur mit wenig Aussicht auf Erfolg werden.

Fast immer gibt es viele Ansatzmöglichkeiten für geplante Förderungen; es ist deshalb nicht sinnvoll, dort zu beginnen, wo die Ablehnung am größten ist. Im Gegenteil: Es gilt herauszufinden, wo Ansätze für eine Bereitschaft zur Förderung vorhanden sind. Gegebenenfalls ist viel Zeit notwendig, um Interesse, Neugier und Bereitschaft zu wecken.

Geplante Förderungen sind in der Regel sehr aufwendig; das gilt für die Planung sowie für die Durchführung. Eine sorgfältige Analyse im Sinne der unten aufgezeigten Gliederung kann deshalb sehr nützlich sein, um Enttäuschung auf beiden Seiten zu vermeiden.

Ständiges Wiederholen und Üben kann die Attraktivität von Handlungen schnell zum Erliegen bringen. Deshalb sollte genug Raum für Spaß, Nähe und persönliche Begegnung eingeplant werden. Klare Absprachen und eine detaillierte Abstimmung im Team sind unabdingbare Voraussetzungen, um Fördermaßnahmen zu erarbeiten und durchzuführen. Besonders hinderlich sind ungeklärte Beziehungsstrukturen, an denen sich Fachlichkeiten nur scheinbar festmachen.

Beispiel einer Gliederung für die Planung und Umsetzung einer geplanten Förderung

---

1. Planung

1.1 Analyse der Voraussetzungen:

1.1.1 Die Person:
- Entwicklungsstand (Individuallage)
- Bedürfnislage
- Aktuelle Befindlichkeit
- Aktuelle Entwicklungstendenzen
- Handlungsmotivation
- Bestehende Förderungen

1.1.2 Die Umwelt:
- Soziale Aspekte
- Kulturelle Aspekte
- Materielle Aspekte
- Räumliche oder regionale Aspekte

1.1.3 Die Heilerziehungspflegerin:
– Eigene Kompetenzen
– Beziehung zur Person
– Andere Aufgaben / Interessenkollision

1.1.4 Mitarbeiter und Team:
– Persönliche Kompetenz, Fachlichkeit (Ausbildung?)
– Bereitschaft (Motivation)
– Vertretung

1.1.5 Die Rahmenbedingungen auf der Wohngruppe:
– Struktur des Tagesablaufs
– Raum und Zeit (Ressourcen)
– Aufgaben und Freiräume

1.1.6 Berücksichtigung von Zusammenhängen,
die über die Förderung hinausgehen

1.1.7 Zusammenarbeit mit:
– anderen Institutionen (Schule, WfB, Erwachsenenbildung usw.),
– mit Fachdiensten (heilpädagogisch, therapeutisch, ärztlich),
– Eltern und Angehörigen (laufende Aktivitäten, Belastungen ...)

1.2 Erstellung der Konzeption
– wann immer möglich unter Einbeziehung der betroffenen Person)

1.2.1 Ziel der Förderung (Teilziele)
1.2.2 Motivation
1.2.3 Detaillierte Beschreibung der Handlungssequenzen
(Was wird von wem gemacht, wann gibt es welche Hilfestellungen?)
1.2.4 Methoden der Heilerziehungspflegerin
1.2.5 Dauer und Zeitpunkt(e) der Durchführung, zeitlicher Gesamtrahmen der Förderung
1.2.6 Zeitliche Einteilung in verschieden Phasen (Teilziele)
sowie zeitliche Festlegung von Reflexionsgesprächen
1.2.7 Organisation der Dokumentation
1.2.8 Welche Personen sind an der Durchführung beteiligt?

2. Umsetzung

2.1 Information

2.1.1 Andere Institutionen
     (Schule, WfB, Erwachsenenbildung etc.)
2.1.2 Fachdienste (heilpädagogisch, therapeutisch, ärztlich)
2.1.3 Eltern und Angehörige

2.2 Vorbereitung

2.2.1 Wie wird die Person auf die Förderung vorbereitet?
2.2.2 Wie bereiten sich die an der Förderung beteiligten
     pädagogischen Mitarbeiterinnen und Mitarbeiter vor?
     (Absprache bzw. Übung der Handlungssequenzen etc.)
2.2.3 Vorbereitung des Materials bzw. der Hilfsmittel
     oder Medien
2.2.4 Vorbereitung des Raumes / Gestaltung des Umfeldes

2.3 Durchführung

2.3.1 Vermittlung: Formen der Kommunikation
2.3.2 Reihenfolge der einzelnen Handlungsabläufe
2.3.3 Methodisches Handeln
2.3.4 Beobachtung der Reaktionen

2.4 Dokumentation
2.5 Reflexion
2.6 Modifikation
2.7 Information

Vorschlag einer Planungs- und Dokumentationsstruktur für geplante
Förderungen (s. S. 167, 168)

LITERATUR

Aebli, H: (1987): Grundlagen des Lehrens. Stuttgart
Heckhausen, H. (1980): Motivation und Handeln. Berlin

Geplante Förderung: Übersicht

Name:	geboren:	Gruppe:

Ausgangslage
Fähigkeiten der Person (motorisch, kognitiv, sozial), die aktuelle Situation, Entwicklungstendenzen, interpretierbare Perspektiven

strukturelle Bedingungen (Fachkräfte, Zeit, Räume, Material und Medien)

Gesamtförderung (andere Förder-, Bildungskonzepte, Förderungen in den versch. Bereichen der Lebenswelt)

Thema/Inhalte und Ziele/Intentionen der Förderung

Zeitplanung
Zeitspanne der gesamten Förderung

Unterteilung der aufbauenden Förderabschnitte

Datum/Zeitpunkt für die jeweiligen Reflexionen

Dauer der Förderung und geeigneter Zeitpunkt im Alltag

Geplante Förderung: Durchführung und Dokumentation

Name:	geboren:	Gruppe:

Durchführung	Dokumentation (je nach Förderung, mindestens aber wöchentlich)
Handlungsschritte:	Datum:
Kommunikation:	
methodische Überlegungen:	

XII. Entwicklungspsychologische Voraussetzungen

1. DIE ENTWICKLUNG DER GEHIRNZELLEN

An dieser Stelle soll nicht auf Aufbau, Struktur und Organisation des Gehirns eingegangen werden, sondern kurz die Entwicklung der Nervenzellen (Neuronen) im Gehirn betrachtet werden. Während der Entwicklung des Gehirns im menschlichen Fetus bilden sich pro Minute hunderttausende von Nervenzellen. Ursprungsort des Nervensystems ist eine Zellplatte am Rücken des Embryos (Neuralplatte), die später zu einer Röhre (Neuralrohr) sich entfaltet. Unter dem Einfluß von mesodermalen Zellen bildet sich ein Teil des Ektoderms in ein für die Bildung des Nervensystems geeignetes Gewebe um (neuronale Induktion). Jetzt beginnt die Phase der intensiven Zellteilung. Der Zeitpunkt des Ausscheidens aus dem Zellteilungszyklus leitet einerseits die Wanderung der Zellen (Migration) ein, andererseits bestimmt er den künftigen Platz der fertigen Zelle im Gehirn. Vom Ort der Zellteilung wandern jetzt die Zellen an den Ort, für den sie bestimmt sind. Sie bewegen sich dabei amöboid, d. h. die Zelle bildet einen Fortsatz aus, der sich irgendwo festheftet. Die durchschnittliche Geschwindigkeit dieser Wanderung beträgt 1/10 mm pro Tag. Woher die einzelnen Zellen die Informationen haben, wohin sie wandern sollen, ist noch weitgehend unbekannt. Eine Rolle dabei könnten sogenannte Stützzellen, Gliazellen, spielen. Am Ort ihrer Bestimmung angekommen, kommt es zur Bildung von Zellverbänden und zur Differenzierung. Unter Differenzierung versteht man unter anderem die fortschreitende Bildung der Zellfortsätze und die Wahl der Erregungsleitung (z. B. Transmittersubstanz usw.). Grundlage für diese Entwicklung ist, daß die Zelle sich an eine Unterlage heften kann. In der nächsten Phase kommt es zur Bildung von Verbindungen zwischen Nervenzellen (Synaptogenese). Die Ausbildung von Verbindungen und damit die Verknüpfung scheinen von einem sogenannten Nervenwachstumsfaktor gesteuert zu werden. Dies kann man sich so vorstellen, daß Nervenfasern in Richtung von Konzentrationsgefällen, die von dem Nervenwachstumsfaktor initiiert wurden, wachsen. Verbindungen werden aber nicht zuletzt aufgrund struktureller oder chemischer Erkennungsmuster geknüpft. Den Abschluß dieser Entwicklung bildet die Reifung der Zelle u. a. mit der Myelinbildung.

Die Teilungsvorgänge der Zellen sind bis ca. der Mitte der Schwangerschaft abgeschlossen.

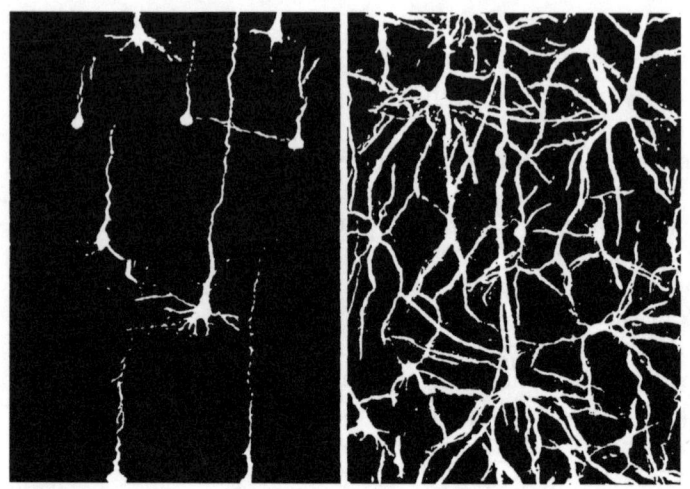

Geburt   *3 Monate*

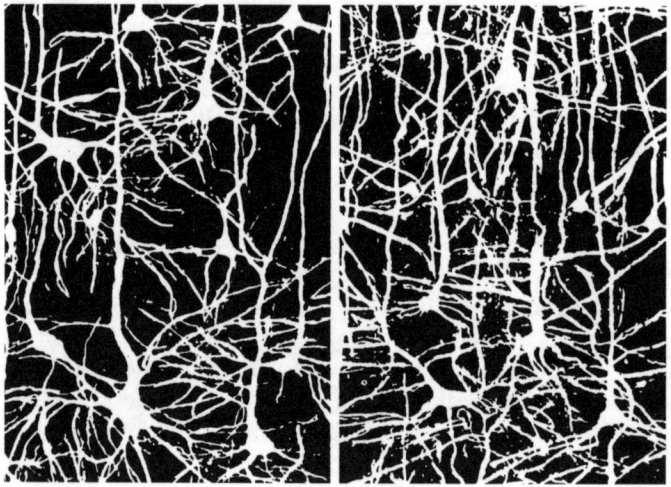

15 Monate   *3 Jahre*

Abb. 30: Schnitt durch eine Partie der menschliche Großhirnrinde
(Vester 1982, 32 f.)

Wie auf der Abbildung zu erkennen ist, bilden sich in den ersten drei Lebensmonaten sehr viele Verbindungen aus, die sich im Laufe der Weiterentwicklung noch differenzieren. Wie komplex dieses Netzwerk sich darstellt, kann man daran ersehen, daß eine einzige Gehirnzelle über tausend Verbindungen mit anderen Zellen eingehen kann. Bei geschätzten 15 Milliarden Zellen (die Zahl wird inzwischen eher höher angesetzt) bildet dies ein komplexes System, dem kein Computer standhalten kann. (Motorische Nervenzellen im menschlichen Rückenmark sollen an ihrer Oberfläche etwa 10 000 Synapsen tragen können.) Zusammengefaßt bedeutet dies, daß bereits nach der Hälfte der embryonalen Entwicklung alle Gehirnzellen (Neuronen) existent sind. Die Form des Nervensystems ist also bei der Geburt vorhanden, funktionsfähig ist es jedoch nur in einem beschränkten Maße. In den ersten Monaten der Entwicklung kommt es zur Ausdifferenzierung von Grundleistungen, danach kommen komplizierte Handlungs- und Kommunikationstechniken hinzu. Die Entwicklung unseres Gehirns und damit die Leistungsfähigkeit ist abhängig von der genetischen Vorgabe und von Einflüssen durch die Umwelt. Einer dieser Faktoren zu favorisieren ist falsch, denn eine genetische Veranlagung kann nicht zur Entfaltung kommen, wenn die Anregung aus der Umwelt fehlt, umgekehrt nützt auch die beste Umwelt nichts, wenn die ererbten Entwicklungsdispositionen nicht vorhanden sind. Das Gehirn besitzt eine gewisse Plastizität. Dies bedeutet nach Bach-y-Rita „die Möglichkeit für jegliche Adaption, die Möglichkeit des Lernens eingeschlossen. Sie ist die Fähigkeit, sich an neue Gegebenheiten anzupassen, um den Gefahren und Risiken des Lebens begegnen zu können" (1977, 89). Diese Anpassungsfähigkeit ermöglicht uns ein lebenslanges Lernen. Plastizität bedeutet aber auch, daß das Gehirn über die Fähigkeit verfügt, Schädigungen zu kompensieren und die gestörten Funktionen wiederherzustellen. In welchem Umfang dies geschehen kann, hängt von vielen Faktoren ab. Natürlich ist der Grad der Schädigung und das Ausmaß der betroffenen Hirnareale von entscheidender Bedeutung, wichtig ist aber auch eine schnelle Versorgung nach dem Eintreten der Schädigung, ein frühes Einleiten von Rehabilitationsmaßnahmen und z. B. die Motivation des Betroffenen.

Kompensatorische Leistungen sind nicht nur bei jungen Menschen, sondern auch bei älteren Patienten möglich. Bach-y-Rita (1977, 100 f.) beschreibt dies am Beispiel eines 65jährigen Mannes. Nach einem Schlaganfall blieb eine schwere rechtsseitige Hemiplegie (Halbseitenlähmung) mit Aphasie (Sprechunfähigkeit) zurück. Da der Patient überdurchschnittlich motiviert war und sofort mit den Übungen begann, konnte er nach einigen Monaten mit einem Finger, später

171

mit zwei und drei Fingern und zuletzt mit allen Fingern wieder Schreibmaschine schreiben. Drei Jahre nach dem Schlaganfall waren schließlich Sprache und motorische Koordination fast voll hergestellt, und der Patient nahm seine frühere Tätigkeit wieder auf. Als er sieben Jahre später (einer anderen Ursache wegen) starb, ergab die neuropathologische Untersuchung des Gehirns deutliche linkshemisphärische Atrophie und Demyelinisierung der distalen corticospinalen Bahnen. Die motorischen und sprachlichen Funktionen mußten also nach dem Schlaganfall von anderen Zentren übernommen worden sein.

Die Erholung des geschädigten Gehirns kann auf unterschiedliche Art und Weise erfolgen. Wichtigster Vorgang ist dabei die funktionelle Reorganisation unverletzt gebliebener Hirnteile. Dabei kommt es zu einem Wachstum der Achsenzylinder und der Dendriten und damit zur Bildung neuer Synapsen. Existierende Synapsen werden gebahnt, d. h. ihre Funktionalität (z. B. Leitungsgeschwindigkeit) wird gesteigert. Die funktionelle Vielseitigkeit vieler Hirnareale unterstützt die Reorganisation. Die Übernahme der Funktionen durch andere Areale ist auf jeden Fall von dem Vorhandensein von Verbindungsstellen abhängig. Diskutiert wird aber auch eine Verlegung des gestörten Prozesses auf ein höhere Organisationsebene sowie die Bedeutung des „Unterschwelligen Umfeldes" (Bach-y-Rita 1977, 116).

Welche Konsequenzen ergeben sich aus den vorher gemachten Ausführungen für die Menschen mit Entwicklungsverzögerungen?

Klar ist, die Entwicklung des Gehirns, der geistigen Fähigkeiten findet wesentlich durch die Auseinandersetzungen mit der Umwelt statt. „Ein stimulierendes Milieu kann eine Vermehrung synaptischer Verbindungen bis zu 50 % bewirken" (Bach-y-Rita 1977, 114). Aufgrund der intensiven Vernetzungsvorgänge im ersten Lebensabschnitt wird deutlich: Je früher eine Förderung von außen stattfindet, um so mehr kann eine positive Entwicklung der geistigen Fähigkeit beeinflußt werden. Bewegungs- und Lernangebote müssen in verschiedenen Varianten angeboten werden, um so die Verknüpfungen der Neurone mannigfaltig herzustellen. Dazu ist es notwendig, den ganzen Bereich der Wahrnehmung (Sensorik) durchgehend anzubieten und Erfahrungen zu ermöglichen. Beim Anbieten von Bewegungsvorstellungen ist es grundsätzlich falsch, nur einen nach unserer Ansicht vielleicht richtigen Bewegungsablauf auszuwählen. Mehrere Bewegungsalternativen zu kennen heißt, die Freiheit der Wahl und damit die größere Handlungskompetenz zu haben (Zinke-Wolter 1991, 266 ff.). Jeder Mensch kann in jeder Situation Erfahrungen machen, er kann lernen und damit Kompetenzen aufbauen. Das bedeutet für die heilerzieherische Praxis, daß eine Förderung bei Kindern, Jugendlichen, aber auch bei Erwachsenen möglich und sinnvoll ist. Voraussetzung ist aber, daß die Inhalte der Förderung für den einzelnen bedeutsam sind und daß eine konstante Förderung erfolgt. Wiederholungen bewirken neurophysiologische Veränderungen (z. B. Bahnung), Üben und Handeln festigen die gemachten Erfahrungen.

LITERATUR

Bach-y-Rita, P. (1977): Hirnplastizit und sensorische Substution. In: Ditfurth, H., Mannheimer Forum, S. 89–146
Cowan, M. (1980): Die Entwicklung des Gehirns: Spektrum der Wissenschaften: Gehirn und Nervensystem. Weinheim
Frostig, M./Maslow, P.: Grundlagen der Förderung von Kindern mit minimaler cerebraler Dysfunktion
Radigk, W. (1986): Kognitive Entwicklung und zerebrale Dysfunktion. Dortmund
Stevens, Ch. (1980): Die Nervenzelle. In: Spektrum der Wissenschaften: Gehirn und Nervensystem
Zinke-Wolter, P. (1991): Spüren-Bewegen-Lernen. Dortmund

2. Die Entwicklung der Wahrnehmung

2.1 Definition des Wahrnehmungsprozesses

Unter Wahrnehmung wird die „sinngebende Verarbeitung von Reizen" (Fröhlich 1981, 10) verstanden. Der Begriff Reiz bezeichnet jeden Impuls der Sinnesorgane an das zentrale Nervensystem. Eine Wahrnehmungsstörung liegt folglich dann vor, wenn die sinngebende Verarbeitung von Reizen gestört ist. Wahrnehmung ist ein aktiver Verarbeitungsprozeß von äußeren und inneren Reizen, der nach folgendem Schema abläuft.

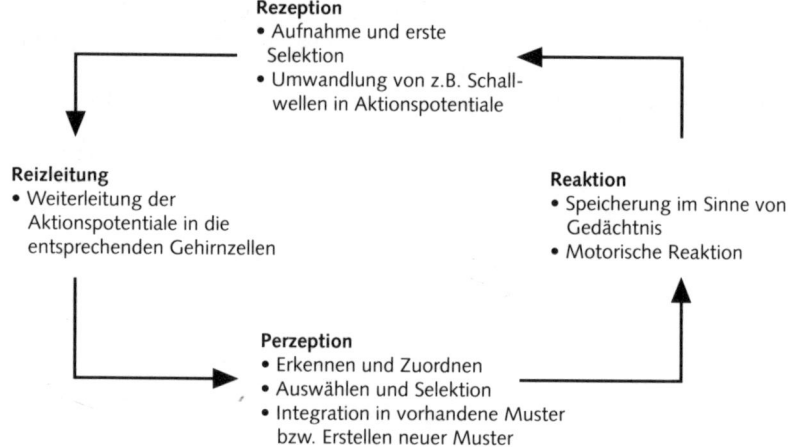

Rezeption
- Aufnahme und erste Selektion
- Umwandlung von z.B. Schallwellen in Aktionspotentiale

Reizleitung
- Weiterleitung der Aktionspotentiale in die entsprechenden Gehirnzellen

Reaktion
- Speicherung im Sinne von Gedächtnis
- Motorische Reaktion

Perzeption
- Erkennen und Zuordnen
- Auswählen und Selektion
- Integration in vorhandene Muster bzw. Erstellen neuer Muster

Abb. 31: Der Prozeß der Wahrnehmung

Rezeption bedeutet, daß die Sinnesorgane die Information aufnehmen. Im Falle der auditiven Wahrnehmung beispielsweise heißt das, daß die Schallwellen auf das Ohr treffen, durch verschiedene anatomische Gegebenheiten verstärkt werden und damit die Lymphe im Innenohr in Bewegung setzen. Diese Bewegung bewirkt wiederum eine Reizung von Nervenzellen, die die Weiterleitung elektrischer Impulse (Aktionspotentiale) ans Gehirn zur Folge hat.

Reizleitung bedeutet, daß die in den aufnehmenden Sinnesorganen entstehenden Impulse in den entsprechenden Nervenbahnen, die oft nach Art des Reizes bezeichnet werden (Riech-, Seh- und Hörnerv), in die entsprechenden Gehirnzentren geleitet werden.

Unter *Perzeption* wird die Informationsverarbeitung der eingetroffenen Signale in den entsprechenden Gehirnzentren verstanden. Zuerst aber werden die ankommende Impulse im Hirnstamm gesammelt, verglichen, vereinfacht und weitergeleitet. Nur ein minimaler Teil dieses Wahrnehmungsprozesses wird bewußt erlebt. In den höheren Gehirnzentren erfolgt ein Erkennen und Zuordnen, Vergleichen und Verknüpfen der Informationen. Entweder kann die Information in bereits vorhandene kognitive Muster integriert werden, oder es müssen neue Handlungsschemata erstellt werden.

Die *Reaktion* erfolgt, wenn die Information verarbeitet ist. Sie kann entweder in Motorik (Körper-, Sprech-, Handmotorik) überführt werden oder als Speicherung von Informationen im Sinne von Erfahrung (Gedächtnis) erfolgen.

Nicht das, was an der Netzhaut des Auges stattfindet, ist Wahrnehmung, sondern das, was im Gehirn mit den dort ankommenden Reizen geschieht, nämlich die Verarbeitung des Reizes oder der komplexen Reizkonfiguration.

Wahrnehmungsstörungen sind Störungen in der sinngebenden Verarbeitung von Reizen. Sie drücken sich in der mangelnden Fähigkeit der Reizerkennung, Reizzuordnung und Verarbeitung aus. Demgegenüber sind die eigentlichen Sinnesstörungen (z. B. beim Auge Schielen, Kurz-/Weitsichtigkeit, beim Ohr Taubheit) auf eine mangelnde Funktionsfähigkeit der Sinnesorgane und/oder der weiterleitenden Nervenbahnen zurückzuführen.

2.2 Die Darstellung der wichtigsten Sinne

Der Tastsinn (taktile Wahrnehmung)

Das größte Wahrnehmungsorgan des Menschen ist die Haut, die ca. 1 3/4 Quadratmeter Fläche und ca. 3 Kilogramm Gewicht umfaßt. Eingebettet in die Haut finden wir eine Vielzahl unterschiedlicher Rezeptoren. Berührung wird von den Meissnerischen Körperchen und den Merkel-Zellen, Druck von den Pacinischen Körperchen, Kälte über die Krauseschen Endkolben, Wärme über die Ruffinischen Nervenendigungen und Schmerz über die freien Nervenendigungen registriert. Die Verteilung bzw. die Dichte der einzelnen Rezeptoren ist je nach Körperregion unterschiedlich. Die simultane Raumschwelle (Mindestabstand, der für zwei deutlich trennbare Empfindungen nötig ist) liegt z. B. bei der Zungenspitze bei 1 mm, an der Fingerspitze bei 2 mm, bei den Lippen bei 4 mm, am Unterarm bei 40 mm und am Rücken zwischen 60–70 mm.

Übung:
Nehmen Sie einige Zahnstocher und setzen Sie damit auf dem Rücken Ihrer Partnerin/Ihres Partners einen kurzen Impuls. Er/sie soll nun raten, wieviele Zahnstocher Sie verwandt haben. Hierbei kommt es zumeist zu sehr ungenauen und fehlerhaften Angaben, da die/der Fühlende sich nur auf sein/ihr Gefühl verlassen kann und der Rücken über wenig Wahrnehmungsrezeptoren verfügt. Nun soll er/sie in einem weiteren Schritt die Augen schließen und Sie berühren mit dem Zahnstocher eine Stelle im Mund-Nasen-Dreieck. Wiederum soll er/sie Ihnen mitteilen, um wieviele Zahnstocher es sich bei der Berührung gehandelt hat (vgl. Bienstein/Fröhlich 1991, 84).

Um eine Berührung als solche identifizieren zu können, benötigt z. B. die Nase 2 g/cm^2, der Unterarm 33 g/cm^2 und der Handrücken 12 g/cm^2. Wichtig dabei ist, daß die Berührungsrezeptoren differentialquotientenempfindliche Systeme sind, sie reagieren nur auf eine Veränderung der Reizstärke. Deshalb spüren wir nach einer gewissen Zeit unsere Kleidung nicht mehr; bei Menschen, die lange liegen müssen, bedeutet dies aber auch einen erheblichen Verlust des Körpergefühls.

Übung:
Sie legen sich auf ein bequemes Lager aus Weichlagerungsmatratzen, nehmen ein Kissen unter den Kopf und betten sich so bequem wie möglich, aber in strikter Rückenlage. Jetzt sollen sie 15–20 Minuten regungslos auf dem Rücken in Ihrer Super-Weichlagerung verbleiben (vgl. Bienstein/Fröhlich 1991, 46). Diese Lagerungsart wird meist als sehr angenehm empfunden. Allerdings spürt man den Körper kaum mehr, auch nicht an den dekubitusgefährdeten Stellen. Die Körperform, das Körperschema geht dabei verloren. Berührungen sind aber auch für die Entwicklung und das emotionale, psychische Befinden der/des einzelnen von größter Wichtigkeit. Störungen des taktilen Systems können sich sowohl in einer Über- als auch einer Unterfunktion ausdrücken. Bei der Überfunktion werden Berührungsreize als schmerzhaft, unangenehm empfunden und können nicht lokalisiert werden. Deshalb versuchen hypersensible Personen Reizen aus dem Weg zu gehen oder reagieren mit taktiler Abwehr. Ursache dieser Hyperreaktion scheint eine

ungenügende Hemmung taktiler Reize zu sein. Bei der Unterfunktion hingegen wird eine mangelnde Bahnung vermutet, welche verhindert, daß Reize vom zentralen Nervensystem registriert werden. Die Unterfunktion des taktilen Systems führt dazu, daß z. B. thermische Reize nicht angemessen verarbeitet werden können. Zu heißes Duschen, der Außentemperatur nicht angepaßte Kleidung, also mangelndes Kälte- und Wärmeempfinden sind bekannte Symptome der Hyporeaktion.

Tiefensensibilität (propriozeptive Wahrnehmung)

Die Tiefensensibilität wird auch als „kinästhetisches System" bezeichnet. Kinästhesie (griech. Kinein = bewegen u. aisthesis = wahrnehmen), auch Muskelsinn genannt, meint die Empfindungen eigener körperlicher Bewegungen. Grundsätzlich werden zwei Formen von Rezeptoren unterschieden. Exterozeptoren nehmen die Reize von außen auf, Enterozeptoren registrieren die im Körperinnern entstehenden Reize. Dabei unterscheidet man nochmals zwischen den Rezeptoren der Eingeweide, den sog. Viscerozeptoren, und den Propriozeptoren (proprio, lat. das Eigene), die als sensible Endorgane auf Zustandsänderungen des Bewegungs- und Halteapparates ansprechen (Mechanorezeptoren). Spannungsrezeptoren, Sehnen- und Muskelspindeln messen die Spannung an Muskeln und Sehnen und regeln so den Lagezustand des Körpers, die Stellungsrezeptoren an den Gelenkkapseln und Gelenkbändern steuern die Bewegungsregulation. Die Kinästhetik vermittelt uns ein Gefühl für unseren Körper und damit ein Identitätsempfinden. Sacks (1993, 69 ff.) beschreibt die Situation einer Frau, die aufgrund einer sensorischen Polyneuropathie ihren Körper „verliert". Aufgrund der Schädigung/Ausfall der propriozeptiven Nervenfasern erhält sie keine Informationen über Stellung und Lage ihres Körpers im Raum. Wenn sie morgens im Bett aufwacht, hat sie keinerlei Informationen, wo bzw. in welcher Stellung sich ihr Körper befindet, muß ihn also erst suchen. Über visuelle Kontrolle gelingt es ihr dann wieder, ihren Körper zu bewegen. „Sie hat es geschafft zu funktionieren, aber nicht zu sein" (Sacks 1993, 82).

Der Gleichgewichtssinn (vestibuläre Wahrnehmung)

Die vestibuläre Wahrnehmung ist nach dem Vestibulärapparat, dem Gleichgewichtsorgan im Innenohr benannt. Die Rezeptoren registrieren die Richtung sowie eine Veränderung der Geschwindigkeit und regeln damit unser Gleichgewicht. Dies geschieht zu jedem Zeitpunkt, bewußt wird uns dies jedoch erst bei einer Überreizung in Folge von Störbeschleunigungen, z. B. bei Sturm auf See oder in einem Karussell. Sinneszellen (Cupulae) in den drei senkrecht zueinander stehenden Bogengängen registrieren die Drehung bzw. Stellung des Kopfes im Raum. Diese optokinetische Koordination erlaubt uns, die Umwelt trotz Kopf- und Körperbewegung konstant „im Auge zu behalten". Überstarke Reize wirken sich bei beiden Systemen auf das vegetative Nervensystem aus und führen zu Schweißausbrüchen und Übelkeit.

Die Verarbeitungsleistungen des Tastsinns, der Tiefensensibilität und des Gleichgewichtssinnes werden unter dem Begriff „taktil-kinästhetische Wahrnehmung" zusammengefaßt.

Der Gesichtssinn (visuelle Wahrnehmung)

Der visuelle Sinn spielt im Leben eines sehenden Menschen eine große Rolle. Wir nehmen ca. 80% unserer Informationen aus der Umwelt über das Auge auf. Dabei bewirkt Licht, also elektromagnetische Strahlung mit dem Wellenlängenbereich von ca. 400–750 nm, eine Erregung der Sehzellen. Je nach Intensität werden die zwei unterschiedlichen Sehzellentypen, Stäbchen und Zapfen, angesprochen. Die Stäbchen sind für das Schwarz-Weiß-Sehen, die Zapfen für das Farbsehen verantwortlich. Dabei werden nur 3 Typen von Zapfen (rot, grün, blau) unterschieden. Trotzdem können ca. 7 Mio. Farbnuancen unterschieden werden. Die ca. 126 Millionen Sehzellen (120 Mio. Stäbchen/6 Mio. Zapfen) sind bereits in der Netzhaut miteinander verbunden; der Sehnerv, der schließlich die entstandenen Aktionspotentiale zum Gehirn weiterleitet, besteht aus ca. 1 Mio. Neuriten. Bereits in der Netzhaut laufen also „Verarbeitungsprozesse" ab. Die im Gehirn ankommenden Informationen werden über das Zwischenhirn zur Sehrinde des Großhirns weitergeleitet. Bei der Informationsverabeitung im Gehirn sind mehrere Gehirnteile auf verschiedenen Ebenen beteiligt. Erst im Gehirn bekommen die ankommenden Signale Bedeutung. Wir sehen also nicht mit den Augen, sondern mit dem Gehirn.

Der Gehörsinn (auditive Wahrnehmung)

Neben dem Gesichtssinn gehört der Gehörsinn zu den sogenannten Fernsinnen. Der Schall wird vom äußeren Ohr aufgefangen und gelangt über den äußeren Gehörgang an das Trommelfell. Im Mittelohr werden die Schwingungen des Trommelfells mit Hilfe von Hammer, Amboß und Steigbügel (Gehörknöchelchen) auf das ovale Fenster übertragen. Die Schwingungen des ovalen Fensters übertragen sich auf die im Innenohr befindliche Flüssigkeit (Endolymphe). Je nach Stärke der Schwingungen werden jetzt verschiedene Sinneszellen angeregt (hohe Töne werden in der Nähe des ovalen Fensters, tiefe an der Spitze der Schnecke registriert), welche die Impulse ans Gehirn weiterleiten. Der Mensch hat eine untere Hörgrenze von ca. 20 Hertz (Hz) und eine obere von ca. 20 kHz (kHz = Kiloherz = 1000 Schwin-

Übersicht	Rezeptoren/Organ:	Physikalischer Reiz:	Perzeptionsfunktion:
1. Der Gleichgewichtssinn/das Vestibularsystem	Vestibulum/Innenohr (Sacculus/Utriculus/ Bogengänge)	Schwerkraft (Gravitation), Körperbeschleunigung, Kopfrotation	Körperposition bezüglich Erdanziehung, Körperbeschleunigung, Kopfbewegungen, Gleichgewichtsregulation, Lage im Raum, Lage der Körperteile zueinander
2. Das kinästhetischpropriozeptive System/ Tiefenwahrnehmung	Muskeln, Sehnen, Gelenke: Muskelspindeln (Muskeldehnung), Sehnenspindeln (Muskelkontraktion), Druckrezeptoren	Druck, Zug	Position, Bewegung, Lokalisation, Körperinnensensibilität
3. Das taktile System/ Tasten-Fühlen	Haut: Thermo-, Noci- und Mechanorezeptoren	Druck, Vibration, Temperatur, Schmerz	Berührungs- und Vibrationsempfindung (passiv: taktil protopathisches System), Tasten (aktiv: taktil epikritisches System)
4. Das auditive System Hören	Ohren/Innenohr (Schnecke)	Schallwellen (Luftdruckschwankungen 16–20.000 pro Sek.)	Töne, Geräusche, Musik, Sprache, Lokalisation im Raum, Zeitempfinden
5. Das visuelle System/ Sehen	Augen (Netzhaut/Retina)	Lichtwellen (elektromagnetische Wellen 380–760 nm)	Farben, Raum, Objekte Bewegung, Helligkeit
6. Das olfaktorische System/Riechen	Nase, Riechepithel (sensible Nerven in der Nasenschleimhaut)	Moleküle im Gaszustand	
7. Das gustatorische System/Schmecken	Zunge, Mund- und Rachenschleimhaut, Geschmacksknospen	Geschmacksrichtungen: süß, salzig, sauer, bitter	

Abb. 32: Die Sinnessysteme (Brüggebors 1992, 105)

Verarbeitungsebenen:	Bewußtseinsmodus:	Genese:	Psycho-Physis:
(primär): Kleinhirn	weitgehend unbewußt	3. Monat intrauterin: Labyrinth angelegt, Funktionsbeginn 5., 6. Monat intrauterin: Reifung	Sicherheit vs. Un-Sicherheit Gleichgewicht vs. Un-Gleichgewicht Ordnung vs. Un-Ordnung
(primär): Kleinhirn	teilweise bewußt	siehe: taktiles System	(Bewegungs-/ Körper-)Lust vs. (Bewegungs-, Körper-) Un-Lust
(primär): Protopathisches System: Thalamus: epikritisches System: Cortex	protopathisches System: (weitgehend) unbewußt; epikritisches System: (voll) bewußt	2. Monat intrauterin: Mundregion reagiert auf Reize 3. Monat intrauterin: Hand, Körperoberfläche, Mundhöhle teilweise reiz- und schmerzempfindlich 7. Monat intrauterin: alle physikalischen Reize werden von der Hand empfunden	Geborgenheit vs. Abgrenzung (Schmerz-)Mißempfinden vs. Wohl-Befinden Zärtlichkeit/ Liebe/Nähe vs. Ferne, Flucht/Angst
(primär): Cortex	(selektiv) bewußt	2. Monat intrauterin: Schneckenwindungen angelegt 5., 6. Monat intrauterin: alle Strukturen reif 7. Monat intrauterin: Reaktionen auf äußere Schallreize	Orientierung vs. Des-Orientierung Wohlbefinden vs. Mißempfinden Vertrautheit vs. Fremdheit Kommunikation
(primär): Cortex (Hinterhaupt)	bewußt (aber stark selektiv)	4. Monat intrauterin: Sehstäbchen differenziert; 9. Monat intrauterin: Aufnahme von Lichtreizen vollständig	Helligkeit vs. Dunkelheit Sicherheit vs. Orientierungsprobleme Wohlbefinden vs. Verunsicherung Lust vs. Unlust Vertrautheit vs. Fremdheit
(primär): Allo cortex	weitgehend weniger bewußt	2. Monat intrauterin: Riechepithel vorhanden 5.–8. Monat Reifung	Lust vs. Unlust, Flucht
(primär): Rautenhirn	(weniger) bewußt	2. Monat intrauterin: angelegt 4. Monat intrauterin: ausgereift 8. Monat intrauterin: Reaktion auf Mißempfindung	Lust vs. Unlust Genuß vs. Ekel

gungen/sec). Eine starke Einschränkung bzw. der Ausfall der auditiven Wahrnehmung bedeutet eine erhebliche Einschränkung, z. B. bei der Wahrnehmung der Umwelt, vor allem aber im Bereich der Kommunikation.

Der Geruchssinn (olfaktorische Wahrnehmung)

Der Geruchssinn ist sowohl Fern- als auch Nahsinn. Riechzellen in der Nasenschleimhaut reagieren auf gasförmige Stoffe und leiten die entsprechenden Informationen ans Gehirn weiter. Dabei kann der Mensch Tausende von Duftstoffen unterscheiden. Der Geruchssinn ist wichtig für die Auslösung der Speichel- und Magensaftsekretion, für die Umweltkontrolle im Sinne von Hygiene und für die Nahrungskontrolle. Eine Hyposensibilität fällt meist wenig auf. Die entsprechenden Personen essen z. B. alles, bilden meist keine geschmacklichen Vorlieben aus und riechen aufgrund ihrer Hyposensibilität, ohne es zu merken, an stark (scharf) riechenden Substanzen. Bei einer Überempfindlichkeit dagegen kommt es häufig zu ablehnenden Reaktionen gegenüber bestimmten Düften, z. B. bei Speisen, Hygieneartikeln, Kleidung, Räumen usw. Solche Verhaltensweisen werden manchmal falsch als „unwilliges" bzw. „ungezogenes" Verhalten interpretiert.

Der Geschmackssinn (gustatorische Wahrnehmung)

Die Geschmackssinneszellen befinden sich auf der Zungenoberfläche; erwachsene Menschen besitzen davon zwei- bis dreitausend. Grundsätzlich werden vier Geschmacksqualitäten – süß, sauer, bitter und salzig – unterschieden. Der Geschmackssinn ist ein Nahsinn und hat hauptsächlich Bedeutung bei der Nahrungsprüfung, Steuerung der Nahrungsaufnahme und -verarbeitung. In der praktischen Arbeit mit behinderten Menschen werden der Geruchssinn und der Geschmackssinn leider oft nicht genug beachtet, obwohl der Alltag gerade hier viele Übungsfelder bieten würde.

Nach der Vorstellung Affolters können die Wahrnehmungssysteme und deren Rezeptions- und Perzeptionsleistungen mit dem Bild eines Baumes verglichen werden. Basis aller Wahrnehmungsleistungen ist die breite und vielfältige Ausbildung der taktil-kinästhetischen Wahrnehmung. Diese Propriozeption (Eigenwahrnehmung) bildet das Wurzelwerk, ist also Grundlage für alle weiteren Entwicklungsschritte. Unter Körperimago versteht man „die Summe aller auf den Körper bezogenen Empfindungen" (Frostig 1985, 45). Die Aufnahme äußerer Reize (Exterozeption) erweitert das Erfahrungsfeld, Reize werden

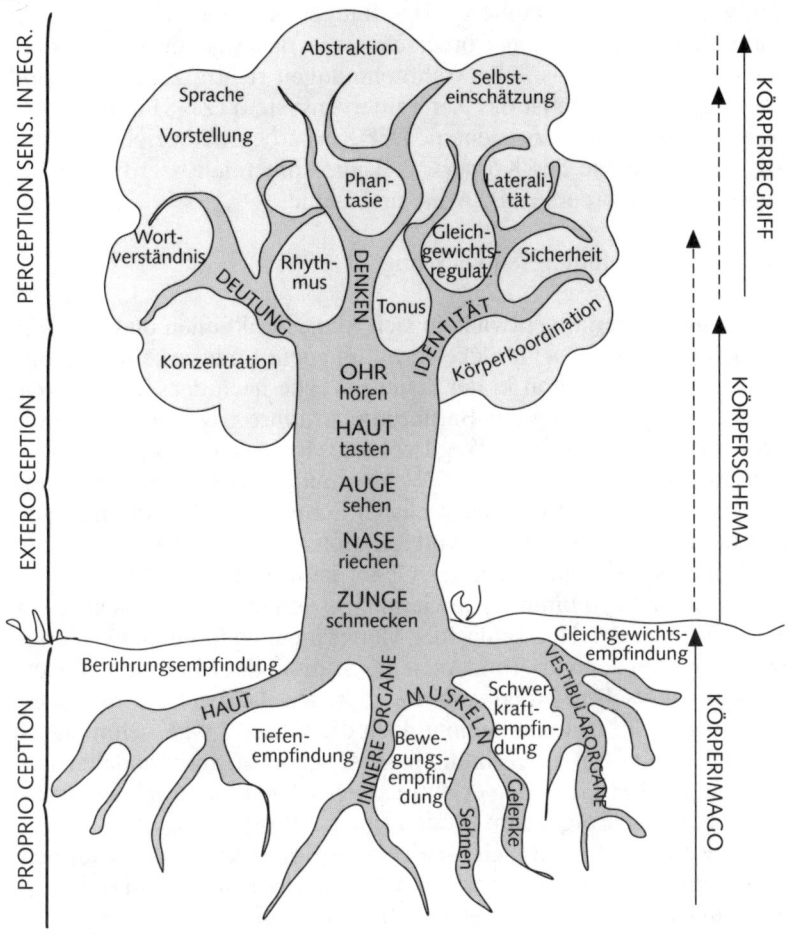

Abb. 33: Der Wahrnehmungsentwicklungsbaum
(Brüggebors 1992, 32)

miteinander gekoppelt und zugeordnet, die Verarbeitung (Perzeption) erfolgt in komplexer Form. Die Perzeptionsleistungen sind aber wesentlich abhängig von den vielfältigen Erfahrungen an Wurzeln und Stamm des Wahrnehmungsentwicklungsbaumes. Sensorische Integration gelingt dann, wenn Reize in adäquater Form aufgenommen, weitergeleitet und verarbeitet werden. Unter dem Begriff „Köperschema" versteht man „einen im Zentralen Nervensystem gespeicherten Vergleichsmaßstab für alle Körperpositionen und -bewegungen, auf

183

den wir für unsere alltäglichen Handlungen angewiesen sind" (Grunwald/Kuntz 1989, 6). Das Körperschema ist das Ergebnis sensorischer Integration. Wenn also alle Wahrnehmungen richtig zugeordnet und gespeichert wurden, ist das Zentralnervensystem (ZNS) in der Lage, unsere Bewegungen zu steuern. Der Körperbegriff bezieht sich auf kognitive Aspekte des Körpers, z. B. die sprachlich begriffliche Benennung des Körpers, z. B. Arme und Beine.

2.3 Die Wahrnehmungsentwicklung

Schon im Mutterleib entwickeln sich Sinnesfunktionen und Motorik. Die frühesten Sinneseindrücke vermitteln dem Embryo sein Tast- und Bewegungssinn. Schon in der achten Woche nach der Zeugung reagiert er mit Bewegung auf Berührung; so führt z. B. eine Berührung der Mundgegend zu einem Wegdrehen des Kopfes. Im dritten Schwangerschaftsmonat beginnt die Wahrnehmung von Bewegung und Gleichgewicht. Ab Ende des sechsten Schwangerschaftsmonats verfügt das Kind über ein bereits voll funktionsfähiges und differenziertes Gleichgewichtsorgan. Auch das Gehör ist um diese Zeit voll ausgereift. Der Embryo nimmt also Geräusche von außen und innen wahr, z. B. nimmt er den Herzschlag der Mutter nicht mehr nur als Vibration wahr, sondern auch als Ton. Auch die Stimme der Mutter und andere Umweltgeräusche werden vom ungeborenen Kind gehört. Im letzten Schwangerschaftsmonat beginnt auch die visuelle Wahrnehmung. In dieser Zeit kommt es vermutlich auch schon zu intermodalen Leistungen, die Entwicklung verläuft jedoch schwerpunktmäßig entsprechend dem nachfolgendem Modell (nach Affolter).
Nach der Geburt stellt sich eine rasante Entwicklung der Wahrnehmungsentwicklung ein. Diese verläuft nach Affolter in drei Stufen: Modalitätsstufe, Intermodalitätsstufe, Serialstufe.
Die Altersangaben dienen nur der groben Orientierung. Wichtig ist, daß die Stufen einander in hierarchischer Weise folgen und sich gegenseitig beeinflussen. Das bedeutet, daß die Modalitätsstufe bis zu einem gewissen Maße ausgebildet sein muß, damit sich die intermodale Stufe entwickeln kann. Diese muß wiederum einen gewissen Ausbildungsgrad haben, damit sich die seriale Stufe entwickeln kann. Gegenseitige Beeinflussung heißt, daß während der Entwicklung der Intermodalitätsstufe/Serialstufe auch noch Reifungsprozesse in der Modalitätsstufe ablaufen.
Diese drei Stufen der Wahrnehmungsentwicklung sind gut in das Modell der Intelligenzentwicklung nach Piaget integrierbar. Sie fallen in die Phase der sensomotorischen Intelligenz. Die störungsfreie Ent-

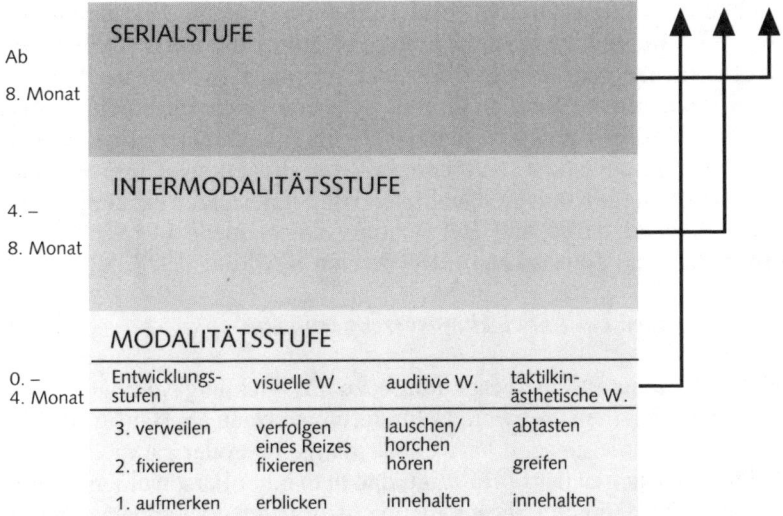

SERIALSTUFE			
INTERMODALITÄTSSTUFE			
MODALITÄTSSTUFE			
Entwicklungs-stufen	visuelle W.	auditive W.	taktilkin-ästhetische W.
3. verweilen	verfolgen eines Reizes	lauschen/ horchen	abtasten
2. fixieren	fixieren	hören	greifen
1. aufmerken	erblicken	innehalten	innehalten

Ab 8. Monat

4. – 8. Monat

0. – 4. Monat

Abb. 34: Die Wahrnehmungsentwicklung

wicklung der Wahrnehmung ist (vgl. Affolter 1975, 225 f.) wichtig für alle weiteren Entwicklungsprozesse. Häufige Folgen einer gestörten Wahrnehmungsentwicklung sind Sprachstörungen bzw. -verzögerungen.

2.3.1 Die Modalitätsstufe

Als Modalität wird die spezifische Reaktionsweise eines Sinnesorgans (z. B. die Reaktion des Ohrs auf Schallwellen) bezeichnet. In der Modalitätsstufe entwickeln die einzelnen Sinne unabhängig voneinander Ordnungsschemata, d. h. es bestehen noch keine Verbindungen zwischen visuellen und taktilen Wahrnehmungen. Es entwickeln sich verschiedene Grade der modalitätsspezifischen Perzeption und ihrer Reifung.

Im Bereich der taktil-kinästhetischen Perzeption kommt es zuerst zu einem Aufmerken (aufmerksam werden), was bedeutet, daß das Kind impulsive Bewegungen (Massenbewegungen) zugunsten eines sensorischen Reizes hemmt und einen Augenblick in der Bewegung innehält. In der Stufe des Fixierens hat sich die Aufmerksamkeitsspanne vergrößert, das Kind umklammert Gegenstände, die ihm in die Hand gegeben werden. In der nächsten Stufe des Verweilens kommt es zum Abtasten eines Gegenstandes und zu Zufallshandlungen, d. h. es ent-

185

steht ein zufälliges Greifen (nach Piaget eine primäre zirkuläre Reaktion). Im Bereich des Sehens kommt es zum Erblicken im Sinne von Aufmerken, darauf folgt Fixieren und Verfolgen im Sinne des Verweilens. Im auditiven Bereich kommt es zuerst zu einem Innehalten als Aufmerksamkeitsreaktion, dem Hören als Fixierreaktion und schließlich zum Horchen oder Lauschen als Verweilreaktion. „Diese Schemata erlauben dem Kind, die Qualitäten von Sinnesreizen zu analysieren, zum Beispiel Farbe und Beleuchtungsunterschiede im Sehbereich, Tonhöhen und Tonstärken im Hörbereich" (Affolter 1972, 50).

Auswirkungen bei Entwicklungsverzögerungen:

Kommt es bereits in dieser Phase zu Entwicklungsverzögerungen, zeichnen sich meist schwere Behinderungsformen ab. Häufig sind die Stufen des Fixierens und Verweilens mangelhaft oder gar nicht ausgebildet, was sich in der Form zeigt, daß man einer Person einen Gegenstand in die Hand gibt, dieser aber nicht ergriffen oder abgetastet, sondern fallen gelassen wird.

Beschränken sich Entwicklungsverzögerungen nur auf eine Sinnesmodalität, können die Wahrnehmungsentwicklungen der anderen Sinne innerhalb dieser Stufe störungsfrei verlaufen, es kann sogar zu kompensatorischen Leistungen kommen. Bei blindgeborenen Kindern wird der Tastsinn häufig besser ausgebildet, da das Kind die Umwelt vermehrt über den taktil-kinästhetischen Sinn erfassen und wahrnehmen muß. Dennoch hat der Ausfall einer Sinnesmodalität meist schwerwiegende Folgen, z. B. ist der Spracherwerb bei gehörlosen Kindern mangels Rückkoppelung nicht möglich, erste Lautbildungen werden nach kurzer Zeit wieder eingestellt. Ein Stagnieren der Entwicklung auf dieser Stufe stellt eine starke Beeinträchtigung dar. „Ein Verharren in dieser Phase bedeutet für den schwerbehinderten Menschen, daß er sich lediglich auf eine Handlungsdimension beschränkt, die er auf die Manipulation mit allen Gegenständen und eventuell sogar Personen überträgt (z. B. Riechen, Schmecken, Gegenstände hin- und herpendeln)" (Bader 1988, 103).

Förderung:

Auf diesem Entwicklungsniveau können nur elementare Förderkonzepte Erfolg haben. So sind als zentrale Ansätze die basale Kommunikation nach Mall und die basale Stimulation nach Fröhlich zu nennen. Beide gehen bei ihren Überlegungen davon aus, daß der zu fördernde Mensch keine Kompetenzen als Voraussetzung mitbringen muß.

2.3.2 Intermodalitätsstufe

Zwischen (inter) den einzelnen Sinnesgebieten entstehen nun Verbindungen. Das heißt, daß das Kind Gegenstände, die es spürt, auch anschaut bzw. nach Gegenständen greift, die es gesehen hat. In gleicher Weise entstehen Verknüpfungen (koordinative Leistungen) zwischen allen Sinnesbereichen; die in der Modalitätsstufe erworbenen Schemata werden nun koordiniert (sekundäre Zirkulärreaktion). Dies verhilft dem Kind, eine Vielfalt von Bewegungsmustern zu entdecken und durch Wiederholungen zu erlernen. Das Kind setzt sich aktiv mit der Umwelt auseinander und erweitert so seinen Aktionsradius. Es kann Dinge zuordnen und attraktive Tätigkeiten übertragen (intermodaler Transfer).

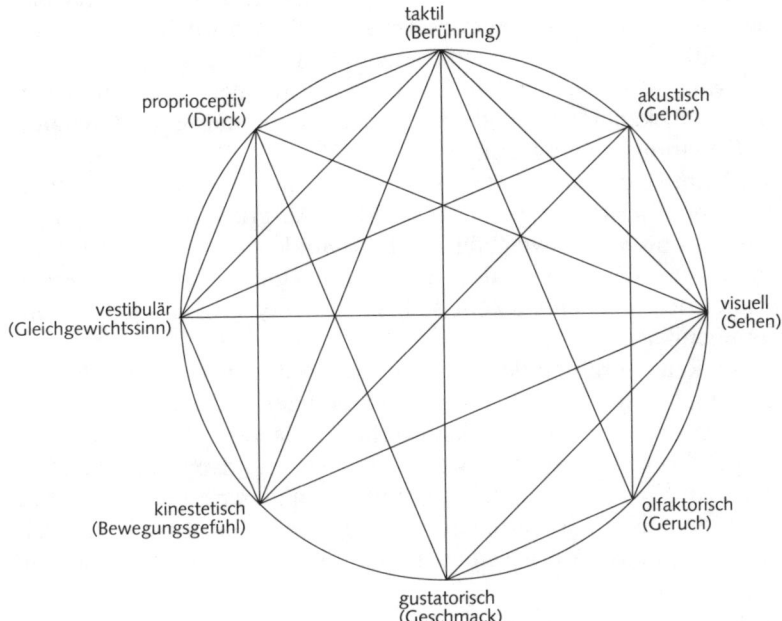

Abb. 35: Intermodale Wahrnehmung (Zinke-Wolter 1991, 202)

Auswirkungen bei Entwicklungsverzögerungen

Treten in dieser Stufe Entwicklungsprobleme bzw. Verzögerungen oder gar Stillstände auf, so sind diese an folgenden Symptomen deutlich erkennbar:

187

(1) mangelhafte Augen-/Handkoordination; das Kind greift nicht nach Gegenständen, die es sieht;
(2) mangelhafte audiovisuelle Koordination; das Kind hört eine Stimme, versucht diese Stimme aber nicht visuell zu lokalisieren;
(3) mangelhafte Figur-Grund-Unterscheidung. Eine aktive Auseinandersetzung mit der Umwelt ist häufig nicht möglich, ein Er- oder Begreifen der Umwelt erfolgt nicht;
(4) fehlende Sprachentwicklung;
(5) fehlendes Nachahmungsverhalten.

Aufgrund dieser Erkenntnisse werden typische Verhaltensweisen von Personen, die die Intermodalitätsstufe nicht in adäquater Weise durchlaufen haben, verständlich. Typisches Verhalten ist, daß diese Personen in fremder Umgebung auffallend ängstlich sind, sie versuchen, ihre Umgebung konstant zu halten (vgl. Pfluger 1981, 26). Durch eine mangelnde aktive Auseinandersetzung mit der Umwelt ist ein Bild der Umwelt (Figur-Grund-Unterscheidung) nur in ungenügender bzw. verzerrter Weise vorhanden. Bewegungen in einem neuen Raum, in einem unbekannten Gelände werden deshalb immer mit schmerzhaften Erfahrungen verbunden sein.

Weiterhin sind typische stereotype Bewegungen oder in stereotyper Weise produzierte Laute zu beobachten. Aufgrund der nur geringen Entwicklung von Bewegungsmustern werden einzelne Muster, die attraktiv und der Individualität der/des Einzelnen entsprechen, herausdifferenziert und entwickeln sich zu stereotypen Bewegungs- und Kommunikationsformen.

Häufig kann aufgrund dessen kein Blickkontakt hergestellt oder aufrechterhalten werden. Als Folge von Störungen in dieser Stufe kommt es zu einem geringeren Neugierdeverhalten, da Reize der Umwelt nicht richtig ein- und zugeordnet werden können und damit an Bedeutung verlieren. Kinder mit extremen Störungen in dieser Stufe werden häufig als autistisch diagnostiziert, was sie aber oft nicht sind. Vielmehr kann diese Phase Ausgangspunkt für autistische Entwicklungen sein.

Förderung:

Neben den bereits genannten Ansätzen von Mall und Fröhlich gewinnt jetzt vor allem die Wahrnehmungsförderung nach Affolter und die Motopädagogik an Bedeutung. Auch andere Ansätze wie z. B. die Sensorische Integration (Jean Ayres), die Gestalttherapie (Besems/ Besems), Bobath usw. sind zu beachten. Augustin (1991, 54 ff.) führt zur speziellen Schulung intermodaler Leistungen folgende Übungsinhalte auf:

(1) Gemeinsam mit dem Kind die Dinge entdecken, betasten, untersuchen und ausprobieren. Die Hände des Kindes sollten solange geführt werden, bis es eigene Aktivitäten zeigt. Steuernd bzw. impulsgebend eingegriffen wird immer dann, wenn das Kind innehält, nicht mehr weiter weiß oder stereotype Muster zeigt;
(2) Auge-Hand-Koordination;
(3) Zusammenspiel beider Hände;
(4) Ein-, Aus- bzw. Umräumen;
(5) Einstecken verschiedener Formen und Größen;
(6) Zuordnungsübungen aller Art;
(7) Zusammensetzen von Einzelteilen, z. B. verschiedene Puzzles;
(8) Rollenspiel;
(9) das Übertragen von einem Sinnesbereich auf den anderen;
(10) Übungen zur Figur-Grund-Wahrnehmung.

2.3.3 Serialstufe

Die Serialstufe ist gekennzeichnet durch komplexe Leistungen des Kindes, das nun Verständnis für die Serie einer Handlung entwickelt. Das bedeutet, Einzelleistungen werden in die richtige Reihenfolge gebracht, räumliche und zeitliche Gesichtspunkte werden beachtet und integriert. Zeitbegriffe wie gestern, morgen, früher, später, vorher, nachher gewinnen an Bedeutung und können vom Kind zugeordnet werden. Damit sind auch Nachahmungsleistungen möglich. Weiterhin entstehen beim Kind erste Erwartungshaltungen, und die Vorstellungskraft beginnt. Das abstrakte Denken entwickelt sich. Störungen in der Entwicklung dieser Stufe zeigen sich in sehr unterschiedlicher Art und Weise. Kennzeichnend ist jedoch, daß Nachahmungsprozesse schwerfallen, verzögert auftreten. Das heißt, das Kind kann die komplexe Folge von Handlungen nur schwer überblicken und zuordnen. Befindet sich das Kind dabei zusätzlich in einer schlechten Verfassung oder gerät unter Streß, so brechen die Leistungen zusammen. Affolter beschreibt das Verhalten solcher Kinder folgendermaßen: „Serial gestörte Kinder wirken nervös, können nicht warten, wollen zuviel auf einmal, stoßen ununterbrochen irgendwo an, konzentrieren sich schlecht. Bei Schwierigkeiten geraten sie in Panik, manche sprechen nicht oder nur stark verstümmelt. Oft ist Echolalie zu beobachten" (Affolter 1972, 52).
Das Erkennen von Schwächen in der Serialstufe ist nicht immer einfach. Befinden sich Kinder in einer ausgeglichenen und harmonischen Situation, können sie gestellte Anforderungen durchaus meistern, in der nächsten streßgeprägten Situation dagegen nicht. Einen Zerfall

von serialen Leistungen erlebt jeder Mensch, wenn er z. B. bei Ermü-
dung, Streß oder unter Alkoholeinfluß komplexen Anforderungen
ausgesetzt ist und diese nicht meistern kann. Der Unterschied ist der,
daß diese Zustände vorübergehend sind, während sie beim serial
gestörten Kind meist andauernd sind.

Förderung

Augustin (1991, 60 ff.) nennt folgende Förderinhalte:
(1) Nachahmung;
(2) Zuendeführen jeder begonnenen Tätigkeit;
(3) richtiges Aneinanderreihen von Einzelteilen;
(4) Strukturieren und Gliedern einer Aufgabe oder Handlung;
(5) Vorausplanen von Handlungen;
(6) freies Gestalten, Bauen und Malen;
(7) Einhalten von Spielregeln.

2.3.4 Weitere Stufen der Wahrnehmungsentwicklung nach Irina Prekop: die intentionale Stufe

Prekop erweitert das Modell von Affolter um zwei weitere Stufen, um
die intentionale Stufe und die Symbolstufe. Ab dem 11. Monat beginnt
die sog. intentionale Stufe (1980, 14 ff.). Sie beschreibt diese Stufe folgendermaßen:

(1) Das Kind erkennt den Unterschied zwischen sich selbst und der
Umwelt;
(2) die einzelnen Sinnesfunktionen sind so weit ausgereift, daß das
Wahrgenommene in die Vorstellungskraft übertragen wird;
(3) die taktile Kontrolle wird aufgebaut, das Kind lernt die Dosierung
der Kraft und die Richtung der Bewegungen genau einzuhalten;
(4) die Koordination von zwei und mehr Bewegungsmustern bzw. beider Hände entwickelt sich;
(5) zielgerichtetes Handeln wird möglich;
(6) zielgerichtetes Denken und Sprechen, Sprachäußerungen über
bereits wahrgenommene Situationen treten auf. Sie haben Mitteilungscharakter, z. B. „Mama, heiß".
(7) das Kind entdeckt Werkzeuge.

2.3.5 Symbolstufe

In dieser Stufe läßt die Bedeutung der Wahrnehmung und Motorik
zugunsten geistiger Operationen wie Kombinieren der vorgestellten
Inhalte und Phantasien nach. Handlungen, Gegenstände und Personen

können benannt und beschrieben werden. Das Spielen ist in dieser Phase der Entwicklung von zentraler Bedeutung.

Die Darstellung von Inhalten anhand von Schemata soll helfen, Entwicklungsabläufe kurz und übersichtlich darzustellen. Dabei werden bei einzelnen Stufen/Abschnitten meist nur die Schwerpunkte angesprochen. Übergänge zwischen den einzelnen Phasen erscheinen oft linear, was die Gefahr der Vereinfachung in sich birgt und der Komplexität des Entwicklungsgeschehens nicht gerecht wird. Dies trifft auch auf die Entwicklung der Wahrnehmung zu. Neue Erkenntnisse der Praenatalpsychologie besagen, daß bereits während der Embryonalentwicklung modale und intermodale Leistungen erbracht werden. Die Entwicklung nach der Geburt läuft schwerpunktmäßig in den hier beschriebenen Stufen ab, muß aber in ihrer Vernetztheit gesehen werden.

Grundsätzliche Überlegungen zum Wahrnehmungstraining

Prekop stellt in ihren Ausführungen das intuitive Lernen, d. h. Lernen aus eigenem Antrieb, aus Neugierde, aus Lust an der Auseinandersetzung mit der Umwelt in den Vordergrund. Wenn dieses intuitive Lernen nicht ausgebildet ist, findet eine aktive Auseinandersetzung mit der Umwelt nicht statt, somit ist nur ein reduziertes Üben von Fähigkeiten möglich. Um intuitives Lernen in Gang zu setzen ist es notwendig, nach Störfaktoren zu suchen, die eine aktive Auseinandersetzung mit der Umwelt hemmen. Dies bedeutet, daß häufig zurückgegangen werden muß bis in die sensomotorische Stufe, d. h. in die Modalitätsstufe, Intermodalitätsstufe oder Serialstufe. Hier müssen neue Entwicklungsanreize gegeben werden, damit entsprechende Entwicklungsschritte nachvollzogen werden können. Nur über den Weg des intuitiven Lernens wird die Entfaltung der Persönlichkeit in dem Maße gelingen, wie wir uns das für den/die einzelnen/-ne wünschen. Deshalb ist es notwendig, daß die aktive Auseinandersetzung mit der unmittelbaren Umwelt in den Vordergrund gestellt wird. Isolierte Förderangebote, die ohne Bezug zur reellen Lebenswelt eines Menschen stattfinden, sind in Frage zu stellen, weil sie für den/die einzelnen/-ne ohne Bedeutung sind. Förderung muß in den Alltag integriert werden oder zumindest den Alltag zum Inhalt haben.

Bei der Planung und Durchführung von geplanter Förderung sind folgende Überlegungen von größter Wichtigkeit: Die ganzheitliche Sichtweise ist die Basis der Förderung. Die einzelne Person steht mit all ihren Stärken und Schwächen, mit ihren Vorlieben und Ausdrucksmöglichkeiten, mit allem, was sie ausmacht, absolut im Vordergrund.

Es wird nicht gefördert um des Förderns willen, sondern zuerst geschaut, wie es der/dem einzelnen in der jeweiligen Situation geht. Die individuelle Befindlichkeit steht im Vordergrund, und daran haben sich die Inhalte der Förderungen zu orientieren. In der Konsequenz heißt das, daß unter Umständen auch eine Begegnung ohne weitere inhaltliche Förderung stattfinden kann und darf.

Zu Beginn muß das Entwicklungsniveau der zu fördernden Person geklärt und festgestellt werden. Dabei ist eine differenzierte Betrachtung der einzelnen Wahrnehmungsgebiete notwendig; nur so kann ein dem einzelnen Menschen gerechter Ansatz gefunden werden.

Von entscheidender Bedeutung ist, daß die einzelnen Entwicklungsstufen in der gesamten Breite aufgebaut werden. Eine Entwicklungsstufe gilt erst dann als aufgebaut, wenn die Person in dieser Stufe „auf eigene Faust" experimentiert.

Die Förderinhalte orientieren sich nicht an den Defiziten der Person, sondern an ihrem Können. Das Training beginnt nicht mit einem Sinnesgebiet, in dem sie die größten Mängel aufweist, sondern mit einem Sinnesgebiet, das „funktioniert", in dem Wahrnehmung möglich ist. Damit erreiche ich bei dem/der einzelnen ein hohes Maß an Motivation, da das Lösen der gestellten Aufgaben als Erfolgserlebnis empfunden und verbucht wird. Aus dieser positiven Motivationslage heraus können jetzt Übungsverbindungen zwischen schwachen und starken Sinnesgebieten erfolgen. Lösen Reize Unbehagen aus, so muß versucht werden, sie mit angenehmen Reizen zu kombinieren oder sie in einer angenehmen Situation zu präsentieren, da auch das Ausblenden gewisser „unangenehmer Reizqualitäten" zu Lücken im sensomotorischen Fundament führt; auch unangenehme Reize sollen im Laufe der Zeit geduldet und akzeptiert werden. Wichtig ist, daß neue Erfahrungen, die die/der einzelne macht, in einer positiven Art und Weise aufgenommen werden sollen.

Die Schaffung einer angenehmen, entspannenden Atmosphäre ist deshalb grundlegend für das Gelingen der Förderung, wozu sowohl eine intensive Beziehung zwischen den beteiligten Personen als auch die Ausrichtung des Förderangebotes und der Methodik auf die betreute Person gehört. Jugendliche, jugendliche Erwachsene und Erwachsene werden in einer anderen Art und Weise angesprochen als Kinder; auch inhaltlich sollen die Angebote andere als für Kleinkinder sein. Wichtig ist auch die reizarme Ausstattung des Raumes, die gewährleisten soll, daß wenig Ablenkung und Störung die beidseitige Konzentration beeinträchtigt.

Die Abstimmung der Förderangebote auf den/die einzelnen/-ne erfordert damit ein hohes Maß an Kompetenz und Flexibilität seitens der betreuenden Fachkraft. Bei Personen, die auf Änderungen, z. B. des Raumes, ängstlich reagieren, wird immer mit denselben Rahmenbedingungen gearbeitet; so wird immer im gleichen Raum zum ungefähr gleichen Zeitpunkt und mit denselben Personen gearbeitet. Erst wenn Übertragungsleistungen sichtbar werden, kann diese enge Vorgabe aufgeweicht werden. Jede Angsterzeugung muß vermieden werden. Wenn intuitives Lernen in den Vordergrund gestellt werden soll, darf niemals eine Situation entstehen, in der Angst, Unsicherheit und Orientierungslosigkeit dominieren. Entscheidend ist auch die Dauer einer Fördersequenz. Kurze Übungseinheiten können dabei oft mehr bewirken als ein langes und zähes Übungsprogramm.

Ein positiver Abschluß ist das Ziel jeder geplanten Förderung. In einer Fördersequenz sollte nicht inhaltlich gearbeitet werden, bis die Motivation zusammenbricht, sondern vielmehr bei einem Spannungshöhepunkt ausgestiegen werden, damit eine überdauernde Motivationslage für die nächste Fördersequenz aufgebaut wird, die betreute Person „Lust" aufs nächste Mal hat. Ein positiv erlebter Abschluß kann z. B. vermittelt werden, indem zum Abschluß auf Vorlieben oder besondere Interessen des/der einzelnen eingegangen wird, so daß er/sie nochmals die eigene Wahrnehmungsfähigkeit als positiv erlebt. Wenn möglich, sollte immer die Motorik des/der zu Fördernden einbezogen werden. Wenn Bewegungsabläufe nicht zu Ende geführt werden können oder aufgrund mangelnder Steuerung nicht harmonisch ablaufen können, kann mit Körperführung gearbeitet werden. Damit Wahrnehmungsförderung überhaupt Sinn hat, ist es notwendig, daß sich die/der einzelne überhaupt spüren kann, was einen annähernd normalen Muskeltonus voraussetzt. Ist dies nicht der Fall, muß versucht werden, durch passives Bewegen, durch Lockerungen bzw. Massieren den Muskeltonus zu normalisieren. Erst dies ermöglicht eine normale Rezeption und damit auch eine Perzeption.

Nur häufiges Wiederholen bringt Erfolg, was bedeutet, daß die Förderung in den Alltag integriert sein und meist auch von mehreren Personen mitgetragen werden muß. Dies heißt, daß z. B. bei einem/einer Schwerbehinderten der Vorgang des Waschens abgestimmt sein muß, damit er/sie jeden Tag über dieselben Wahrnehmungsvorgänge Sicherheit bekommt und damit ein Körperschema aufbauen kann.

Eine besondere Bedeutung hat bei der geplanten Förderung ihre kontrollierte Durchführung. Vor Beginn muß eine detaillierte Diagnostik stattfinden, und während der Durchführung der Fördersequenzen muß die Vorgehensweise kontrolliert werden, was auch anhand von Videoaufnahmen oder durch die Beobachtung Dritter geschehen kann. Dies erscheint um so wichtiger, als häufig Äußerungen und Informationen, die auf dem nonverbalen Kanal gesendet werden, in der jeweiligen Situation von der betreuenden Fachkraft nicht erkannt werden oder Ansätze, die vom zu fördernden Menschen ausgehen, übersehen werden und damit die Chance, am Menschen orientiert vorzugehen, nicht genutzt wird.

LITERATUR

Affolter, F. (1987): Wahrnehmung, Wirklichkeit und Sprache. Villingen-Schwenningen

Augustin, A. (1980): Beschäftigungstherapeutische Behandlung bei Wahrnehmungsstörungen. Dortmund

Bader, I. (1988): Mit allen Sinnen fühlen In: Geistige Behinderung 2, Marburg

Bentele, P. (1994): Motopädagogische Förderung von Menschen mit einer schweren Behinderung. In: Praxis der Psychomotorik, 2/94

Bienstein, Chr./Fröhlich, A. (1991): Basale Stimulation in der Pflege. Düsseldorf

Breitinger, M./Fischer, D. (1981): Intensivbehinderte lernen leben, Würzburg

Brüggebors, G. (1992): Einführung in die Holistische Sensorische Integration. Teil 1. Dortmund

Doering, W. u. W. (1990): Sensorische Integration. Dortmund

Fröhlich, A. (1981): Wahrnehmungsstörungen und Wahrnehmungstraining bei Körperbehinderten. Rheinstetten

Frostig, M. (1985): Bewegungserziehung. München

Grunwald, V. /Kuntz, S. (1989): Körpererfahrung. Lemgo

Muders, A. (1991): Wahrnehmungsstörungen bei Kindern. In: Beschäftigungstherapie und Rehabilitation, 4/1991, S. 310–315

Pfluger-Jakob, M. (1981): Wahrnehmungsstörungen/Wahrnehmungstraining. Unveröffentlichtes Skript

Prekop, I. (1980): Förderung der Wahrnehmung bei entwicklungsgestörten Kindern. In: Geistige Behinderung, Teil 1 2/1980, S. 1–20/Teil 2 3/1980, S. 21–40 /Teil 3 4/1980, S. 40–6

Prekop, I. (1981): Geschichte einer Förderung. In: Geistige Behinderung, 1/1981

Radigk, W. (1986): Kognitive Entwicklung und zerebrale Dysfunktion, Dortmund

Zinke-Wolter, P. (1991): Spüren-Bewegen-Lernen. Dortmund

3. DIE ENTWICKLUNG DER KOMMUNIKATION

Die Entwicklung der Kommunikationsfähigkeit vollzieht sich in einer gewissen Abfolge, die von allen Kindern durchlaufen werden muß. Bei Kindern mit einer Behinderung ist dieser Entwicklungsprozeß häufig erschwert und verzögert, zum Teil stagniert er auch. Im folgenden wird ein Entwicklungsmodell beschrieben, das von Rotter, Kane, Galle (1992) in Anlehnung an Rowland und Stremel-Campell (1987) vorgestellt wurde. Dabei wird die Entwicklung der Kommunikation in fünf Schritte unterteilt, wobei die Zeitangaben nur grobe Orientierungswerte sind.

Wie auch in den vorigen Kapiteln werden die Stadien zunächst allgemein dargestellt; im Anschluß werden sie für den Fall von Beeinträchtigungen geschildert.

3.1 Die Kommunikationsentwicklung

Stufe des ungezielten Verhaltens

Wichtigstes Kennzeichen dieser Stufe ist, daß das Kind keine absichtlichen Mitteilungen an die Umwelt gibt, sondern Reaktionen auf äußere Ereignisse oder die eigene Befindlichkeit zeigt. So schreit das Kind z. B., weil es Hunger, Durst oder Schmerzen hat. Liegt das Kind längere Zeit in der Wiege, schreit es vielleicht, weil es das Bedürfnis nach Anregung, Bewegung, Interaktion hat. Das Kind verfügt also von Geburt an über angeborene Verhaltensmuster, die von der Umgebung interpretiert werden. Diese Interpretation fällt den Bezugspersonen meist leicht, weil sie die aktuelle Situation ihres Kindes kennen. Allgemein kann man sagen, daß es den Eltern gelingt, sich an die noch beschränkten physiologischen und kognitiven Fähigkeiten des Kindes anzupassen (vgl. Papousek/Papousek 1983, 183) und damit dem Kind die Entwicklung eigener adaptiver Fähigkeiten zu ermöglichen. In der Interaktion mit den Bezugspersonen erfährt der Säugling immer wiederkehrende bedeutsame Reizsituationen, die beim Kind einfache kognitive Prozesse in Gang setzen. So reagiert ein Kind auf immer wiederkehrende Situationen, z. B. beim Hochnehmen aus dem Bettchen, mit freudiger Erwartung und verspannt sich nicht, während es bei neuen Reizen die Unvertrautheit durch einen erhöhten Muskeltonus anzeigt. Die Signale, die das Kind aussendet, sind bereits sehr vielfältig, am deutlichsten und meist unüberhörbar ist der Schrei des Kindes. Dieser geht immer mit einer ausgeprägten Aktivierung der allgemeinen Motorik einher und wird im allgemeinen als Alarmsignal gedeutet (vgl. Papousek/Papousek 1973, 184). Basale vokalähnliche Laute tauchen in der 2. bis 5. Lebenswoche auf und ändern sich im Laufe der Entwicklung relativ wenig. Dauer und Intonation dieser Laute werden im engen Zusammenhang mit kognitiven Prozessen variiert. Dies erlaubt der Bezugsperson, auch ohne visuelle Kontrolle die Art und den Ablauf der verschiedenen Tätigkeiten und die emotionalen Regungen des Kindes zu beurteilen. Die ersten silbenartigen Lautäußerungen tauchen ungefähr ab dem 5. Monat auf. Da das Kind in dieser Phase noch nicht gezielt greifen kann, kommt dem Blickkontakt große Bedeutung zu. Nach 1–2 Monaten löst dieser Blickkontakt das erste „soziale Lächeln" aus. In der Interaktion mit ihrem Kind folgt der Blick der Bezugspersonen immer dem des Kindes, ab dem vierten Monat ist dies auch dem Kind möglich (vgl. Bruner 1977, 834). Mit dem Beginn des Greifens nimmt die Intensität des Blickkontaktes drastisch ab.

Neben dem Blickkontakt und der Gesichtsmimik drückt sich die Befindlichkeit des Säuglings deutlich in seiner Körperhaltung und -spannung aus. Dabei zeigt die Hand des Säuglings die aktuelle Situation eindeutig an. Eine leicht geöffnete Hand bedeutet eine Phase der Aufmerksamkeit; wenn die Hand offen und entspannt ist, ist der Säugling meist zufrieden bzw. schläft, während eine angespannte Hand oder Faust deutlich auf Unbehagen oder Schmerz hinweist. Die Interaktion zwischen Säugling und Eltern ist gekennzeichnet einmal durch feste Rhythmen abwechselnder Aktivität und Ruhe beider Partner/-innen (Kane 1992, 304), wobei der Rhythmus meist vom Kind vorgegeben wird und sich die Bezugspersonen anpassen. Zum anderen ist die kommunikative Situation zwischen Säugling und den Bezugspersonen durch ein hohes Maß an Verständnis gekennzeichnet: „Beide Partner freuen sich über eine bestätigende Rückkopplung von seiten des Gegenübers und lernen in seinem Verhalten jene individuellen, oft nur vorübergehend benutzten Signale, darüber zu lesen was es braucht, verlangt, erwartet, genießt oder nicht mehr ertragen kann und ablehnt" (Papousek/Papousek 1989, 38).

Kommunikationsentwicklung bei Kindern mit Beeinträchtigungen

In dieser ersten Phase der Kommunikationsentwicklung, in der das kommunikative Verhalten des Säuglings noch nicht intendiert ist und von dem/der Kommunikationspartner/-in interpretiert werden muß, kommt es bei Kindern mit Beeinträchtigungen zu extremen Interpretationsproblemen. So ist eine Rückmeldung über die Körperhaltung bzw. Körperspannung bei verändertem Muskeltonus (hypo-/hypertone Muskulatur) nicht möglich. Eine nicht wesentlich steuerbare Mimik verstärkt dieses Problem noch. Diese zerebralen Bewegungsstörungen beeinflussen meistens auch das Schreien des Kindes. Aufgrund einer veränderten Muskelspannung werden die Begegnungsangebote, z. B. auf den Arm-Nehmen, Streicheln usw., nicht adäquat wahrgenommen und deshalb nicht in erwarteter Art und Weise beantwortet. Bei Sinnesbeeinträchtigungen bzw. Ausfällen im akustischen und visuellen Bereich entstehen massive Kommunikationseinschränkungen. Wenn kein Blickkontakt möglich ist, fehlt ein wesentlicher Kommunikationskanal: „Weit auffälliger und nicht weniger wichtig als Synchronisation von Sprache und Motorik ist die Verbindung der Lautäußerung mit einem direkten Blickkontakt zwischen dem Kind und seiner Bezugsperson. Diese Verbindung wird von der Bezugsperson als besonders wirksame Kommunikationsform erlebt und das Bemühen, mit dem Säugling Blickkontakt zu erreichen, gehört von Geburt an zum Repertoire des mütterlichen Verhaltens" (Papousek/Papousek 1983, 185). Neben den auftretenden Beeinträchtigungen erleben diese Säuglinge auch schwierige Lebenssituationen, z. B. lange Klinikaufenthalte, intensive medizinische Behandlungen; sie sind außerdem infektionsanfällig und haben Probleme bei der Nahrungsaufnahme und Verdauung bzw. Ausscheidung. Für die Bezugspersonen ist das häufig sehr belastend: Die Reaktionen vom Säugling sind nicht wie erwartet, Kommunikationsangebote werden nicht oder nur unzureichend beantwortet. Ein unregelmäßiger Rhythmus zehrt an den Kräften aller Beteiligten.

Stufe des gezielten Verhaltens (ab dem 5. Monat)

Das Kind hat gelernt, auf die Umwelt einzuwirken, indem es z. B. nach Dingen greift oder bei Langeweile durch Schreien die Bezugspersonen herbeiholt: „Es ist ein angestrengtes Sich-Recken in der Absicht, den Gegenstand in Besitz zu nehmen. Hand und Arm werden weit ausgestreckt, die Faust im Wechsel geöffnet und geschlossen, der Körper ist vornüber geneigt, oft ist auch der Mund in Bewegung, die Augen sind fest auf den Gegenstand gerichtet" (Bruner 1977, 835). Das Kind kann seine Aufmerksamkeit nur in eine Richtung, also entweder auf einen Gegenstand oder eine Person richten. Erst in der Interaktion mit den Erwachsenen lernt das Kind jedoch allmählich eine Verbindung zwischen einem Objekt und einer Person herzustellen. Dies entwickelt sich dadurch, daß die Bezugspersonen Handlungen des Kindes wie das Greifen nach einem Gegenstand als kommunikative Aussage interpretieren, z.B: „Gib mir bitte den Gegenstand" und in dieser Art und Weise handeln. Damit wird dem Kind ermöglicht, einen Bezug zwischen Partner/-in und Objekt herzustellen, was eine wesentliche Voraussetzung zum Erlernen gezielter Kommunikation darstellt.

Ein Kind mit Beeinträchtigungen kann seine Umgebung nur eingeschränkt beeinflussen. Typisches Beispiel dafür ist die verzögerte Greifentwicklung bei blinden Kindern. Aber auch das Auftreten z. B. spastischer Lähmungen erschwert eine gezielte Auseinandersetzung mit der Umwelt. Da die Umwelt nicht attraktiv erscheint, verhalten sich die Säuglinge eher ruhig und inaktiv und geben damit auch wenig Ansatzpunkte zur Interaktion an die Umgebung weiter. Die Umgebung reagiert entweder mit einer Verringerung des Interaktionsangebotes bis hin zu dessen Einstellung oder mit einer erheblichen Steigerung der Aktivitäten, um das Interesse des Säuglings zu wecken: „Insgesamt machen Passivität, Wahrnehmungsbeeinträchtigungen und motorische Behinderungen es schwer, Handlungen des Kindes als Mitteilungen zu deuten und so das Kind die Signalfunktionen seiner Äußerungen erfahren zu lassen" (Kane 1992, 307).

Stufe der partnerbezogenen Äußerungen (ca. dem ab 8./9. Monat)

„Von partnerbezogener Äußerung sprechen wir dann, wenn das Kind in seiner Reaktion sowohl einen Gegenstand als auch einen Kommunikationspartner einbezieht. Ab dieser Stufe sind die kindlichen Botschaften gezielte Mitteilungen an den Partner" (Rotter/Kane/Gallé 1992, 9). Ein Beispiel: Ein Ball ist weggerollt, so daß er sich außerhalb der Reichweite des Kindes befindet. Das Kind versucht nun nach dem Ball zu greifen bzw. deutet dies später nur noch an und schaut abwechselnd einmal zur Bezugsperson und zum Ball. Diese klare Information an die Bezugsperson „Gib mir den Ball" ist leicht verständlich und bedarf keinerlei Interpretation. Das größere Konzentrationsvermögen der Kinder in dieser Phase ermöglicht eine genauere Beobachtung der Umwelt und das Erleben komplexer Situationen. Die Bezugspersonen unterstützen diese Phase, indem sie die Mimik und Vokalisation des Kindes nachahmen und so wesentlich die Sprache und Selbstwahrnehmung des Kindes unterstützen.

Kommunikationsentwicklung bei Kindern mit Beeinträchtigungen

Der Beeinträchtigung der Sinne wegen nehmen die Kinder die Umwelt sehr unterschiedlich wahr, ihre subjektive Wahrnehmung unterscheidet sich deutlich von der der Umwelt. Deshalb sind die Signale, die sie an die Umwelt geben, für diese oft unverständlich. Sinnesbeeinträchtigungen bewirken aber auch, daß die Kinder häufig die

Wirkungen, die ihr Verhalten auf die Umwelt hat, nicht beurteilen können, die Wirkung der ausgesendeten Signale bleibt meist verborgen. Eine insgesamt stark verlangsamte Reaktionsgeschwindigkeit erschwert für den/die Kommunikationspartner/-in die Zuordnung eines Verhaltens zu einem bestimmten Ereignis, durch häufig eingeschränkte Kommunikationsangebote fehlen jedoch oft auch die Erfahrungswerte. Die kommunikativen Mittel werden nicht weiter differenziert und verfeinert.

Stufe der konventionellen Äußerungen (ab ca. dem 10./11. Monat)

Das Eintreten in diese Entwicklungsstufe stellt einen bedeutenden Schritt dar. Das Kind kann sich jetzt über sog. konventionelle Gesten mitteilen, ohne daß ein direkter Bezug vorhanden sein muß. Dies bedeutet, es kann einen Gegenstand oder ein Spielzeug von den Bezugspersonen einfordern, ohne auf ihn zu zeigen, indem es nur die offene Hand als Symbol des Gebens benutzt. Konventionelle Kommunikation schließt solche Gesten und Laute ein, die innerhalb einer Kultur eine allgemein akzeptierte Bedeutung haben, z. B. Kopfnicken, Gähnen, Klatschen: „Das Zeigen wird nun in vielerlei Weise ausgeweitet, z. B. um eine Wahl, die unter verschiedenen Gegenständen getroffen wurde, deutlich zu machen oder ein Verlangen zu unterstützen usw. Aber bei den Kindern, die wir beobachtet haben, war es darüber hinaus ein bevorzugtes Mittel, um die Beziehungen zwischen Gegenständen und ihrem Standort sowie ihrem Besitzer zu erforschen. Mit 15 1/2 Monaten zeigte Richard zur Wohnzimmerdecke und rief ‚Li(cht)', wenn die Beleuchtung angeknipst wurde" (Bruner 1977, 836). Unterstützt wird diese Phase durch Erwachsene, die Handlungen und Gegenstände mit der Sprache begleiten, kommentieren und Aussagen mit Gebärden und Gesten verdeutlichen. Der passive Wortschatz wird immer umfangreicher und auch die Lautäußerungen werden komplexer. Ein- und mehrsilbige Vokalisationen wie z. B. „oh" und „aua" treten in vielfacher Weise auf und sind der Lautsprache zunehmend angenähert. Grundsätzlich kann gesagt werden, daß beim Kind mit dem Interesse am Benennen auch das Interesse am Lautsystem der Sprache erwacht. Wichtiges Medium in der Kommunikation ist jetzt das Bilderbuch. Eine weitere Voraussetzung für den Spracherwerb ist die Etablierung wechselseitig geführter „Gespräche". Diese Gespräche haben meist einen charakteristischen Verlauf:

(1) Anrede: Aufmerksamer, anregender, fragender Blick oder/und Fingerzeig;

(2) „W"-Frage: „Was ist das?" oder kurz: „Das?";

(3) benennen: Dabei sind Benennungen, welche die Bezugsperson verwendet, immer Nomina, Substantive oder Eigennamen, nie Attribute, Adjektive oder Verben (vgl. Bruner 1977, 837). Das Kind lernt jetzt die Wörter zur Benennung und einfache Gesprächsregeln.

Kommunikation bei Kindern mit Beeinträchtigungen

Das Erreichen dieser Kommunikationsstufe bei Menschen mit einer Beeinträchtigung stellt für das Umfeld eine große Erleichterung dar, da jetzt die Kommunikation für Außenstehende verständlicher ist bzw. schneller gelernt werden kann. Kane (1992) weist besonders auf die Fähigkeit von Menschen mit dem Down-Syndrom hin, die in diesem Bereich oft ein vielseitiges Repertoire an konventionellen Gesten haben. Im Gegensatz zur normalen Entwicklung verharren viele Menschen mit einer Entwicklungsbeeinträchtigung lange auf dieser Entwicklungsstufe. Die Hoffnungen des Umfeldes, daß die Entwicklung weitergeht, hin zum eigentlichen Sprechen, erfüllen sich häufig nicht. Gesteigerte Bemühungen, die Sprache doch zu erlernen, sind oft zum Scheitern verurteilt (Haupt 1989, 106).

Stufe der symbolischen Kommunikation (ab ca. dem 13.–15. Monat)

In diesem Alter beginnt das eigentliche Sprechen. Das Kind lernt, daß Gegenstände, Personen und Handlungen Namen haben. Der Übergang von der konventionellen zur symbolischen Lautäußerung verdeutlicht Kane am Beispiel der Verwendung des Lautgebildes Mama (Kane 1992, 311): Am Anfang hat der Begriff Mama für das Kind eine mehrfache Bedeutung, steht z. B. für: „Ich habe Hunger" oder „Komm her", ist also häufig mit einer Wunschäußerung verbunden. Im Laufe der Entwicklung wird der Begriff Mama eingeschränkt auf seine enge Bedeutung, d. h. Mama steht für die Person der Mutter. Die Bezugspersonen spielen in dieser Phase des Spracherwerbs wieder eine wichtige Rolle. Wenn das Kind ganze Wörter zu bilden versucht, so verschärfen die Bezugspersonen die Kriterien der Annehmbarkeit (Bruner 1977, 838). Entweder fragen sie nochmals nach oder sprechen das gemeinte Wort vor. Weiterhin differenzieren sie zwischen bekannten und neuen Begriffen. Bekanntes erfragen sie durch sogenannte „W"-Fragen, Unbekanntes benennen sie sofort selbst. In dieser Phase treten Gesten und Lautsprache parallel auf, erst später, in der Phase der Zwei-Wort-Verbindungen, verlieren Gesten an Bedeutung, haben jedoch – wie wir alle wissen – auch bei Erwachsenen einen festen Platz in der Kommunikation.

Kommunikation bei Kindern mit Entwicklungsverzögerungen

Das Erlernen der Sprache ist ein höchst komplizierter Prozeß, der eine gewisse kognitive Entwicklung z. B. Objektpermanenz, Ursache-Wirkung-Zusammenhang, Symbolverständnis usw. erfordert. Ebenso ist die Ausbildung des Sprechapparates Voraussetzung zum Erlernen von Sprache. Grundsätzlich kann gesagt werden, daß der Übergang zum sinnvollen Gebrauch von Worten und damit die Entwicklung des Symbolverständnisses Menschen mit einer Behinderung besonders schwer fällt.

3.2 Interaktions- und Kommunikationsformen

Gelungene Interaktionen und Kommunikation

Ein Säugling ist ein höchst aktives und kommunikatives Wesen. So vermag das Neugeborene nach Ansicht von Papousek/Papousek (1989, 34) die basalen Regelmäßigkeiten in seiner Umwelt und die Auswirkungen seiner eigenen Lebensäußerungen zu entdecken und zugunsten besserer Anpassung zu verarbeiten. So ist die Aufmerksamkeit, die ein Kind einem nicht erreichbaren Gegenstand entgegenbringt, sehr kurz. Kann das Kind jedoch auf den Gegenstand, z. B. ein Mobile, einwirken, verändert sich sein Verhalten. Es kann die gewünschten Effekte des Gegenstandes selbst hervorrufen, seine Aktivität steigert sich und hält lange an (vgl. Papousek 1989, 113). Bei Säuglingen kann im Umgang mit der Umwelt und in der Interaktionsform mit Bezugspersonen eine Art innere Motivation festgestellt werden, die durch Erkennen von etwas Vertrautem, der Bestätigung einer richtigen Erwartung, der Freude am Erfolg, am Entdecken und am Beherrschen einer gewissen Kontrolle über Umweltereignisse durch das eigene Verhalten (Papousek/Papousek 1984, 72) gekennzeichnet ist. Eine dominante Rolle in der Entwicklung des Säuglings spielt die Interaktion mit den Eltern oder Bezugspersonen. Dabei scheinen die Eltern alles richtig zu machen. Papousek spricht deshalb von der „intuitiven elterlichen Didaktik" (Papousek 1989, 35).

Zu Beginn eines Dialoges (Einleitung) prüft die Bezugsperson zuerst den Wachheitszustand des Kindes, bevor sie versucht, den Blickkontakt zwischen sich und dem Kind herzustellen. Unbewußt gestaltet die Bezugsperson den Abstand zwischen dem Kind und sich im Bereich von 20–25 cm, was der Fähigkeit des Kindes entspricht, einigermaßen scharf zu sehen. Der Säugling ist in dieser Phase noch nicht in der

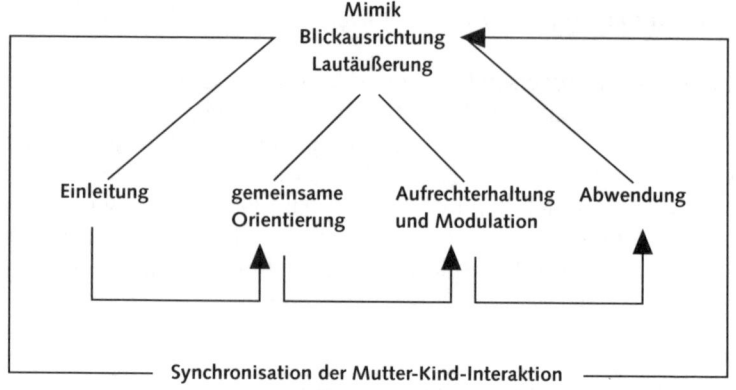

Abb. 36: Strukturelemente früher Interaktion (Sarimski 1986, 13)

Lage, das Auge auf andere Abstände zu akkomodieren. Wird der Blickkontakt hergestellt, verstärkt die Bezugsperson dies mit dem sogenannten „Augengruß", bei dem die charakteristischen Merkmale des Gesichts in übertriebener Art und Weise dargeboten werden (erhobene Augenbrauen, weitgeöffnete Augen und Mund usw.).

Ist eine gemeinsame Orientierung gelungen, so versucht jetzt die Bezugsperson, die Aufmerksamkeit des Kindes zu bekommen und aufrechtzuerhalten. Dies gelingt ihr meist, indem sie die kindlichen Signale wahrnimmt, imitiert, spiegelt und verstärkt. Die Attraktivität der Situation wird aufrechterhalten durch Wiederholungen von Aktivitäten mit leichten Modifikationen. So erfindet die Bezugsperson beim „Kuck-Kuck-Spiel" immer wieder neue Variationen (durch Verlangsamung, Wiederholung, Übertreibung), um das Kind „bei der Stange" zu halten. Benutzt wird dazu ein ganz bestimmter Sprachcode, der sogenannte „Babytalk", der gekennzeichnet ist durch eine höhere Stimmlage, verlangsamtes Tempo und vor allem durch Vereinfachung der Wort- und Satzstrukturen.

Die Bezugsperson-Kind-Interaktion wird beendet durch ein Abwenden des Kindes, d. h. durch Unterbrechung des Blickkontaktes oder Wegdrehen des Kopfes. Interaktionen dieser Art werden vor allem dann gelingen, wenn wir von Seiten des Kindes volle Aufmerksamkeit und Wachheit haben und auf der anderen Seite der/die Partner/-in in der Lage ist, einfühlsam, variabel, aber dennoch deutlich mit dem Kind zu interagieren. Gelungene Kommunikation verleiht der Eltern-Kind-Beziehung eine erhöhte Widerstandskraft gegen ungünstige Faktoren wie Krankheit, Streß usw. (vgl. Papousek/Papousek 1989, 41).

3.3 Erschwernisse

Viele Kinder kommen zu früh auf die Welt. Aufgrund verbesserter Maßnahmen im medizinischen Bereich können bereits Kinder ab der ca. 25. Schwangerschaftswoche überleben, in einigen Fällen sogar mit einem Geburtsgewicht von nur 500 g. Das bedeutet in den ersten Wochen eine intensive medizinische Betreuung und Leben in einer sterilen Atmosphäre. Heute weiß man, wie wichtig der Kontakt und die Kommunikation für das Wohlbefinden und die Entwicklung des Kindes sind; der Kontakt zwischen Mutter und Kind wird intensiviert, der Säugling („Frühchen") wird z. B. auf die Brust der Mutter gelegt, so daß ein intensiver Körperkontakt entstehen kann. Erste (allerdings noch ungesicherte) Ergebnisse zeigen eine deutliche Stabilisierung der Kindesentwicklung. Insgesamt kann jedoch gesagt werden, daß in der Kommunikation mit sog. „Frühchen" sich die Eltern auf veränderte Reaktionen des Kindes einstellen müssen. So ist die Kontrolle über die motorischen Aktionen noch nicht stark ausgeprägt, der Tonus eher hypoton, die Aktivität bzw. die Aufmerksamkeit eher reduziert, es treten verzögerte Reaktionen auf. Deutlich ist auch die höhere Reaktionsschwelle auf Geräusche und Berührungen, auch Habitationen dauern länger (Sarimski 1986, 43). Gelingt es den Eltern (vielleicht mit fachlicher Unterstützung), die Interaktion mit ihren frühgeborenen Kindern aufzunehmen und aufrecht zu erhalten, so entwickeln sich diese Babies, wenn keine organischen oder neurogenen Störungen vorliegen, völlig normal. Bedeutsam ist dabei, daß die Eltern ein hohes Maß an Sensitivität und die Bereitschaft, sich Unterstützung von Fachkräften zu holen, einbringen müssen. Treten von Geburt an oder in der sehr frühen Entwicklung Ausfälle bzw. starke Einschränkungen einzelner Sinnesmodalitäten auf, können diese Ausfälle meist in irgendeiner Art und Weise zumindest zum Teil kompensiert werden.

Sehbehinderte / blinde Kinder

Bei stark sehbehinderten oder blinden Kindern kann man grundsätzlich eine verzögerte Greifentwicklung feststellen, da die Exploration der Umwelt stark eingeschränkt ist. Weiterhin steht der Blickkontakt als zentrales Medium der Interaktion mit Babies nicht zur Verfügung. Auch die Entwicklung der Mimik und Gestik verläuft nicht so vielfältig, da das Nachahmen und das Spiegeln durch die Eltern fehlt. Blinden Kindern fehlt die visuelle Rückkoppelung, so daß sie häufig die Auswirkung ihres Handelns auf ihre Umgebung nicht nachvollziehen können und damit den kommunikativen Aspekt ihres Handelns nicht

„sehen". Durch ein vielfältig strukturiertes Angebot der Umwelt können diese Erfahrungsmängel jedoch kompensiert werden und die kommunikative Entwicklung verläuft –wenn auch leicht verzögert – ähnlich der sehender Kinder.

Gehörlose Kinder

Gehörlosen Kindern fehlt die akustische Rückkoppelung der eigenen Lautäußerung, weshalb das Erlernen der Lautsprache meist stark erschwert bzw. ohne gezielte Hilfe unmöglich ist. Wenn der Blickkontakt abreißt, bricht die kommunikative Interaktion mit gehörlosen Kindern ab; d. h. Interaktionen hören genauso unvermittelt auf, wie sie begonnen haben. Bei gehörlosen Kindern scheint es erst in der Sprachentwicklung schwerwiegende Probleme zu geben; mit Hilfe alternativer Kommunikationssysteme wie z. B. der Gebärdensprache kann dem jedoch begegnet werden. Dadurch wird der Austausch von Gedanken, Gefühlen und Ideen möglich.

Körperbehinderte Kinder

Ähnlich wie bei Sinnesbehinderungen ist auch bei Körperbehinderungen das große Problem, daß sie meist erst recht spät diagnostiziert werden. Körperbehinderungen beeinflussen vor allem die ersten „Kommunikationsmittel" des Babies, nämlich die Blickausrichtung, die Kopfkontrolle und den Muskeltonus. Da die Kommunikationspartner/ -innen aber auf genau diese Signale angewiesen sind, werden beide Seiten häufig verunsichert. Häufig geht diese verzögerte körperliche Entwicklung einher mit einer reduzierten allgemeinen Aktivität und Reaktionsbereitschaft. Bei Cerebralparesen ist die Steuerung der Motorik oft mehr betroffen, so daß die Signale des Körpers (wie zeigen, abwenden usw.) noch uneindeutiger und damit schlecht lesbar sind. Die Verständigung mit körperbehinderten Menschen ist erschwert, weil einige grundlegende Körpersignale (Mimik, Blickkontakt, Körperspannung, Körpersteuerung, Bewegungssteuerung u. a.) oft nur vage sind und deshalb von der Bezugsperson nicht richtig interpretiert werden. Neben den Problemen der Körpersteuerung kommen häufig anatomische Erschwernisse hinzu. Anormale Zahnstellungen, veränderte Zungengröße, Lippen-Kiefer-Gaumenspalten, weiche Gaumen oder eine unvollständige Ausbildung des Sprechapparates beeinträchtigen die Artikulation. Häufig aber können durch chirurgische Eingriffe diese Erschwernisse abgemildert werden.

Besonders problematisch wird die Situation jedoch beim Auftreten von Mehrfachbehinderungen. Die Erfahrungswelt von taubblinden Kindern z. B. ist auf die Nahsinne begrenzt, die Welt muß über die taktile Wahrnehmung wahrgenommen werden. Kommt zu einer Sinnesbehinderung noch eine kognitive Einschränkung hinzu, führt dies zu einem erheblichen Verlust an kommunikativen Kompetenzen. Die Situation geistig behinderter Menschen stellt sich insofern häufig sehr schwierig dar, weil die ohnehin eingeschränkten Wahrnehmungen kognitiv nicht adäquat verarbeitet werden, d. h. Wahrnehmungen häufig keine Zuordnung erfahren, Muster nicht ausgebildet werden und somit ohne Bedeutung bleiben. Auch liegen oft Einschränkungen im Bereich der taktil-kinästhetischen Wahrnehmungen vor, welche die Grundlage für alle Entwicklungsprozesse darstellen. Damit erfährt die komplexe Entwicklung eines Menschen eine Gefährdung an allen wesentlichen Eckpfeilern. Durch eine erfolgreiche Auseinandersetzung mit der Umwelt wird die Aktivität des Kindes gesteigert. Ist diese Auseinandersetzung jedoch erfolg- und bedeutungslos, so wird das Kind seine Aktivität reduzieren und eine geringe Ausdauer zeigen. Problematisch im Umgang mit mehrfach und geistig behinderten Menschen ist jedoch, daß deren Reizrezeption und Perzeption anscheinend anderen Gesetzmäßigkeiten unterliegt, z. B. häufig eine höhere Reizschwelle anzutreffen ist.

Erworbene Kommunikationseinschränkungen

Die obengenannten Ausführungen zeigen, daß sich die Kommunikation bei Menschen mit einer Behinderung schwierig gestalten kann. Dabei befinden sich die Kommunikationspartner/-innen, die primären Bezugspersonen und das Kind, in einer besonderen Situation. Die Feststellung bzw. das Auftreten einer Behinderung kommt oft unerwartet und „zerstört" im ersten Moment alle Hoffnungen und Träume der Eltern. Häufig kristallisiert sich das Ausmaß der Behinderung erst nach und nach heraus, wobei Kinderärzte/-tinnen die Entwicklungverzögerung oft nicht erkennen. So sind die primären Bezugspersonen häufig auf sich allein gestellt in der Betreuung des Kindes, da auch das private Umfeld (Freund/-innen und Bekannte) häufig mit einer derartigen Situation nicht umzugehen gelernt hat und infolgedessen zunehmend den Kontakt meidet. Aber auch die Eltern müssen mit der Enttäuschung ihres Wunsches nach einem nichtbehinderten Kind und der für die meisten ungewohnten Einstellung auf einen Menschen mit Behinderung leben lernen.

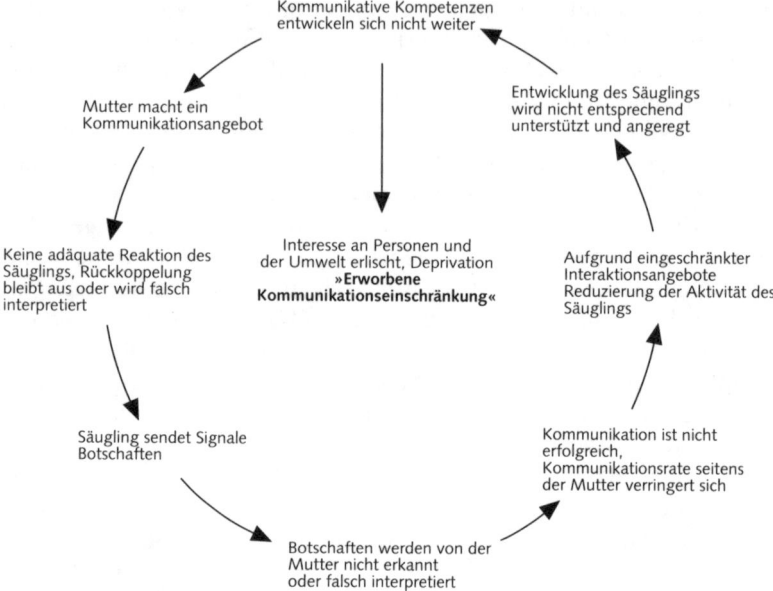

Kommunikative Kompetenzen
entwickeln sich nicht weiter

Mutter macht ein
Kommunikationsangebot

Entwicklung des Säuglings
wird nicht entsprechend
unterstützt und angeregt

Keine adäquate Reaktion des
Säuglings, Rückkoppelung
bleibt aus oder wird falsch
interpretiert

Interesse an Personen und
der Umwelt erlischt, Deprivation
**»Erworbene
Kommunikationseinschränkung«**

Aufgrund eingeschränkter
Interaktionsangebote
Reduzierung der Aktivität des
Säuglings

Säugling sendet Signale
Botschaften

Kommunikation ist nicht
erfolgreich,
Kommunikationsrate seitens
der Mutter verringert sich

Botschaften werden von der
Mutter nicht erkannt
oder falsch interpretiert

Abb. 37: Erworbene Kommunikationseinschränkung

Für die Bezugspersonen ist mit am schwersten zu bewältigen, daß die Interaktionsangebote von ihrem Kind nicht adäquat beantwortet werden. So nimmt z. B. die Mutter das schreiende Kind auch auf den Arm, schaukelt es und singt dazu, aber es beruhigt sich dennoch nicht. Häufig gehen die Bezugspersonen mit diesen Kindern sehr behutsam um, was sich als fatal herausstellen kann, da Kinder mit einer starken Behinderung häufig eine erhöhte Reizschwelle haben: Behutsame Berührungen beispielsweise kommen beim Kind nicht an, und es zeigt deshalb keine Reaktion. Auf der anderen Seite gehen vom Säugling Signale aus, die von den Bezugspersonen entweder nicht erkannt oder falsch interpretiert werden. Die Folge dieser mißlungenen Kommunikationssituationen ist häufig, daß die Interaktionsangebote seitens der Bezugspersonen reduziert werden, da keine positive Rückkoppelung zustande kommt und ungewiß bleibt, ob das Kind überhaupt erreicht wurde. Dies bewirkt wiederum eine geringere Stimulationsrate beim Kind, was zur Reduzierung der Aktivität führt. Die Entwicklung des Säuglings wird also oft nicht intensiv genug unterstützt und angeregt, was die kommunikative Entwicklung stagnieren läßt. Wird dieser Teufelskreis nicht durchbrochen, z. B. durch Hilfe von außen, reduzieren sich die Interaktionsanlässe auf ein minimales Maß. Das Kind wird immer weniger Signale senden bzw. noch undifferenzierter auf die Kommunikationsangebote von außen reagieren. Das Interesse an Personen und der Umwelt erlischt zunehmend, eine erworbene Kommunikationseinschränkung manifestiert sich, Kommunikationsstörungen bis hin zu einer „Kommunikationsverweigerung" oder anderen extremen Formen (z. B. Aggression) können die Folge sein. Die Konsequenzen für die weitere Entwicklung des Kindes werden deutlich, wenn man sich vor Augen hält, daß die gelungene Kommunikation zwischen den primären Bezugspersonen und dem Kind Basis für alle Entwicklungsprozesse des Kindes ist. Auch wenn die Entwicklung nicht immer so dramatisch verläuft, ist die Kommunikation meistens nicht zufriedenstellend. Zu sehr sind Eltern auf Interpretationen angewiesen, können nur hoffen, daß sie das Richtige tun. In manchen Fällen gestaltet sich die Beziehung zu ihrem Kind als sehr schwierig, da die eingeschränkte Kommunikationsfähigkeit oft Verhaltensweisen wie Auto- oder Fremdaggression begünstigt.

Kommunikationsstörungen

Die Situation im Heim begünstigt leider häufig diese Entwicklung. Eine Gruppe von Menschen mit einer Behinderung lebt in einer Wohngruppe, meist betreut von einem Team aus Fachleuten und Helfer/innen. In dieser Konstellation versucht der behinderte Mensch – im Rahmen seiner Möglichkeiten – seine Wünsche und Bedürfnisse zu artikulieren, was jedoch häufig von den Bezugspersonen infolge der eben sehr individuellen Ausdrucksweise nicht verstanden wird. Die Gründe dafür können sehr vielseitig sein, z. B. geringe Personenkenntnis, fehlende Beziehung, fehlende Fachkompetenz, Zeitmangel oder auch fehlende Bereitschaft. Häufig wird die Sensibilität der Einzelnen auch geringer, wenn die/der behinderte Partnerin/Partner Aussagen in stereotyper Art und Weise wiederholt, z. B. „Wochenende heimgehen". Der Mensch mit einer eingeschränkten Kommunikationsfähigkeit erhält häufig keine differenzierte Rückmeldung bzw. spürt die Ablehnung der Anderen. Im Gegenzug dazu werden Anforderungen an ihn gestellt, die häufig auch sprachlich so komplex sind, daß er sie nicht durchschauen kann. Dieser mehrschichtige und zu komplexe Informationsfluß bewirkt, daß die Informationen bzw. Anforderungen der Bezugspersonen z. T. unverständlich bleiben und die Heimbewohner/innen diesen nicht gerecht werden können. Die subjektive Wahrnehmung erschwert häufig das Verstehen. Jeder/jede „lebt in ihrer/seiner Welt", die aus den eigenen Wahrnehmungen, Vorstellungen und Erfahrungen besteht. Treten derartige Kommunikationsprobleme gehäuft auf, entwickelt die Heimbewohnerin/der Heimbewohner Verhaltensweisen, welche die Umwelt deutlich auf seine/ihre mißliche Situation hinweisen soll (z. B. Lautsein, Schreien, Verweigern, Eifersucht). Häufig reagiert die Umwelt mit restriktiven Maßnahmen auf dieses veränderte Verhalten, eventuell in Form von Sanktionen, Ignorieren oder Einsatz von Medikamenten. An dieser Stelle werden die Weichen gestellt; gelingt es dem Team aufgrund der veränderten Verhaltensweisen, die Bedürfnisse der/des Einzelnen wahrzunehmen, auf sie/ihn einzugehen, kann sich die Situation wieder normalisieren und Kommunikation in geeigneten Bahnen ablaufen. Werden die Zeichen jedoch falsch interpretiert oder gar ignoriert, kommt es zu extremen Verhaltensweisen, die Kommunikation ist gestört. Zwei extreme Muster können nun auftreten, einmal die Tendenz zum Rückzug (Kommunikation wird auf ein Minimum reduziert), wobei die Entwicklung offen bleibt. Diese Reaktion wird von der Umwelt als nicht sehr störend empfunden. Auffälliger und „störender" kann sich eine Kommunikationsstörung

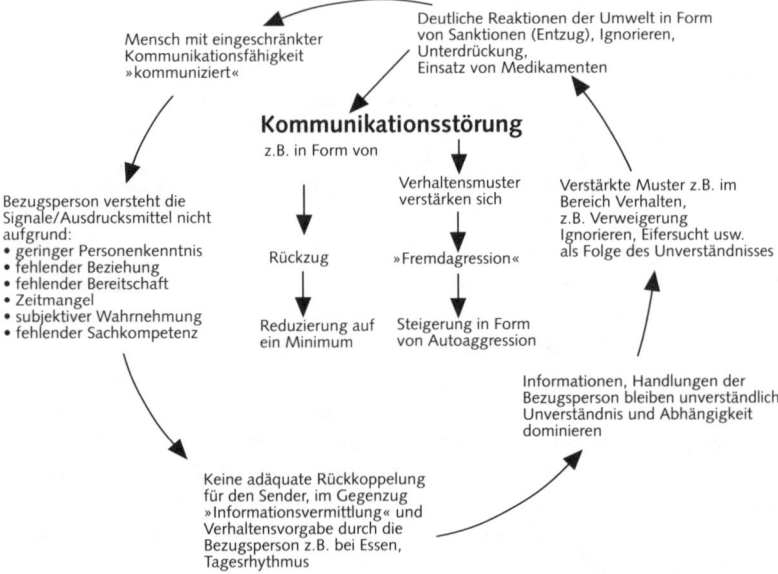

Abb. 38: Möglicher Kommunikationsverlauf bei Kommunikationseinschränkungen

auch in Form von Fremdaggression bzw. als weitere Steigerung in Form von Autoaggression ausdrücken, wobei diese Ausdrucksformen so exzessiv sein können, daß die Umwelt fast handlungsunfähig wird und es nahezu keine gemeinsame Handlungsebene mehr gibt. Wenn die Äußerungen eines Menschen von der Umwelt nicht verstanden werden, sind Probleme vorprogrammiert. Sich ausdrücken können und verstanden werden sind grundlegende Bedürfnisse eines Menschen; gelingt dies nicht, geht er zugrunde. Deshalb muß die Heilerziehungspflegerin einen großen Teil ihrer Zeit und Kraft in die Pflege der Kommunikation investieren. Das Verstehen des Gegenübers ist die Basis für jedes weitere Miteinander.

LITERATUR

Bernhard-Opitz, V. (1994): Entwicklung von Pragmatik und Sozialverhalten bei autistischen Kindern und Jugendlichen. In: Sonderpädagogik, 24 Jg., S. 158–164

Bernhard-Opitz, V./Blesch, G./Leib, D. (1991): Kommunikationsförderung – ein Erfahrungsbericht, Mosbach. In: Geistige Behinderung, 1/91, S. 1–22

Bruner, J. (1977): Wie das Kind lernt, sich sprachlich zu verständigen. In: Zeitschrift für Pädagogik, 23, S. 829–845

Bruner, J. (1987): Wie das Kind sprechen lernt. Bern

Costabel, U. (1992): Theoriesplitter zum Spracherwerb. In: Lernen konkret, Heft 4, S. 17–18

Eggers, Chr. (Hrsg.) (1984): Bindungen und Besitzdenken beim Kleinkind. München

Fröhlich, A. (Hrsg.) (1989): Kommunikation und Sprache körperbehinderter Kinder. Dortmund

GEO-Wissen (1989): Kommunikation. Hamburg

Hildebrand-Nilshorn, M. (1989): Sprachentwicklung des körperbehinderten Kindes. In: Fröhlich, A. (Hrsg.): Kommunikation und Sprache körperbehinderter Kinder. Dortmund, S. 45–80

Kane, G. (1992): Entwicklung früher Kommunikation und Beginn des Sprechens. In: Geistige Behinderung, 4/1992, S. 303–319

Kautz, C. (1988): Zur Bedeutung der Interaktion und Kommunikation in der Förderung von Säuglingen mit einer geistigen Behinderung. In: Frühförderung interdisziplinär, 7. Jg., S. 106–113

Papousek, H. (1986): Biologische Wurzeln der ersten Kommunikation im menschlichen Leben. In: Zeitwende, Heft 1/57, S. 1–16

Papousek, H./Papousek, M. (1977): Das Spiel in der Frühentwicklung des Kindes. Supplementband zur Pädiatrischen Praxis, S. 17–32

Papousek, H./Papousek, M. (1979): Lernen im ersten Lebensjahr. In: Montada, L. (1979) (Hrsg.): Brennpunkte der Entwicklungspsychologie, Stuttgart, S. 194–212

Papousek, H./ Papousek, M. (1982): Die Rolle der sozialen Interaktionen in der psychischen Entwicklung und Pathogenese von Entwicklungsstörungen im Säuglingsalter. In: Nissen, G. (Hrsg.): Psychiatrie des Säuglings- und des frühen Kleinkindalters. Bern

Papousek, H./ Papousek, M. (1983): Frühentwicklung des Sozialverhaltens und der Kommunikation. In: Rennschmidt, H. (Hrsg.): Neuropsychologie des Kindes. Heidelberg, S. 182–190

Papousek, M. (1989): Frühe Phasen der Eltern-Kind-Beziehung. Ergebnisse der entwicklungspsychobiologischen Forschung. In: Praxis der Psychotherapie und Psychosomatik. Zeitschrift für Fort- und Weiterbildung, 34, S. 109–122

Papousek, M. (1984): Wurzeln der kindlichen Bindung an Personen und Dinge: Die Rolle der integrativen Prozesse. In: C. Eggers (Hrsg.): Bindung und Besitzdenken beim Kleinkind. München u. a., S. 155–184

Rotter, B./Kane, G./Gallé, B. (1992): Nichtsprachliche Kommunikation: Erfassung und Förderung. In: Geistige Behinderung, 4/1992, S. 1–26

Sarimski, Klaus (1986): Interaktion mit behinderten Kleinkindern. München

4. Die Denkentwicklung nach Piaget

Die Erkenntnisse Piagets zur Entwicklung des Denkens (vor allem der sensomotorischen Intelligenz) basieren auf den Beobachtungen seiner drei eigenen Kinder und auf klinischen Erfahrungen. Dabei richtet sich sein Hauptinteresse nicht auf die individuelle Beschreibung der Kinder, sondern er versucht, Grundformen/-prozesse des Denkens zu abstrahieren. Kritisch bemerkt werden muß, daß Piaget – neben den individuellen Unterschieden – den Einfluß von Gefühlen auf die Entwicklung des Denkens (und während des Denkprozesses) vernachlässigt und normative altersspezifische Angaben macht, wann ein Kind in der Lage sein sollte, die spezifischen Aufgaben der jeweiligen Altersstufe zu lösen. Einige Nachuntersuchungen weisen jedoch nach, daß die Denkleistungen des Kindes wesentlich durch Erfahrung und auch durch Übung beeinflußt werden können.

Der Grundgedanke der Piagetschen Entwicklungspsychologie ist folgender: Das Kind entdeckt, erkundet und konstruiert selbständig und aktiv eine sinnvolle Umwelt. Es erschließt Stück für Stück die Umwelt, um sie zu seiner Welt zu machen. Neugierde, Motivation und Selbstorganisation des Kindes sind für Piaget wichtige Faktoren.

Piaget hat einen weitgefaßten Intelligenzbegriff. Für ihn ist Intelligenz die höchstmögliche Form der Anpassung des Organismus an die Umwelt, der Herstellung eines Gleichgewichtszustandes zwischen Individuum und Umwelt. Anpassung versteht Piaget als einen Prozeß der Wechselwirkung zwischen dem Individuum und seiner Umwelt. Dabei kommt es sowohl zu einer Angleichung der Umwelt an das Individuum (Assimilation) als auch zu einer Angleichung des Individuums an die Bedingungen der Umwelt (Akkomodation). Piaget definiert Assimilation als den Prozeß der Aufnahme von Umweltreizen (Input) und deren Integration in bereits vertraute Schemata. Jede neue Erfahrung wird also in bereits vorhandene Denkformen eingeordnet, in vorhandene kognitive Schemata integriert. Unter einem Schema wird die Struktur einer Handlung oder eines Verhaltens verstanden, denn jede Handlung läuft im Detail verschieden ab. Durch die aktive Auseinandersetzung mit der Umwelt bilden sich viele Schemata aus, in die neue Umwelteindrücke eingeordnet werden können. So assimiliert das Kind in den ersten Lebenswochen alle möglichen Gegenstände (Daumen, Bettzipfel) an die Tätigkeit des Saugens. Verfügt es später z. B. über das Schema „Vierbeiner sind Wau-Wau", so wird es alle übrigen vierbeinigen Tiere in dieses Schema integrieren. Sobald die bisher erworbenen Schemata nicht mehr ausreichen, werden sie verändert, der neuen Situation entsprechend angepaßt, was zu einer ständigen Differenzierung der erworbenen Bewegungs-, Handlungs- und Verhaltensschemata führt (Augustin 1990, 157). Diese aktive Anpassung an die jeweiligen Umweltbedingungen bezeichnet Piaget als Akkommodation. Ein Kind, das über das Greifschema verfügt, assimiliert, wenn es Wasser mit Daumen und Zeigefinger greifen will. Es akkommodiert, wenn es das Greifschema zum Schöpfschema erweitert und das Wasser mit der Handinnenfläche schöpft. Will das Kind z. B. das Schema Prellen eines Balles (Schaumstoffball) auf andere Bälle anwenden, muß es dieses Schema modifizieren und auf die andersartigen Bedingungen abstimmen.

Bei seinen Überlegungen und Beobachtungen und Erkenntnissen geht Piaget von folgenden Grundlagen aus:

(1) Ererbte physische Strukturen stecken die allgemeinen Grenzen der intellektuellen Funktionen ab.
(2) Ererbte Verhaltensreaktionen (Reflexe) sind während der ersten Tage des menschlichen Lebens maßgebend. Diese Reflexe werden schnell in Strukturen verwandelt, die sich die Resultate der Erfahrung einverleiben.
(3) Lebende Organismen besitzen die angeborene Tendenz zur Organisation, also das Bestreben zu gliedern, zu strukturieren und zu systematisieren. Eine Form der Organisation ist die Bildung kognitiver Schemata, welche eine Einordnung von Umwelteindrücken ermöglichen und mit deren Hilfe Individuen Erfahrungen systematisieren

können. Nach einer gewissen Zeit der Entwicklung, des Übens und Erlebens kann der Säugling zunächst voneinander unabhängige Schemata zu einer Struktur verbinden. Organisierte Verbindungen von Schemata bezeichnet Piaget als Strukturen. „Mit einem einzigen Schema kann ein Individuum nicht viel zustande bringen, und mit einer unverbundenen Menge von einzelnen Schemata ist nur wirre Aktivität möglich. Erst die geordnete Verbindung von verschiedenen Schemata ermöglicht einen befriedigenden Austausch mit der Welt" (Flammer 1988, 136 f.).

(4) Alle Organismen werden mit der Tendenz geboren, sich der Umwelt anzupassen. Diese Anpassung geschieht mit Hilfe zweier gegenläufiger Prozesse, der Assimilation und der Akkommodation. Ziel dabei ist die Herstellung eines Gleichgewichtszustandes zwischen dem Individuum und der Außenwelt. Ein Ungleichgewicht entsteht, wenn sich die Anforderungen und Bedingungen der Außenwelt verändern und die Umwelt mit den vorhandenen kognitiven Schemata nicht mehr bewältigt bzw. eingeordnet werden kann. Verfügt ein Kind z. B. über das Schema „Werfen eines Tennisballs" und versucht dies auf eine Eisenkugel anzuwenden, so gerät es in ein Ungleichgewicht. Über Akkommodation, also Anpassung, z. B. des Gewichtes der Eisenkugel und damit Investition von mehr Kraft, gelingt es, das Gleichgewicht wieder herzustellen. Die Prozesse der Organisation und Anpassung sind nicht voneinander zu trennen, da Anpassung häufig Organisation bedeutet – und umgekehrt.

Die Entwicklung der sensomotorischen Intelligenz (0–2 Jahre)

Auf dieser Stufe kann das Kind intellektuelle Handlungen erbringen. Tätigkeiten dieser Stufe bestehen darin, aufeinanderfolgende Wahrnehmungen mit ebenfalls aufeinanderfolgenden Bewegungen zu koordinieren. Die sensomotorische Intelligenz strebt nur zur praktischen Erfüllung, d. h. zum Erfolg der Handlung, nicht zur Erkenntnis. Folgende Angaben zur motorischen Entwicklung sollen das Verstehen der sensomotorischen Entwicklung erleichtern.

Erstes Stadium – Betätigung und Übung der Reflexe (1. Monat)

Das Neugeborene verfügt über eine Anzahl angeborener Verhaltens- und Bewegungsmuster (Reflexe), auf die es jetzt zurückgreifen kann und die als Ausgangspunkt zur Weiterentwicklung angesehen werden können. Gemeint sind damit nicht einfache Reflexe (z. B. Knie-Sehnenreflex), sondern äußerst komplexe motorische Reaktionen, z. B.

Saugreflex, Greifreflex, Schreireflex. Alle neuen Reize, die aus der Umwelt zum Säugling gelangen, werden in diese angeborenen Schemata assimilliert und integriert. Piaget hat ausführlich den Saugreflex beschrieben: Neugeborene beginnen bei Berührung der Lippen mit nicht gelernten Saugbewegungen. Werden diese Bewegungen am Anfang durch die Berührung mit der Brust hervorgerufen, löst die selbe Berührung einige Tage später ein gezieltes Suchen nach der Brustwarze aus. Nach etwa 2 Monaten unterscheidet das Kind zwischen der nahrungsspendenden Brustwarze und anderen Dingen (wiederkehrende Assimilation). Piaget beobachtete bei seinem Sohn Laurent, daß dieser zwischen den Mahlzeiten ins Leere zu saugen begann und erklärte diese Verhaltensweise mit der grundlegenden Tendenz des Organismus, eine Struktur, wenn sie verfügbar ist, auch anzuwenden (funktionale Assimilation). Als verallgemeinernde Assimilation wird der Vorgang bezeichnet, in dem bestimmte Schemata, z. B. das Saugen, auf verschiedene Objekte (z. B. Fingerspitze, Spielzeug, Bettzipfel) angewendet werden. Aufgrund der Erfahrungen werden aber auch erbbedingte Schemata zunehmend abgeändert und ausgebaut. So erfolgte eine Akkommodation der Mund-, Lippen-, Zungenbewegungen an das jeweilige Saugobjekt (Brustwarze, Schnuller, usw.).
Motorik: Die motorische Situation des Säuglings macht ihm noch Mühe, seiner Haltung eine ausreichende Stabilität gegenüber der Schwerkraft zu verleihen, seine Bewegungen entsprechend zu koordinieren und zu steuern; es kommt zu undifferenzierten Massenbewegungen; es übewiegt ein deutlicher Beugetonus. Auch ältere Kinder, Jugendliche oder Erwachsene mit schwersten Behinderungen können sich in diesem Stadium befinden. Häufig fallen Menschen mit einem frischen schweren Schädel-/Hirntrauma, die sich noch im apallischen Syndrom befinden, auf diese Stufe zurück.

Zweites Stadium – Zufallshandlungen / erste einfache Gewohnheiten (1.–4. Monat)

Piaget erklärt dieses Stadium anhand der Entwicklung des Daumenlutschens. Aufgrund einer zufälligen Handlung nimmt sein Sohn Laurent die Hand in den Mund und gibt diesem damit die Möglichkeit, ein bereits aufgebautes Schema (Saugschema) zu betätigen (funktionale Assimilation). Die Handlung bzw. das Ergebnis der Handlung befriedigt Laurent, deshalb versucht er diese auch zu wiederholen. Es entstehen neue Schemata, die vorher ziellose Bewegung wird in eine neues Schema akkomodiert. Damit wird das Verhalten beliebig wiederholbar. Piaget bezeichnet diesen Vorgang auch als primäre Zirkulärreaktion, wobei zirkulär in diesem Zusammenhang eine sich wiederholende Tätigkeit bedeutet. Primäre Zirkulärreaktionen des Säuglings sind immer auf den eigenen Körper ausgerichtet. Das Kind hat am Anfang große Schwierigkeiten, Bewegungen zu koordinieren, und seine Aufmerksamkeitsspanne ist noch kurz. Die Leistungen sind dabei aber auf den eigenen Körper begrenzt, ein Objektbegriff ist noch nicht vorhanden. Das Kind interessiert sich also mehr für den Reiz als für den Gegenstand, es weiß noch nicht, daß der Gegenstand noch existiert, wenn es den visuellen Kontakt mit ihm verloren hat.

Motorik: Das Kind ist in diesem Stadium in der Lage, die Bauch-/Rückenlage zu stabilisieren, so daß die Kopfkontrolle und die Aufrichtung des Schultergürtels möglich wird. Eine Ausrichtung der Hand-, Kopf- und Beinbewegung ist nur möglich, wenn die Grundposition stabilisiert ist. Massenbewegungen treten langsam in den Hintergrund, alle Bewegungen wirken koordinierter. Der Beugetonus ist nicht mehr dominant, das Kind zeigt Streckmuster. Das Greifen von Gegenständen ist bei Kontakt möglich, ein bewußtes Loslassen noch nicht, Loslassen erfolgt meist zufällig, z. B. bei der Moro-Reaktion.

Drittes Stadium – aktive Wiederholungen (Objektbeziehung) / sekundäre Zirkulärreaktionen (4.–10. Monat)

Das Kind beginnt jetzt auf seine Umwelt einzuwirken. Durch Zufall erfährt es zunächst, daß es Dinge in Bewegung versetzen kann. Piaget (1969a, 163) beschreibt, wie seine Tochter Lucienne durch zufälliges heftiges Strampeln mit den Beinen, Puppen, die am Wagen befestigt sind, in Bewegung versetzt. Durch aktives Wiederholen dieser zufällig entstandenen Handlung versucht sie nun diesen interessanten Effekt zu wiederholen. Dies bedeutet, daß das Kind in diesem Stadium zwar auf die Umwelt einwirken, dies zunächst jedoch nur mit zufällig eingetretenen Bewegungen erreichen kann. Das Kind will nun durch Wiederholung die Reaktion, d. h. das Ergebnis seiner Handlung, wieder erreichen. Dabei kommt es zu motorischer Anpassung. Berührt das Kind z. B. zum erstenmal eine Puppe mit der Hand oder mit dem Fuß, so muß es jetzt je nach Ausgangsposition den Bewegungsablauf neu koordinieren (Akkommodation). Piaget beschreibt diese wiederholenden Tätigkeiten als sekundäre Zirkulärreaktionen – sekundär deshalb, weil die Ereignisse und Gegenstände der äußeren Umgebung einbezogen werden. Das Kind wirkt also aufgrund zufällig gefundener Bewegungsabläufe auf die Umwelt ein; mit dieser Handlung wird aber weder Neues erfunden noch Bekanntes auf neuartige Umstände angewendet.

Motorik: Am Ende dieses Stadiums (ca. 9. Monat) kann das Kind aus der Bauchlage Kopf und alle Gliedmaßen gleichzeitig anheben oder einen Arm von der Unterlage heben, sein Gewicht auf eine andere Körperseite verlagern und somit spielen. Die Bauch- und Rückenlage verliert an Bedeutung, denn das Kind dreht sich jetzt über die Seitenlage oder den Vierfüßlerstand und kommt so zum Sitzen. Das Sitzen bereitet meist keine Probleme. An stabilen Gegenständen kann sich das Kind in den Stand hochziehen und steht dann schon recht stabil, und durch das Krabbeln ist es jetzt mobil. Es greift in allen stabilen Positionen nach Gegenständen und kann sie wieder loslassen bzw. wirft sie weg. Das Kind verfügt über eine gute visumotorische Kontrolle und Koordination, kleine Gegenstände ergreift es zwischen Daumen und gekrümmtem Zeigefinger (Kneifzangengriff).

Viertes Stadium – Anwenden der erworbenen Fähigkeiten / Verknüpfung von Mittel und Zweck / Koordination der sekundären Schemata (10.–12. Monat)

Das Handeln in diesem Stadium ist durch die Absicht gekennzeichnet, ein Ziel zu erreichen. Dazu setzt der Säugling sekundäre Schemata ein und koordiniert sie. Grundlage dabei ist der Wunsch, das Ziel zu erreichen, da das Zielobjekt (z. B. eine Schachtel) aufgrund bereits vorhandener Erfahrungen interessant ist. Um aber an das Objekt zu gelangen, muß er eventuell zuerst ein Kissen wegschieben, um an die darunterliegende Schachtel zu kommen. Flexibilität und Neuorganisation in der Anwendung bekannter Schemata bezeichnet Piaget als die „Originalität des Kindes". Diese Originalität ist jedoch begrenzter Art, da der Säugling keine neuen Mittel, um sich mit dem Hindernis auseinanderzusetzen, findet. Ein weiteres Kennzeichen dieses Stadiums ist das Voraussehen von Ereignissen (Antizipation). So erkennt das Kind bei einer wiederholten Medikamentenzuführung z. B. an der Form der Flasche die Medizin und schließt bereits vor der Verabreichung den Mund. In diesem Stadium setzt auch das Explorationsverhalten ein, d. h. das Kind probiert Handlungsschemata an Gegenständen aus und versucht so das Wesen der Dinge zu verstehen. Wenn Gegenstände aus dem Gesichtsfeld verschwinden, versucht der Säugling, sie durch aktives Suchen wieder zu finden. Objekte erhalten jetzt die Qualität der Permanenz und der Substanz, was jedoch nur bei einfachen Zusammenhängen gelingt.
Motorik: Dominantes Fortbewegungsmittel ist meist noch das Krabbeln. Das Kind sitzt frei. Das Aufrichten zum Stand erfolgt übers Hochziehen, freies Aufstehen oder manchmal über den „Bärenstand".

Das Kind bewegt sich recht schnell (z. B. an Möbeln entlang), freies Stehen ist meist möglich, freies Gehen allerdings nur begrenzt. Die Handmotorik ist gut ausgebildet.

Fünftes Stadium – Problemlösen durch aktives Ausprobieren / tertiäre Zirkulärreaktionen (12–18 Monate)

Das Interesse am Neuen um seiner selbst willen wird tertiäre Zirkulärreaktion genannt (Ginzburg/Opper 1985, 79). Neues wird ausprobiert, es wird versucht, Neues in vorhandene Schemata zu assimilieren. Hier treten bedingt durch die Eigenschaften des Gegenstandes oder die Bedingung der Situation Widerstände auf; so läßt sich z. B. das verfügbare Schema des Fallenlassens nicht in gleicher Weise auf alle Gegenstände anwenden, da jeder Gegenstand bestimmte Eigenschaften hat, die berücksichtigt werden müssen (ein Ball fällt schneller zu Boden als eine Feder). Das Kind ist an Widerständen interessiert, die sich einstellen, wenn es seine alten Schemata auf neue Ereignisse anwendet. Die Erkenntnis, daß Gegenstände eine von seinem eigenen Körper unabhängige Existenz besitzen, verstärken den Wunsch nach Entdeckung. Sobald der Säugling die Neuartigkeit einer Situation erkennt und sich für sie interessiert, beginnt er zu akkommodieren. Die Lösung der Probleme gelingt dabei nach dem Prinzip von Versuch und Irrtum, also auf dem Wege des Ausprobierens und Kombinierens von Handlungsschemata. Jede Entdeckung führt zu der nächsten, das Ergebnis eines Experiments zieht neue Experimente nach sich. Die Bewegungen, die zu neuen interessanten Ergebnissen führen, werden jedoch nicht nur reproduziert, sondern abgestuft und systematisch variiert (Akkommodation, z. B. Fallenlassen eines Gegenstandes von verschiedenen Stellen aus, Verwenden verschiedener Gegenstände). Das auf den tertiären Zirkulärreaktionen aufbauende experimentelle Handeln führt zur Entdeckung neuer Mittel durch Ausprobieren (Piaget 1969a, 283 ff.). Im Unterschied zu den sekundären Zirkulärreaktionen ist das Ausprobieren jetzt an der Erreichung eines Zieles orientiert. Die Handlung wird vom gestellten Problem geleitet und vollzieht sich nicht mehr der Erkundung willen. Ein Kind erkennt beispielsweise in diesem Stadium, daß sich ein entfernter Gegenstand durch eine Schnur, die an ihm befestigt ist, heranziehen läßt (Zimmer 1986, 11). Bei der Nachahmung hat die Akkommodation Vorrang vor der Assimilation, der Objektbegriff wird weiter ausgebaut. Wenn der Säugling früher einen Gegenstand an der Stelle gesucht hat, wo er ihn zuletzt gefunden hat, so wird er jetzt dort suchen, wo er ihn zuletzt gesehen hat. Kinder in dieser Phase sind meist sehr aktiv, längeres Sitzen und konzentriertes Spielen ist nur begrenzt möglich.

Motorik: Das Kind zeigt in allen Positionen ein gutes Gleichgewicht, kann „Fußballspielen", d. h. mit dem Fuß Gegenstände anstoßen und damit kurzfristig das stabile Gleichgewicht aufgeben. Rückwärtsgehen und das Tragen von Gegenständen gelingen gut, beim Treppensteigen benötigt es noch Halt. Es verfügt bereits über eine gute Auge-Hand- und Hand-Hand-Koordination.

Sechstes Stadium – Beginn des Denkens / Erfinden neuer Mittel durch geistige Kombination (18.–24. Monat)

War das Kind bisher bei einer Problemlösung auf unmittelbare Erfahrungsdaten angewiesen, so ist es jetzt in der Lage, auf dem Wege der Einsicht, d. h. des geistigen Kombinierens, Lösungsmöglichkeiten zu finden. Piaget beschreibt das Beispiel seiner Tochter Lucienne, wie sie versucht, eine Uhrkette aus einer leeren Streichholzschachtel herauszuholen. Nach einigen vergeblichen Versuchen (Anwendung von alten Mustern) kommt sie durch Überlegung darauf, den Spalt mit den Fingern zu vergrößern, um damit die Kette zu angeln. Die Koordination verschiedener Schemata wird nicht ausprobiert, sondern vielmehr vorweggenommen, so daß die Handlung der Situation angemessen durchgeführt werden kann. Die Nachahmung erfolgt schneller, das Kind ist in der Lage, eine Situation nicht in dem Moment, in dem sie stattfindet, sondern einige Zeit später wiederzugeben (aufgeschobene Nachahmung). Der Begriff des permanenten Objektes ist ganz ausgebildet. Vielseitige Erfahrungen bilden ein breites Fundament für die sensomotorische Intelligenz und sind zugleich Grundlage für die weiteren Stufen.

Die Stufe des symbolischen und vorbegrifflichen Denkens (2–4 Jahre)

Bedeutsam für diese Stufe und für die Entwicklung des Denkens ist das Aufkommen der Vorstellungen. Das Kind löst sich vom realen Gegenstand und kann diesen durch ein Symbol (Bild, Gegenstand, Wort) ersetzen. Die Nachahmung bzw. die aufgeschobene Nachahmung ist nach Meinung Piagets der Vorläufer des Symbols. Symbole beziehen sich dabei nicht primär auf den Gegenstand, sondern eher auf das, was wir von ihm wissen bzw. welche Erfahrungen wir mit ihm gemacht haben, das vom Kind entwickelte Symbol ist also individuell. Auf dem Weg des symbolischen Denkens vermag das Kind nun einen Gegenstand zu manipulieren. So wird ein Karton zur Badewanne, Höhle, zum LKW, Haus oder Bett.

Mit dem Erwerb der Sprache ist es auch möglich, sprachliche Symbole zu bilden (von Piaget als „Vorbegriffe" bezeichnet). So läßt z. B. ein Kind einen Vogel auf einem Bild fliegen.

Die Stufe des anschaulichen Denkens (Alter 4–7 Jahre)

Das Kind kann nun das Wahrgenommene (Person, Gegenstand oder Ereignis) leichter in der Vorstellung reproduzieren. Weiterhin entwikkelt es im Laufe der Zeit komplexe Vorstellungen und echte Begriffe; Denkakte vollziehen sich in der Vorstellung. Das Kind nimmt Dinge so an, wie es sie erlebt und sieht. Bei Veränderungen aber verlieren die Dinge noch ihre Identität. Das nachfolgende Beispiel verdeutlicht dies: Ein Mädchen sitzt am Tisch vor drei verschiedenfarbigen Bergen aus Ton oder ähnlichem Material, die es überblickt. Nun wird eine Puppe an die Stelle des Mädchens gesetzt, welche ebenfalls die Berge überblicken kann. Nun wird das Kind gefragt, welchen Berg die Puppe wohl als höchsten, nächsthöchsten und niedrigsten sieht. Das Kind gibt die richtige Reihenfolge an. Jetzt wird die Puppe auf die andere Seite gesetzt, also vor den niedrigsten Berg. Wiederum wird das Mädchen gefragt, welchen Berg die Puppe nun zuerst sieht, den niedrigsten, den mittleren oder den höchsten. Das Kind kann die jetzt gestellte Frage nicht beantworten, obwohl es die Berge sehr gut sieht (Aebli 1964, 22). Ein anderes Beispiel: Die Mutter und die vierjährige Tochter sitzen sich bei Tisch gegenüber. Die Tochter ist ganz stolz, daß sie mit Messer und Gabel essen darf. Plötzlich bemerkt das Kind: „Mama, Du hälst das Messer in der falschen Hand." Das Kind kann sich beim anschaulichen Denken also noch nicht in die Wahrnehmungsmöglichkeiten anderer Standorte versetzen, sondern die Lage nur aus der Position, die es selbst einnimmt, beurteilen; das Denken ist in dieser Stufe noch eingleisig, das Kind nicht in der Lage, mehrere Aspekte gleichzeitig zu erfassen. Verdeutlicht werden kann dies mit einer der wohl berühmtesten Untersuchungen Piagets: Zwei gleichförmige Behälter sind mit gleichen Mengen Wasser gefüllt. Der Inhalt des einen Gefäßes wird nun in ein höheres, schmaleres Gefäß umgefüllt. Auf die Frage, in welchem Gefäß sich mehr Wasser befindet, antwortet das Kind gewöhnlich, in dem höheren, schmaleren sei mehr. Es konzentriert sich also in diesem Fall nur auf den Aspekt Höhe und läßt andere Faktoren wie Breite bzw. Volumen außer acht. In der vorhergehenden wie in dieser Stufe zeigt sich deutlich die geistige Haltung des Kindes. Es kann sich noch nicht in die Gedanken einer anderen Person hineinversetzen, alles orientiert sich an seinen Vorstellungen (kindlicher Egozentrismus). So meint z. B. ein vierjähriges Kind beim Versteckspielen, daß, wenn es sich die Augen zuhält, es auch von den anderen nicht gesehen werden kann.

Die Stufe der konkreten Operationen (7–11/12 Jahre)

Das Denken wird jetzt unabhängig von der Wahrnehmung des Kindes (eingleisiges Denken wird aufgegeben), ist jedoch immer noch an konkrete Situationen gebunden. Die Umschütt-Aufgabe wird jetzt keine Schwierigkeiten mehr bereiten, da das Kind alle Faktoren berücksichtigen kann. Weiterhin kann sich das Kind die Umkehrung der Vorgänge vorstellen, das Denken wird reversibel. Die Weltbeständigkeit – sie wird konkret. Das Kind hat nun soviel Selbständigkeit erreicht, daß es sich mit anderen messen möchte. Ein Kind, bei dem die konkreten Denkoperationen voll entwickelt sind, zeigt erstaunliches Interesse für die materiellen Gegebenheiten der Welt. Es ist das Alter, in dem beispielsweise Fußballstatistiken auswendig gelernt werden und das Guiness-Buch der Rekorde zum Lieblingsbuch wird.

Stufe der formalen Operationen (ab 11/12 Jahren)

Die Denkoperationen sind jetzt unabhängig vom Konkreten. Es gelingt das Operieren mit Vorstellungen, die nicht Reproduktionen von etwas Wahrgenommenem sind, zumindest nicht die Reproduktion von etwas aktuell Wahrgenommenem (vgl. Schraml 1972, 268). Es gelingt das Operieren mit Begriffen und deren Beziehungen, das Ableiten von Regeln (induktives Denken) und das Anwenden von allgemeinen Sätzen auf den konkreten Sachverhalt (deduktives Denken). Ferner beginnt das Metadenken, d. h. das Nachdenken über das Denken selbst.

Besonderheiten in der sensomotorischen Entwicklung bei Menschen mit Entwicklungsverzögerungen bzw. einer geistigen Behinderung

Die geistige Entwicklung eines Menschen, speziell die sensomotorische Entwicklung, kann durch viele Faktoren beeinflußt, verzögert bzw. gestört werden. Dabei muß jedoch immer bedacht werden, daß die Denkentwicklung einen individuellen Prozeß darstellt, der von vielen Gegebenheiten mitbestimmt wird. Im folgenden sollen als Orientierungspunkte einige Besonderheiten/Abweichungen in der Intelligenzentwicklung beschrieben werden.

(1) Das erste Stadium der sensomotorischen Intelligenz bezeichnet Piaget als Übung und Betätigung der Reflexe. Gleich nach der Geburt reagiert das Kind auf Umweltreize mit angeborenen Reaktionen, den unbedingten Reflexen. Auf dieser Grundlage bilden sich bedingte Reflexe aus, als einer der ersten entsteht der bedingte Saugreflex. Begann es sofort Saugbewegungen auszuführen, sobald ein Reiz seine Lippen berührte (unbedingter Reflex), lernt das Kind bald nur dann Saugbewegungen auszuführen, wenn es in die Stillage gebracht wird (natürlich bedingter Reflex). Bei geistig behinderten Kindern können sich bedingte Reflexe langsamer entwickeln und unbedingte angeborene Reflexe später verschwinden (Miessler/Bauer 1978, 29). So verhindert ein länger auftretender Greifreflex eine aktive Auseinandersetzung mit der Umwelt. Das Persistieren von tonischen Haltemustern, z. B. ATNR (asymmetrischer tonischer Nackenreflex) und TNR (tonischer Labyrinthreflex) verhindert meist eine Koordination der Bewegungen und läßt das Erscheinungsbild asymmetrisch erscheinen.

(2) Die beschriebenen Verzögerungen in der motorischen Entwicklung, aber auch eine abweichende motorische Entwicklung beeinflussen in vielfältiger Weise die Ausbildung von Handlungsschemata. Bei einer schweren körperlichen Beeinträchtigung bzw. bei einer Mehrfachbehinderung wird eine geringere Anzahl, eine andere Qualität von Schemata ausgebildet. Häufig kommt (vor allem bei geistig behinderten Kindern) noch eine Überbehütung durch die Eltern hinzu, die ihr behindertes Kind vor weiteren „schmerzhaften Erfahrungen" schützen wollen.

(3) Aufgrund einer veränderten Wahrnehmungssituation kommt es häufig zur Ausbildung von vereinfachten, nicht der Realität entsprechenden Handlungsschemata. Bei der Erkundung der Umwelt macht ein Mensch mit erhöhtem Muskeltonus und damit einer eingeschränkten Wahrnehmung andere Erfahrungen mit den Dingen des Alltags. Die Ausbildung von Handlungschemata orientiert sich häufig an den Widerständen, denen begegnet wird, die überwunden werden müssen. Bei einer Hypo- oder Hypersensibilität kommt es zur Ausbildung von Schemata, die nicht der normalen Gegebenheit des Gegenstandes bzw. der Umwelt entsprechen. So entwickeln beispielsweise autistische Menschen nach neuen Erkenntnissen andere Schemata im Bereich des Hörens, die wesentlich differenzierter und feiner sind als bei anderen Menschen. Eine Hypersensibilität im taktilen Bereich fördert Rückzugstendenzen und damit auch eine geringere Ausbildung von Schemata.

(4) Aufgrund der vorher genannten motorischen bzw. sensorischen Beeinträchtigung kommt es dazu, daß die Gegebenheiten der Umwelt nicht so differenziert wahrgenommen werden, was dazu führt, daß

Assimilationsprozesse deutlich überwiegen, weil die feinen Informationen der Umwelt nicht in dem Maße wahrgenommen werden und somit nur wenig Akkomodationsprozesse eingeleitet werden. So kann manchmal auch bei erwachsenen behinderten Menschen noch beobachtet werden, wie sie die Umwelt ausschließlich unter dem Aspekt des Geruchs beurteilen.

(5) Ein Angebot von sehr vielen Reizen und damit eine Überstimulation bewirkt häufig, daß das Kind die Reize nicht mehr bewältigen und damit eine Integration nicht erfolgen kann. Es kommt meist zwar zu einer Abspeicherung der Eindrücke, jedoch ohne wirkliche Assimilation.

(6) Das Lösen von Problemen fällt schwer, da nur eine geringe Anzahl von Schemata zur Lösung verfügbar ist. Hier beginnt sich bereits der Kreislauf auszubilden, der für die Entwicklung vieler behinderter Menschen typisch ist. Durch motorische bzw. sensorische, psychische Einschränkungen kommt es zur Ausbildung einer geringeren Anzahl von Handlungsschemata und damit einer meist geringeren Auseinandersetzung mit der Umwelt. Bei der Begegnung mit Problemen sind die Informationen über das Problem meist nur lückenhaft, und es stehen wenige Schemata zur Lösung bereit. Dies führt dazu, daß sich der behinderte Mensch häufig in der Phase des Nicht-Könnens wiederfindet und sich von diesen Problemen abwendet. Versucht das Kind trotzdem, das Problem zu lösen, strengt es sich meist sehr an, und es kommt dabei zu einer allgemeinen Tonussteigerung: „Jede Verspannung (psychisch oder motorisch) hemmt aber auch die Akkommodation, den Bewegungsfluß, den Entwicklungsprozeß, den Redefluß oder den Handlungsablauf" (Augustin 1990, 158).

Häufig ist an die bereits erwähnten körperlichen bzw. geistigen Behinderungen noch eine Reduktion der Aktivität gekoppelt. Ein geringer ausgebildetes Neugierdeverhalten, eine geringe Funktionslust und eine geringe Experimentierfreude verstärken die bereits genannten Tendenzen.

Aus den bisherigen Ausführungen ergeben sich einige wichtige Überlegungen für die Begegnung und Kommunikation mit behinderten Kindern, für ihre Begleitung und Förderung:

Die Lebensgeschichte eines Kindes muß in Erfahrung gebracht und berücksichtigt werden. Darüber hinaus sollte beobachtet werden, über welche Muster/Schemata das Kind verfügt, um daran anknüpfen zu können.

Lern- oder sensorische Angebote müssen den individuellen und momentanen Bedürfnissen und Möglichkeiten des Kindes angepaßt werden. Eine Über- oder Unterforderung wird dadurch vermieden, indem das Kind aktiv am Geschehen beteiligt wird.

Wichtig ist, daß das Kind ausreichend eigene Erfahrungen machen darf. Dabei ist der spürbare Widerstand für die Entwicklung der Bewegungsanpassung und Bewegungssteuerung von entscheidender Bedeutung.

Wiederholungen sind von besonderer Bedeutung, nur durch sie können sich entsprechende Erfahrungen manifestieren. Wiederholen und Üben kann durch geringe Abweichungen/Variationen in der Aufgabenstellung bzw. in der Auswahl des Gegenstandes interessant gestaltet werden.

Grundsätzlich sollte bei der Begegnung, Förderung und Begleitung der Personen darauf geachtet werden, daß eine interessante und attraktive Umwelt geschaffen wird, damit die einzelnen Entwicklungsschritte von sich aus gemacht werden können. Ein starres Lernprogramm führt zu Verweigerungstendenzen und bleibt meist ohne Erfolg. Die wichtigste Voraussetzung für jede Förderung ist die emotionale Zuwendung, die dem Kind Selbstvertrauen und Mut zur Umwelterforschung macht.

Piagets Modell in der aktuellen Diskussion

Die Vorstellungen Piagets sind bis heute aktuell und zu einer Grundlage der Entwicklungspsychologie geworden. Piagets Auffassung die auf der systematischen Folge der kognitiven Entwicklungsstufen und des biologischen Prinzips der Anpassung beruht, ist einfach und faszinierend zugleich. Kritisiert wurde eines: „Was die Umsetzung seiner Erkenntnisse behindert, ist nicht das detaillierte Ergebnis, sondern die Einordnung derselben in seinem Gesamtentwurf, die Einengung auf eine biologisch-genetische Vorstellung von Entwicklung" (Radigk 1986, 86). Wilkening orientiert sich bei seiner Forschungstätigkeit an den Versuchen Piagets, er untersucht hauptsächlich die von Piaget gewonnenen Erkenntnisse. Piagets Behauptung, Kinder bis zu einem Alter von 6–7 Jahren seien nicht in der Lage, mehrere Informationen zu berücksichtigen und zu kombinieren (Eingleisigkeit des Denkens), wird von Wilkening in Frage gestellt, der sagt, Kinder im Vorschulalter könnten mehrere Faktoren systematisch kombinieren, wendeten dabei jedoch fehlerhafte Regeln an. Wenn z. B. zwei Rechtecke angeboten werden – das erste 1 cm breit und 9 cm hoch, das zweite 3 cm breit und 3 cm hoch – so wird von den Kindern das erste meist als größer eingeschätzt. Nach Wilkening beruht dies darauf, daß die Kinder eine Addition der Rechteckseiten durchführen, anstatt sie zu multiplizieren. In einem weiteren Versuch gelingt es Wilkening nachzuwei-sen, daß Kinder verschieden große Pizzastücke in Relation setzen konnten – damit war klar, daß Kinder mehrere Faktoren berücksichti-gen mußten (und konnten). Auch die Vorstellung der Entwicklung des Zeitbegriffes muß nach Wilkening früher angesetzt werden (Wilke-ning 1994, in Geo). Von anderen Autoren, so z. B. Lew Wygotski, wird die Bedeutung der Sprache mehr in den Vordergrund gestellt. Das Vor-Sich-Hin-Sprechen von kleinen Kindern sei kein Egozentrismus (Pia-get), sondern ein inneres Sprechen und damit Beginn des Denkens. Nach Wygotski ist der geistige Entwicklungsstand eines Kindes eher an seiner Fähigkeit zu lernen abzulesen als an seinem Können.

Die Kritik Werner Radigks bezieht sich auf die biologischen Grund-muster und die Stufen des Piaget-Modells: „Was Piaget hingegen nicht erkennt, ist die entscheidende Tatsache, daß mit der Entwicklung des Bewußtseins des Menschen die Prinzipien von Assimilation und Akkommodation aufgehoben werden – aufgehoben im dialektischen Sinne. Assimilation und Akkommodation werden nicht beseitigt, son-dern in einem größeren Entwicklungszusammenhang ‚aufgehoben'. Sie werden zum Bestandteil von Entwicklungsprinzipien, die maß-geblich durch die Kommunikation bestimmt sind. Zwar spielt auch hier die Reifung noch eine bedeutsame Rolle, schließlich wird dadurch das materielle Substrat bereitgestellt, die ausschlaggebende Komponente der Entwicklung verlagert sich aber bei der Heranbil-dung geistiger Operationen auf den Prozeß der Kommunikation. Es entsteht gewissermaßen eine andere Stufe der Entwicklung, in deren Verlauf die Koordination der Umweltbeziehungen durch die vom Menschen gebrauchten Signalsysteme übernommen wird" (Radigk 1986, 84). Ein weiterer Kritikpunkt Radigks ist, daß die für die einzel-nen Phasen als Merkmal oder Kennzeichen angegebenen Aktivitäten nicht ausreichend sind, kein hinreichendes Unterscheidungsmerkmal darstellen, weil sie (in unterschiedlicher Ausprägung) in jedem Lebensalter auftreten. Deshalb ist nach Radigk dieses Modell keine Hilfe bei der Einschätzung des kognitiven Entwicklungsstandes z. B. von Schulkindern. Vor allem, wenn Handlungs- und Denkstrukturen lernschwieriger und lernbehinderter Kinder analysiert werden, stößt man deutlich an Grenzen, da sehr unterschiedliche Leistungsniveaus in den unterschiedlichen Bereichen angetroffen werden.

Eine Wertung der hier gemachten Aussagen kann an dieser Stelle nicht erfolgen. Es sollte lediglich darauf hingewiesen werden, daß es noch weiterer Forschungen bedarf, um die Entwicklungsprozesse beim Menschen aufzuklären.

LITERATUR

Augustin, A. (1990): Die sensorische Integrationstherapie von Ayres im Vergleich mit der Entwicklungstheorie der Sensomotorik nach Piaget. In: Doering (Hrsg): Sensorische Integration. Dortmund

Flammer, A. (1988): Entwicklungstheorien. Stuttgart

Flehmig, I. (1990): Normale Entwicklung des Säuglings und ihre Abweichungen. Stuttgart

GEO-Wissen (1989): Kommunikation. Hamburg

Ginzburg, H. / Opper, S. (1985): Piagets Theorie der geistigen Entwicklung. Stuttgart

Mechsner, F. (1994): Wissen ist ein Kinderspiel. In: GEO-Wissen, Intelligenz und Bewußtsein, 20/94

Miessler, M. / Bauer, I. (1978): Wir lernen denken. Würzburg

Piaget, J. (1969a): Das Erwachen der Intelligenz beim Kinde. Stuttgart

Piaget, J. (1969): Nachahmung Spiel und Traum. Stuttgart

Piaget, J. (1978): Theorien und Methoden der modernen Erziehung. Hamburg

Radigk, W. (1986): Kognitive Entwicklung und cerebrale Dysfunktion. Dortmund

Schraml, W. J. (1972): Einführung in die moderne Entwicklungspsychologie. Stuttgart

Zimmer, R. (1986): Materiale Erfahrungen und Umweltbewältigung. Lehrbrief Aktionskreis Psychomotorik. Lemgo

XIII. Frühförderung

Frühförderung ist die Förderung behinderter und von Behinderung bedrohter Kinder von Geburt an – möglicherweise sogar im vorgeburtlichen Zeitraum (Dönhoff 1992, 123) bis ins Schulalter. Besonders die neurologische Entwicklung des Gehirns mit der Verschaltung und Vernetzung der verschiedenen Bereiche bis zum dritten Lebensjahr wie auch Erkenntnisse der modernen Entwicklungspsychologie machen eine intensive und umfassende Förderung in dieser Entwicklungsphase plausibel. Bestimmte Schädigungen werden durch geeignete und abgestimmte Anreize und Bedingungen aus der Umwelt und interaktionale Bezüge zum Kind nachhaltig kompensiert, die Entwicklung kann günstig beeinflußt werden. „Unter Frühförderung wird das System der frühen Entwicklungs- und Erziehungshilfen verstanden, das unter dem ganzheitlichen Aspekt der individuellen und sozialen, der physischen und psychischen Förderungen von verschiedenen pädagogischen Disziplinen angeboten wird. Dabei lassen sich das pädagogische und das ärztliche Handlungs- und Normensystem als die beiden wichtigsten Teilsysteme unterscheiden" (Speck 1987, 349). Speck unterscheidet zwei Phasen der Frühförderung: Förderstufe 1 (0–3 Jahre) und Förderstufe 2 (3–6) Jahre und definiert sie inhaltlich „als die speziellen Maßnahmen zur Sicherung und Unterstützung der Entwicklung von Kindern mit einem erkennbaren Risiko" (1987, 349).

„Das Bedürfnis nach frühen Hilfen für behinderte Kinder nahm seinen Ausgangspunkt von der Not der Familien mit behinderten Kindern, von der Notwendigkeit, den Kindern mehr und bessere Chancen zu eröffnen als die, in einer Gesellschaft verachtet, ausgegliedert und letztlich als lebensunwert befunden zu werden; es nahm seinen Ausgang gleichzeitig von der Hoffnung, daß bessere Chancen erreicht werden könnten auch dadurch, daß man für diese Kinder etwas tat, und von dem Optimismus, daß dies gerade in der frühen Kindheit am wirkungsvollsten möglich sei. Die Hoffnungen der Eltern und Fachleute nährten sich aus den Erkenntnissen der Wissenschaft, hatten doch Mediziner die Plastizität der Entwicklung, Pädagogen und Psychologen die Bedeutung der frühen Jahre, der frühen Mutter-Kind-Beziehung sowie der frühen Anregungsbedingungen deutlich hervorgehoben" (Thurmair 1988, 190). Auch wenn von der Frühförderung die Rede ist, gab es doch immer schon verschiedene Ansätze, und zwar je nach dem entwicklungspsychologischen Ansatz, dem das Förderkonzept zu Grunde lag, bzw. dem wissenschaftstheoretischen Grundverständnis, mit dem die Fachleute gearbeitet haben (vgl. Taupitz 1985, 200). Diese Entwicklung ist ebenso der Initiative von Eltern zu verdanken, die mit ihren kritischen Rückmeldungen entscheidende Veränderungen mitbewirkt haben. Frühförderung ist nicht als ein Konzept oder eine homogene Institution wie z. B. die Schule zu verstehen, sie ist vielmehr ein Sammelbegriff für verschiedene Förderansätze, die einen günstigen Einfluß auf das behinderte bzw. von Behinderung bedrohte Kind nehmen wollen. In den Anfängen der Frühförderung wurden nach entsprechender Diagnostik Förderprogramme aufgestellt, die in der Regel ein gezieltes Trainieren und Üben von nicht entwicklungsgemäß ausgebildeten Teilbereichen (z. B. Wahrnehmung, Motorik, Sprache) beinhalteten. Besonders die Anwendung verhal-

Umwelt		
	passiv	aktiv
Person / passiv	*endogenistische Theorien* (Entwicklung als Reifung → Phasenlehren; biogenetische Theorien) Die für einen Lebensabschnitt spezifischen Merkmale (z. B. in bestimmten Fähigkeitsdimensionen der Motorik, Perzeption, Kognition ...) entwickeln sich durch anlagemäßig bedingte Reifung.	*exogenistische Theorien* (Konditionierungs- und assoziative Lerntheorien) Entwicklungsfortschritte in „personalen Fähigkeitsbereichen" (Kobi 1985, 241) werden direkt auf Umwelteinflüsse zurückgeführt.
Person / aktiv	*konstruktivistische Theorien* (organismische Theorien, kognitive Theorien) Der Mensch baut sich in aktivem Austausch mit seiner Umwelt, „auf die er handelnd einwirkt, die er erkennt und interpretiert", also in „Selbstkonstruktion" (Montada 1982, 27), Handlungs- und Erkenntnisstrukturen auf und entwickelt dadurch zunehmend komplexere Kompetenzen in spezifischen Fähigkeitsdimensionen (→ Piaget)	*interaktionistische Theorien* Individuum (Kind) und Umwelt werden als Teilsysteme betrachtet, die innerhalb eines Gesamtsystems wechselseitig aufeinander (ein-)wirken, d.h.: „der sich entwickelnde Mensch ist nicht nur Einflüssen seiner Umwelt ausgesetzt, er selbst beeinflußt diese" (Montada 1982, 29). In dieser wechselseitigen „Einwirkung" ergeben sich Entwicklungsfortschritte in spezifischen Fähigkeitsdimensionen.

Abb: 39: Zuordnung von Entwicklungstheorien
(Weiß 1989, 22; erweitertes Schema nach Montada)

tensmodifikatorischer Ansätze trug zu einem technokratischen und funktionalistischen Förderansatz bei, dessen Erfolge als „Programme der ersten Generation" laut Sarimski (1993, 1) mit empirischen Studien durchaus belegbar sind, jedoch die Hoffnungen der Eltern und Fachleute bezüglich der Effizienz dieses Ansatzes nicht erfüllte (vgl. Weiß 1989, 23), da diese Förderung sowohl inhaltlich als auch konzeptionell defizitorientiert unter dem Anspruch des „Machbaren" angelaufen war und sich zum Teil bis heute tradiert hat. Dieser auf Konditionierungs- und assoziativen Lerntheorien aufbauende ‚exogenistische' Theorieansatz kann nur für einen eng begrenzten Bereich Gültigkeit beanspruchen, da er die Lebenswelt mit ihrem sozialen und interaktionalen Gefüge nicht ausreichend berücksichtigt. Wo dieser Versuch dennoch unternommen wurde, ging er in der Regel auf Kosten der Individualität der behinderten Menschen.

Frühförderung ist heute eine weitgehend institutionalisierte Hilfe. In den zumeist ambulanten Frühförderstellen (es existieren nur wenige stationäre Frühförderstellen, also Heimunterbringungen mit dem Konzept der Frühförderung) wird in der Regel mit psychologischen, heilpädagogischen, heilerziehungspflegerischen, logopädischen und krankengymnastischen Fachkräften interdisziplinär gearbeitet.

1. BEREICHE DER FRÜHFÖRDERUNG

Frühförderung läßt sich in verschiedene Bereiche unterteilen:

1.1 Früherkennung und Frühdiagnostik

In der heil- und sonderpädagogischen Diagnostik, die im Anschluß an die medizinische und psychologische Diagnostik stattfindet, geht es um das Ausmaß der Behinderung und um die Möglichkeit, Förderungen, Begleitung, Bildung und Prävention unter Berücksichtigung der Individuallage des Kindes in die Wege zu leiten. Die Beobachtung in verschiedenen Situationen (z. B. des Interaktions- und Spielverhaltens) haben in den letzten Jahren an Bedeutung gewonnen. Nach wie vor ist die Befragung der Eltern eine wichtige Quelle für die heilpädagogische Diagnostik.

1.2 Früherziehung und Frühtherapie

Früherziehung ist als Begriff zunächst widersprüchlich, da er zum Mißverständnis verleiten kann, Erziehung müsse bei einer drohenden

Behinderung früher beginnen als sonst. Gemeint ist vielmehr, daß Erziehung in ganz normalem Sinne stattfindet, es lediglich um spezielle Angebote im Lebensalltag und um therapeutische Hilfen geht, wodurch dem Kind eine bessere Entwicklung und Lebensbewältigung ermöglicht werden kann. Diese speziellen Hilfen sollen so früh wie möglich beginnen. Seit dem Beginn der Frühförderung (vor ca. 30 Jahren) hat sich der Förderansatz verändert:

Von einem an Defiziten orientierten Fördern in Teilbereichen ging die Entwicklung hin zu dem Ansatz, sich am Kind, dessen Familie und Lebenswelt umfassend und ganzheitlich auszurichten. Mit dieser historischen Entwicklung der Frühförderung läßt sich auch eine zeitweilige Überschneidung von Frühtherapie und Früherziehung erklären. Eltern wurden zu „Co-Therapeuten" und hatten als solche eine von den „Fachleuten" übertragene therapeutische Rolle im Erziehungsprozeß. „Das Problem des mehr oder weniger latenten Spannungsverhältnisses zwischen Therapie und spezieller Erziehung aber ist nicht ohne weiteres abzuweisen. (...) Die Spannung zwischen beiden Begriffen ist z. T. auf einer ideologischen Ebene begründet. Es läßt sich feststellen, daß in unserer Gesellschaft in zunehmendem Maße pädagogische, moralische und politische Probleme in therapeutische verwandelt werden und daß man immer mehr dazu neigt, Menschen – bei welchen Problemen auch immer – zu ,behandeln' ", kritisierte von Hentig 1972 (nach Speck 1987, 225 f.). Wenn sich spezielle Hilfen inhaltlich und zeitlich nicht mehr vom Erziehungsprozeß im Ganzen unterscheiden, sollte heute nicht mehr von Therapie gesprochen werden.

Die Früherziehung ist im Gegensatz zur Therapie mehr als nur Anweisung zum „Verhaltenslernen" oder Reparatur ,störender' oder defizitärer Ausgangslagen beim Kind: „Sie will Welt erschließen, sinnerfüllte Selbstwerdung ermöglichen und Deutungen auch für Probleme anbieten, die nicht zu ,lösen' sind, Erschwernisse und Leiden, die getragen werden müssen wie ein Kreuz und die offensichtlich die Frage nach dem Sinn herausfordern, die immer nur jeder auf seine Weise wird beantworten können. In Anbetracht dieser Sinndimension wird das deutlich, was in der Erziehung gegenüber bloßer, einseitig behandelnder Therapie zu verteidigen wäre: Während letztere erfahrungsgemäß methodisch auf Veränderung gerichtet ist, orientiert sich Erziehung – auch Spezialerziehung (oder Früherziehung, d.V.) – an Veränderung und Erhaltung, an Tätigwerden und Seinlassen" (Speck 1987, 226 f.). Damit soll der Stellenwert und die Notwendigkeit der Frühtherapie nicht geschmälert werden, es soll lediglich verdeutlicht werden, daß eine Vermischung der beiden Begriffe „Erziehung" und „Therapie" auch für die praktische Umsetzung ungünstige Auswirkungen hatte und haben kann. Therapeutische Ansätze auf medizinischer, körperlicher, psychologischer und heilpädagogischer Ebene sind nach wie vor wichtige Bestandteile der Frühförderung. Entscheidend ist aber die interdisziplinäre Zusammenarbeit der Fachleute besonders unter der erziehungsintegrierenden „Federführung" der Eltern bzw. der Erziehungsverantwortlichen, wodurch besonders zur heilpädagogischen Ebene eine intensive Wechselbeziehung hergestellt wird.

1.3 Frühberatung

Die zentrale Stellung der Eltern im System der Frühförderung erfordert eine besonders ausführliche und differenzierte Zusammenarbeit mit den Fachkräften der Frühförderung. Zentral in dieser Zusammenarbeit ist die Beratung, die sich dabei nicht auf die Vermittlung methodischer Handlungsanweisungen beschränken darf. Vom „Fachteam" der Frühförderung ist darauf zu achten, daß die Förderansätze aufeinander abgestimmt sind und im Zusammenhang mit der Lebenswelt des Kindes, also seinem sozial-ökologischen Umfeld, auch umsetzbar bleiben. Besonders mit der Beschreibung von Behinderung als normativ-interaktionalem Phänomen (Speck 1987, 166) wird die Aufgabenstellung für die Frühbetreuer/-innen in zwei Dimensionen ersichtlich: „Die erste Dimension sei bezeichnet als ‚tatsächliche Schädigung', die zweite Dimension als die Dimension der ‚erlebten Behinderung'. Aufgabe des Frühbetreuers ist es dabei, das Zusammenspiel der beiden Dimensionen in der Realität seiner Arbeit zu erkennen, es für die Beteiligten offenzulegen und beide Dimensionen voneinander zu differenzieren" (Thurmair 1988, 128).

Außer dieser Unterscheidung ergibt sich für die Beratung, daß nicht nur die „objektiven" Faktoren der Behinderung (diagnostische Grundlagen), sondern ebenso subjektive Faktoren wie die der erlebten Belastungen zum Thema gemacht werden. Sarimski führt dazu das Konzept der „kognitiv-emotional orientierten Beratung" ein: Ziel der kognitiv-emotional orientierten Beratung ist es, Gefühle der subjektiven Inkompetenz, Hilflosigkeit, Depressivität mit den damit verbundenen, die Belastung verstärkenden Denk- und Handlungsmechanismen aufzulösen – zugunsten selbstsicherer, zuversichtlicher, differenzierter und dem jeweiligen Problem angemessener Umgangsweisen mit Belastungen. Dieser (nie abgeschlossene) Prozeß setzt voraus, daß es dem/der Berater/-in gelingt, eine Beziehung zu den Eltern aufzubauen, in der eine offene Kommunikation über belastende Gefühle möglich ist, was auch ein Erfahrungs- und Übungsfeld sein kann für eine entlastende Kommunikation zwischen den Eltern, Großeltern, Freund/-innen und anderen Personen des/der Behinderten. Damit einher geht die Unterstützung sozialer Initiativen der Eltern, um Gefühlen der Isolation entgegenzuwirken und partnerschaftliche Nähe herzustellen (Sarimski 1993, 90 f.).

2. DIE ROLLE DER ELTERN IN DER FRÜHFÖRDERUNG

Wie wir gezeigt haben, hat sich die Position der Eltern im System der Frühförderung geändert. Sie sind diejenigen, die erziehen, die fachliche Ratschläge hinterfragen und umsetzen müssen. Eine positive Entwicklung für das Kind setzt günstige Bedingungen in der Familie (Primärgruppe) voraus, was in der Zusammenarbeit mit den Eltern zu berücksichtigen ist. Annahme und Akzeptanz der Behinderung lassen sich nur schwer in Form von Ratschlägen vermitteln. Isolation, Enttäuschungen und Verunsicherung sollten in den Beratungsgesprächen angesprochen und bearbeitet werden: „Die subjektiv erlebte Belastung durch die Elternrolle wird von Eltern geistig entwicklungsverzögerter Kinder in den meisten Fällen als höher empfunden als das Leben mit einem nicht-behinderten Kleinkind. (...) Der Grad der Belastung hängt dabei zu einem Teil ab von der Art der Behinderung" (Sarimski 1993, 85). Belastungen durch die Pflege wie auch soziale und emotionale Verhaltensauffälligkeiten der Kinder spielen dabei ebenso eine Rolle wie der unmittelbare soziale Hintergrund. Darüber hinaus wurde auch festgestellt, daß sich die Frühförderung häufig auch positiv auf die Eltern auswirkt. Eine Untersuchung (Gsödl u. a. 1989, 118 ff.) zeigt, daß mehr als ein Drittel der Eltern in den verschiedensten Entwicklungsbereichen ihrer Kinder durch die Frühförderung Fortschritte beobachten konnten. Ebenso verbesserte sich die eigene Einstellung zum behinderten Kind. Es entwickelte sich eine realistische Einschätzung seiner Entwicklungsmöglichkeiten, und die anfängliche Verunsicherung nahm ab.

3. INTERAKTIONSORIENTIERTE FRÜHFÖRDERUNG

Der interaktionistische Ansatz in der Früherziehung greift das Theoriemodell des symbolischen Interaktionismus aus der allgemeinen Pädagogik auf, welches in den letzten Jahren besonders auch in der Behindertenhilfe an Bedeutung gewonnen hat. Mit dem Beitrag Sarimskis (1993) wird die Qualität und Effizienz des interaktionalen Konzepts wissenschaftlich bestätigt. Schon im Bereich der Diagnostik gilt die besondere Aufmerksamkeit der Entwicklung der kommunikativen Fähigkeiten des Kindes, seines kognitiven Entwicklungsstandes und dessen Zuordnung zu einem Entwicklungsmodell. Die an der Früherziehung beteiligten Personen müssen eine Vorstellung des aktuellen Entwicklungsstandes des Kindes haben und wissen, welches das nächste erreichbare Entwicklungsniveau sein kann. Sarimski hat hierzu folgende Tabelle aufgestellt:

	Dunst/McWilliams	Piaget	Uzgiris	Definition
0	Reaktion auf Umweltreize (I)	Reflexe (I) primäre Kreisreaktionen (II)	undifferenzierte Reaktionsbereitschaft (0)	Verhaltensweisen, die von sozialen und nicht-sozialen Reizen ausgelöst werden
1	undifferenzierte Interaktionen (II)	sekundäre Kreisreaktionen (III)	einfache ganzheitliche Handlungen (I)	Reaktionskontingente Verhaltensweisen, die das Kind einsetzt, um einfache Interaktionen mit der Umwelt zu initiieren und aufrechtzuerhalten
2	differenzierte Interaktionen (III)	Koordination sekundärer Kreisreaktionen (IV) tertiäre Kreisreaktionen (V)	differenzierte Handlungen (2) Regulation des Verhaltens durch differentielles Feedback (3)	Verhaltensweisen, in denen sich die Fähigkeit des Kindes zeigt, Verhaltenssequenzen zu bilden und sie je nach Erfolg zu modifizieren
3	antizipatorisch-repräsentationale Interaktionen (IV)	repräsentationale Handlungen und mentale Kombinationen (VI)	antizipatorische Regulation von Handlungen (4)	Verhaltensweisen, in denen sich die Fähigkeit zeigt, dasjenige Verhalten vorab auszuwählen, das zum Ziel führt
4	symbolisch-repräsentationale Interaktionen (V)			Verhaltensweisen, in denen sich die Fähigkeit zum Umgang mit Symbolen für Objekte, Personen und Sachverhalte zeigt

Abb. 40: Modell der frühen kognitiven Entwicklung
(Sarimski 1993, 30)

Das diagnostische Konzept setzt konsequenterweise voraus, daß auch der Interaktionsstil der Eltern beobachtet und analysiert wird. Ausgangspunkt der interaktionsorientierten Förderung ist der Entwicklungsstand des Kindes, wobei der Aufmerksamkeitszustand des Kindes als elementare Voraussetzung diesbezüglicher Lernprozesse angesehen wird. Es geht darum, den richtigen Moment der Kontaktaufnahme zu erfassen: „Während der Zeiten wacher Aufmerksamkeit ist der Blickkontakt und die Blickrichtung des Kindes die wichtigste Orientierungshilfe. (...) Der Moment des Blickkontakts wirkt dann meist als Auslöser für die Ausgestaltung einer längeren Interaktionsepisode, bei der die Mutter oder der Vater durch stimmliche Variation, Wiederholungen, Anlächeln, Kommentare, Flüstern, Fragen, kontingentes Nachahmen kindlicher Vokalisationen die Aufmerksamkeit des Kindes aufrechtzuerhalten versuchen. Wie als Einladung zur sozialen Kommunikation kann das Kind die Blickrichtung auch benutzen als Signal, um Überforderung, Überlastung und den Wunsch nach einer Pause anzuzeigen (...) Es hat damit eine Möglichkeit, die Menge des Angebots selbst zu regulieren" (Sarimski 1993, 58 f.). Wenn solches Kommunikationsverhalten richtig interpretiert und von der Bezugsperson mit Zurücknahme und Abwarten beantwortet wird, kann dadurch die Kommunikationskompetenz aufgebaut werden. Entscheidend ist, daß die vom Kind ausgehenden Aktivitäten in einem wechselseitigen sozialen Prozeß mit Sinn erfüllt werden. „Es geht dabei zunächst nicht darum, irgend ein wünschenswertes Verhalten aufzubauen, sondern dem Kind ein Bewußtsein für den Zusammenhang zwischen seinem Verhalten und dem des Gegenübers zu vermitteln" (Sarimski 1993, 60). Die Ausführungen zur kommunikationsorientierten Förderung, wie sie von Sarimski dargestellt werden, entsprechen weitgehend dem Prinzip der primären Kommunikation nach Mall (1990). Dieser Förderansatz stuft den behinderten Menschen nicht zum Förderobjekt herab, bezieht sich auf ihn und bringt durch sinnstiftende Handlungen im Prozeß der zwischenmenschlichen Wechselwirkungen Entwicklungsschritte in Gang, die eine Verwirklichung des Selbst in sozialen Zusammenhängen ermöglichen.

4. HEILERZIEHUNGSPFLEGE UND FRÜHFÖRDERUNG

Fachkräfte der Frühförderung im pädagogischen Bereich sind zunächst die Heilpädagoginnen. Die Schwerpunkte ihrer Arbeit liegen in der Diagnostik, der Konzeption der Förderung, im therapeutischen Arbeiten sowie in der Beratung mit den primären Bezugspersonen des Kindes. Ambulante, stationäre und teilstationäre sowie familienentlastende Hilfsdienste werden von Heilerziehungspflegerinnen qualifiziert bewältigt, da ihre breite didaktische Ausbildung, ihr theoretisches Wissen und praktische Erfahrungen bei der Konzeption, Organisation und Durchführung geplanter Förderungen (Förderprogramme) und ihr fundiertes entwicklungspsychologisches Wissen sie zu einem wichtigen Bestandteil des Frühförderteams macht. Die Ausbildung der Heilerziehungspflegerinnen auf dem Gebiet der ganzheitlichen Förderung in musischen und lebenspraktischen Bereichen und unter besonderer Berücksichtigung der kommunikativen Fähigkeiten tragen zu der hier geforderten Fachkompetenz bei.

LITERATUR

Dönhoff; K. (1992): Frühförderung und geistige Behinderung – Chancen, Probleme und Grenzen. In: Heilpädagogische Forschung, Band XVIII, Heft 3

Gsödl, J. u. a. (1989): Wirkung der Frühförderung aus der Sicht der Eltern. In: Frühförderung interdisziplinär, 8/1989

Mall, W. (1990): Kommunikation mit schwer geistig behinderten Menschen. Heidelberg

Sarimski, K. (1993): Interaktive Frühförderung. Behinderte Kinder: Diagnostik und Beratung. Weinheim

Speck, O. (1987): System Heilpädagogik. Eine ökologisch reflexive Grundlegung. München, Basel

Taupitz, B. (1985): Kritische Betrachtung ausgewählter Frühförderprogramme. In: Geistige Behinderung, 3/1985

Thurmair, M. (1988): Behinderung in der Frühförderung. Bemerkungen zu einem Problem und seiner Geschichte. In: Geistige Behinderung, 3/1988

Thurmair, M. (1988): Verlaufsstudien zur Frühförderung: Spannungsfelder im pädagogisch-therapeutischen Dreieck. (Arbeitsstelle Frühförderung, Pädagogische Abteilung, Hrsg.) München

Weiß, H. (1989): Familie und Frühförderung. Analysen und Perspektiven der Zusammenarbeit mit Eltern entwicklungsgefährdeter Kinder. München, Basel

XIV. Kommunikationsförderung bei Menschen mit einer Behinderung

Der Mensch als soziales Wesen ist auf Kommunikation und Interaktion angewiesen. Bei Menschen mit einer Behinderung ist der Austausch von Informationen häufig erschwert und bedeutet für die betroffenen Personen ein schier unüberwindbares Problem. Die Vorstellung, unsere Gedanken und Gefühle anderen nicht richtig mitteilen zu können, löst bei uns allen Unbehagen aus. Helen Keller, die im Alter von einem Jahr aufgrund einer Krankheit Augenlicht und Gehör verloren hatte, beschreibt diese Situation: „Inzwischen wuchs mein Verlangen, meinen Gedanken Ausdruck zu geben, von Tag zu Tag. Die wenigen Zeichen, derer ich mich bedienen konnte, wurden immer unzureichender, und das Fehlschlagen meiner Versuche, mich verständlich zu machen, war stets von einem Zornausbruch begleitet. Es war mir, als hielten mich unsichtbare Hände und ich machte verzweifelte Anstrengungen, mich zu befreien. Ich kämpfte – nicht, weil dieser Kampf mir etwas nützte, sondern weil der Geist des Widerstandes in mir lebendig war; ich brach auch in der Regel weinend und völlig erschöpft zusammen. War meine Mutter zufällig in der Nähe, so flüchtete ich mich in ihre Arme, zu elend, um mich auch nur an die Ursache des Sturmes erinnern zu können. Nach einiger Zeit wurde das Bedürfnis nach Verständigungsmitteln so dringlich, daß diese leidenschaftlichen Auftritte täglich, oft sogar stündlich erfolgten" (Keller 1955, 28).

Menschen, die sich nicht verständlich machen können, zeigen sehr unterschiedliches Verhalten. Wie von Helen Keller beschrieben, kann es zu sehr deutlichen und intensiven Zornesausbrüchen bzw. auffälligem Verhalten bis hin zur Fremd- und Autoaggression kommen. Andere Betroffene ziehen sich scheinbar von der Umwelt zurück, leben in ihrer eigenen Welt.

Eine der wichtigsten Aufgaben von Personen, die Menschen mit einer Behinderung betreuen, ist es, mit ihnen in Austausch zu treten. Gelingt es, in die Welt des Gegenübers einzutauchen, seine Ausdrucksformen richtig zu verstehen, kann sich eine Basis bilden, auf die das weitere Miteinander aufbaut. Erziehung und Förderung eines Menschen ist nicht möglich, wenn nicht eine Ebene des gemeinsamen Verstehens gegeben ist. Wenn wir auch davon ausgehen, daß die Kommunikationsentwicklung bei allen Kindern in der gleichen Abfolge verläuft, muß bewußt sein, daß sie bei Menschen mit einer Behinderung verzögert verlaufen kann und einzelne Phasen länger andauern können. Das Auftreten von Sprachstörungen hat häufig mehrere Ursachen; der Entwicklungsverlauf im Bereich der Motorik und der Wahrnehmung ist von ausschlaggebender Bedeutung für die Sprachentwicklung – dementsprechend muß die Sprach- und Kommunikationsförderung breit angelegt werden.

1. GRUNDLAGEN

Basis jeder geplanten Förderung ist die Beobachtung und Erfassung bereits vorhandener Kompetenzen. Häufig wird das Sprachverständnis von Menschen mit einer leichten geistigen Behinderung überschätzt, da sie aufgrund eines ausgeprägten Situationsverständnisses verbale Anforderungen korrekt ausführen. So kann der Mensch mit einer Behinderung die Aufforderung „Bitte hole eine neue Tüte Milch" aufgrund der Situation – leere Milchtüte, Zeigegeste des/der Betreuers/-rin usw. – leicht verstehen. Eine Abklärung Sprachverständnis versus Situationsverständnis kann erfolgen, indem in einer bestimmten Situation eine nicht passende verbale Aufforderung eingebracht wird, z. B. kann der/die Betreuende im schon genannten Beispiel sagen: „Bitte geh in die Küche und hol ein Auto." An dieser Stelle sei darauf hingewiesen, daß sich ein Sprachverständnis auch ohne Handlungserfahrung entwickeln kann (vgl. Hildebrand-Nilshon 1989, 61). Vor allem Menschen mit einer schweren körperlichen Behinderung verfügen oft über ein ausgeprägtes Sprachverständnis, auch wenn die aktive Sprache fehlt bzw. nur minimale motorische Prozesse (z. B. Augenbewegungen, Kopfbewegungen) als kommunikative Signale benutzt werden können.

Das Anbahnen und das Entwickeln von Kommunikation wird erfolglos bleiben, solange die Persönlichkeit als wesentliches Bestimmungsmerkmal für Qualität, Quantität und Inhalt der Kommunikation nicht in Rechnung gestellt wird. Dabei muß jedem/jeder Betreuer/-in bewußt sein, daß er/sie die Persönlichkeit des/der einzelnen wesentlich mitdefiniert, da er/sie ihr/ihm Handlungsfelder eröffnet, zugesteht oder auch verschließt, also als interagierender/-e Partner/-in Wege der Verständigung öffnen oder verschließen kann. So erfahren die einzelnen die Wirksamkeit ihres Handelns dadurch, daß die betreuende Person fähig ist, ihre Signale zu decodieren und darauf zu reagieren. Vor allem in der Begegnung mit Menschen mit einer schweren Behinderung sollten die Signale positiv beantwortet werden, da sonst die

Gefahr besteht, daß dem behinderten Menschen die Wirksamkeit des eigenen Handelns nicht deutlich wird und er in Folge die Aktivität einstellt. Andererseits kann der/die Betreuer/-in den Menschen mit einer Behinderung bei der Verfolgung seiner Ziele durch Bewegungsbegleitung, Körperführung und ähnliche Hilfestellungen begleiten, was allerdings ein hohes Maß an Vertrautheit und Personenkenntnis voraussetzt und damit die Fähigkeit, die eventuell schwach intendierten Ziele des/der Behinderten überhaupt erkennen zu können.

Grundlage für die Entwicklung und Stabilisierung kommunikativer Strukturen zwischen zwei Partnern/-rinnen ist die von beiden als sinnvoll erlebte gemeinsame Handlungssituation; sie ist Voraussetzung für den Aufbau einer Motivation und die beidseitige Entwicklung von Zielvorstellungen. Motivation entsteht immer dann, wenn Verhalten erfolgreich ist, wenn also der/die behinderte Partner/-in erfolgreich auf sein/ihr Gegenüber einwirken kann und der/die andere erfährt, daß der Aufbau von Kommunikationsformen mit dem/der behinderten Partner/-in gelingt. Gemeinsame Handlungssituationen ergeben sich aber nur selten; häufig ist das gemeinsame Essen die einzige. Andere Tätigkeiten, wie das Waschen, sind seitens des/der Behinderten erfahrungsgemäß eher negativ besetzt. Deshalb ist die Alltagsbeobachtung, aus der heraus sich verschiedene Handlungssituationen entwickeln können, so außerordentlich wichtig. „Das Gelingen der Herstellung von Gemeinsamkeiten ist jedoch die Voraussetzung dafür, daß das Kind in der gemeinsamen Tätigkeit die Mittel erwirbt, von seiner Seite aus den Prozeß der Interaktion selbständig zu organisieren und von der primären zur sekundären Intersubjektivität zu gelangen, indem es sich des ‚Getrenntseins' von der Bezugsperson bewußt wird und die Gemeinsamkeit durch symbolische Mittel wieder herstellt" (Hildebrand-Nilshon 1989, 74).

Gemeinsame Handlungssituationen und damit Kommunikationsförderung müssen sich an den wesentlichen Bedürfnissen des behinderten Menschen orientieren. Das Spielen bietet sich dafür geradezu an. Die Interaktion mit dem/der Spielpartner/-in fördert den Dialog, häufiges Benennen von Gegenständen und Handlungen erweitert und festigt das kommunikative Repertoire, das Einnehmen verschiedener Rollen unterstützt die Generalisierung. Eine intrinsische Motivationslage bildet eine erfolgversprechende Basis (weitere Ausführungen dazu siehe z. B. Baronjan 1994, 148 ff.). In der Kommunikation mit behinderten Menschen ist es wichtig, daß am Anfang ihre Symbole (Laute, Bewegung) und Ausdrucksmuster übernommen werden und erst nach und nach mit konventionellen Symbolen parallelisiert werden. Eine störungsfreie Atmosphäre, individuelles Lerntempo und personenzentrierte Vorgehensweise bieten erfolgversprechende Aussichten für die Förderung behinderter Menschen. Gelingt es, das Gelernte in den Alltag zu integrieren bzw. den Alltag zum Gegenstand der Förderung werden zu lassen, so werden sich die kommunikativen Kompetenzen erheblich erweitern. Dabei bietet die Einzelförderung häufig die beste Basis. Die Persönlichkeit des/der Betreuers/-rin ist wesentlicher Garant für das Gelingen der Kommunikation. Neben der fachlichen Kompetenz bilden Empathie, Akzeptanz und wirkliches Interesse an dem behinderten Menschen eine tragfähige Basis für eine positive Entwicklung, denn „das Entwicklungsproblem liegt nicht in den Schädigungen der Kinder, sondern in unserer Fähigkeit, einerseits die geeigneten Mittel zu erfinden und bereitzustellen, die Kinder brauchen, um konstruktiv und selbstbestimmend handeln zu können, auch wenn die Mittel häufig andere Personen sind, andererseits die von den Kindern intendierten Ziele und die dabei verwendeten Mittel als solche überhaupt erst zu erkennen, und zwar auch dann, wenn sie auf den ersten Blick nicht zum Spektrum der herkömmlichen Kommunikationsmittel gehören" (Hildenbrand-Nishon 1989, 61). Die Entwicklung und der Erhalt kommunikativer Kompetenzen ist wesentlich geprägt von einer kommunikationsfördernden Umgebung. Deshalb muß z. B. der Aspekt der Kommunikation bei der Konstellation von Lebensgemeinschaften, z. B. von Wohngruppen, deutlich in den Vordergrund gestellt werden. Jeder/jede Heimbewohner/-in braucht einen/eine adäquaten/-te Kommunikationspartner/-in. Voraussetzung ist aber auch, daß das Umfeld die kommunikativen Strukturen, z. B. Gebärdensprache, durchgängig wahrnimmt und umsetzt. Eine entsprechende Wohnraumgestaltung und Ausstattung sind dabei ebenso wichtig wie Zeit. Die Bereitschaft aber, aufeinander zuzugehen, sich gegenseitig zuzuhören, sich in die Situation der/des Anderen zu versetzen und ihn/sie nicht alleine zu lassen, bildet die Basis.

Besonderheiten bei Kommunikations- und Gesprächssituationen

Kommunikations- und Gesprächssituationen zwischen Menschen mit einer Behinderung und ihrer Umwelt unterliegen besonderen Bedingungen und müssen bei der Förderung beachtet werden. Braun (1996, 134 ff.) und Kristen (1994, 47 ff.) beschreiben folgendes:

(1) Atypisches Rollenverhalten
Häufig muß der sprechende Mensch dem behinderten Menschen bei der Rückkoppelung bzw. dem Senden einer Nachricht behilflich sein, indem er Kommunikationshilfen (z. B. Kommunikationstafeln) bereit-

stellt oder durch Nachfragen den Inhalt einer Nachricht zu ergründen versucht. Dies löst die klassische Rollenverteilung des Sprechens und Zuhörens auf.

(2) Reduzierte Kommunikationsgeschwindigkeit

Bei Personen, die die Lautsprache beherrschen, variiert das Sprechtempo zwischen 120 und 180 Worten pro Minute. Die Kommunikationsgeschwindigkeit ist bei Menschen, die auf Unterstützung angewiesen sind, drastisch auf 2 bis 25 Worte reduziert. Dadurch wird ein „Gespräch" zu einem zeitintensiven Vorgang. Durch Probleme im motorischen Bereich (z. B. bei spastischen Lähmungen) fällt sowohl die Artikulation als auch der Einsatz von Medien durch die erschwerte Ansteuerung von Hilfsmitteln (z. B. Tastatur) schwer. Die Kommunikation braucht mehr Zeit, was wiederum eine erhöhte Aufmerksamkeit und Konzentration erfordert, die der kommunikationseingeschränkte Mensch häufig nicht in der Lage ist aufzubringen. Dadurch entstehen Pausen, die von nicht geschulten Personen häufig als unangenehm und peinlich empfunden werden. Aber auch die Verarbeitung einer Nachricht erfordert Zeit, so daß die Antwort häufig nicht abgewartet wird. Das kann dazu führen, daß der/die behinderte Partner/-in gar nicht mehr versucht zu antworten oder daß an ihn/sie nur noch Fragen rhetorischer Art gestellt werden.

(3) eingeschränkte Ausdrucksfähigkeit

Ein Gespräch „lebt" aber auch von den nonverbalen Begleiterscheinungen. Ein Lächeln oder Kopfnicken ermuntert den/die Sprecher/-in, während ein Stirnrunzeln des Gegenübers eher zur Vorsicht rät. Fehlen diese eindeutigen Rückkoppelungsmechanismen, z. B. bei einem Menschen mit schwerer Behinderung, so ist der Sprecher meist verunsichert. Sind die Signale jedoch nicht passend, wie das ungewollte Grimassieren bei einem ernsten Thema, so ist der Kommunikationsaustausch ernsthaft gefährdet.

(4) Eingeschränktes Vokabular

Die Redundanz, die Kommunikation im allgemeinen so leicht gelingen läßt, fehlt häufig in der Kommunikation mit Menschen mit einer Behinderung. Aufgrund schwerfallender Artikulation oder eingeschränktem Wortschatz wird nur das Nötigste gesagt, vieles bleibt unerwähnt, die Modulation ist nicht ausgeprägt, Nuancen gehen verloren. Wie bei Gebärden steht ein Begriff für mehrere Bedeutungen, Interpretationen werden notwendig, und damit steigt die Gefahr von Mißverständnissen.

(5) Übersehen von Kommunikationssignalen

Braun beschreibt aber auch eine unmenschliche Tendenz im Umgang mit kommunikationseingeschränkten Menschen: „So machte eine meiner Schülerinnen in der Pause wiederholt die Erfahrung, daß ein bestimmter (und in die Möglichkeiten unterstützter Kommunikation durchaus eingeweihter) Kollege niemals bemerkte, wenn sie Blickkontakt mit ihm aufnahm, lautierte und wiederholt auf ihre Tafel zeigte, um ihm deutlich zu machen, daß sie um seine Hilfe beim Trinken bitten wollte" (1996, 139). Dieses Beispiel ist sicher kein Einzelfall, und alle kennen die Gefahr, daß wir aufgrund von Zeitmangel oder anderen Faktoren die Kommunikationssituation mit einem Menschen mit eingeschränkter Kommunikationsfähigkeit abrupt beenden oder ihm/ihr keine ungeteilte Aufmerksamkeit zukommen lassen. Diese Praxis muß aber deutlich verändert werden. Ansonsten entziehen wir uns die Basis für unser pädagogisches Handeln.

Die Kommunikationsförderung orientiert an der Normalentwicklung

Das ist für den/die Betreuer/-in (Heilerziehungspflegerin) in der Praxis hilfreich, da sie zum einen eine Einschätzung der kommunikativen Kompetenzen des/der Einzelnen ermöglicht und sich zum anderen daraus Fördermöglichkeiten ergeben. Bei der Gestaltung kommunikativer Situationen geht es auch immer darum, wie die Aufmerksamkeit des/der Partners/-rin erreicht werden kann. Rotter, Kane und Gallé (1992, 3) unterscheiden drei Grundstrukturen kommunikationsauslösender Situationen:

(1) Situationen, die Forderungen anregen: Spielsituationen sollen beim Kind einen Wunsch wecken, den es nicht allein, sondern nur mit Hilfe der Erwachsenen erfüllen kann. Diese Wünsche können sich auf einen Gegenstand beziehen, den das Kind alleine nicht erreichen kann, oder auf eine Handlung, die der Erwachsene ausführen soll (z. B. Seifenblasen machen). Wie fordert das Kind die Hilfe des Erwachsenen?
(2) Situationen, die Kommentare anregen: Ein Ereignis soll die Aufmerksamkeit des Kindes wecken (z. B. das Blinken einer Lichterkette). Wie zeigt es sein Interesse, bzw. wie kommentiert es dieses Ereignis?
(3) Situationen, die Ablehnung und Protest anregen: Der/die Erwachsene unternimmt Eingriffe, die den Wünschen und Interessen des Kindes entgegenstehen (das Wegnehmen eines interessanten Spielzeuges). Wie setzt sich das Kind gegen die Eingriffe zur Wehr?

Ziel \ Stufe	Ungezieltes Verhalten	Gezieltes Verhalten	Partnerbezogene Äußerung	Konventionelle Äußerung	Symbolische Äußerung
Fordern Gegenstand	schaut Objekt an; verspannt Körper; wedelt Arme; schreit	schaut zu Objekt + greift danach	schaut zu Person + fordernder Laut; schaut zu Person + macht eine Greifbewegung	Gib-mir-Geste (+ Blick zu Person); zeigt auf Objekt (+ Blick pendelt); „da" (+ zeigt)	„Ball" (+ Zeigen)
Fordern Handlung	unterbricht Stereotypien; überstreckt Körper; schaut Objekt an	schaut zu Objekt + schiebt es an; hält Hand hin für Fingerroutine	schiebt Hand des Erwachsenen zu Spielzeug; gibt dem Erwachsenen das Objekt	Bitte-bitte-Geste (+ Blick zu Person mit Laut); „da" (+ gibt Erw. das Spielzeug)	„noch"; „an" (+ gibt Erwachsenen das Spielzeug)
Kommentar Ereignis	lächelt; gurrt; schaut Ereignis an	schaut zu Ereignis + greift danach; schaut zu Ereignis + bewegt sich mit	Blick pendelt zwischen Ereignis und Person; Blick zu Person + Laut	zeigt auf Ereignis (+ „oh"); klatscht Beifall; Hand ans Ohr (+ Blick zu Person)	„Licht"; „schau"
Protest Wegnahme	schreit; wedelt Arme; überstreckt Körper	schaut zu Objekt + Unmutslaute; hält Objekt fest + schaut zu Objekt	nimmt Objekt aus Reichweite des Erwachsenen; hält Objekt fest + Blick zu Person; Unmutslaute + Blick zu Person	Kopf schütteln; „eh-eh"; schimpft in intonierten Silben	„nein" (+ Kopfschütteln); „haben" (+ hält Objekt fest)

Botschaften des Kindes in den Spielsituationen und ihre Zuordnung zu den fünf Entwicklungsstufen der vorsprachlichen Kommunikation.

Zur Erläuterung:

„;" trennt unabhängige Verhaltenseinheiten.

„+" verbindet Einheiten, die nur als Kombination der Stufe entsprechen.

In Klammer (+ ...) stehen häufige, zusätzlich auftretende Verhaltensweisen, die jedoch nicht Voraussetzung für die Zuordnung zu der Entwicklungsstufe sind.

Abb. 41: Verhaltensmuster in ihrer Entsprechung zu der kommunikativen Entwicklung (Rotter / Kane / Gallé 1992, 11 f.)

Um die kommunikativen Kompetenzen des/der einzelnen richtig einzuschätzen, können in Spiel- und Alltagssituationen die Ausdrucksmöglichkeiten beobachtet und dokumentiert werden, wobei nicht Spitzenleistungen, sondern die Breite der Kommunikationsmöglichkeiten erfaßt werden soll. Auf die Einschätzung der kommunikativen Möglichkeiten des/der einzelnen kann eine geplante Förderung folgen, bei der es vorrangig darum geht, die vorhandenen Kompetenzen zu stärken und auszubauen, weitere anzubahnen und zu entwickeln. Im folgenden werden einige Anregungen zur Förderung der einzelnen kommunikativen Stufen gegeben.

Stufe des ungezielten Verhaltens

Auf dieser Stufe kommen vor allem basale Förderkonzepte wie die basale Kommunikation und Stimulation zum Tragen, da alle Bereiche des Menschen (Wahrnehmung, Bewegung, Denken, Fühlen usw.) in Entwicklungen der Kommunikation eingebunden sind. In Begegnungssituationen wird jedes Verhalten als kommunikative Äußerung betrachtet und nach feinen Signalen bei dem/der Partner/-in gesucht. Eine Verstärkung oder Herausforderung von Ausdrucksmöglichkeiten (z. B. durch Unterbrechen spannender Interaktionssituationen) zeigt meinem/meiner behinderten Partner/-in, daß sein/ihr Verhalten Auswirkungen auf die Umwelt hat und verstärkt ihre/seine Ausdrucksfähigkeit. Diese Vorgehensweise darf aber nur in Situationen der Betätigung angewandt werden, nicht aber wenn es um die Befriedigung elementarer Bedürfnisse geht. Da häufig Probleme in der Rezeption oder Perzeption auftreten, ist es wichtig, daß meine Reaktionen als Partner/-in einfach strukturiert und deutlich sind und sich häufig wiederholen. Wichtig ist auch, daß die Heilerziehungspflegerin sich ausreichend Zeit für die Interaktionen nimmt, um einmal dem/der Behinderten Zeit zur Verarbeitung und Reaktion zu lassen, aber auch um selbst Zeit zum Beobachten, zum Erkennen und Verstärken gelungener Interaktionen zu haben. Als sehr hemmend erweisen sich häufig vorgegebene Strukturen (z. B. im Heim), die auf den individuellen Rhythmus des/der einzelnen keine Rücksicht nehmen. Das Eintreten in eine kommunikative Situation mit einem/einer Partner/-in, der/die z. B. müde ist und sich nicht konzentrieren kann, ist meist für beide Seiten frustrierend. Im Alltag, z. B. in der Pflege, beim Geben von Essen und Trinken und anderen Begegnungssituationen bieten sich allerdings viele Möglichkeiten, die kommunikativen Kompetenzen meines Gegenübers zu stärken.

Stufe des gezielten Verhaltens

Eine Förderung auf dieser Stufe kann folgende Inhalte haben:

(1) Verstärkung des Greifens durch Anbieten attraktiver Medien und Stabilisierung dieses Verhaltens durch Angebote mit kleinen Variationen;

(2) Einbinden des/der Kommunikationspartners/-rin durch gemeinsames Handeln, z. B. beim Greifen, Bauen, Spielen;

(3) Verhaltensweisen interpretieren und Bedeutung geben. Verhalten, z. B. Greifaktionen, wird mit einer deutlichen Antwort versehen, so daß der behinderte Mensch erfährt, daß sein Handeln Wirkung auf die Umwelt hat;

(4) Forderungen provozieren. Die Interaktion mit dem/der Partner/-in wird jetzt provoziert, indem z. B. routinierte Bewegungsabläufe unterbrochen werden, begehrte Gegenstände außerhalb der Reichweite deponiert werden und erst auf Signale hin reagiert wird;

(5) Provozieren von Abwehr. Durch das Anbieten von ungeliebten Gegenständen wird eine Abwehrreaktion provoziert. Danach werden die Gegenstände wieder weggenommen, so daß die Wirkung der Abwehrreaktion auf die Umwelt deutlich wird.

Stufe der partnerbezogenen Äußerung

Schwerpunkt der Förderung dieser Stufe sind vor allem drei Aspekte:

(1) Aufbau, Entwicklung und Stabilisierung der Motivation zur Partnerkommunikation;

(2) Erweiterung der kommunikativen Mittel durch weitere Variationen eigener Ausdrucksformen;

(3) Erlernen konventioneller Laute und Gesten (vgl. Rotter/Kane/ Gallé 1992, 18).

Die Motivation zur Partnerkommunikation hängt von der Fähigkeit des/der einzelnen ab, auf die Interaktionsangebote des behinderten Menschen einzugehen. Durch den bewußten Einsatz konventioneller Gesten (Kopf schütteln, zeigen, mit dem Finger deuten usw.) ergibt sich ein Lernfeld; durch Spiegeln und Verstärken seiner Ausdrucksmöglichkeiten erhält der behinderte Mensch Rückkoppelung und Sicherheit; er/sie integriert damit die gezeigten Verhaltensweisen in sein/ihr kommunikatives Repertoire.

Stufe der konventionellen Äußerung

Personen, die diese Stufe erreicht haben, steht eine Vielfalt kommunikativer Möglichkeiten zur Verfügung. Der Einsatz natürlicher und erlernter Gebärden, aber auch die Methoden medialer Kommunikation z. B. über Fotos, Piktogramme oder Symbole ermöglichen einen umfassenden Gedankenaustausch. Deshalb ist in dieser Stufe vorrangiges Ziel, das Repertoire an konventionellen Gesten und Lauten zu erweitern und zu üben sowie den passiven Wortschatz auszubauen. Um dies zu erreichen schlagen Rotter, Kane, Gallé (1992, 19 f.) folgende Vorgehensweisen vor:

(1) Anregung durch Auswahl oder „Mißverständnisse"
Dem/der behinderten Partner/-in werden mehrere Gegenstände zur Auswahl vorgelegt, so daß er/sie auswählen kann. Auf Reaktionen des behinderten Menschen hin reagiert die Betreuungsperson mit Mißverständnis, so daß der/die behinderte Partner/-in sich nochmals bzw. deutlicher artikulieren muß.

(2) Erleichterung des Zeichenerwerbs durch Modelle der Umwelt
Der/die Kommunikationspartner/-in muß seine/ihre Mitteilung bewußt mit deutlichen konventionellen Gesten wie Zeigen, „gib mir bitte" und mit Lauten begleiten; damit soll eine Verbindung zwischen dem passiven Wortverständnis und der nonverbalen Kommunikation entstehen.

(3) Benennen von Gegenständen und Handlungen
Das Benennen von Gegenständen hat große Bedeutung für die Entwicklung des Sprachverständnisses, auch ist das Benennen von Gegenständen Grundlage für die Entwicklung der Sprache selbst. Für das Zeigen und Benennen eignen sich vor allem Bilderbücher, Kataloge und Prospekte. Wesentlich ist auch hier die Fähigkeit der betreuenden Person, mit dem/der behinderten Partner/-in in einen Dialog zu treten, da eine größere Spanne von Aufmerksamkeit notwendig ist, um eine Serie von Handlungen aufzunehmen und zu verarbeiten.

Stufe der symbolischen Kommunikation

Für Kinder mit einer normalen Entwicklung scheint das Erlernen der Sprache in spielerischer Art und Weise in der Interaktion mit einer kommunikativen Umgebung zu gelingen; Grund dafür scheint die Neugier des Kindes zu sein, Gegenstände zu ergreifen, zu benennen, seine Wißbegier, aber auch die Geduld der Bezugspersonen, den Dingen immer wieder einen Namen zu geben, um sie so dem lernenden Kind zu verdeutlichen. Das Erfassen des semantischen Zusammenhangs zwischen einer Buchstabenkommunikation und einem Gegenstand bzw. einer Person ist jedoch für Menschen mit einer Behinderung häufig ein schwieriger Prozeß. Helen Keller beschreibt dies in ihrer Biographie. Im Alter von etwa 7 Jahren hatte sie eine Puppe geschenkt bekommen: „Als ich eine Weile mit ihr gespielt hatte, buchstabierte Fräulein Sullivan das Wort „d-o-l-l . -" (= Puppe) in meine Hand. Dieses Fingerspiel interessierte mich sofort und ich begann es nachzumachen. Als es mir endlich gelungen war, die Buchstaben genau nachzuahmen, errötete ich vor kindlicher Freude und Stolz. Ich wußte damals noch nicht, daß ich ein Wort buchstabierte, ja nicht einmal, daß es Wörter gab; ich bewegte einfach meine Finger in affenartiger Nachahmung. Während der folgenden Tage lernte ich auf diese verständnislose Art eine große Menge Wörter buchstabieren – unter ihnen pin (Nadel), hat (Hut), cup (Tasse) und ein paar Verben wie sit (sitzen), stand (stehen) und walk (gehen). Aber meine Lehrerin war schon mehrere Wochen bei mir, als ich schließlich begriff, daß jedes Ding seine Bezeichnung hat" (1955, 32)

Helen Keller schreibt an anderer Stelle weiter: „Wir schlugen den Weg zum Brunnen ein, geleitet durch den Duft des ihn umrankenden Geißblattstrauches. Es pumpte jemand Wasser, und meine Lehrerin hielt mir die Hand unter das Rohr. Während der kühle Strom über eine meiner Hände sprudelte, buchstabierte sie mir in die andere das Wort water, zuerst langsam, dann schnell. Ich stand still, mit gespannter Aufmerksamkeit der Bewegung ihrer Finger folgend. Mit einem Mal durchzuckte mich wie eine nebelhafte verschwommene Erinnerung ein Blitz des zurückkehrenden Denkens und das Geheimnis der Sprache lag plötzlich offen vor mir. Ich wußte jetzt, daß water jenes wundervolle kühle Etwas bedeutete, welches über meine Hand strömte. Dieses lebendige Wort erweckte meine Seele zum Leben, spendete ihr Licht, Hoffnung, Freude, befreite sie von ihren Fesseln!" (1955, 33)

Ähnliches beschreibt Oliver Sacks in seinem 1992 erschienenen Buch „Stumme Stimmen" (S. 92). Diese Beispiele machen deutlich, welche Welt sich auch für einen Menschen mit einer Behinderung eröffnet, wenn er die semantische Bedeutung von Buchstabenkombinationen (Wörtern) erkennt. Der Wunsch, jetzt aktiv über die Sprache zu verfügen, wird meist von der Umgebung vehement unterstützt. Der Zugang zur Sprache gelingt auch in einigen Fällen, häufig jedoch wird viel Zeit und Mühe aller Beteiligter investiert, ohne daß sich ein durchschlagender Erfolg einstellt.

Vor Beginn einer Sprachförderung sollte auf jeden Fall die diagnostische Abklärung der morphologischen Strukturen (Sprechapparat) stehen. Viele Menschen mit einer Behinderung können aufgrund anato-

Sprachentwicklung		
Lebensalter	Hörendes Kind, das in laut- sprachlicher Umgebung auf- wächst	Gehörloses Kind, das in gebär- densprachlicher Umgebung aufwächst
1. Monat	Schreien – als Reflex und bei Lagever- änderung	bis ca. 4. Monat wie hörendes Kind, dann verstummt das Kind
2. Monat	Primäres Lallen – Lautproduktion aus eigenem Antrieb	
3.–6. Monat	Lallphase – Umweltklänge und -geräu- sche werden nachgeahmt.	Beginn der Gestikulierphase
6. Monat	Silbenproduktion – Lallen als Mittel der Kontaktaufnahme	erste Ein-Gebärden- äußerungen – deutlich früher, weil der visuell-motorische Sprech- apparat früher ausreift als der auditiv-orale
9. Monat	Beginn des Sprachverständnisses – Bestimmte Dinge werden mit immer gleich- klingenden Lautgebilden bezeichnet.	Die Ausdifferenzierung der einzelnen Gebärdenzeichen erfolgt analog dem Sprechen- Lernen.
ab 10. Monat	Nachahmungsperiode (Echolalie) Kind plappert Wörter nach, ohne ihren Sinn zu verstehen	
12.–18. Monat	Einwortsatz	
18.–36. Monat	Mehrwortsätze Fragealter – erste vollständige Sätze	Zwei-Gebärden-Äußerungen
3.–4. Lebens- jahr	Satzbildung wird gefestigt	Erwerb morphologischer Regeln der Gebärdensprache
ab 4.–5. Lebens- jahr	sollte die Sprachentwicklung weitgehend abgeschlossen sein.	Syntax und semantische Struk- turen werden aufgebaut und verfeinert.

Abb. 42: Sprachentwicklung (Lernen konkret 1992, 17)

mischer Veränderungen des Sprechapparates nicht richtig artikulieren oder sind aufgrund spastischer Lähmungen bzw. veränderter motori- scher Situation erheblich in der Artikulationsfähigkeit eingeschränkt. Neben der motorischen Situation spielt vor allem auch die Entwick- lung der Wahrnehmung, der Kognition, der Emotionen, der Kommuni- kation, der Sozialisation eine wesentliche Rolle.

Symbolische Kommunikation verlangt einen Höchstgrad an Abstraktionsvermögen, viele Prozesse verlaufen parallel, z. B. das Erkennen von Wahrnehmungen, Zuordnen, Vergleichen, Auswählen, Ausdrücken und Speichern. Diese Ausführungen sollen verdeutlichen, daß die diagnostische Abklärung der Voraussetzungen für eine sprachliche Förderung unbedingt notwendig ist, um beidseitige Frustrationen und Enttäuschungen zu ersparen.

Bei der Sprachförderung sollte folgendes beachtet werden:

(1) Sprachliche Förderung darf niemals eine isolierte Maßnahme darstellen. Sie muß eingebunden sein in das Lebensfeld und in die Bedürfnisse des/der einzelnen. Deshalb muß die Vorgehensweise abgestimmt sein auf die jeweilige Person. Liegen die Interessensgebiete eines/einer Jugendlichen z. B. im Bereich der Musik, so ist es sinnvoll, in diesem Bereich die sprachliche Anbahnung in Gang zu setzen.

(2) Isoliertes Sprachtraining beinhaltet die geringste Erfolgschance. Das Einbeziehen aller Kommunikationsmöglichkeiten im Sinne einer „Total-Kommunikation" sichert den größten Erfolg.

(3) Gelingt es, Sprachanbahnung in sinnvolle und motivierte Handlungssequenzen einzubinden, wird eine positive Motivationsgrundlage geschaffen.

(4) Das Berücksichtigen der personalen Umwelt bietet ebenfalls eine erfolgversprechende Möglichkeit. Die Namen von Mutter, Vater, Geschwister, Mitbewohner/-innen und Erzieher/-innen haben oft große Bedeutung und regen zur Nachahmung an.

(5) Gemeinsame Handlungssituationen, wie z. B. im Bereich Sport oder Freizeit, die von allen Beteiligten als positiv erlebt werden, eignen sich besonders für die Entwicklung des Sprachverständnisses und des aktiven Sprachschatzes. Das Springen auf dem Trampolin oder das Fahren eines Karussells wird von den einzelnen als so positiv erlebt, daß sie diese Situation wieder herbeiführen möchten und, um dies zu erreichen, mit dem/der Partner/-in in Interaktion treten müssen.

(6) Die sprachliche Begleitung und Verdeutlichung auftretender Handlungen (Sprachhandeln, nach Hedderich 1992, 11) ist eine wesentliche Hilfe für den Spracherwerb. Sich ständig wiederholende Alltagssituationen, Abläufe und Gegenstände werden immer und immer wieder benannt, so daß ein Verständnis bzw. eine sprachliche Wiedergabe mit der Zeit möglich wird.

(7) Eine Förderung der Kommunikation und damit auch eine Sprachförderung kann stattfinden, indem Menschen mit einer Behinderung im Alltag Entscheidungssituationen bzw. Handlungsalternativen

angeboten werden. Sie müssen bewußt in die Planung ihres Alltags, also ihres Lebens, einbezogen werden, da sie damit die Wirksamkeit ihres Handelns erkennen und auch ein hohes Maß an Selbstbestimmung bekommen.

(8) Die kommunikativen Kompetenzen des/der einzelnen werden durch eine kommunikationsfördernde Umwelt erweitert, welche die Sprachkompetenzen des/der einzelnen wahrnimmt, einfordert, spontane sprachliche Reaktionen registriert und verstärkt, Interesse an der Person und ihrer Entwicklung zeigt. Das spontane Ansprechen eines Menschen mit einer Behinderung, z. B. auf eine Problemsituation, stellt häufig eine Überforderung dar. Deshalb ist es sinnvoll, strukturierte Situationen zu schaffen, in denen es Zeit für Erklärungen, Wiederholungen und zum Nachdenken gibt. Häufig werden Ansätze sprachlicher Kompetenzerweiterungen wieder eingestellt, da die Umwelt die Antwort des behinderten Menschen nicht abwartet. Wir können nicht erwarten, daß der/die behinderte Partner/-in schnell und differenziert Information aufnimmt, verarbeitet und in einen Handlungsplan umsetzt. Warten können bedeutet auch, Respekt zu haben vor dem/der anderen.

(9) Das Spiel bietet vor allem bei Kindern eine Fülle von Möglichkeiten, um die sprachlichen Kompetenzen zu verbessern. Beim Würfelspiel z. B. werden immer wieder die Zahlen formuliert, das Kind lernt im Umgang mit seiner Puppe Ausdrücke wie „Kämmen, Haar, Bürste" usw. Beim erwachsenen Menschen muß nach entsprechenden personengerechten Inhalten gesucht werden.

(10) Neben dem Abklären der Voraussetzungen, die durch Spezialisten/-tinnen geschehen muß, ist die Einbindung bzw. das Heranziehen von Fachleuten, z. B. Logopäden/-dinnen, ein wichtiges Anliegen. Atem-, Stimm- und Artikulationsübungen ermöglichen häufig erst den Erwerb der Sprache.

(11) Die aktive Anwendung der Sprache in verschiedenen Situationen (Generalisierung) bildet die Grundlage für eine wirkliche sprachliche Kompetenz. Deshalb ist es wichtig, daß im Alltag immer wieder Interaktionsstrukturen zwischen Menschen mit einer Behinderung gesucht und gefördert werden, damit keine ausschließliche Ausrichtung auf die Betreuungspersonen entsteht.

2. KOMMUNIKATION MIT GEBÄRDEN

Funktionen, Voraussetzungen, methodische Überlegungen

Der Einsatz von Gebärden in der Kommunikation wurde und wird kontrovers diskutiert. Die „Oralisten" setzen den Erwerb der Lautsprache über alles; Höhepunkt dieser Entwicklung war der 1880 in Mailand abgehaltene Kongreß der Gehörlosen-Lehrer/-innen, auf dem der Gebrauch der Gebärdensprache in den Schulen offiziell verboten wurde (Sacks 1990, 52 f.). Sechzehn Jahre zuvor hatte in Amerika der Kongreß ein Gesetz verabschiedet, das es der ‚Columbia Institution for the Deaf and the Blind' in Washington erlaubte, in den Rang eines nationalen College für Taubstumme aufzusteigen. Dieses erste College entwickelte sich zur Gallaudet-University, die immer noch weltweit die einzige geisteswissenschaftlich ausgerichtete Universität für gehörlose Studierende ist. An anderen technischen Hochschulen sind inzwischen verschiedene Studiengänge und Institute für Gehörlose eingerichtet worden, das berühmteste ist das ‚Rochester-Institute of Technology', in dem mehr als 1500 gehörlose Studierende im ‚National technical Institut for the deaf' zusammengefaßt sind" (Sacks 1991, 49).

Ein häufig verwendetes Argument gegen den Einsatz manueller Kommunikationssysteme war die Überlegung, daß bei der Vermittlung dieser Form der Kommunikation die lautsprachliche Entwicklung gehemmt bzw. nicht gefördert werde. Diese Argumentationsweise ist aufgrund der Erfahrung in der Praxis jedoch nicht mehr haltbar. Autor/ -innen wie A. Affolter, A. Fröhlich und U. Haupt betonen die Wichtigkeit einer ganzheitlichen Entwicklungsförderung, wobei das Zeigen, Zuordnen, Benennen, Definieren der Umwelt über Gebärden eine wesentliche Rolle spielt, wie auch in der normalen Kommunikationsentwicklung Gebärden die Grundlage für das Erlernen der Lautsprache bilden. Der Einsatz von Gebärden ist in folgenden Funktionen möglich:

(1) Sprachersetzende Funktion: Bei Menschen mit einer geistigen Behinderung und/oder Sprach-/Hörschädigung, die nicht in der Lage sind, Lautsprache zu lernen, kann Gebärdensprache als einfaches Kommunikationssystem aufgebaut werden.

(2) Sprachanbahnende Funktion: Die Vermittlung von Gebärden und damit die häufige Benennung von Gegenständen kann zu einer deutlichen Verbesserung des Sprachverständnisses führen. Durch die sogenannte „Total-Communication", d. h. den Einsatz aller kommunikativen Medien wie Gebärden, Symbole, Pictogramme, Zeichen, Mimik

und Aktion, kann die Wahrscheinlichkeit eines Spracherwerbs erhöht werden.

(3) Sprachunterstützende Funktion: Verfügt jemand nur über eine geringe Artikulationsfähigkeit oder ist er/sie erst dabei, die Symbolsprache zu erlernen, kann der gleichzeitige Einsatz von Gebärden den Kommunikationsfluß wesentlich erleichtern und verbessern. Nur gelungene kommunikative Situationen werden den/die einzelne/n ermutigen, neue Wörter zu lernen und vorhandene Kompetenzen anzuwenden. Deshalb ist eine gleichzeitige Anwendung von Gebärden und Sprache in lautsprachbegleitender Form sinnvoll.

Gegenüber der Lautsprache beinhaltet das Erlernen von Gebärden einige Vorteile. So ist die Darbietungszeit im Vergleich zum gesprochenen Wort ungefähr doppelt so lang, was die Rezeption und Perzeption erleichtert. Weiterhin sind Handzeichen motorisch wesentlich einfacher als das gesprochene Wort; häufig sind es körpernahe, einfache Bewegungsabläufe, die Rückkoppelungsmechanismen sind sowohl visueller als auch taktil-kinästhetischer Art. Bei der Vermittlung von Gebärden können mehrere didaktische Möglichkeiten eingesetzt werden, z. B. Vormachen, synchrones Mitmachen, Nachmachen, aber auch eine Begleitung der Gebärde über die Körperführung, damit auch Personen mit eingeschränktem oder nicht vorhandenem Hörvermögen ein Kommunikationssystem erlernen können. Dies wird dadurch erleichtert, daß die Gebärden häufig einen direkten Bezug zur Realität haben (natürliche Gebärden). Um Gebärden erlernen und verwenden zu können, bedarf es seitens des Menschen mit einer Behinderung gewisser Voraussetzungen:

(a) Die Steuerung der Handmotorik muß so ausgeprägt sein, daß es im einzelnen gelingt, Gebärden deutlich auszuführen und zu wiederholen.

(b) Das Aufnehmen von Blickkontakt und das Zulassen von Körperkontakt ist für das Erlernen und Anwenden von Gebärden eine grundlegende Voraussetzung. Erleichtert wird dies durch eine gute Beziehung zwischen dem/der Lernenden und dem/der Lehrenden. Deshalb ist es notwendig, im Vorfeld der Beziehungsgestaltung Raum zu geben und eine gegenseitige Personenkenntnis aufzubauen. Gelingt es, Gebärden im Interessenbereich des Menschen mit einer Behinderung anzubieten, kann eine hohe Motivation erzielt werden, die den Lernprozeß ermöglicht.

(c) Die Zuordnung einer Gebärde zu einem Gegenstand, einer Person, einem Zustand oder einer Handlung ist grundlegend, wozu notwendig ist, daß der Mensch mit einer Behinderung eine Objektkonstanz besitzt, d. h. Gegenstände als solche definieren kann, auch wenn sie nicht vorhanden sind. Die Kommunikation mit Gebärden wird für den/ die einzelnen/-ne aber nur dann erfolgreich sein, wenn die Umwelt bereit ist, auf diese Kommunikationsebene einzugehen. Das bedeutet für den/die Betreuer/-in, dieses Kommunikationssystem zu erlernen und es in der Praxis einzusetzen. Auch hier sind eine gute Beziehung und Interesse an den Möglichkeiten des Menschen mit einer Behinderung Grundlage für die Sprachvermittlung.

Bei der Auswahl und Anwendung von Gebärden sind folgende Gesichtspunkte wichtig:

(1) Die Auswahl der Gebärden muß sich vor allem an den Bedürfnissen und Vorlieben der/des Adressaten/-tin orientieren, die Einbindung in den Alltag ist vorrangig, da nur Gebärden, die im Alltag Anwendung finden, angewendet und generalisiert werden.

(2) Natürliche Hinweise oder sachbezogene Gebärden können leicht verstanden und zugeordnet werden, zusammengesetzte und abstrakte Gebärden sind oft schwer zu vermitteln.

(3) Die Gebärde muß eindeutig sein, damit die Abgrenzung zu einer anderen Gebärde leichtfällt. Ein einfacher grobmotorischer Bewegungsablauf erleichtert das Erlernen der Gebärde.

(4) Von entscheidender Bedeutung ist auch das Tempo der Handbewegungen. Bei zu langsamer Ausführung zerfällt die Einheit des Zeichens, bei zu hastiger und schneller Ausführung leidet die Klarheit. Starke, betonte und rasche Bewegung unterstreicht emotionale Beteiligung; sanfte, dezente Ausführung vermittelt Ruhe (Blickle 1985).

(5) Gebärden, die im Blickfeld ausgeführt werden können, sind aufgrund visueller und kinästhetischer Rückkoppelungsprozesse leichter zu erlernen als z. B. Gebärden über dem Kopf.

(6) Bei der Vermittlung von Gebärden soll auf eine störungsfreie und angenehme Atmosphäre geachtet werden. Dabei ist auch wichtig, daß die Lichtquelle niemals im Rücken des/der Gebärdenden sein darf, da der Schattenwurf eine verzerrte Wiedergabe von Gebärden ergeben kann und das Gegenlicht den/die Angesprochene/n blendet.

(7) Haupt- und Tätigkeitswörter, z. B. Schere und Schneiden, sollten durch die gleiche Gebärde ausgedrückt werden. Die Anzahl der Begriffe sollte möglichst kleingehalten werden, wobei ein Begriffsinhalt durch eine, höchstens zwei Gebärden ausgedrückt werden sollte.

Die Vermittlung von Gebärden kann in folgenden Schritten erfolgen:

(1) Anbieten der ersten Gebärde, darauf folgend die Imitation durch den Menschen mit einer Behinderung. Der Inhalt der Gebärde kann durch das entsprechende Objekt bzw. Aktivität, z. B. Schneiden mit

dem Messer, verdeutlicht werden. Ist die Nachahmung der Gebärde unzureichend oder fehlerhaft, kann sie mit Körperführung verdeutlicht werden.

(2) Gelingt die Nachahmung/Imitation einer Gebärde, soll jetzt der entsprechende Gegenstand bzw. die Handlung mit der Gebärde benannt werden. Dabei können am Anfang Gebärde und Objekt bzw. Handlung noch direkt zugeordnet werden, später werden auch Gegenstände, die nicht mehr unmittelbar zugegen sind, benannt.

(3) Ist eine Gebärde angebahnt bzw. kann über sie verfügt werden, wird eine zweite Gebärde vermittelt. Dabei sollten sich beide Gebärden sowohl vom Inhalt wie auch der Vermittlungssituation deutlich unterscheiden. Ziel ist, daß der behinderte Mensch die beiden Gebärden zu unterscheiden lernt und sie in unterschiedlicher Weise einsetzt. Daraufhin folgt die Vermittlung weiterer Gebärden.

(4) Wichtiges Anliegen bei der Vermittlung von Gebärden ist es, den/ die einzelnen/-ne vom Lernen zum spontanen Gebrauch der Gebärden zu motivieren. Dabei kann man die „Was-ist-das-Frage" mit der Zeit ausblenden, Gegenstände nur nach vorheriger Benennung „aushändigen", Gegenstände aus dem Sichtfeld entfernen usw. Beliebte Tätigkeiten werden nur dann ausgeführt, wenn sie von dem Menschen mit einer Behinderung eingefordert werden. Diese Vorgehensweise sollte jedoch nur vereinzelt angewendet werden, da sie große Risiken in sich birgt. Eine Reduktion der Sprachförderung auf die Situation „Du bekommst nur etwas, wenn Du es auch benennen kannst" verstärkt das Abhängigkeitsverhältnis und ist nicht motivierend. Bei der Befriedigung existentieller Bedürfnisse (z. B. beim Essen) muß auf diese Vorgehensweise völlig verzichtet werden.

(5) Das Übertragen von gelernten Gebärden auf neue Situationen und Personen ermöglicht dem Menschen mit einer Behinderung eine kommunikative Kompetenz. Diese Generalisierung muß als Ziel in den Vordergrund gestellt werden, so daß Kommunikation sich nicht nur auf isolierte Situationen bezieht.

Die Kommunikation mit Gebärden eröffnet vielen Menschen neue Verständigungsmöglichkeiten, ist aber nicht ohne Probleme. So haben viele Gebärden Mehrfachbedeutungen. Das Abwärtsstreichen mit einer Hand auf der Wange bedeutet z. B. „brav, lieb, lieben". Diese Vereinfachung erleichtert natürlich das Erlernen, schränkt aber die Ausdrucksfähigkeit ein. Weiterhin beziehen sich die meisten Gebärden auf Alltagssituationen, sind also eine Art „Basiskommunikation". Die Darstellung komplizierter Zusammenhänge oder das Ausdrücken unterschiedlicher Stimmungslagen, Befindlichkeiten und Gefühle ist oft nur bedingt möglich. Die motorischen Fähigkeiten, vor allem die feinmotorische Steuerung, sind häufig nicht ausreichend entwickelt oder durch Störungen z. B. des Tremors manchmal so stark beeinflußt, daß eine korrekte Ausführung der Gebärden nicht gelingt. All dies kann zu Verständigungsproblemen führen. Ein breites Übungsfeld wird dadurch geschaffen, daß die unmittelbare und weitere Umgebung des/der Behinderten ebenfalls die Gebärdensprache erlernt.

Gebärdensprachen von Menschen mit einer Behinderung in Deutschland

Entsprechend der Aktivität der einzelnen Verbände bzw. dem Engagement einzelner Personen haben sich in Deutschland unterschiedliche Gebärdensysteme verbreitet. Unter dem Titel „Wenn man mit Händen und Füßen reden muß" veröffentlichte Ernst Blickle 1971 erstmals eine Sammlung von rund 300 Gebärden, die speziell auf das Klientel der Haslachmühle (Ravensburg) ausgerichtet ist (Blickle 1985).

(1) „Wenn man mit Händen und Füßen reden muß": In der Haslachmühle leben Kinder und Jugendliche, die neben einer geistigen Behinderung auch eine Hör- und/oder Sprachbeeinträchtigung in sich vereinen. Im Laufe seiner langjährigen Tätigkeit, u. a. als Rektor der dortigen Sonderschule, sammelte und entwickelte Blickle ein Gebärdensystem, das einmal die Sprachlosigkeit der jugendlichen Menschen mit einer geistigen Behinderung überwinden, und zum zweiten auch eine Integration in das Umfeld ermöglichen sollte. So muß jeder/jede Mitarbeiter/-in, der/die in der Haslachmühle arbeitet, die Gebärden lernen, und es werden Kurse für die Eltern der Bewohner/-innen und die Menschen in den umliegenden Ortschaften angeboten.

(2) „Sprachunterstützende Gebärden" von Mariella Vanderhoven/Leo Speth heißt ein ursprünglich aus Holland stammendes Büchlein über sprachunterstützende Gebärden. In diesem Buch sind insgesamt ca. 100 Gebärden aufgeführt, die in der deutschen Version drei Sprachentwicklungsstufen zugeordnet sind. Die Anwendung dieser sprachunterstützenden Gebärden führt in der Praxis zu guten Erfolgen, z. B. in Stetten im Remstal.

(3) „Sprachlos muß keiner bleiben": Seit 1981 werden unter der Leitung des psychologischen Dienstes geistig und autistisch Behinderte im Rahmen strukturierter Einzelförderung in den Johannesanstalten in Mosbach (Baden-Württemberg) durch den Kommunikationsförderbereich (KFB) betreut (Bernhard-Opitz u. a. 1988, 36). Ein Team, bestehend aus Psychologen/-ginnen, Erziehern/-rinnen, Zivildienstleistenden und Praktikanten/-tinnen, bemüht sich um eine intensive Förde-

rung von Menschen mit einer geistigen Behinderung. Dabei ist der Aufbau der funktionalen Sprache, vor allem aber der Einsatz alternativer Kommunikationssysteme für nicht sprechende Behinderte zentral. Im Zeitraum von ca. 1981–1988 wurden ungefähr 100 schulpflichtige und erwachsene Behinderte in die Einzelförderung einbezogen. Durch intensives Einzeltraining (3–5 Mal die Woche, jeweils ca. 30–60 Minuten) gelang es, die Kompetenzen auch von Menschen mit einer schwersten Behinderung im Bereich Kommunikation zu verbessern (Einzelbeispiele siehe bei Bernhard-Opitz u. a. 1988, 38 ff.). Grundsätzlich nennen die Autoren/-rinnen folgende positive Auswirkungen des Handzeichenunterrichts (1988, 53 f.):

(a) Positive Auswirkungen auf Lautäußerungen;

(b) Zunahme spontaner Interaktionen mit Mitarbeitern/-rinnen und Gleichaltrigen;

(c) Abbau von Verhaltensproblemen;

(d) Übernahme von TutorInfunktionen bei der Weitervermittlung von Gebärden;

(4) „Schau doch meine Hände an" (1991/1995): Dies ist eine Sammlung einfacher Gebärden zur Kommunikation mit nichtsprechenden Menschen. In ihm werden verschiedene Gebärdensprachen vereinheitlicht. Fachleute verschiedener Einrichtungen, z. B. von der Haslachmühle, Mosbach, Winnenden (Baden-Württemberg), Hefata (Nordrhein-Westfalen), Nieder-Ramstadt (Hessen) usw. arbeiteten an diesem Werk, das Grundlage für die weitere Förderung von Menschen mit einer geistigen Behinderung in Deutschland sein soll. Insgesamt umfaßt diese Gebärdensammlung ca. 600 Gebärden, dazu eine kurze Darstellung des ‚Phonembestimmten Manual System' (PMS) und des Fingeralphabets. Der ergänzende Einsatz des PMS wurde vor allem in der Haslachmühle eingesetzt. Es unterstützt die Aussprache, hilft hörgeschädigten und gehörlosen Menschen beim Lippenlesen und kann zum Benennen von Personen verwendet werden.

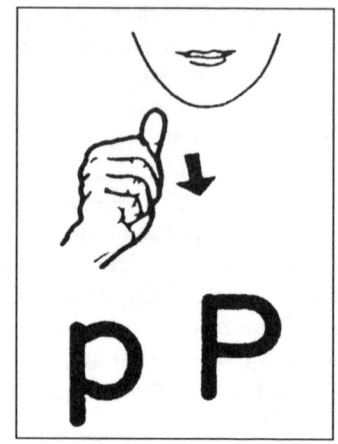

Abb. 43: Gebärde Mann und PMS P „Mann Peter"

Neben der Darstellung der Gebärden finden sich in diesem Buch auch Hinweise bezüglich der Voraussetzungen zur Vermittlung und zur Funktion der Gebärden.

3. Kommunikation mit „medialen Kommunikationssystemen"

Fotos

Ein einfaches, aber auch sehr wirksames Mittel zur Verständigung ist es, Orte, Gegenstände oder Vorgänge, die für eine Person sehr wichtig sind, zu fotografieren. Anhand dieser Bilder kann der/die einzelne mit der Umwelt kommunizieren, wobei dieser Ansatz nicht so verstanden werden soll, daß Sprache, Mimik und Gestik ausgeblendet werden; Vorgänge sollen auch immer wieder mit Sprache, Gebärden usw. verdeutlicht werden. Obwohl diese Kommunikationsform sehr stark von der Qualität und vom Informationsgehalt der Bilder abhängig ist und nur eingeschränkte Möglichkeiten bietet, kann sie zumindest der Beginn einer kommunikativen Form sein und helfen, totale Kommunikationszusammenbrüche zu vermeiden.

Das Löb-System

Reinhold Löb versuchte in seiner Tätigkeit als Sonderschullehrer die Kommunikationsfähigkeit seiner Schüler/-innen zu verbessern. Da die

Gebärdensprache aufgrund von Mehrfachbehinderungen häufig nicht umgesetzt werden konnte, entwickelte Löb ein Symbolsystem mit 60 Symbolen, die in 10 Bereiche untergliedert werden:

(1) Allgemeine Verständigungszeichen, z. B. ja/nein, danke, ich;
(2) Eigenschaftswörter, z. B. warm, kalt, laut, leise;
(3) Gesundheitsfürsorge, z. B. krank, Arzt;
(4) Nahrungsmittel, z. B. Essen, Brot, Eis;
(5) häusliche Gegenstände, z. B. Haus, Tisch, usw.;
(6) Körperhygiene;
(7) Spielen und Beschäftigung, z. B. Autofahren, Musikmachen, Gehen, Fernsehen;
(8) Religion, z. B. Beten, Kirche, Kommunion;
(9) Gefühle, z. B. glücklich, traurig, ängstlich;
(10) Arbeit und Vergnügen, z. B. Feiern, Tanzen, Lernen, Arbeiten, Aufräumen.

Zu jedem Bild im Begleitheft werden eine Gebärde und Materialhinweise angegeben. Die Bildkarten selbst sind ohne diese Zusätze. Auf diese Art und Weise werden alle für die Kommunikation wichtigen Wahrnehmungsmodalitäten (visuell, auditiv, taktil-kinästhetisch usw.) benutzt. Eine Kommunikation unter Einsetzung aller Möglichkeiten wird auch als „Total-Communication" bezeichnet. Dieses System wird vor allem in den USA, in Skandinavien und in den Niederlanden verwendet.

Abb. 44: Die Symbole nach Löb

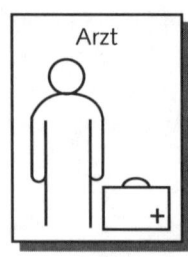

Situation: Einführen mit Arztbesuch
Gesten: a) Hand auf die Stirn legen und Fieber fühlen
b) Puls messen
Synonyme: Doktor, Zahnarzt, Notarzt

Ziele: 1. mitteilen von: »Ich habe Durst«
2. Oberbegriff für alle Getränke
Material: Tasse, Unterteller, Tee, Milch, Limonade usw.
Geste: analog einen Becher zum Mund führen

Abb. 44: Die Symbole nach Löb

Dieses System soll nach Löb so früh wie möglich eingesetzt werden, da davon ausgegangen wird, daß der Einsatz von Symbolen, Gebärden, Zeichen eine Sprachentwicklung nicht behindert, sondern ihr eher dienlich ist. Der/die Kommunikationspartner/-in kann dabei die einzelnen Symbole entweder greifen oder darauf zeigen, bei schwerer Behinderung eventuell nur hinschauen. Beim Einsatz von mehreren Symbolen ist eine Holzleiste bzw. eine Tafel sinnvoll. Die Einführung der Symbole kann überwiegend im Alltag geschehen, dabei werden am Anfang sowohl das gesprochene Wort als auch Gesten und Gebärden eingesetzt; später können diese Hilfen eventuell wieder ausgeblendet werden. Sollten die Symbole nicht ausreichen, können eigene entwickelt und auf das System „Deutsch lernen mit dem Löb-System" zurückgegriffen werden.

Die Bliss-Symbol-Kommunikationsmethode

Dieses Symbol-System wurde vom Österreicher Karl Bliss entwickelt und war ursprünglich als Universalsprache gedacht, die sich aber nicht durchsetzte. Tatsächliche Bedeutung hat dieses System in der Kommunikation von behinderten Menschen bekommen. Anfang der 70er Jahre wurden die Bliss-Symbole von einem kanadischen Forschungsteam und Bliss selbst revidiert und an den Bedürfnissen von nichtsprechenden Menschen orientiert. Insgesamt bestehen die Symbole aus ca. 25 verschiedenen Einzelelementen, die zu etwa 1400 standardisierten Symbolen zusammengesetzt worden sind.

Diese kurze Darstellung soll die Möglichkeiten des Bliss-Systems andeuten. Zur Benutzung der Bliss-Symbole eignen sich Zeichenschablonen, Symboltafeln und elektronische Medien.

Bei der ersten Begegnung mit dieser Kommunikationsmethode erscheint die Umsetzbarkeit fraglich. Bei näherer Betrachtung jedoch ist ihre Logik erkennbar. Das Bliss-Kommunikationssystem ist für Menschen mit Körper- und/oder Sprachbehinderung und weitentwikkelten geistigen Fähigkeiten eine gute Möglichkeit, sich differenziert auszudrücken; eine Übersetzung in die Schrift- oder Lautsprache ist aufgrund heutiger elektronischer Möglichkeiten kein Problem.

Beispiel:

Wir lachen und spielen

Das Symbol Gefühl ♡ versehen mit dem Aufwärtszeichen ↑

bedeutet Glück ♡↑

kombiniert mit dem Adjektiv-/Adverb-Zeichen, ♡↑ bedeutet es glücklich, zufrieden

versehen mit dem Tätigkeits-Zeichen ♡↑ spielen

lachen = ♡↑ ○ (Gefühl + aufwärts + Mund)
(Tätigkeitszeichen)

257

Beispiel:

Du wirst in das Haus kommen

Manche Symbole können mit Zahlen verbunden werden, um neue Bedeutungen zu ermöglichen:

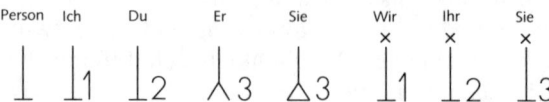

Wichtig ist auch die Position der Symbolelemente

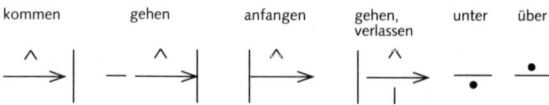

Das Tätigkeitszeichen ∧ gibt es auch in der Zukunft ⊂ oder in der Vergangenheit ⊃

Ich spreche mit Symbolen

Bliss-Symbole repräsentieren also z.B.:

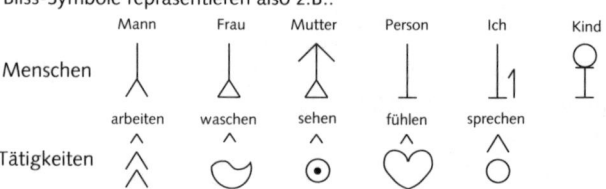

Dazu benutzt sie international festgelegte Symbole:

und	ohne, minus	vorwärts	zurück
+	—	⟶	⟵

die Größe eines Symbols hat verschiedene Bedeutung

Abb. 45: Die Bliss-Symbole

Computer

In der heutigen Praxis wird der Einsatz von Computern in der Kommunikationsförderung bei Menschen mit einer Behinderung erprobt. Allgemein wird festgestellt, daß dieses Medium ausgezeichnete Möglichkeiten in der Förderung bietet. Aufgrund der inzwischen günstigen Anschaffungskosten und bestehenden guten Erfahrungen (z. B. im Kommunikationsförderbereich der Johannes-Anstalten Mosbach) bleibt zu hoffen, daß der Computer in Zukunft eine breite Anwendung findet. Einen guten Überblick über die Möglichkeiten gibt der Bericht der Europäischen Fachtagung „Computerunterstützte Förderung bei autistisch und geistig Behinderten" (Bernard-Opitz u. a. 1991a). Weitere Informationen bei Kristen (1994; 1996).

Gestützte Kommunikation (Facilitated Communication)

Bei der „Gestützten Kommunikation" wird die Hand oder der Unterarm des behinderten Menschen „gestützt", damit er das Mindestmaß an willentlicher motorischer Kontrolle erreicht, das er braucht, um auf einen Buchstaben zu zeigen oder ihn auf der Tastatur antippen zu können. Dieser Anfang der 80er Jahre von Rosemarie Crossely in Australien entwickelte Ansatz wurde bei uns vor allem durch Berichte und Veröffentlichungen von und über Birger Sellin (1993) und Dietmar Zöller (1989, 1992) bekannt.

Kommunikation mit autistischen Menschen

Menschen mit autistischen Zügen verhalten sich in Kommunikationssituationen häufig ambivalent. Einerseits scheinen sie nach außen hin Kommunikation abzulehnen, andererseits zeigen sie häufig ein „verstecktes Beobachten" der Umwelt. Dieses ambivalente Verhalten kann man auch im leiblichen Kontakt mit Bezugspersonen erkennen. Von Pfeffer beschrieben wird das Beispiel eines autistischen Mädchens, das den Kontakt über die Fingerspitzen positiv beantwortete. Leibliche Kommunikationen gelingen häufig in gemeinsamen Handlungssituationen, z. B. auf dem Airtramp oder Trampolin. Hier sind unterschiedliche Formen des Körperkontakts möglich; kennzeichnend dabei ist jedoch, daß sich die Körperkontakte häufig verändern und vom autistischen Menschen Körperkontakt, u. U. auch Blickkontakt aufgebaut wird. Kennzeichnend ist nach Pfeffer, daß Personen mit ausgeprägt autistischem Verhalten die grundlegende Tendenz haben, die Gestaltung des leiblichen Kontaktes nach ihrem Bedürfnis zu kontrollieren. Häufig kommt es in der leiblichen Interaktion zwischen autistischen

Menschen und dem/der Betreuer/-in zu Problemen, wenn die Betreuungsperson die kommunikative Absicht nicht erkennen kann und damit ein Mißverständnis entsteht. Zur Gestaltung der leiblichen Kommunikation mit autistischen Menschen sagt Pfeffer folgendes: „Bei Kindern und Jugendlichen mit ausgeprägten autistischen Zügen ist dem Erzieher eher der vorsichtige, tastende Versuch der leiblichen Begegnung aufgegeben, durch den die Angstschwelle möglichst niedrig gehalten wird, so daß die Kinder und Jugendlichen das Vertrauen entwickeln können, aufgrund dessen sie sich in die Nähe des leiblichen Kontaktes einlassen können, um dadurch offener auf die Mannigfaltigkeit menschlicher und dinglicher Welt zu werden" (1988, 155).

Manuelle Kommunikationssysteme haben sich auch bei Menschen mit autistischen Zügen bewährt. Bei der Ausführung der Gebärden sollte allerdings darauf geachtet werden, daß sie nicht in der Luft enden, sondern ihren Endpunkt auf dem Tisch oder Körper haben. Gebärden mit Wiederholungen sind nicht geeignet, da sie Stereotypien fördern. Erfahrungen des Kommunikationsförderbereichs (KfB) der Johannesanstalt in Mosbach haben gezeigt, daß autistische Menschen im Vergleich zu geistig behinderten Menschen weniger Gebärden in der gleichen Zeiteinheit lernen und die Übertragungsrate bis zu dreimal geringer ist. Auffällig ist auch, daß für die ersten Gebärden eine hohe Anzahl von Lerndurchgängen benötigt wird, erst danach sinkt die Vermittlungsdauer drastisch (vgl. Bernhard-Opitz u. a. 1988, 43 ff.). Der Einsatz von Computern scheint sich vor allem auch in der Kommunikationsförderung autistischer Menschen zu bewähren. Erfahrungen und Ergebnisse des Los Ninos-Centers, San Diego, in dem autistisch und geistig behinderte Kinder betreut werden und des Kommunikationsförderbereiches der Mosbacher Anstalten zeigen:

(1) Der Computer wird als Medium besser angenommen als z. B. Spielzeug.
(2) Computerunterstützte Förderung beeinflußt das Lernen und Verhalten autistischer Kinder positiv.
(3) Der Anteil der Blickabwendung bei computerunterstützter Förderung geht deutlich zurück (bis zu 75 % bei einer Versuchsperson).
(4) Die Anzahl der Unterstützungsleistungen kann deutlich reduziert werden.

Der Einsatz von Computern kann also gerade bei autistischen Kindern ein möglicher Zugang sein, da er nicht bedrohlich, sondern vorhersehbar und unendlich geduldig ist (Bernhard-Opitz u. a. 1989, 125 ff.; weitere Informationen zur Kommunikationsförderung autistischer Menschen s. Bernard-Opitz 1994, 158 ff.).

Unterstützte Kommunikation

Seit 1992 werden in Deutschland alle pädagogischen und therapeutischen Maßnahmen, die der Erweiterung der kommunikativen Möglichkeiten bei Menschen ohne oder mit nur geringer Lautsprache dienen, unter diesem Oberbegriff zusammengefaßt (vgl. Kristen 1994, 15). Abgeleitet wurde dieser Begriff von der internationalen Vereinigung International society for Augumentive (– die Lautsprache ergänzend –) and Alternative (– die Lautsprache ersetzend –) Communication (IsAAC). Beide Begriffe – Unterstützte Kommunikation und ISAAC – finden sich in der Literatur. Die deutsche Sektion der ISAAC bietet regelmäßige Fortbildungsveranstaltungen an und gibt zweimal jährlich die Informationszeitschrift ISAAC's Zeitung heraus. Weiterhin kann eine umfassende Bibliographie zu diesem Thema bezogen werden (Anfragen an ISAAC, c/o Petra Hoffmann, Düsseldorferstr. 20, 51063 Köln).

Fortbildungen und Informationsmaterial zum Thema Unterstützte Kommunikation bietet vor allem auch der Bundesverband für Körper- und Mehrfachbehinderte e.V., Brehmstr. 5–7, 40239 Düsseldorf, an.

Beim Kommunikationsförderbereich der Johannes-Anstalten, Nekkarburkenerstr. 2–4, 74821 Mosbach, kann man verschiedene Videofilme zum Thema Kommunikationsförderung beziehen.

LITERATUR

Adam, Heidemarie (1993): Mit Gebärden und Bildsymbolen kommunizieren. Würzburg

Argyle, M./Trower, P. (1981): Signale von Mensch zu Mensch. Weinheim

Baronjan, Chr. (1994): Rollenspiele und Kommunikationsförderung mit geistigbehinderten Kindern. In: Sonderpädagogik, 24. Jg., S. 148–157

Baun, M. (1981): Förderung sprachlicher Kommunikation bei Geistigbehinderten. Berlin

Bernhard-Opitz, V. (1994): Entwicklung von Pragmatik und Sozialverhalten bei autistischen Kindern und Jugendlichen. In: Sonderpädagogik, 24. Jg., Heft 3, S. 158–164

Bernhard-Opitz, V./Roos, K./Tuttas, M. (Hrsg.) (1991a): Computerunterstützte Förderung bei autistisch und geistig Behinderten. Berichte der Europäischen Fachtagung. Mosbach

Bernhard-Opitz, V./Roos, K./Blesch, G., (1989): Einsatz von Computer bei autistischen Kindern. In: Zeitschrift für Kinder- und Jugendpsychiatrie, Nr. 17, S. 125–130

Bernhard-Opitz, V./Blesch, G./Leib, D. (1991): Kommunikationsförderung – ein Erfahrungsbericht. Mosbach. In: Geistige Behinderung 1/91, S. 1–22

Bernhard-Opitz, V./Blesch, G./Holz, K. (1988): Sprachlos muß keiner bleiben. Freiburg

Blickle, E. (1992): Der „Sprach"-raum der schwerstbehinderten Hörsprachgeschädigten. In: Lernen konkret, Heft 4, S. 26–27

Blickle, E. (1985): „...wenn man mit Händen und Füßen reden muß". Haslachmühle

Braun, Ursula (1996): Besonderheiten der Gesprächssituation beim Einsatz unterschiedlicher Kommunikation. In: Geistige Behinderung 2/1996, S. 134–141

Bruner, J. (1977): Wie das Kind lernt, sich sprachlich zu verständigen. In: Zeitschrift für Pädagogik, 23, S. 829–845

Bruner, J. (1987): Wie das Kind sprechen lernt, Bern

Bundesverband für Körper- und Mehrfachbehinderte e.V. (Hrsg.) (1993): Mein Mund ist stumm, aber mein Verstand spricht. Heidelberg

Costabel, U. (1992): Theoriesplitter zum Spracherwerb. In: Lernen konkret. Heft 4, S. 17/18

Eggers, Ch. (Hrsg.) (1984): Bindungen und Besitzdenken beim Kleinkind. München

Frey, H. (1987): Die Bliss-Symbol-Kommunikationsmethode. Düsseldorf

Fröhlich, A. (Hrsg.) (1989): Kommunikation und Sprache körperbehinderter Kinder. Dortmund

GEO-Wissen (1989): Kommunikation. Hamburg

Gruszka, U. (1993): Besondere Momente in der Kommunikation mit geistig behinderten Menschen. In: Zusammen, Heft 9, 13. Jg., S. 6–11

Haupt, U. (1989): Kinder mit cerebralen Bewegungsstörungen und Sprechstörungen. In: Fröhlich, A. (Hrsg.): Kommunikation und Sprache körperbehinderter Kinder. Dortmund, S. 100–113

Hedderich, I. (1992): Kommunikative Förderung von Kindern und Jugendlichen mit schwersten zerebralen Bewegungsstörungen. In: Geistige Behinderung, 3/1992, S. 1–21

Hildebrand-Nilshorn, M. (1989): Sprachentwicklung des körperbehinderten Kindes. In: Fröhlich, A. (Hrsg.): Kommunikation und Sprache körperbehinderter Kinder. Dortmund, S. 45–80

Ihssen, W. B. (1985): Mit den Händen reden. In: Geistige Behinderung, 1/1985, S. 49–53

Kane, G. (1992): Entwicklung früher Kommunikation und Beginn des Sprechens. In: Geistige Behinderung, 4/1992, S. 303–319

Kautz, C. (1988): Zur Bedeutung der Interaktion und Kommunikation in der Förderung von Säuglingen mit einer geistigen Behinderung. In: Frühförderung interdisziplinär, 7. Jg., S. 106–113

Keller, H. (1955): Geschichte meines Lebens. Bern

Klauß, T. (1987): Verwahren oder fördern? München

Kristen, Ursi (1994): Praxisunterstützte Kommunikation. Düsseldorf

Kristen, Ursi (1996): Elektronische Kommunikationshilfen. In: Geistige Behinderung 2/1996, S. 142–149

Kron, F. (1991): Grundwissen Pädagogik. München

List, G./List, G.(Hrsg.), (1990): Gebärde, Laut und graphisches Zeichen. Opladen

Löb, R. (1987): Deutsch lernen mit Löb-System. Amberg

Löb, R. (1994): Mit Löb-System lernen. Amberg

Merkens, L. (1985): Kommunikative Kompetenz und Handlungsfähigkeit – Aufbau bei langfristig hospitalisierten geistig behinderten Erwachsenen. In: Geistige Behinderung, 4/1985, S. 274–282

Nagy, Chr. (1993): Einführung in die Methode der geschützten Kommunikation. München

Oskamp, U. (1989): Aufgaben der Kommunikationsförderung Körperbehinderter. In: Fröhlich, A. (Hrsg.): Kommunikation und Sprache körperbehinderter Kinder. Dortmund, S. 81–99

Papousek, M. (1989): Frühe Phasen der Eltern-Kind-Beziehung. Ergebnisse der entwicklungspsychobiologischen Forschung. In: Praxis der Psychotherapie und Psychosomatik. Zeitschrift für Fort- und Weiterbildung, 34, 1989, S. 109–122

Papousek, M.(1984): Wurzeln der kindlichen Bindung an Personen und Dinge: Die Rolle der integrativen Prozesse. In: Eggers, D. (Hrsg.): Bindung und Besitzdenken beim Kleinkind, München u. a., S. 155–184

Papousek, H./M.Papousek (1977): Das Spiel in der Frühentwicklung des Kindes. Supplementband zur Pädiatrischen Praxis, S. 17–32

Papousek, H./M.Papousek (1979): Lernen im ersten Lebensjahr. In: Montada, L. (Hrsg.): Brennpunkte der Entwicklungspsychologie. Stuttgart, S. 194–212

Papousek, H./M.Papousek (1982): Die Rolle der sozialen Interaktionen in der psychischen Entwicklung und Pathogenese von Entwicklungsstörungen im Säuglingsalter. In: Nissen, G. (Hrsg.): Psychiatrie des Säuglings- und des frühen Kleinkindalters. Bern

Papousek, H. (1986): Biologische Wurzeln der ersten Kommunikation im menschlichen Leben. In: Zeitwende, Heft 1/57, S. 1–16

Pfeffer, W. (1988): Förderung schwer geistig Behinderter. Würzburg

Prillwitz, S./Vollhaber, T. (1990): Gebärdensprache in Forschung und Praxis. Hamburg

Reichle, G. (1992): Gebärden-Sprache im Einsatz. In: Lernen konkret, Heft 4, S. 22–24

Rogers, Carl R.(1973): Die klient-bezogene Gesprächstherapie. München

Rogers, Carl R. (1978): Die Kraft des Guten. München

Rotter, B./Kane, G./Gall, B.(1992): Nichtsprachliche Kommunikation: Erfassung und Förderung. In: Geistige Behinderung, 4/1992

Sacks, O. (1992): Stumme Stimmen. Reinbek, S. 1–26

Sarimski, K: Interaktion mit behinderten Kleinkindern. München 1986

Scherer, Klaus R. (Hrsg.): Vokale Kommunikation. Weinheim 1982

Sellin, B. (1993): Ich will kein in mich mehr sein. Botschaften aus einem autistischen Kerker. Köln

Tausch, R./.Tausch/A.-M (1988): Wege zu uns und anderen. Reinbek

Verband evangelischer Einrichtungen für geistig und seelisch Behinderte e.V. (Hrsg.) (1991): „Schau doch meine Hände an". Stuttgart

Wachsmuth, S. (1986): Mehrdimensionaler Ansatz zur Förderung kommuni- kativer Fähigkeiten Geistigbehinderter. Gießen

Wohlfarth, R. (1985): Nonverbale Kommunikation. In: Geistige Behinderung, 4/1985

Zöller, D. (1992): Ich gebe nicht auf. München

Zöller, D. (1989): Wenn ich mit euch reden könnte . . . München

4. Kommunikationsförderung von Menschen mit einer schweren geistigen Behinderung

Begegnungen mit Menschen mit einer schweren geistigen Behinde- rung sind häufig geprägt durch große Verständigungsschwierigkeiten. Unsere dominanten Kommunikationskanäle, wie die Sprache, Mimik, Gestik und kurze Berührungen, kommen bei dem/der behinderten Partner/-in nicht an, es kommt auch immer wieder vor, daß die Heil- erziehungspflegerin die angebotenen Kommunikationsformen nicht entschlüsseln kann. Die Frage, die uns beschäftigt, lautet: Wie gelingt es der Heilerziehungspflegerin, dennoch Zugang zu Menschen mit einer schweren Behinderung zu bekommen? Vielleicht kann ein Blick auf die Normalentwicklung diesen Schritt erleichtern. Bereits im Mut- terleib stellt sich der Embryo als ein höchst kommunikatives Wesen dar. Eng verbunden mit der Mutter nimmt er teil an deren Gefühlen und Befindlichkeiten (z. B. über den hormonellen Austausch), auch nimmt er bereits Geräusche seiner Umgebung wahr, z. B. Herzschlag und Stimme der Mutter. Wichtige Informationen erhält er auch über den taktil-kinästhetischen Wahrnehmungskanal; das Kind berührt sich selbst z. B. im Mundbereich, bewegt sich im Mutterleib, es erfährt in der letzten Phase der Schwangerschaft die Enge des Uterus. Frederick Leboyer beschreibt in seinem Buch „Sanfte Hände" die Situation im Mutterleib folgendermaßen: „Wie war das Leben im Mutterleib? War es nicht erfüllt mit Lauten und Geräuschen vom Körper der Mutter und der Außenwelt? Vor allem aber war es Bewegung. Beständige Bewe- gung. Wenn die Mutter sitzt, wenn sie läuft, steht, sich wendet: Bewe- gung, Bewegung, Bewegung. Angenehm und beruhigend für das klei- ne Wesen in ihr. Manchmal ist die Mutter still, sie sitzt oder liegt. Doch selbst wenn sie schläft, bleibt ihr stetes sicheres Atmen und wiegt den kleinen Reisenden in ihr sanft und beständig. Endloses Fließen von Empfindungen und Bewegungen ohne Unterlaß, Tag und Nacht" (1986, 11).

Mit der Geburt verändert sich diese Situation abrupt. Vorbei ist es mit der wohligen Berührung am Rücken, der Enge des Raumes. Plötzlich ist nichts mehr da, was den Körper hält, den Rücken stützt. Leboyer sagt dazu: „Darum müssen wir unsere Babys streicheln und wiegen. Wir sollten ihre Körper massieren, die außen so leer und hungrig sind. Ein Kind mit Berührung zu füttern, seine Haut und seinen Rücken zu nähren ist ebenso wichtig wie seinen Magen zu füllen. Es versöhnt mit dem Außen. (...) Berührt, gestreichelt und massiert werden ist Nahrung für das Kind. Nahrung, die genauso wichtig ist wie Mineralien, Vitamine und Proteine, Nahrung, die Liebe ist. Wenn ein Kind sie entbehren muß, will es lieber sterben. Und nicht selten stirbt es wirklich" (1986, 17). Der Schock der Geburt wird häufig abgemildert durch einen gelungenen Dialog mit der Mutter. Kaum auf der Welt, kehrt das Kind zurück an den Körper der Mutter, erfährt damit wieder die Nähe, die Berührung, hört Geräusche, die bekannt sind. Das Kind reagiert, indem es dieses Kommunikationsangebot annimmt und sich entspannt. Die Mutter spürt die Entspannung des Säuglings und freut sich über diesen ersten gelungenen Dialog. Diese positive Erfahrung von Mutter und Kind ist die Basis für weitere gelungene Dialoge, die in sehr unterschiedlicher Art und Weise verlaufen. Mall (1988, S. 37) ergänzt dazu: „Je besser die Lebensphase auf die individuellen Bedürfnisse des Kindes abgestimmt verläuft – was nur im Zusammenhang mit der psychosozialen Situation von Mutter und Familie gesehen werden kann – umso verläßlicher wird sich das Urvertrauen ausbilden, mit dem das Kind künftig auf neue Erfahrungen zugehen wird, ohne von der Angst erfaßt zu werden. Andererseits wird das Mißlingen der frühen Kommunikationserfahrungen die gesamte emotionale und soziale, körperliche und kognitive Entwicklung beeinträchtigen."

4.1 Kommunikationsförderung nach Wilhelm Pfeffer

Pfeffer definiert Kommunikation als Austausch subjektiver Sinnstiftungen in der menschlichen Begegnung; Kommunikation umfaßt alle Interaktionen, die in sich bereits Mitteilungscharakter haben (1988, 142). Der erste Teil der Definition impliziert die Fähigkeit, zum Menschlichen in Beziehung zu treten, was nach Pfeffer mit der leiblichen Verfaßtheit menschlicher Existenz gegeben ist: „Mit der leiblichen Verfaßtheit und mit der leiblichen Herkunft des einzelnen Menschen ist dessen grundlegende Begegnungsfähigkeit gestiftet. Die pädagogische Herausforderung liegt da, wo diese grundlegende Befähigung beeinträchtigt und gestört ist, wie es bei schwerer geistiger Behinderung deutlich wird" (1988, 142). Begegnungen mit Menschen mit einer schweren Behinderung sind für die Erziehenden oft sehr belastend. Kommunikationsangebote werden nicht beantwortet, Beziehungsangebote werden ignoriert oder abgelehnt, was oft Enttäuschung, Resignation, Wut und Ratlosigkeit hervorruft. Erschwerend kommt hinzu, daß Menschen mit einer schweren Behinderung manchmal in ungewohnter und „abstoßender" Weise Kontakt aufnehmen, indem sie die Erziehenden „beschnuppern", „belecken", „umklammern" und mit Speichel beschmieren. Bei Menschen mit autistischen Verhaltensweisen erleben Erziehende ein sehr ambivalentes Verhalten; auf der einen Seite die Ablehnung des Kontaktes, zum andern heimliches Beobachten. Nach Pfeffer ist es jetzt die wichtigste Aufgabe der Erziehenden, trotz aller Ablehnungen, Kommunikationshemmnisse und -erschwernisse Kommunikationsangebote aufrechtzuerhalten. Wenn Beziehungen gelöst und Kinder allein gelassen werden, erleben sie, daß ihre Kommunikationsangebote ohne Wirkung sind, worauf sich meist die Bereitschaft, sich mit Menschen einzulassen, reduziert und die Suche nach der Kommunikation „eingestellt" wird. Daraus ergibt sich die wichtige Aufgabe, dem behinderten Menschen zu vermitteln, daß er nicht alleine bleibt, auch wenn die Entwicklung stagniert und rückläufig ist. Dies ist der Beginn von Kommunikation (Pfeffer 1988, 174).

Das Ansprechen mit dem eigenen Namen ist – obwohl Menschen mit einer schweren Behinderung meist über keine aktive Sprache verfügen – ein zentraler Ansatz: „Was mit der Namensgebung nach der Geburt geschah, nämlich die Aufnahme in die menschliche Gemeinschaft, muß in der Erziehung immer wieder vollzogen und beim Aufbau eines menschlichen Bezugs immer wieder neu vollzogen werden. Durch die Ansprache mit dem Namen wird dem Kind das unverwechselbare und nicht weggebbare Selbstsein zugesprochen und gleichzeitig der Anspruch auf Gemeinsamkeit seitens des Menschen erhoben, den das Kind durch die Kontaktaufnahme beantwortet, indem es z. B. seinen Namen hört und aufmerkt" (Pfeffer 1988, 146 f.). Obwohl dies banal und selbstverständlich klingt, ist es immer wieder notwendig, Erziehende darauf hinzuweisen. In Anlehnung an Watzlawick fordert Pfeffer, daß alles Verhalten als Mitteilung verstanden und dies dem Kind erfahrbar gemacht wird. Durch die Reaktionen der Umwelt erfährt es, daß sein Tun wahrgenommen wird und somit Sinn hat. Alles Verhalten als Kommunikation aufzufassen, es durch Reaktionen bedeutsam zu machen, ist lediglich die Bedingung, unter der das Kind von selbst einen Bezug aufnimmt, den die Erziehenden erwidern können (Pfeffer 1988, 147).

Nichtverstehen, Ratlosigkeit und Unsicherheit dokumentieren nach Pfeffer die Unverfügbarkeit des Kindes und fordern das geduldige

Offensein für Unerwartetes und die Bereitschaft, Kommunikationsangebote nicht einzustellen: „Das Nichtverstehen in der Kommunikation dient der Förderung der Kommunikation, wenn gerade dann das Kind nicht allein bleibt und der Bezug durchgehalten wird" (Pfeffer 1988, 174). Pfeffer weist auch auf die schwierige Situation der Erziehenden hin, die häufig an ihre Grenzen gehen müssen und trotzdem die erwartete Rückmeldung nicht erhalten. Deshalb ist fachliche Begleitung, Schutz und emotionale Unterstützung auch für die Erziehenden unerläßlich.

Als nächsten Aspekt beschreibt Pfeffer die direkte leibliche Kommunikation: Im direkten Körperkontakt können Schutz, Geborgenheit und Gernhaben vermittelt werden. Diese Begegnungsebene scheint die größte Bedeutung für den schwerstbehinderten Menschen zu haben und baut deutliche Erwartungshaltungen auf. Begegnung über den Körper erfordert von den Erziehenden meist ein Umstellen, eine Neuorientierung der Kommunikation, auch Innehalten und Nachdenken über das, was in der Kommunikation eingebracht werden soll und kann. Dies ist nach Pfeffer um so wichtiger, als diese Form der Kommunikation im Erzieherbereich immer noch unüblich ist und deshalb häufig auch nicht gestaltet werden kann. Der Leib ist oft die einzig verfügbare Präsenz eines Menschen mit einer schweren Behinderung, deshalb sind leibliche Verhaltensweisen wie z. B. Schlagen und Schaukeln als Mitteilung aufzufassen. Leib-Leib-Begegnungen signalisieren dem/der behinderten Partner/-in: „Ich bin nicht allein, ich habe einen Mitmenschen, es soll mir gutgehen, ich bin mit meinem Kummer nicht allein, es gibt jemanden, der zu mir hält und mich beschützt." Kommunikation ist ein wechselseitiger Prozeß, geprägt von den Aktivitäten beider Partner/-innen. Dabei ist das Aktivitätsniveau häufig bei den Erziehenden sehr hoch, während der Mensch mit Behinderung sich scheinbar passiv verhält bzw. nur geringe Aktivität zeigt. Begegnungssituationen mit Menschen mit einer schweren Behinderung zeigen immer wieder, daß der Zugang nur über die Aktivitäten des/der Partner/-in mit Behinderung gelingen kann. Deshalb ist es wichtig zu beobachten und zu erspüren, ob der Mensch mit Behinderung sich entspannt, eventuell lächelt oder andere Signale aussendet. Über die Gestaltung solcher Situationen können die Aktivitäten zwischen dem Menschen mit Behinderung und der Betreuungsperson intensiviert werden und sich zu einem wechselseitigen Verstehen entwickeln. Der Mensch mit schwerer Behinderung registriert die Verfassung des/der Betreuers/-rin und reagiert darauf – ein deutliches Zeichen wechselseitiger Kommunikation. Bewegungen bzw. Situationen werden von Menschen mit einer geistigen Behinderung häufig mit

Lauten kommentiert. Diese Lautmonologe stellen eine differenzierte Weise des Ausdrucks mit dem Munde dar, wobei die diesbezüglichen funktionellen Möglichkeiten des Mundes, nämlich Laute zu bilden, erlebt und erprobt werden (Pfeffer 1988, 161). Vokalisationsdialoge können in vielen Situationen des Alltags eingebaut werden und erfahren so eine Einbindung in die Lebenssituationen der/des einzelnen. Durch das Begleiten des Handelns mit Sprache kann ein Sprachverständnis beim Menschen mit Behinderung entstehen. Oft kommt es in diesem Bereich zu Fehleinschätzungen, da Menschen mit Behinderung Situationen schon aufgrund ihrer nonverbalen Signale einschätzen können (Situationsverständnis) und das sprachliche Wort in seiner semantischen Bedeutung nicht erfaßt wird. Eine Überprüfung dieses Aspektes kann eine Über- oder Unterforderung verhindern. Eine Anbahnung des Sprachverständnisses ist durch Konkretisierung der Sprache, z. B. häufiges Benennen von Personen, Gegenständen und Tätigkeiten, durch Verbalisieren gemeinsam erlebter Situationen, durch Rhythmisierung von Aktivitäten und vor allem durch das Betrachten von Bilderbüchern und durch Singen möglich.

4.2. Primäre Kommunikation

Den Dialog zwischen Mutter und Kind bezeichnet Winfried Mall als primäre Kommunikation (1992, 31 ff.). Der Begriff „primäre" Kommunikation soll dabei keine Sonderform der Kommunikation darstellen, sondern verdeutlichen, daß es einen gemeinsamen Kern gibt, der ganz am Anfang der Kommunikationsentwicklung steht und der jeder Kommunikationsform gemeinsam ist. Den Begriff Kommunikation definiert Mall als „jede wechselseitige Anpassung an einen anderen und Einflußnahme auf ihn" (1992, 31 f.). Wie aber kann die Wiederaufnahme der primären Kommunikationssituation erfolgreich gelingen? Menschen mit einer schweren geistigen Behinderung müssen oft negative Lebenserfahrungen machen, auch im Bereich der Kommunikation und Interaktion. Oft sind gelungene Dialoge in der Minderzahl; Beziehungen werden häufig und meist für das Kind unverständlicherweise von dem/der Partner/-in gelöst; in Folge zieht sich der/die Behinderte zurück, hat wenig Interesse an der Interaktion und Kommunikation mit der Umwelt. Der Weg zu diesen Menschen wird nur über das Verstehen führen. Verstehen bedeutet: „Nicht ich will mich ihm mitteilen, sondern zunächst sollen seine Botschaften für mich bedeutsam werden". Schumacher meint, Verstehen findet dann statt, wenn es gelingt, „in das Lebensfeld des Gegenübers einzudringen und dort Fuß zu fassen" (Schumacher 1985, 2).

Mall (1992, 32 ff.) beschreibt einem Weg, wie mit schwerst behinderten Menschen ein Dialog entstehen kann:

(1) Der/die andere tut etwas:
Die Heilerziehungspflegerin nimmt das Verhalten des Gegenübers bewußt wahr, registriert es. Die Heilerziehungspflegerin macht sich Gedanken darüber, was das Verhalten der/des anderen bedeutet, was dieses Verhalten bei ihr, der betreuenden Person, auslöst, was es für sie bedeutet, was sie damit anfangen kann.

(2) Ich beziehe den/die andere/-en und sein/ihr Tun auf mich, nehme ihr/sein Verhalten als Äußerung wahr:
Durch konkretes Beobachten versucht die Heilerziehungspflegerin zu ergründen, was der/die Partner/-in mit diesem Verhalten ausdrückt bzw. was dieses Verhalten bei ihr auslöst. Aus diesen Überlegungen heraus sucht die Heilerziehungspflegerin nach einem Verhalten, an dem der/die andere merkt, daß sie mit ihr/ihm in Kontakt kommen will.

(3) Ich antworte mit einem „passenden Tun":
Die Antwort wird und muß sehr individuell sein und fällt deshalb sehr vielfältig aus. Lautiert z. B. der Mensch mit Behinderung, kann die Heilerziehungspflegerin diese Lautierungen spiegeln, kann dazu andere Geräusche anbieten (z. B. auf dem Tamborin im gleichen Rhythmus schlagen). Ob diese Antwort passend war, muß wiederum dem Verhalten der/des anderen entnommen werden.

(4) Der/die andere nimmt mein Tun als auf ihn/sie bezogene Antwort wahr:
Wenn das Gegenüber meine Reaktion wahrgenommen hat, bedeutet das nicht unbedingt, daß sein/ihr Verhalten sich verändert hat; es kann aber verdeutlichen, daß die Antwort passend war, und zeigen, daß meine Antwort ihn/sie erreicht hat.

(5) Der /die andere tut irgend etwas:
Das bedeutet, daß er/sie mit seinem/ihrem Tun zeigt, daß meine Antwort ihn/sie erreicht hat, und damit meine Äußerung beantwortet.

Das bedeutet, daß der erste Dialog positiv verlaufen ist und weitere folgen können.
Das Gelingen einer solchen primären Kommunikationssituation hängt von der Bereitschaft beider Partner/-innen zum Dialog, von den Erfahrungen sowie Kompetenzen der Heilerziehungspflegerin ab. Die Verantwortung, ob die Kommunikation in Gang kommt, liegt bei der Bezugsperson: „Der erste Schritt liegt bei mir !" (Mall 1992, 39). Darauf folgt die Antwort des/der anderen, wenn er/sie sich erreicht fühlt.

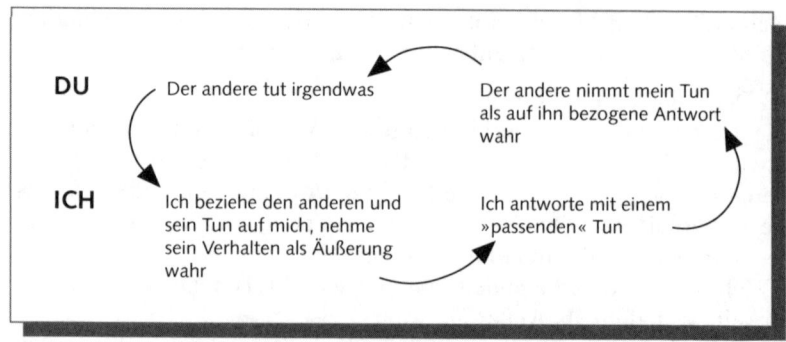

DU	Der andere tut irgendwas
ICH	Ich beziehe den anderen und sein Tun auf mich, nehme sein Verhalten als Äußerung wahr

Abb. 46: Kreislauf der primären Kommunikation (Mall 1992, 32 ff.)

Elemente / Ausdrucksmittel

In der Situation der primären Kommunikation spielen alle Elemente menschlichen Verhaltens eine wichtige Rolle. Entscheidend ist jedoch, daß die Gewichtung dieser Elemente, die wir im folgenden nennen, bei Menschen mit schwerer Behinderung anders liegt.

(1) Nähe und Distanz: Das Zulassen körperlicher Nähe kann für manche Menschen mit einer schweren Behinderung zu einer großen Belastung werden. Darum ist der bewußte Umgang mit Nähe/Distanz entscheidend für das Gelingen dieses Dialogs.

(2) Körperliches Verhalten: Der Körper spielt als zentrales Ausdrucksmittel eine wesentliche Rolle. Körperhaltung, Körperspannung, Bewegung, Gestik, Mimik, Blickkontakt, Stimme und Berührung sind wesentliche Elemente.

(3) Sprache: Der Einsatz der Sprache ist und bleibt situationsgebunden. Es kann durchaus sinnvoll sein, eine Begegnung nur auf nichtsprachliche Art zu gestalten, so daß sich der/die Partner/-in auf meine Person konzentrieren kann, keine Ablenkung und Reizüberflutung erfährt. In anderen Fällen kann es durchaus angebracht sein, mein Handeln mit der Sprache zu begleiten, wobei es wichtig ist, daß sich diese Sprache auf das konkrete Tun bezieht, das bedeutet, sie bleibt in ihrem Inhalt stets im Hier und Jetzt (vgl. Mall 1992, 44). Versteht der/ die andere das gesprochene Wort, kann die sprachliche Begleitung sehr wichtig sein, da neben der sprachlichen Begleitung Inhalte angekündigt und Handlungsabläufe reflektiert werden können. Weiterhin ist es wichtig, sich selbst „sprechen zu hören", um damit einen Rückkoppelungsmechanismus aufzubauen, um wahrzunehmen, in welcher Verfassung, Stimmung und Spannung ich mich als Betreuungsperson

270

befinde. Das Sprechen an sich sollte nicht monoton erfolgen, vielmehr soll die Stimme bewußt eingesetzt werden; bei sanften Bewegungen wird leise gesprochen, bei Berührungen mit viel Druck wird die Stimme stärker eingesetzt.

(4) Spiegeln von Verhaltensweisen

Das Aufgreifen und Spiegeln (Nachahmen) von Verhaltensmustern wie dem Lautieren und individuellen Bewegungen der/des anderen ist eine weitere Möglichkeit, mit dem/der anderen in Kontakt zu treten. „Der andere erkennt sein eigenes Verhalten in meinem Tun wieder und kann sich so in einem tiefen Sinn als verstanden und angenommen erleben" (Mall 1992, 43). Das Spiegeln drückt aber auch aus, daß ich die Verhaltensweisen meines/meiner Partners/-rin akzeptiere und sie nicht im ersten Moment zu blockieren und zu verändern versuche. Die Gefahr einer Manifestierung von Verhaltensmustern in Sinne einer Stereotypie ist nach Mall nicht gegeben, da sich durch das Aufgreifen und Variieren von Verhaltensweisen weitere Gestaltungsmöglichkeiten in der Kommunikation zwischen dem Menschen mit Behinderung und der Heilerziehungspflegerin ergeben.

(5) Rituale

Die Aufmerksamkeit, das Erreichen der/des anderen ist wesentlich abhängig vom Bekanntheitsgrad der Situation. Mechthild und Hanus Papousek (1983, 183) beschreiben, daß die zunehmende Vertrautheit und Vorhersagbarkeit wesentlich ist für die soziale Interaktion zwischen einem Säugling und der Mutter. In der alltäglichen Begegnung zwischen Menschen bilden sich immer wiederkehrende Begegnungsformen bzw. Interaktionsformen aus (allgemeine Rituale), die einen gewissen Bekanntheits- und Vertrautheitsgrad verdeutlichen und Sicherheit geben. Dabei kann zwischen „allgemeinen" und „persönlichen Ritualen" unterschieden werden.

„Allgemeine" Rituale sind z. B.: das Gestalten der Begrüßung und des Abschiedes, Händedruck, Schulterklopfen, kurze Berührungen, über die Haare streicheln, usw.; Gemeinsame Mahlzeiten, „Guten Appetit"-Wünschen, Zuprosten, usw.

Bei wiederkehrenden Begegnungen zwischen Menschen entstehen „persönliche" Rituale: Es kann sich um die Verwendung eines Kosenamens handeln, um eine gewisse Art, einen Namen zu rufen, den/die Angesprochenen/-ne zu berühren usw. Individuelle Umgangsformen mit Menschen mit einer Behinderung entwickeln sich vor allem in der Pflege, d. h. beim Waschen, Eincremen, Haarekämmen usw. Durch diese Wiederholungen kann sich ein Prozeß entwickeln, in dem individuelle Kommunikationselemente zunehmend aufgebaut und differenziert werden können.

4.3 Basale Kommunikation

Grundlagen

Der Begriff „basal" soll hier – in Anlehnung an Fröhlich – die Voraussetzungslosigkeit seitens des behinderten Partners bezeichnen (Mall 1984, 3), was bedeutet, daß wir keinerlei normierte kommunikative Kompetenz seitens des/der Partners/-rin mit einer Behinderung erwarten; es ist vielmehr unsere Aufgabe, die individuellen Ausdrucksformen des/der anderen wahrzunehmen. Wer von uns denkt bei dem Begriff Kommunikation an Atemrhythmus, Körperspannung, Lautierung, Bewegung, Berührung. Diese Faktoren spielen zwar immer eine Rolle, aber sie sind dem zentralen Medium der Kommunikation, der Sprache, untergeordnet, zumindest erscheint es bei oberflächlicher Betrachtung so. Bei Menschen mit einer schweren Behinderung gewinnen die vorher genannten Kommunikationskanäle an Bedeutung. Wir erleben diese Menschen oft als „sprachlos", verstehen sie nicht und sind auf Vehaltensbeobachtung und Interpretation angewiesen. Damit können zwar Bedürfnisse und Befindlichkeiten erkannt werden, es entsteht aber kein Dialog; das einander Begegnen und Verstehen ist aber Grundlage für das Wohlbefinden der/des Einzelnen.

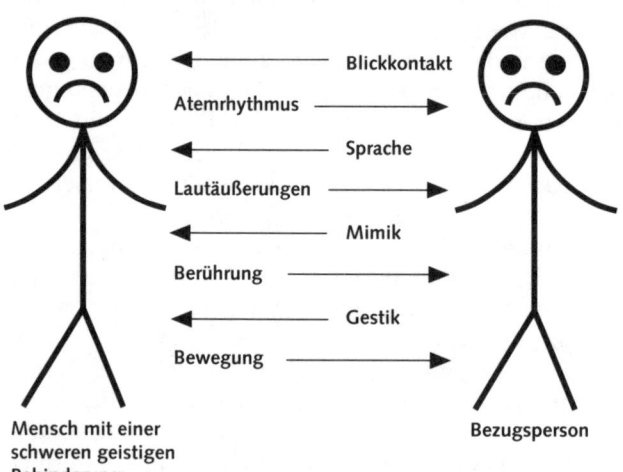

Abb. 47: Die eingesetzten Kommunikationskanäle „passen" nicht (Mall 1984, 4)

Für die Betreuungsperson bedeutet dies, die vom Menschen mit einer Behinderung angebotenen Kommunikationskanäle zu nutzen. Dabei sind viele Kanäle möglich, Berührung, Atemrhythmus, Bewegen und Lautieren scheinen zentral zu sein.

Berührungen müssen aber auch eindeutig gestaltet werden. Sie müssen mit einem gewissen Druck erfolgen, damit sie angenehm sind. Eine leichte Berührung wird oft als unangenehm empfunden. Darüber hinaus ist es wichtig, z. B. bei Massagen (Leboyer) immer Kontakt zu halten. Das Lösen des Kontaktes bedeutet für den/die Partner/-in mit einer Behinderung immer eine Neuorientierung. Bleibt die Verbindung bestehen, kann er/sie sich besser auf die Situation einlassen und sie erspüren.

In jedem Fall soll die Berührung angekündigt werden und, je nachdem, auch vokal begleitet werden. Ein Singen, Summen oder auch leises Sprechen kann die Atmosphäre entscheidend positiv beeinflussen und den Zugang zu dem/der Partner/-in ermöglichen.

Über den Körperkontakt und die direkte Zuwendung kann die Heilerzieherin ihrem/ihrer Partner/-in analog mitteilen, daß sie ihn/sie mag, Zeit hat. Damit ist eine Grundlage geschaffen, auf der weitere Entwicklungen möglich sind.

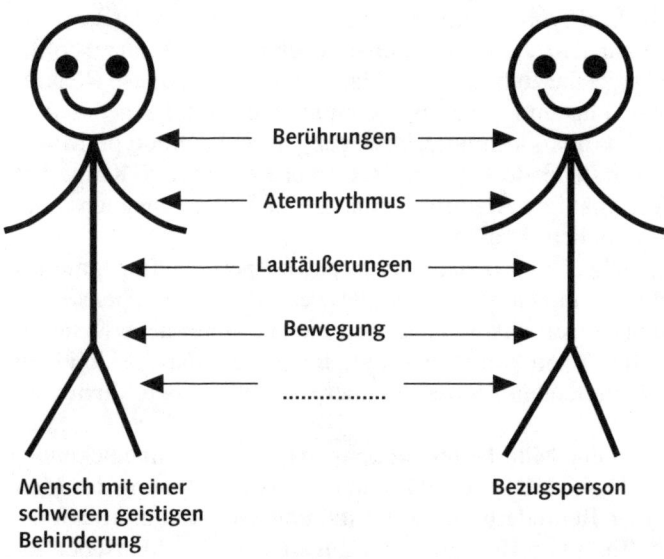

Abb. 48: Basale Kommunikation (Mall 1984, 5, Erweiterung d. V.)

Berührungen

Beim Waschen, Baden, Eincremen, Anziehen, Essengeben kommt es zu intensiven Berührungen. Bei der Betreung im Heim ist es aber auch häufig so, daß neue Mitarbeiter/-innen nach kurzer Zeit mit vielen Menschen in körperlichen Kontakt treten müssen. Aufgrund der eigenen Unsicherheit beim Handling erfolgen diese Kontakte oft sehr unsicher und in erhöhter Spannung, was wiederum zur Folge hat, daß der/die Betreuer/-in wenig „Spürinformationen" wahrnimmt und damit die Signale des/der Partners/-rin mit einer Behinderung übersieht. Häufig entwickeln sich solche Situationen zu schwierigen Interaktionen bis hin zu Grenzerlebnissen auf beiden Seiten. Beachtet eine Heilerziehungspflegerin z. B. beim Essengeben aufgrund einer schlechten Einarbeitung nicht die individuellen Gegebenheiten der/ des einzelnen, kann es zum Verschlucken bis hin zur Erstickungsgefahr kommen. Dabei kann gerade eine gelunge Begegnung auf körperlicher Basis der Grundstein für eine gute Beziehung sein. Ist z. B. die Situation für den Menschen mit einer Behinderung unangenehm, bedrohend oder angsterfüllt, wird sich der Muskeltonus erhöhen, der Blick wendet sich ab, häufig nimmt der Körper eine passive Schutzhaltung (z. B. Embryohaltung) ein. Wenn er/sie dazu in der Lage ist, wird er/sie versuchen, sich aus der unangenehmen Situation zu entfernen bzw. die Ursache zu beseitigen. Häufig sind jedoch diese Reaktionen nicht sehr klar und eindeutig, Lähmungen reduzieren das Ausdrucksverhalten, unkoordinierte Bewegungen und stereotype Muster überlagern grundlegende Formen. Beiderseits entspannte Körperhaltung und gleichmäßiger Atemrhythmus zeugen von gelungenen somatischen (körperlichen) Dialogen.
Für die alltägliche Praxis bedeutet dies, daß körperliche Begegnungen sehr individuell und behutsam gestaltet werden müssen, ebenso muß die Betreuungsperson ausreichend Zeit haben. Wenn neue Mitarbeiter/-innen in das Team kommen, empfiehlt es sich, daß sie sich langsam den zu betreuenden Menschen über die alltäglichen Verrichtungen nähern.
Für einen/eine neue Mitarbeiter/-in können die Übernahme bekannter Bewegungsabläufe, z. B. beim Waschen, die Wahrnehmung des Menschen mit einer Behinderung, die Gestaltung von Alltagssituationen und die Schaffung von Begegnungen Zugänge zu den Menschen mit einer Behinderung schaffen.

Atmung ist ein nicht willentlich gesteuerter Prozeß, sie kann jedoch bewußt beeinflußt werden; auch wenn wir die Atmung einen gewissen Zeitraum anhalten, muß sie in einem gewissen Zeitrahmen wieder einsetzen, um die Lebensfunktion zu erhalten. Atmung wird stark bestimmt durch die aktuelle Befindlichkeit und durch die Umwelt, die in unterschiedlicher Weise Einfluß auf mich nimmt. Befindet sich ein Mensch in einer sehr entspannten Situation, atmet er in ruhigen langen Zügen; verändert sich die Situation jedoch, stockt der Atem, der Atemrhythmus wird unregelmäßig, bis die neue Situation erfaßt und verarbeitet ist. Bei sehr anstrengenden Tätigkeiten, z. B. in Hochleistungssituationen beim Sport, wird die Atmung schneller, um damit dem physiologischen Anspruch des Körpers (erhöhter Sauerstoffbedarf) gerecht zu werden. In einer Situation höchster Gefahr oder Anspannung hält man den Atem an, um nach Auflösen dieser Situation einmal tief durchzuatmen. Befindet sich ein Mensch über eine längere Zeit in einer Situation, die für ihn emotional und affektiv eher negativ besetzt ist, können durch die festgehaltene Atmung Verkrampfungen der Atemmuskulatur auftreten, d. h. Verkrampfungen im Schultergürtel, im Bereich des Brustkorbs und im Bauchbereich (vgl. Teegen 1985, 500).

Der Atemrhythmus eines Menschen mit einer Behinderung verdeutlicht, in welcher emotionalen bzw. psychischen Situation er sich befindet. Das bewußte Wahrnehmen des Atemrhythmus des/der Partners/ -rin mit einer Behinderung gibt wichtigen Aufschluß über sein/ihr Befinden.

Großmann schreibt dazu: „Läßt sich bei einem Menschen mit einer schweren geistigen Behinderung beispielsweise eine verkrampfte Atemmuskulatur und ein damit einhergehendes flaches Atemmuster feststellen, so kann dies nach Teegen als Ausdrucksgebärde einer inneren und äußeren Selbstschutzhaltung und auch als Ausdruck mangelnden Vertrauens in die Umwelt verstanden werden. Beginnt ein Mensch mit schwerer geistiger Behinderung plötzlich sehr schnell und flach zu atmen, wenn der/die Erzieher/-in ihn/sie berührt, so kann das ein Zeichen dafür sein, daß der behinderte Partner Angst hat, so daß der Kontakt vorerst behutsamer angeboten werden muß. Atmet er im Gegensatz tief und entspannt, kann dies als Anzeichen dafür gesehen werden, daß er sich wohlfühlt" (1987, 43). Mall erkannte die entscheidende Bedeutung der Atmung in der Kommunikation mit Menschen mit schwerer geistiger Behinderung und stellt sie als dominanten Kommunikationskanal in den Vordergrund: „Basale Kommunikation nimmt den Ausdrucks- und Mitteilungscharakter des Anderen ernst und versucht, auf der Ebene des Atemrhythmus mit dem Partner in einen Austausch zu treten, zu spüren wie es ihm geht, ihm mitzuteilen, wie man zu ihm steht, zu erreichen, daß er sich besser fühlt" (1984, 5). Dazu versucht der/die Partner/-in ohne Behinderung im unmittelbaren Körperkontakt mit dem Menschen mit schwerer geistiger Behinderung, dessen Atemrhythmus zu erspüren und darin mitzuschwingen. Dabei liegt der Schwerpunkt beim gemeinsamen Ausatmen. Dies kann in unterschiedlicher Art und Weise unterstrichen werden. Zum einen kann die Ausatmung hörbar gemacht werden durch Brummen, Summen, Tönen oder Singen, zum anderen kann in die Phase des Ausatmens Bewegung, z. B. Ausstreichen der Hände (siehe Mall 1992, 64 f.), integriert werden. Dies muß jedoch in einer behutsamen Art und Weise passieren und soll nur ein paar Mal wiederholt werden. Dabei ist von entscheidender Bedeutung, daß die Heilerziehungspflegerin sich selbst ebenso bewußt wahrnimmt und nach Möglichkeit locker und entspannt bleibt. Falls sich der Atemrhythmus der/des Partnerin/ Partners mit schwerer Behinderung stark von dem ihren unterscheidet, kann sie immer wieder auch zum eigenen Rhythmus zurückkehren, um nicht zu verspannen.

Lautäußerungen

Das Wahrnehmen und Spiegeln von Äußerungen des Menschen mit einer Behinderung ist eine weitere Möglichkeit, ihm zu vermitteln, daß er/sie wahrgenommen wird und die Betreuungsperson für ihn da ist. In der Praxis zeigt sich, daß das Spiegeln von Verhaltensweisen meist zu einer erhöhten Aufmerksamkeit des Gegenübers führt. Die Heilerziehungspflegerin kann aber auch beim Ausatmen Töne erzeugen, Lautäußerungen anbieten.

Bewegungen

Wenn der/die Partner/-in Bewegungen anbietet, werden diese aufgenommen; ebenso können von der Heilerziehungspflegerin Bewegungen angeboten werden, die in die Ausatmungsphase des Atemrhythmus eingepaßt sind. Dies können Bewegungen sein, die den ganzen Körper betreffen, z. B. leichtes Schaukeln oder Armebewegen.

Intentionen

Mall grenzt den Bereich der primären Kommunikation und die basale Kommunikation deutlich von den sogenannten Förderprogrammen ab: „Basale Kommunikation zielt nicht so sehr auf die Veränderungen des Partners und ist deshalb keine Förderungsmethode. Sie dient vielmehr – was oft schon sehr viel mehr ist und den Kern vom Problemverhalten besser trifft – zur Herstellung und Verbesserung der Beziehung zwischen ihm und mir, ausgehend von der Realität seiner wie meiner Situation, seiner wie meiner Möglichkeiten und Behinderung" (1984, 6). Die Erfahrung zeigt, daß auf diesem Weg oft mehr erreicht wird als mit Förderprogrammen, die ohne Schaffung einer kommunikativen Situation als Voraussetzung über den Kopf des Partners hinweggehen. Die Begegnung mit dem Menschen steht im Vordergrund, nicht das Ergebnis der Interaktion.

Inhalte

Mall (1984,6) formuliert folgende Inhalte: Es sollte eine kommunikative Situation hergestellt werden, die den Austausch zwischen dem/der Betreuer/-in und dem/der Partner/-in auf vorsprachlicher Ebene ermöglicht. Die Situation sollte von Zuneigung, Interesse und Offenheit geprägt sein, Angst, Unverständnis und Panik abbauen und Raum schaffen für neue Erfahrungen in der sozialen und dinglichen Umwelt.

Die Praxis

Die praktische Durchführung kann niemals bis ins Detail geplant und vorüberlegt werden, was seitens des/der Betreuers/-rin Fachkompetenz erfordert.
Basale Kommunikation kann in jedem Moment, bei jeder Begegnung stattfinden; es hat sich aber auch gezeigt, daß die Intentionen noch besser umgesetzt werden können, wenn dafür Zeit und Raum zur Verfügung stehen. Die räumlichen Voraussetzungen tragen sehr zum Gelingen einer Begegnungssituation bei. Der Raum soll dabei nicht allzu groß sein, die Ausstattung bzw. Gestaltung des Raumes sollte nicht allzusehr ablenken; weiterhin sollte er warm sein, und es ist von Vorteil, wenn der Raum verdunkelt werden kann. Ist dies nicht der Fall, kann auch ein Teil des Raumes mit Tüchern verändert werden, damit eine Art Höhlensituation entsteht. Weiterhin sollten Polster, Matratzen und eine Musikanlage zur Verfügung stehen. Beim Betreten des Raumes kann ein Glockenspiel angeschlagen werden als Zeichen dafür, daß wir in den Raum eintreten und eine andere Situation entsteht. Der/die Partner/-in ohne Behinderung versucht nun, mit ihrem/seinem Gegenüber in engen Körperkontakt zu treten, z. B. indem er/sie sich an die Wand setzt. Der/die Partner/-in mit Behinderung kann sich nun

zwischen die Beine setzen und mit dem Oberkörper gegen den Körper der/des anderen lehnen. Wichtig dabei ist, daß der/die Partner/-in ohne Behinderung eine stabile Position hat, um nicht zu verkrampfen und sich ganz vorbehaltlos in die Interaktion mit dem/der Partner/-in einlassen zu können. Damit der Dialog gelingen kann, ist es von entscheidender Bedeutung, daß sich der/die Partner/-in ohne Behinderung auf sich selbst besinnt, den eigenen Körper, die eigenen Gefühle und den eigenen Atemrhythmus spürt. Der weitere Ablauf hängt vom Verhalten der/des Partners/-rin mit Behinderung ab. Wenn er/sie sich in der Situation wohlfühlt, nicht verspannt, kann der/die nicht Behinderte die Hand um den Bauch legen, um so den Atemrhythmus zu erspüren. Wichtig dabei ist, daß die Hände des Menschen mit Behinderung einbezogen werden, eventuell in der Art und Weise, daß ich eine Hand auf den Bauch lege, die Hände meines Partners/-rin dazwischen und meine andere Hand oben auflege. Jetzt kann ich wie schon beschrieben in den Atemrhythmus meines/meiner Partners/-rin eintauchen, in der Ausatmungsphase Verstärkungen einbauen und so mit ihm/ihr in einen Austausch eintreten. Wenn der/die Partner/-in Bewegungen anbietet, kann sich nach und nach ein harmonisches gemeinsames Schwingen entwickeln, das je nach Situation verstärkt oder gedämpft wird. Im Laufe der Begegnungen kann der Radius ausgedehnt werden. Auf diese Weise können der Bewegungsspielraum erkundet, Grenzen erspürt und öffnende Bewegungen versucht werden; Widerstand muß akzeptiert werden. Wichtig ist, daß die Situation beendet wird, wenn sie für beide Partner/-innen noch interessant und angenehm ist, da dies neugierig auf neue Begegnungen macht. Auch bei Ablehnung durch den/die andere/-n sollte nicht zu prompt und automatisch abgebrochen werden. Wichtig ist, daß diese Begegnungssituationen analysiert und reflektiert werden können. In der Situation der Begegnung werden oft kleine Ansätze und Reaktionen der/des Partners/-rin übersehen, die später in der Videoaufzeichnung bemerkt und in die nächste Begegnung eingebracht werden können. In der Förderung von Menschen mit schwerer Behinderung sind der Körperkontakt, das Berühren des anderen, die Nähe usw. zentrale Ausdrucksformen. Deshalb wird auch immer wieder die Frage gestellt, ob bei diesem Ansatz bei den beteiligten Personen nicht sexuelle Gefühle entstehen können und welche Konsequenzen sich daraus ergeben. Diese Möglichkeit besteht natürlich immer. Wichtig ist, daß die auftretenden Gefühle erkannt werden. Sollte die Heilerziehungspflegerin bei sich oder den Partnern/-rinnen mit einer Behinderung solche Gefühle erkennen, muß die Situation verändert werden; entweder wird ein anderer Förderansatz gewählt, oder eine andere Kollegin/ein anderer Kollege übernimmt, wenn möglich und sinnvoll, die Förderung, da ansonsten die Gefahr des sexuellen Mißbrauchs besteht.

Übungen zur Praxis:

Damit der Ansatz der basalen Kommunikation gelingen kann, ist es von entscheidender Bedeutung, daß der/die Partner/-in ohne Behinderung ein gewisses Maß an Erfahrung im Bereich der Selbstwahrnehmung und im Umgang mit anderen Partner/-innen hat, da sich jeder/jede in der basalen Kommunikation in ihrer/seiner Ganzheit einbringt. Die Heilerziehungspflegerin muß die Signale des eigenen Körpers wahrnehmen und entsprechend interpretieren können. Das intensive Wahrnehmen und Beobachten des/der Partners/-rin führt zu individuellen Interaktionsformen und ermöglicht eine differenzierte Reflexion. Der Einstieg in die Praxis sollte erst nach einer intensiven Einarbeitung in das Thema durch erfahrene Personen erfolgen.

Übung:
Wir wollen uns zuerst mit unserem eigenen Körper beschäftigen, z. B. indem wir eine gedankliche Reise durch den Körper machen (wir überlegen, welche Körperteile den Boden berühren, welche nicht, und erfühlen so die Spannung in unserem Körper (siehe Mall 1992, 45). Das Erleben des eigenen Körpers kann durch gewisse Techniken wie progressive Relaxation oder autogenes Training intensiviert werden. Dabei bietet die tiefenmuskuläre Entspannung (progressive Relaxation nach Jacobson) eine gute Möglichkeit, die Körperwahrnehmung und Entspannungsfähigkeit zu verbessern. Dabei werden verschiedene Muskelgruppen nacheinander angespannt, so daß ein intensives Körpergefühl entsteht. Diese Technik kann mit Elementen des autogenen Trainings kombiniert werden. Auch in der Motopädagogik werden im Rahmen von Körpererfahrung viele Übungen angeboten (s. Kapitel 17).

Übung:
Als nächstes wollen wir Veränderungen unseres Körpers wahrnehmen. Dazu nimmt jeder/jede eine individuelle Position, z. B. Bauch-/Rückenlage, auf einer Isomatte ein. Wir hören jetzt in unseren Körper hinein, achten auf Herzschlag, Puls, Atmung usw. Was

kann sich alles verändern? Bei welchen Gelegenheiten habe ich zuletzt Veränderungen gespürt? (Vielleicht bei dem Gedanken an einen bestimmten Menschen, bei körperlichen Anstrengungen, Erschöpfung, Freude, Anspannung.) Wir stehen jetzt auf und bewegen uns durch den Raum, dabei steigern wir unsere Bewegungsintensität, bis wir uns zum Schluß so schnell wie möglich im Raum bewegen. Wenn wir „völlig außer Atem sind", legen wir uns auf eine Isomatte und beobachten jetzt wieder unsere Körper. Die Atmung ist jetzt wahrscheinlich sehr schnell und flach, das Herz „rast". Wir können jetzt aber auch jetzt eine Veränderung beobachten: Je nach Fitneß der/des einzelnen wird sich die Atmung/Puls schnell zur Normalität verändern, bei körperlich nicht trainierten Menschen wird dieser Prozeß länger dauern. Nach einem längeren Zeitraum vergleichen wir unsere jetzige „Verfassung" mit der ganz zu Beginn der Übung gespürten. Bei der Reflexion ist es wichtig, daß Empfindungen der Einzelnen nicht gewertet, sondern unterschiedliche Äußerungen als Zeichen der Individualität gesehen werden.

Übung:
Wir gehen jetzt durch den Raum und begrüßen alle, die uns begegnen per Handschlag – ohne ein Wort zu sprechen. Dabei sollte auch mal die nicht gewohnte andere Hand benutzt werden, um sich aus eingefahrenen Bahnen zu entfernen, sich zu öffnen. Danach berühren wir uns an verschiedenen Körperstellen, z. B. an der Schulter, am Gesäß, am Rücken, am Bauch, an der Wange, an der Nase und am Ohr. Diese einfachen Formen der Begegnung gehen jetzt bereits über den gesellschaftsnorminierten Kontakt hinaus, öffnen neue Wege, können aber auch bereits zu ersten Unsicherheiten führen.

Übung:
Jeder/jede sucht sich einen/eine Partner/-in, mit dem/der er/sie sich Rücken an Rücken aufstellt. Beide bewegen sich jetzt (eventuell nach Musik), ohne den Kontakt aufzugeben. Als weitere Form soll nun versucht werden, daß die Partner/-innen sich gegenseitig ein Gefühl („mir-geht es gut") mitteilen sollen. Wichtig ist, daß ein intensiver Austausch zwischen den beteiligten Personen erfolgt.

Übung:
Wir stehen unserem/unserer Partner/-in frontal gegenüber und legen unsere Hände auf seine/ihre Hände. Wir bewegen uns jetzt durch den Raum, ohne den Kontakt aufzugeben, wobei ein/eine Partner/-in auch die Augen schließen kann. Ohne ein Wort zu sprechen, wird der/die Partner/-in nun durch den Raum geführt, dabei sollen alle Bewegungsrichtungen angeboten und eingefordert werden. Am Ende dieser Sequenz stehen die Partner/-innen eine Zeitlang still und lösen jetzt den Kontakt der Hände, drehen sich um die eigene Achse, nehmen den Kontakt wieder auf. Dies geschieht mit geschlossenen Augen.

Übung:
Während die vorherigen Übungen einen festen Kontakt in einer vorgegebenen Form mit dem/der Partner/-in beinhalteten, soll nun die Form des Kontaktes und der Berührungsfläche verändert werden. Dazu kann die Aufgabe gestellt werden, daß jedes Paar nach eigenen Formen sucht, Körperkontakt aufzubauen und ihn wieder zu lösen. Entscheidend dabei ist, daß der Körperkontakt niemals ganz aufgegeben werden darf, sondern immer ein Berührungspunkt vorhanden sein muß. Es kann auch folgende Übungsform vorgegeben werden: Die Partner/-innen stehen Rücken an Rücken, die Hände sind dabei waagrecht ausgestreckt, die Berührungsfläche erstreckt sich vom Fingerrücken der einen Seite über den Arm, den Rücken, den Armen und den Fingerrücken der anderen Seite. Nun kann langsam dieser Kontakt abgebaut werden, indem sich die Partner/-innen voneinander wegdrehen und nur noch über ihre Fingerspitzen Kontakt halten und danach wieder den Kontakt auf der ventralen Seite ihres Körpers über die Fingerinnenseite, Unterarm, Oberarm, Brust, Oberarm, Unterarm, Hand und Fingerspitzen aufbauen. Diese Grundform gelingt manchmal leichter über das Medium Musik. Es muß aber auch deutlich gesagt werden, daß diese Form niemals eingefordert werden kann, sondern Anregung zu individuellen Lösungen bietet. Die meisten haben Erfahrung aus dem Bereich des Tanzens oder anderer Sportarten. Diese Aufgabe wird meist als sehr schwierig empfunden, denn sie beinhaltet ein hohes Maß an Abstimmung mit dem/der Partner/-in. Häufig zeigen sich hier erste Grenzen. Diese Übung – Nähe und Distanz – muß ebenfalls zwischen den Partnern/-rinnen intensiv reflektiert werden.

Nähe und Distanz

Übung:
Ein/eine Partner/-in sitzt auf einem Stuhl. Der/die andere steht
dicht dahinter und achtet darauf, wie er/sie steht, den Boden spürt,
wie das Gleichgewicht ist. Dabei können die Augen geschlossen
werden. Der/die Partner/-in erspürt Sitzfläche und Rückenlehne
des Stuhles, nimmt den Boden wahr, ebenso die Haltung des Kopfes, des Nackens, der Schultern und der Arme. Nun legt der/die hintere Partner/-in die Hände auf die Schultern der/des anderen ab, läßt
sie dort liegen und nimmt wahr, was die Hände erleben; der/die
Partner/-in spürt ebenso ihren/seinen Empfindungen nach. Nach
einiger Zeit lösen die Partner/-innen den Kontakt, nicht zu rasch,
aber auch nicht zu zögerlich, um Zeit zum Nachspüren zu haben.
Nun werden, ohne zu sprechen, die Positionen getauscht und die
Übung wiederholt. Zunächst tauschen sich die Partner/-innen aus,
danach die gesamte Gruppe. Dabei muß gelten, daß verschiedene
Menschen völlig gegensätzliche Erfahrungen machen können, die
jeweils für diesen Menschen stimmen (Mall 1992, 49).

Basale Kommunikation

Übung

Bei dieser Übung gibt es die Rolle des/der aktiven und passiven Partners/-rin. Der/die aktive Partner/-in setzt sich mit dem Rücken an die Wand, der/die andere setzt sich in ihren Schoß. Entscheidend dabei ist, daß jene/jener, welche/welcher an der Wand lehnt, bequem sitzt und sich nicht verspannt, wobei ein Knautschsack bzw. ein mit Styroporkügelchen gefülltes Kissen, ein halb aufgeblasener Peziball oder ein Keil die Haltung erleichtern kann. Die Postition, welche die beiden finden, kann dabei sehr unterschiedlich sein. Man kann sich auf den Boden setzen oder aber auf eine Therapierolle bzw. auf die oberen beiden Teile eines Kastens. Die Position hängt wesentlich von der Größe und der Figur der beiden Partner ab. Entscheidend ist, daß der/die Vorderfrau/Vordermann eine sichere Position findet, so daß er/sie sich völlig loslassen kann. Der/die aktive Partner/-in nimmt nun seine Position und Lage wahr, spürt in sich hinein, soll in Kontakt mit sich selbst kommen. Der/die hintere Partner/-in nimmt nun mit seinen/ihren Händen Kontakt auf, um so den Atemrhythmus noch deutlicher zu spüren. Die Hände der/des passiven Partners/-rin können einbezogen werden. Dies kann in der Weise geschehen, daß ich eine Hand direkt auf den Bauch des/der anderen lege, seine/ihre Hand dazwischen und meine andere Hand darauf lege. In der ersten Phase lassen wir jetzt einfach Zeit, uns aneinander zu gewöhnen. Danach versucht der/die aktive Partner/-in, sich in den Atemrhythmus der/des anderen einzuschwingen. Mall beschreibt dies mit Hilfe eines Bildes: „Wenn ich jemanden auf der Schaukel in Schwung bringe, geht mein Impuls von mir weg. Ich warte, bis der andere zurückkommt, und gebe dann wieder den Impuls von mir weg. Ebenso gehe ich beim Atemrhythmus ins Ausatmen mit, lasse dem anderen Raum zurückzukommen, schaue auch für mich selbst, daß ich zurückkomme, und gehe wieder ins Ausatmen mit" (1992, 63). Mall betont, daß vor allem in Phasen des Umschwungs, vom Ein- ins Ausatmen und vom Aus- ins Einatmen kein Druck ausgeübt werden darf. Gelingt das Eintauchen in den Atemrhythmus nicht oder wird zu anstrengend, so kehrt der/die aktive Partner/-in wieder zum eigenem Rhythmus zurück.

Nach einen Zeitraum von ca. 5–10 Minuten lösen wir uns behutsam voneinander und wechseln die Position. Anschließend sollte den Teilnehmern/-rinnen genügend Zeit gegeben werden, sich auszutauschen.

Zum Abschluß jeder Übung bzw. dieser Übungssequenz ist ein intensiver Austausch zwischen den Partner/-innen notwendig. Jetzt können Erklärungen abgegeben werden, Vermutungen geäußert und Gefühle beschrieben werden. Die Rückmeldung ist deshalb so wichtig, weil mir der/die Partner/-in ohne Behinderung genaue Informationen geben kann, die ich bei einer/einem behinderten Partner/-in, der/die er nicht sprechen kann, häufig nur erahne. Weitere Übungsvorschläge bei Mall (1992).

LITERATUR

Affolter, F. (1987): Wahrnehmung, Wirklichkeit und Sprache. Villingen-Schwenningen

Augustin, A. (1980): Beschäftigungstherapeutische Behandlung bei Wahrnehmungsstörungen. Dortmund

Bentele, P. (1994): Motopädagogische Förderung von Menschen mit einer schweren Behinderung. In: Praxis der Psychomotorik, 2/94, S. 88–92

Bienstein, Chr./Fröhlich, A. (1991): Basale Stimulation in der Pflege. Düsseldorf

Breitinger, M./Fischer, D. (1981): Intensivbehinderte lernen leben, Würzburg

Fikar, H. (1987): Körperorientierte Förderansätze im Unterricht bei Menschen mit schwerer geistiger Behinderung. In: Geistige Behinderung, 4, S. 1–19

Fröhlich, A. (1991): Basale Stimulation. Düsseldorf

Fröhlich, A. (Hrsg.) (1989): Kommunikation und Sprache körperbehinderter Kinder. Dortmund

Fröhlich, A. (Hrsg.) (1978): Dokumentation zur Situation Schwerstbehinderter. Staufen

Fröhlich, A. (Hrsg.) (1990): Lernmöglichkeiten – aktivierende Förderung für schwer mehrfach behinderte Menschen. Heidelberg

Fröhlich, A. (Hrsg.) (1977): Wahrnehmungsstörungen und Wahrnehmungstraining bei Körperbehinderten, Rheinstetten

Fröhlich, A./Haupt. U. (1982): Entwicklungsförderung schwerstbehinderter Kinder. Mainz

Fröhlich, A./Tuckermann, U. (Hrsg.) (1977): „Schwerstbehinderte". Rheinstetten

Großmann, C. (1987): Basale Kommunikation als Grundlage der Erziehung schwer behinderter Menschen. Müllheim

Hedderich, I. (1992): Kommunikative Förderung von Kindern und Jugendlichen mit schwersten zerebralen Störungen. In: Geistige Behinderung, 3, S. 1–21

Leboyer, F. (1986): Sanfte Hände. München

Mall, W. (1985): Die Bedeutung der Wiederaufnahme der primären Kommunikationssituation als Basis zur Förderung schwer geistig behinderter Menschen. In: Zeitschrift für Heilpädagogik, 36. Jg., Beiheft 12, S. 24–32

Mall, W. (1992): Kommunikation mit schwer geistig behinderten Menschen. Heidelberg

Mall, W. (1984): „Basale Kommunikation" – ein Weg zum anderen. Geistige Behinderung, 1, S. 1–15

Pfeffer, W. (1988): Förderung schwer geistig Behinderter – Eine Grundlage. Würzburg

Pfeffer, W. (1983): Die Förderung schwerst geistig Behinderter auf der Grundlage der Entwicklung der sensomotorischen Intelligenz. In: Zeitschrift für Heilpädagogik, 34. Jg., Heft 6, S. 357–363

Schumacher, J. (1985): Schwerstbehinderte Menschen verstehen lernen. In: Geistige Behinderung, 1, S. 1–20

Teegen, F. (1985): Verstärte Atmung und seelisches Erleben. In: Petzhold, H. (Hrsg.): Leiblichkeit. Paderborn, S. 449–546

Wohlfahrt, R. (1985): Nonverbale Kommunikation. In: Geistige Behinderung, 4, S. 253–263

XV. Basale Stimulation

Ganzheitliche Entwicklungsförderung von Menschen mit einer schwersten Behinderung nach Andreas Fröhlich

Für den Personenkreis, den wir als „schwerstbehindert" bezeichnen, werden in der Literatur auch häufig die Begriffe „geistig schwerbehindert", „intensiv geistig behindert", „schwer sozio-emotional gestört", „schwerst wahrnehmungsgestört" u. a. m. verwendet. Wir verwenden in Anlehnung an Fröhlich nur den Begriff „schwerstbehindert", unter den sich die unterschiedlichen Ausformungen (sensorisch, motorisch, kognitiv usw.) von Behinderungen subsumieren lassen. Fröhlich definiert diese als komplexe Beeinträchtigung des ganzen Menschen in allen seinen Erlebnis- und Ausdrucksmöglichkeiten (1991, 11). Diese Menschen sind stark in ihrer Eigenaktivität eingeschränkt und häufig bedrohlich krank. Schwerste Behinderung geht oft mit erhöhter Anfallsbereitschaft, schwierigen Atemwegserkrankungen, erhöhter Infektionsbereitschaft, Veränderungen am Skelett (Skoliose) einher. Diese unvollständige Auflistung begleitender Faktoren zeigt, daß viele Menschen mit einer schwersten Behinderung eine Existenz „am Rande des Lebens" (Fröhlich 1991, 17) führen. Im folgenden werden wir diesen Personenkreis ausführlicher beschreiben.

1. MENSCHEN MIT EINER SCHWERSTEN BEHINDERUNG

(1) Menschen mit einer schwersten Behinderung haben eine Motorik, die sich meist durch deutliche Ansätze zu willkürlicher Steuerung ausdrückt. Die Ausprägung dieser Steuerung kann dabei sehr unterschiedlich sein. Bewegungsabläufe wie Aufrichten gegen die Schwerkraft, Sitzen, Stehen, Greifen, Gehen gelingen in sehr unterschiedlicher Weise. Meist jedoch sind diese motorischen Fähigkeiten nur im Ansatz vorhanden, so daß der/die einzelne ein Großteil seiner/ihrer Zeit liegend oder sitzend verbringen muß. Erschwert wird die körperliche Situation häufig durch Veränderungen des Muskeltonus (hyper-/hypotone Muskulatur), die den Körper beeinträchtigen können, z. B. Diplegie, d. h. doppelseitige Lähmung und Hemiplegie, d. h. Lähmung einer Körperseite. Aufgrund der eingeschränkten Bewegungsfähigkeit

und -möglichkeiten kommt es häufig zu einer weiteren Verschlechterung des körperlichen Zustandes. Kontrakturen und teilweise extreme Haltungsschäden verringern die Vitalität.

(2) Was die Wahrnehmung betrifft, treffen wir sehr unterschiedliche Fähigkeiten an. Jedes Individuum bringt aufgrund der intrauterinen Erfahrungen, vor allem in dem vestibulären, vibratorischen und somatischen Wahrnehmungsbereich, gewisse Grundfähigkeiten für den Austausch zur Umwelt mit auf die Welt. So zeigen auch Menschen mit schwerster Behinderung deutliche Reaktionen auf Berührungen im Sinne einer taktilen Abwehr bzw. einer Akzeptanz dieser Berührungen im Sinne einer Entspannung des Muskeltonus. Deutliche Kompetenzen treffen wir vor allem in den Bereichen an, die häufig angeregt bzw. angesprochen werden – beispielsweise im Gesicht und hier speziell um den Mund herum, da die tägliche Nahrungsaufnahme ein deutliches Reizangebot erhält, das auch beantwortet wird. Zum einen kann es zu differenzierten Unterscheidungsleistungen kommen, z. B. durch orale Exploration, welche die Ablehnung von gewissen Geschmacksqualitäten ermöglicht, zum anderen kann in besonders schwierigen Wahrnehmungssituationen eine zusätzliche Stimulation des Schluckreflexes notwendig sein. Häufig können die Menschen mit einer schwersten Behinderung einigermaßen über die Bewegung ihrer Hände verfügen, die auch Reize aufnehmen und verarbeiten können. Auch bei der Körperwahrnehmung (Körperschema) gibt es gravierende Verluste, da aufgrund der geringen Bewegungsfähigkeit viele Reize nicht mehr wahrgenommen werden und damit gewisse Informationen nicht mehr präsent sind. Durch das lange Liegen in einer bestimmten Position erfolgt eine Gewöhnung, es gibt keine Rückkopplung mehr über die momentane Position.

Die Leistungsfähigkeit z. B. des visuellen, auditiven und anderer Sinnesgebiete hängt von den individuellen Voraussetzungen ab und muß deshalb auch im einzelnen bestimmt werden.

(3) Die Kontaktaufnahme mit der Umwelt geschieht meist über Körpersignale. Sprachliche Artikulation fällt schwer bzw. ist nur in Einzelfällen anzutreffen. Durch Lautieren kann jedoch der einzelne auf seine Situation aufmerksam machen und der Umwelt Informationen über seine Befindlichkeit geben. Dennoch spielt die Sprache in der Kommunikation mit Menschen mit einer schwersten Behinderung eine wichtige Rolle, da die Bedeutung einzelner Wörter erahnt oder erkannt werden kann. Häufig beinhaltet auch die Modulation der Stimme einen Informationsgehalt. Sprachliche Zuwendung scheint außerdem für beide Interaktionspartner eine elementare Basis des Verstehens darzustellen.

Zentrales Kommunikations- und Ausdrucksmittel scheint jedoch der Körper des behinderten Menschen zu sein. Über die Veränderung der Muskelspannung kann Wohlbefinden bzw. Unbehagen signalisiert werden, über Mimik und Gestik werden diese Informationen verdeutlicht. Aber auch die Körperhaltung bzw. die Atmung des Menschen geben deutlich Aufschluß über das Wohlbefinden (siehe basale Kommunikation). Entscheidend ist, daß die kommunikativen Kompetenzen des Menschen mit einer schwersten Behinderung erkannt und verstärkt werden. Werden diese kleinen Zeichen übersehen, so machen sich immer mehr Rückzugstendenzen bemerkbar, was die Isolation fördert.

(4) Im Bereich der Kognition ist vor allem die sensomotorische Intelligenz entwickelt. Wir können dabei beim einzelnen Gewohnheiten beobachten, aktive Wiederholungen und manchmal auch die Übertragung von Verhaltensschemata auf neue Situationen. Auch das Wiedererkennen von bestimmten Situationen bzw. Reizen (Geräusche) gehört zu den eindeutigen Kompetenzen in diesem Bereich. Es muß deutlich gesagt werden, daß die häufig gegebene motorische Einschränkung eine Auseinandersetzung mit der Umwelt erschwert und damit auch die kognitive Entwicklung negativ beeinflußt. Für die Entwicklung geistiger Fähigkeiten entscheidend ist nicht zuletzt die individuelle Lebensgeschichte: Nähe, Akzeptanz, Geborgenheit und Anregung werden andere Entwicklungen fördern als lange Krankenhausaufenthalte, mangelnde sensorische Anregungen oder gar Isolation.

(5) Das Verhalten des einzelnen ist stark von der meist eingeschränkten Motorik, die eine aktive Auseinandersetzung mit der Umwelt nur in begrenztem Maße zuläßt, geprägt. Beeinflußt wird das Aktivitätsniveau meist jedoch auch durch die Wirkung von Medikamenten, die häufig die Aktivität reduzieren. Teilnahmslosigkeit, Interesselosigkeit und Apathie erschweren oft den Umgang mit Menschen mit einer schwersten Behinderung. Es gibt aber auch Personen mit deutlich stereotypen Mustern bzw. deutlich hyperaktivem Verhalten. Fröhlich (1991, 31 ff.) bewertet beide Verhaltensweisen als Zeichen der Isolation, da auch die übersteigerte Aktivität Austauschprozesse zwischen dem Individuum und der Umwelt blockiert und auf diese Weise den erreichten inneren Gleichgewichtszustand erhält.

Diese – natürlich unvollständige – Beschreibung von Menschen mit einer schwersten Behinderung kann nur einen allgemeinen Überblick geben. Um diese Menschen zu verstehen, um in ihre Welt einzutreten, ist es notwendig, daß wir sie individuell kennenlernen und uns die Lebensgeschichte eines jeden einzelnen vor Augen führen: „Wir sind der Überzeugung, daß alle unsere Erfahrungen, die wir im Laufe unseres Lebens machen, nicht nur unter dem kognitiven Aspekt, d. h. in bewußter Erinnerung, sondern in einer umfassenden, eher ganzheitlichen, den Körper selbst einbeziehenden Erinnerung vorhanden sind. Die Summe aller sensorischer Erfahrungen, aller kommunikativer Erlebnisse, die Erfahrung mit dem eigenen Körper, aber auch mit anderen Menschen, haben uns zu dem gemacht, was wir jeweils jetzt sind. Dabei unterscheiden sich die Erfahrungen von Menschen mit schwersten Behinderungen wesentlich von unseren" (Fröhlich 1991, 18). Ein dramatischer Geburtsverlauf, vielleicht mit Sauerstoffmangel oder Saugglocke, eine schwere körperliche Beeinträchtigung, ein langer Krankenhausaufenthalt, die Trennung von Bezugspersonen, häufig wechselnde Bezugspersonen, Therapien unterschiedlichster Art und die oft mangelhafte Erfüllung der Grundbedürfnisse hinterlassen deutliche Spuren. Dabei erfährt sich der einzelne nicht als Mensch, sondern als Gegenstand bzw. Objekt. All das mag Erklärung genug sein für das oft zurückgezogene bzw. apathische Verhalten mancher Menschen mit einer schwersten Behinderung.

Jeder Mensch hat jedoch im Laufe seines Lebens Kompetenzen entwickelt: „Das ungeborene Kind hat im Austausch mit der mütterlichen Umwelt bereits Fähigkeiten entwickelt wahrzunehmen, auf Wahrgenommenes zu reagieren und selbst Wahrnehmungen in Gang zu setzen. Dies bedeutet, jeder Mensch hat Kompetenzen, sie müssen nur wahrgenommen und gesehen werden" (Fröhlich 1991, 137). An dieses Faktum knüpft das Konzept der basalen Stimulation an und versucht damit das sogenannte „Wahrnehmungsvakuum" (Fröhlich) zu überwinden.

2. BEGRIFFSDEFINITION

Unter basaler Stimulation sollen „Methoden einer intensiven und ganzheitlichen Förderung von Menschen mit einer schweren und schwersten Behinderung verstanden werden. Durch einfachste, gewissermaßen ‚voraussetzungslose‘ sensorische Angebote versucht man den Menschen zu helfen sich selbst und den eigenen Körper zu entdecken. Durch den eigenen Körper werden Beziehungen zur sozialen und materiellen Umwelt aufgenommen. Damit entsteht ein primärer Wechselwirkungsprozeß zwischen dem Ich und der Umwelt" (Fröhlich 1991, 135). Das Vorgehen orientiert sich an der Individualität des einzelnen, es ist ganzheitlich, d. h. es orientiert sich an der Gesamtpersönlichkeit des Gegenübers und ist partnerschaftlich orientiert. Wenn ich mit einem Menschen mit einer Behinderung arbeiten möchte, muß ich zunächst eine Beziehung zu ihm aufbauen, d. h. ich muß individuelle Zugangswege finden, vorhandene Kompetenzen entdecken, Vorlieben wahrnehmen und diesen Menschen einfach mögen. Basale Stimulation setzt also auf die individuellen Möglichkeiten in einer dialogischen Begegnung.

Ursprünglich wurde die basale Stimulation zur ganzheitlichen Förderung von Kindern und Jugendlichen mit einer schwersten Behinderung entwickelt. Inzwischen haben die Methoden der basalen Stimulation auch in anderen Bereichen Eingang gefunden. Sie wurden angewandt, um Menschen zu helfen, die nach einem Unfall geschädigt waren, oder um Langzeitpatienten/-tinnen darin zu unterstützen, wieder Interesse an der Umwelt zu entwickeln. Vor allem bei Patienten/-tinnen, deren Gesamtaktivität bzw. Vitalität stark reduziert wurde (die im Koma liegen oder unter dem apallischen Syndrom leiden), ist eine Anregung von außen unbedingt erforderlich. Weiterhin ist denkbar, daß Methoden der basalen Stimulation auch in die Betreuung von alten Menschen Eingang finden werden oder z. B. bei der Förderung und Begleitung von frühgeborenen Kindern.

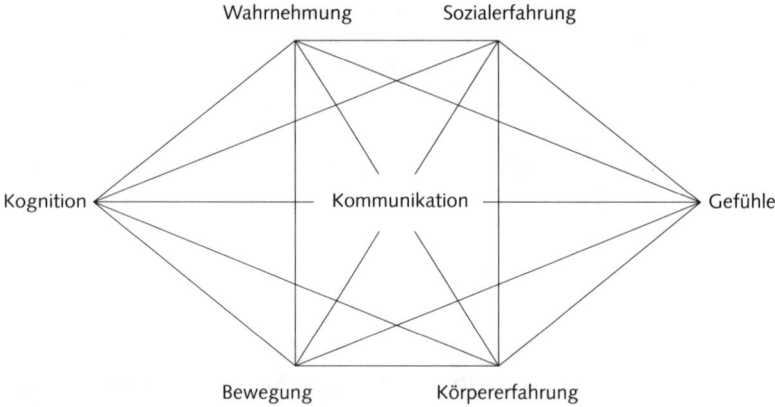

Abb. 49: Entwicklungs- und Persönlichkeitsbereiche des Menschen nach U. Haupt (Fröhlich 1991, 50)

In dem in Abbildung 49 dargestellten Modell sind die wichtigsten Entwicklungs- und Persönlichkeitsbereiche des Menschen beschrieben und miteinander in Beziehung gesetzt. Dabei ist festzuhalten, daß alle Bereiche gleich wirklich und wichtig sind und gleichzeitig wirken. Wenn es gelingt, diesen ganzheitlichen Ansatz zu verfolgen, können wir Bedingungen schaffen, die es dem/der einzelnen ermöglichen, sich selbst weiterzuentwickeln. Basale Stimulation darf also niemals reduziert werden auf isolierte Reize.

3. Ziele, Intentionen

Die genauen Ziele der basalen Stimulation können – das folgt aus der ganzheitlichen Betrachtungsweise – immer nur für das einzelne Individuum genau bestimmt werden.

Allgemein gesprochen ist das zentrale Anliegen der basalen Stimulation, daß der einzelne lernt, seinen eigenen Körper wahrzunehmen, ihn zu entdecken und über ihn zu verfügen. Diese Kompetenz ist die Grundlage für die weitere Beziehungsaufnahme zur sozialen und materiellen Umwelt. Anders formuliert: Basale Stimulation möchte im Mikrobereich Strukturen verändern, damit sich aus ihnen heraus generalisierte Veränderungen ergeben können. Wenn man von der individuellen Ausgangslage absieht, können folgende Intentionen angegeben werden:

(1) die sinngebende Verarbeitung von Reizen (die Wahrnehmung) soll angeregt und in Gang gesetzt werden;

(2) körperliche Beeinträchtigungen sollen wenn möglich abgemildert werden;

(3) über den Aufbau eines Körperschemas soll ein positiver Bezug zum Körper aufgebaut werden;

(4) durch gezielte Angebote soll eine Erweiterung der Aktivitäts- und Erfahrungsmöglichkeiten erreicht werden;

(5) durch den Aufbau von individualisierten Kommunikationsformen soll eine Öffnung nach außen erfolgen;

(6) über den Aufbau von kommunikativen Kompetenzen soll nicht zuletzt die Isolation überwunden werden.

4. Methoden

(1) Die Förderung soll an die stabilen und vertrauten Erfahrungen dieses Menschen, unabhängig davon, wie lange diese schon vergangen sind, anknüpfen. Um sie zu erkennen, muß die Heilerziehungspflegerin den Menschen gut kennen und ihn beobachten. Sollten wir also bemerken, daß Wasser eine beruhigende und entspannende Wirkung auf den Menschen mit einer schwersten Behinderung hat, so wäre der Ansatz, mit ihm im Wasser zu arbeiten, sicher richtig.

(2) Weiterhin ist es wichtig, daß wir Informationen über die Wahrnehmung unserer Partner/-innen mit einer Behinderung haben. Der Alltag kann zeigen, welche Wahrnehmungsqualitäten als angenehm empfunden bzw. abgelehnt werden. Bei der Pflegetätigkeit können wir genau beobachten, was der Mensch mit einer Behinderung empfindet. In der Regel werden nicht alle Körperbereiche gleich sensibel sein; einige sind hyper- bzw. hyposensibel.

(3) Um das Wissen über die Empfindungs- und Wahrnehmungsfähigkeit zu erweitern und zu differenzieren, können wir dem Menschen mit einer schwersten Behinderung Materialien von unterschiedlicher Struktur anbieten. Das sollte selbstverständlich behutsam und nicht in einem simplen Testen geschehen.

Wenn wir mit einem Menschen mit einer schwersten Behinderung arbeiten wollen, sollten wir uns selbstverständlich als erstes um eine gute Beziehung bemühen. Mit der Technik der „stellvertretenden Artikulation" kann auf die Sprachlosigkeit unseres Gegenübers reagiert werden. Dabei versuchen wir, von uns erahnte Wünsche und Gefühle zu formulieren.

(4) Wenn wir mit einem Menschen mit einer schwersten Behinderung in Kontakt treten, sollten wir ihm immer erklären, was wir mit ihm tun wollen. In dem Moment, wo Spür-Informationen vermittelt werden, ist es dann meist sinnvoll, das Sprechen zugunsten eines intensiven Wahrnehmens einzustellen, da aufgrund der Desorganisation der Wahrnehmung der Informationsfluß, der über mehrere Kanäle erfolgt, das Spüren verhindert und Orientierung unmöglich macht.

(5) Eine gute und sichere Ausgangsposition ist Grundvoraussetzung für eine gelungene Begegnungs- und Fördersituation. Welche Position der Mensch mit einer schwersten Behinderung einnimmt, hängt ab von der Intention der Situation und natürlich auch von den körperlichen Gegebenheiten der/des einzelnen. Grundsätzlich kann man sagen, daß alle Positionen, also Sitzen, Stehen, Rücken-, Bauch- oder Seitenlage usw. geeignet sind. Entscheidend ist, daß die Menschen mit einer schwersten Behinderung eine stabile Position haben und sich damit ganz auf das Geschehen einlassen können. Jeder Positionswechsel bedeutet für den Menschen mit einer Behinderung eine neue Orientierung und einen neuen Anfang. Denn bei jeder Lageveränderung treten andere Muskelspannungen auf. Bis die entspannende Haltung wieder gefunden ist, vergeht wieder Zeit. Deshalb ist zu bedenken, daß Positionsveränderungen nur dann vollzogen werden sollen, wenn sie unbedingt nötig sind. Auch der/die nicht behinderte Partner/-in sollte eine möglichst stabile und bequeme Position einnehmen. So kann er/sie einmal einen gewissen Zeitraum in gleicher Position verharren,

zum zweiten kann er/sie sich ganz auf den/die Partner/-in konzentrieren.

Die basale Stimulation beruht auf der gemeinsamen Aktivität der Partner/-innen. Damit dieser Sachverhalt zum Tragen kommt, ist es notwendig, daß alle Aktivitäten langsam und deutlich vollzogen werden. Der/die Partner/-in braucht Zeit, um wahrnehmen und reagieren zu können; nur so werden sich seine/ihre „Mikroaktivitäten" (Fröhlich) zeigen.

Damit ein Mensch mit einer Behinderung sich überhaupt in seiner Wahrnehmungsfähigkeit spüren kann, ist eine gewisse Aktivität, Wachheit und Anspannung notwendig. Das bedeutet, daß der Mensch mit einer Behinderung aus der Monotonie seines Daseins herausgelöst werden muß, um für die Erkundung seines Körpers bzw. für die Impulse seiner Umwelt bereit zu sein. Auf Phasen der Anspannung müssen Phasen der Entspannung folgen, damit die Regeneration stattfinden kann. Dies gilt sowohl für den Bereich der Fördersequenz als auch für den Alltag.

5. FÖRDERUNGSBEREICHE UND ÜBUNGEN

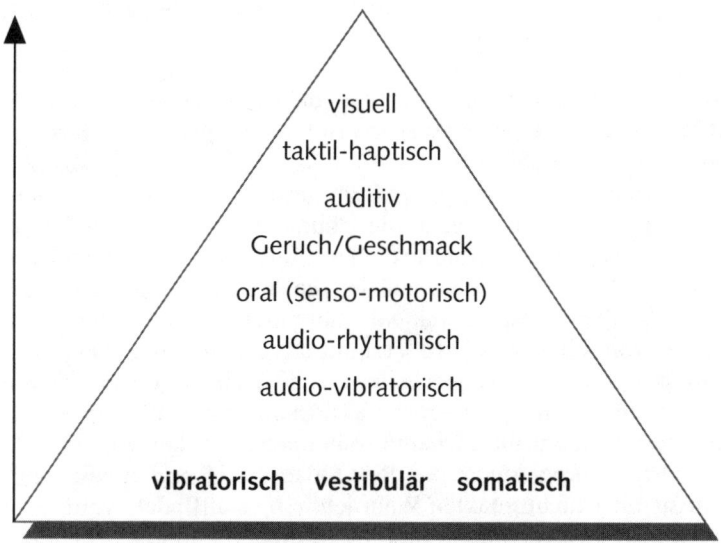

Abb. 50: Inhaltsbereiche basaler Stimulation
(aus Bienstein/Fröhlich 1991, 22)

Die Förderung kann in allen Wahrnehmungsbereichen des Menschen erfolgen. Die somatische, vestibuläre, vibratorische Anregung muß jedoch als Basis für die Förderung von Menschen mit einer schwersten Behinderung genommen werden. In diesen drei Bereichen hat das Kind im Mutterleib elementare und früheste Erfahrungen gemacht, an die jetzt angeknüpft werden kann.

Im Rahmen dieser Ausführungen soll der Schwerpunkt auf die somatische Anregung gelegt werden. Denn im Alltag der Heilerziehungspflegerinnen steht die Berührung im Vordergrund – bei der Pflege, beim Lagewechsel, beim Essen, beim An- und Auszieben usw. Darüber hinaus werden wir noch kurz auf den vestibulären und vibratorischen Bereich eingehen. Alle anderen Förderinhalte (z. B. visuell, gustatorisch, auditiv usw.) sind in der Literatur nachzulesen.

5.1 Somatische Förderung

Für Menschen mit einer schwersten Behinderung ist der Körper häufig das einzig reell Existierende. Wenn es uns gelingt, diesen Körper im einzelnen bewußt erlebbar zu machen, so wird sich diese Welt erweitern und öffnen. Bei der somatischen Förderung müssen folgende Prinzipien beachtet werden.

Symmetrie

Aufgrund von Lähmungen oder Mangel an Anregungen sind bei einem Menschen mit einer schwersten Behinderung Teile des Körpers nicht mehr in dem Maße verfügbar. So entsteht ein verzerrtes Körperbild. Deshalb ist es notwendig, die Symmetrie des Körpers zu beachten und den gesamten Körper in die Übungen einzubeziehen. Ist die Wahrnehmung einer Körperhälfte eingeschränkt, so ist es sinnvoll, mit der Körperhälfte zu beginnen, bei der die Wahrnehmung intakt ist. Denn hier werden die Reize adäquat wahrgenommen und verarbeitet. Aus dieser Klarheit heraus wird jetzt auf die andere Seite übergegangen. Mit ihr wird intensiver gearbeitet, so daß auch hier Informationen integriert werden können. Bei der praktischen Durchführung werden am Anfang vor allem die „Übergangsbereiche" in den Vordergrund gestellt. Diese Körperzonen, bei denen also der Übergang von einer intakten zu einer nicht intakten Wahrnehmung stattfindet, werden im Laufe der Zeit ausgedehnt, so daß im optimalen Fall eine Wahrnehmung des gesamten Körpers möglich wird.

Spannung und Entspannung

„Entspannung ist notwendig, um aufmerksamer spüren zu können. Spannung ist notwendig, um Aktivität einzuleiten, ihr harmonischer Wechsel befähigt uns, Bewegung aufzubauen" (Fröhlich 1991, 146). Viele Menschen mit schwerster Behinderung erleben diesen Wechsel zwischen Entspannung und Spannung nicht. Langes Liegen und häufig hypertone Muskulatur haben zu einem körperlich erhöhten Spannungszustand geführt. Oft ist es auch schwierig, die Spannung zu lösen, weil sich der Bewegungsmangel sehr negativ auswirkt und bereits vorhandene pathologische Muster verstärkt. An dieser Stelle möchten wir aber auch darauf hinweisen, daß isolierte Versuche, die Spannung zu lösen, meist nicht zum Erfolg führen, während regelmäßige Angebote nach anfänglichen Schwierigkeiten bald Entspannung bringen. Wenn mit dem Menschen mit einer schwersten Behinderung kontinuierlich gearbeitet wird, kann er/sie sich sowohl schneller entspannen als auch nicht mehr so schnell in Spannungszustände fallen. Zentrales Medium, um diesen Wechsel zu erreichen, sind sicherlich die Hände. Mit ihnen kann massiert werden (z. B. nach Leboyer), es können passive Bewegungsübungen, Spiele mit der Spannung (nach Jörimann und Fröhlich) und einfache Berührungen ausgeführt werden. Wärme, vor allem in Kombination mit Wasser, führt ebenfalls meist zu Entspannung. Der Aufbau von Spannung, z. B. bei Menschen mit einer ausgeprägten hypotonen Muskulatur, ist meist nicht leichter. Möglichkeiten gibt es über die vestibuläre und vibratorische Anregung. Dieser Wechsel von Anspannung und Entspannung sollte sich, wenn möglich, in jeder Fördersequenz wiederfinden.

Rhythmisierung

Unser Leben ist von verschiedenen Rhythmen geprägt. Phasen von Aktivität und Passivität, Wachsein und Schlafen, Arbeiten und Freizeit wechseln einander ab. Für den Menschen mit einer schweren geistigen und körperlichen Behinderung sind diese Rhythmen oft nicht existent. Dennoch ist auch ihr Leben geprägt von einem biologischen Rhythmus, nämlich dem Atemrhythmus. Bei Menschen mit einer schwersten Behinderung finden wir häufig eine arhythmische, flache, irreguläre Atmung, die auf die Befindlichkeit unseres Gegenübers Hinweise gibt. In allen Begegnungs- und Fördersituationen ist die Wahrnehmung und Rücksichtnahme auf den Atemrhythmus des behinderten Menschen von elementarer Bedeutung. Um eine tiefere und damit eine gleichmäßigere Atmung zu erreichen, wird die Ausatmungsphase unterstützt. Dies kann auf vielfältige Weise erfolgen.

Im folgenden werden einige Übungen aus der Selbsterfahrung und der alltäglichen Praxis der basalen Förderung vorgestellt. Bei Fachleuten ist eine solche, rein theoretische „trockene" Vorstellung umstritten, da diese Übungen von ihrer Erlebensqualität her wirken. Folglich ist die schlichte Übernahme der Übungen in die Praxis äußerst problematisch. Deshalb sollte sowohl in der Aus- als auch in der Fortbildung der Rahmen gewährleistet werden, sich theoretisch wie praktisch mit ihnen auseinanderzusetzen. Wir hoffen jedenfalls, daß unsere Leser/ -innen durch diese Darstellung neugierig darauf gemacht werden. Neben der fachlichen Kompetenz ist in der Praxis die intensive Beobachtung und Reflexion des Geschehens von großer Bedeutung. Dies kann anhand von Videoaufzeichnungen, Beobachtern usw. geschehen. Eine Analyse, Auswertung und Besprechung der Praxissituationen ermöglicht ein besseres Eingehen auf den/die einzelnen/-ne und Sicherheit im Handeln. Häufig verändert sich das Verhalten des/der behinderten Partners/-rin, und durch eine gute und intensive Beziehung können z. B. unterdrückte Verhaltensstrukturen aufbrechen.

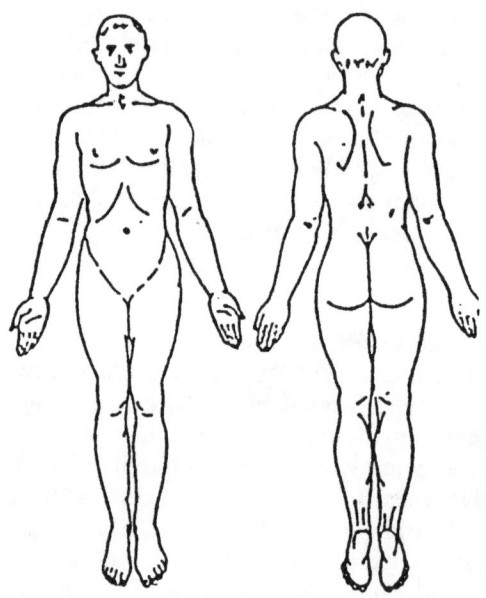

Abb. 51: Die Bereiche des Körpers
(nach Bienstein/Fröhlich 1991, 53)

Übung:
Sie sehen hier die Abbildung (51) eines menschlichen Körpers. Bitte zeichnen Sie in der Skizze mit vier verschiedenfarbigen Stiften, wo Sie sich von Menschen berühren oder nicht berühren lassen würden. Unterscheiden Sie vier Kategorien: 1. Welcher Bereich des Körpers ist der „öffentliche" Bereich, wo mich ziemlich alle Menschen berühren dürfen (z. B. Hände)? 2. Welche Partien meines Körpers bilden den „halböffentlichen" Bereich (z. B. Rücken)? 3. Welches Körpergebiet bildet den „privaten"Bereich, der z. B. nur von meinen Familienangehörigen oder Freunde/-innen berührt werden darf (z. B. vorderer Thorax)? 4. Welche Körperpartien sind meine „intimen" Bereiche, die nur ich oder höchstens mir sehr nahestehende Menschen berühren dürfen (z. B. Genitalbereich, vorderer Halsanteil)?
Vergleichen Sie bitte nach dem Einzeichnen Ihre Zeichnung mit der anderer Personen. Wo gibt es Unterschiede? (nach Bienstein/Fröhlich 1991, 53 f.)

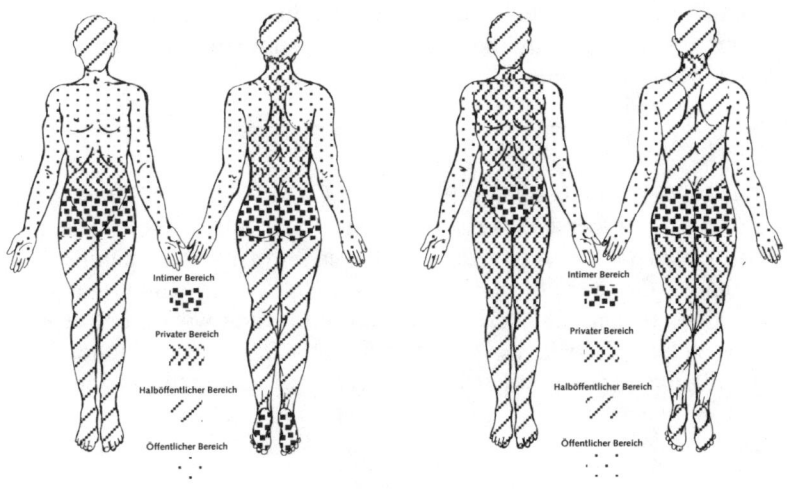

Abb. 52: Unterschiedliche Darstellungen der einzelnen „Körperbereiche" durch Studierende

Überlegungen: Die Einschätzung des eigenen Körpers hinsichtlich verschiedener Bereiche ist meist recht unterschiedlich. Einigermaßen einheitlich werden nur die öffentlichen und intimen Bereiche definiert. Insgesamt ist diese Übung als Einstieg in das Thema gut geeignet.

Die Sprache der Hände

Der Umgang mit den eigenen Händen ist sehr individuell und erfolgt meist intuitiv. Gewissen Menschen gibt man nur sehr ungern die Hand, da sie einem fast die Finger quetschen; bei anderen hat man das Gefühl, einen leblosen Gegenstand in der Hand liegen zu haben. Die Hände sind im Umgang mit und in der Betreuung und Förderung von Menschen mit einer schweren Behinderung ganz zentral. Deshalb sollte sich jeder, der mit Menschen mit einer schwersten Behinderung zu tun hat, darüber Gedanken machen, aber auch durch praktische Übungen lernen, die Hände gezielt und dosiert einzusetzen. Leboyer betitelt sein Buch, in dem es auch um die indische Babymassage geht, nicht umsonst mit „Sanfte Hände". Der erste Weg zu einem bewußten Umgang mit seinen Händen ist das Kennenlernen der eigenen Hände. An dieser Stelle soll nochmals darauf hingewiesen werden, daß alle Praxisübungen zuerst an einem/einer nicht behinderten Partner/-in bzw. an sich selbst durchgeführt und erlebt werden sollten. Denn der Mensch ohne Behinderung kann mehr Rückmeldung geben über den Ablauf, über den Druck meiner Hände, über die Stimmigkeit der Bewegung usw. Erst mit dieser Kompetenz sollte man sich dem behinderten Menschen nähern.

Übung:
Wir suchen eine bequeme Position auf und legen die Hände z. B. auf unsere Oberschenkel. Wir betrachten jetzt unsere Hände, betrachten die Relationen der Hände, die Form, die Ausprägung der Gelenke, den Verlauf der Venen usw. Wir denken daran, was wir mit den Händen alles tun können, wo und wann wir sie einsetzen, zu welchem Zweck; wir denken, was uns an unseren Händen gut gefällt und erinnern uns an unsere letzte Verletzung, an die Schmerzen.

Übung:
Wir nehmen die Hand unseres/unserer Partners/-rin und betrachten sie ausführlich. Danach beginnen wir die Hand kennenzulernen. Ausgehend vom Handgelenk versuchen wir übers Bewegen die Beweglichkeit der Hand zu erkunden. Dabei soll jede Bewegungsmöglichkeit erspürt, jedes Gelenk wahrgenommen und bewegt werden. Am Ende dieser Übungen soll die Hand als Ganzes erfahren werden, indem die Handinnen- und -außenseite als Ganzes berührt, ausgestrichen werden.

Übung:
Setzen Sie sich zu vier Personen in einen Kreis und vergleichen Sie durch das genaue Abfühlen die Hände untereinander, bis Sie den Eindruck haben, Sie würden die Hände auseinanderhalten können. Lassen Sie sich von jedem Gruppenmitglied die Hand geben.
Nun schließt ein Gruppenmitglied die Augen. Geben Sie diesem immer eine andere Hand. Lassen Sie ihn/sie herausfinden, welche Hand er/sie gerade in den Händen hält. Jedes Gruppenmitglied sollte diese Übung wiederholen (nach Bienstein/Fröhlich 1991, 38).

Wahrnehmung der Hände

Übung:
Die Hände liegen auf unseren Oberschenkeln, und wir bauen jetzt Druck auf. Wir tun dies in unterschiedlicher Art und Weise, z. B., indem wir die ganze Hand einsetzen oder nur die Fingerspitzen bzw. nur die Finger oder die Handinnenfläche oder die Handballen. Daneben versuchen wir auch wahrzunehmen, was diese unterschiedliche Form der Berührung bei uns auslöst, ob die Berührungen eher als angenehm bzw. unangenehm empfunden werden. Als nächster Schritt legt sich unser/unsere Partner/-in auf den Boden, und wir legen unsere Hände auf ihn/sie. Dabei setzen wir unsere Hände in der vorhin beschriebenen Art und Weise unterschiedlich ein, und der/die Partner/-in soll erraten, welchen Teil der Hand wir bewußt eingesetzt haben. Zum Abschluß dieser Übung fassen wir verschiedene Körperteile, z. B. Arme und Beine bzw. Kopf unseres/unserer Partners/-rin an und heben diese in unterschiedlicher Handhaltung hoch.

Der bewußte Einsatz unserer Hände bringt meist neue Erfahrungen und macht uns unsere Hände erst bewußt. Häufig spüren wir, daß wir fast nur die Fingerspitzen einsetzen, daß wir uns schwertun, ein Bein anzuheben, ohne es richtig zu umfassen. Der Druck der Handballen als sehr angenehm empfunden wird, während die Berührung mit den Fingerspitzen eher als unangenehm eingestuft wird.

Übung:
Der/die Partner/-in befindet sich in einer stabilen Seitenlage und ich berühre ihn abwechselnd mit der ganzen Hand oder nur mit einer bzw. zwei Fingerspitze(n).

Übung:
Bewegen; Mein/meine Partner/-in steht vor mir und hat die Augen geschlossen. Ich lege meine Hände auf seinen/ihren Rücken/Schulter und versuche ihn/sie durch meine Hände zu führen. Starker Druck bedeutet schnelles Gehen, sanfter Druck bedeutet, daß die Geschwindigkeit reduziert bzw. gestoppt werden soll. Eine „fast wegnehmende Hand" signalisiert meinem/meiner Partner/-in, daß er/sie rückwärtsgehen soll. Ist der Druck meiner rechten Hand stark, so geht er/sie nach rechts, dito auf der anderen Seite.

Es ist erstaunlich, wie gut die Führung über die Hände gelingen kann. Voraussetzung dafür ist ein Vertrauensverhältnis zu dem Führenden. Unsicherheit entsteht meist dann, wenn die Signale meines Partners nicht eindeutig sind oder wenn ich irgendwo anstoße.

Wir erleben unsere Hand als sehr komplexes Organ. Im Vergleich mit anderen Händen sehen wir die unterschiedliche Ausprägung der Hände. Wir erleben zierliche Hände mit langen Fingern, wir erleben Hände, die gekennzeichnet sind durch starke Knöchel, wir erleben Hände mit einer großen Beweglichkeit, Finger die fast in alle Richtungen gebogen werden können oder nur eingeschränkt beweglich sind. Deutlich wird aber auch, daß wir häufig nur die Fingerspitzen einsetzen und die ganze Hand bzw. der Handballen eher in Hintergrund treten. Dabei werden die Fingerspitzen häufig als aktivierend empfunden; sie initiieren Bewegungen und haben Impulscharakter. Andererseits lösen schnelle punktuelle Bewegungen auch Schock aus, können zu Tonuserhöhungen führen. Insgesamt kann man sagen, daß Berührungen dieser Form, d. h. punktuelle Berührungen, nur auf höherem Entwicklungsniveau sinnvoll sind. Berührungen mit der ganzen Hand werden eher als beruhigend empfunden; sie geben Sicherheit, der Muskeltonus entspannt eher. Gerade der bewußte Einsatz des Handballens wird häufig als sehr angenehm und entspannend erlebt – im Gegensatz zu Berührungen und Bewegungen mit den Fingerspitzen.

5.2 Bewegungserfahrung/Körpererfahrung

Bewegung bedeutet Leben, Veränderung, Anregung. Dies geschieht z. B. im Laufe eines Tages in sehr unterschiedlicher Art und Weise. Große Bewegungen, kleine Bewegungen, Lageveränderungen, Drehbewegungen usw. geben uns eine Vielzahl von Information und Stimulation. Geraten wir in eine monotone Situation, so sind wir in der Lage, dies selbst zu verändern. Spastizität oder Hypertonie, mangelnde Steuerungsfähigkeit und damit lange Bewegungslosigkeit bewirken bei Menschen mit einer schwersten Behinderung häufig eine unzureichende Ausdifferenzierung des Körperbildes. Durch die Gewöhnung an Reize (Habituation) erfolgt weiterhin ein Wahrnehmungsverlust. Grundsätzlich kann man annehmen, daß Menschen mit einer schweren Behinderung nicht in dem Maße ein Körperbild entwickeln, wie wir das tun, sondern eher ein anderes, nur schemenhaftes, undifferenziertes, unvollständiges, möglicherweise sogar grenzenloses Körperbild haben. Da der Körper aber die Realität eines Menschen widerspiegelt, ist es sinnvoll, hier den ersten Ansatz zu machen. Da die Wahrnehmungsfähigkeit häufig eingeschränkt ist, wenn wir einen erhöhten

Muskeltonus antreffen, ist es sinnvoll, zuerst diesen Muskeltonus zu normalisieren, was auf ganz unterschiedliche Weise geschehen kann. Während der eine bei der Massage sofort entspannt, kann beim anderen das passive Bewegen und das Spiel mit der Spannung das Loslassen ermöglichen. Wenn wir im folgenden zuerst die Bewegungs- und dann erst die Körpererfahrungen schildern, dann soll das nicht heißen, daß wir ersteres für wichtiger halten.

Bewegungserfahrungen

Da bei den Bewegungserfahrungen der ganze Körper des Menschen einbezogen werden soll, wird diese Form häufig als sehr anstrengend erlebt. Deshalb ist es unbedingt notwendig, gute Voraussetzungen zu schaffen. Der/die behinderte Partner/-in sollte zumindest am Boden auf einer Matratze liegen; besser jedoch ist es, wenn ein höhenverstellbarer Tisch zur Verfügung steht. Wichtig ist, daß die Unterlage warm ist und daß Lagerungsmaterial, z. B. Sandsäcke, zur Verfügung steht. Wenn der/die behinderte Partner/-in sich in Rückenlage befindet, sollte man auf eine stabile Lagerung achten – eventuell mit einer Rolle in der Kniekehle und mit einem deutlichen Abschluß an den Fußsohlen. Die Bewegungsausführungen orientieren sich an den anatomischen Gegebenheiten der Gelenke und dem noch vorhandenen Bewegungsfreiraum. Beim Durchbewegen wird die Spannung akzeptiert, und es wird nicht versucht, sie zu überwinden. Wenn ich bemerke, daß sich Spannung aufbaut, gebe ich nach und komme wieder. Bewährt haben sich auch Bewegungsabläufe in kombinierter Form, z. B. Kreisform. Um Spannungen bzw. Verspannungen unseres/unserer Partners/-rin wahrzunehmen, ist es entscheidend, daß wir über eine gute Wahrnehmung verfügen. Deshalb muß immer mit „offenen" Händen gearbeitet werden. Dies bedeutet, wir greifen nie fest zu und versuchen den Krafteinsatz unserer Hände auf ein Minimum zu dosieren. Wichtig ist hierbei auch, daß wir die entsprechenden Gelenke sichern. Beim Bewegen muß intensiv auf Impulse, Steuerungsansätze oder Spannungsveränderungen geachtet werden. Häufig gelingt es durch Aufbau von Spannung eine aktive Reaktion des/der Partners/-rin hervorzurufen. Voraussetzung dafür ist aber ein langsames, harmonisches und kontinuierliches Bewegen.

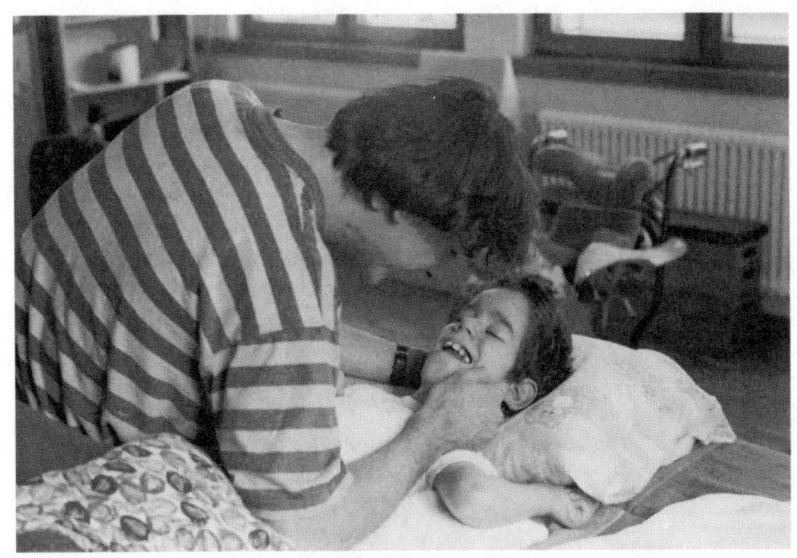

Kontaktaufnahme

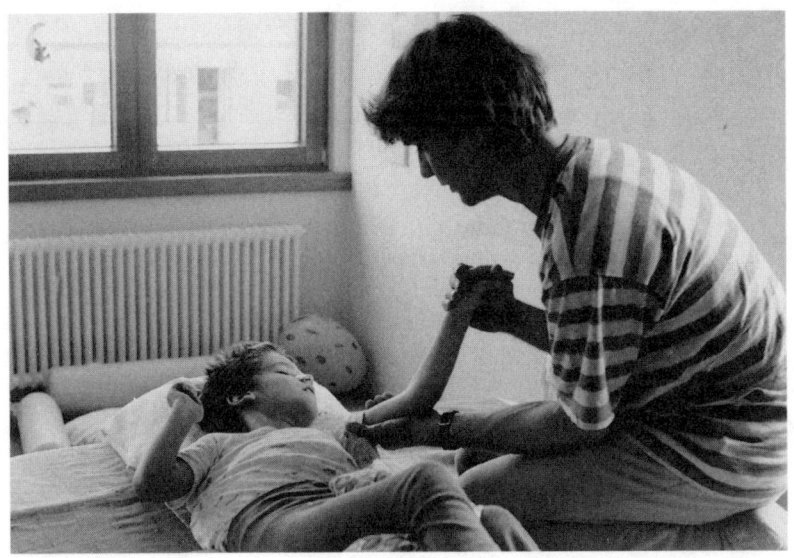

Bewegen der Arme

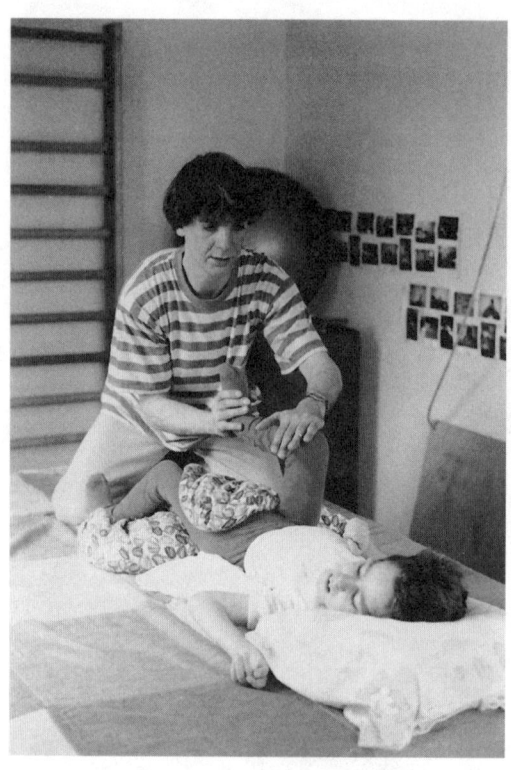

Bewegen der Beine

Übung:
Durchbewegen

Nach der Kontaktaufnahme, der Wahrnehmung der Individuallage
beginnen wir mit Bewegungen des Kopfes. Wir umfassen dabei den
Kopf mit beiden Händen, so daß sich quasi eine Halbschale bildet.
Eine andere Möglichkeit wäre, mit einer Hand mehr von der Seite
unter den Kopf zu gehen, jetzt beide Hände (Finger) ineinander ver-
schränken, so daß der Kopf sicher in meinen Händen liegt. Die
zweite Haltung hat den Vorteil, daß die Hand auf der Unterlage verbleiben kann und somit einen geringen Krafteinsatz erfordert. Wir
bewegen jetzt den Kopf langsam zur Seite bis wir Spannung spüren,
kehren zurück zur Mittellage und gehen auf die andere Seite. Nach
zwei bis drei Wiederholungen heben wir den Kopf leicht an und
senken ihn wieder ab. Bei all diesen Bewegungen kann ein leichter
Zug ausgeübt werden, der meist als sehr angenehm empfunden

wird (Selbsterfahrung!!). Wenn wir diese Bewegungsform abgeschlossen haben, wird der Kopf, wenn möglich, stabil in einer Mittellage gelagert. Wir knien oder stehen jetzt seitlich vom Partner.
Eine Hand faßt unter die Schulter, direkt unter das Schulterblatt, die
andere umfaßt das Schultergelenk von oben. Wir ziehen jetzt die
Schulter leicht nach außen und schieben sie dann in Richtung Wirbelsäule. Wir erweitern den Bewegungsraum, indem wir die Schulter in Richtung Kopf bewegen und dann Richtung Becken. Zum
Schluß streben wir, wenn möglich, einen kreisförmigen Bewegungsablauf an. Wir fassen jetzt mit einer Hand in den Handteller
und an das Ellbogengelenk. Der Oberarm wird jetzt kreisförmig
bewegt, so daß die Schulter aktiviert wird. Wenn möglich, sollte die
ganze Schulter in die Bewegung mitgenommen werden. Danach
wird das Ellbogengelenk ebenfalls einbezogen. Dabei ist es wichtig, daß wir runde, weiche und harmonische Bewegungen anstreben. Danach bewegen wir das Handgelenk und die einzelnen Finger unseres Partners. Dabei muß der Oberarm eine sichere Unterlage haben. Jetzt wenden wir uns der anderen Seite zu und führen die
Übungen in gleicher Weise durch (Symmetrie).
Wir greifen mit beiden Händen unter die Hüfte. Wir heben sie an
und senken sie wieder ab, üben leichte Zug- und Druckbewegungen
aus und erkunden den Bewegungsspielraum der Hüfte. Jetzt fassen
wir am Fußgelenk und eine Hand greift ans Kniegelenk. Wir bewegen jetzt das Bein ähnlich dem Gehmuster. Wichtig dabei ist, daß
das Kniegelenk immer eine leichte Beugehaltung hat. Es darf niemals überstreckt werden. Das Bein wird jetzt Richtung Oberkörper
hin bewegt, so daß im Oberschenkel Spannung spürbar wird. Die
Hand in der Kniekehle wechselt dabei an die Seite oder hoch zur
Kniescheibe. Der Bewegungsablauf wird jetzt erweitert im Sinne
einer Abduktion, d. h. eines Wegführens, bzw. einer Adduktion,
d. h. eines Heranführens eines Gliedes zur Körpermitte bis hin zu
einem kreisförmigen Ablauf. Dabei ist es wichtig, daß wir den
Spannungszustand der Adduktoren beachten, d. h. den Oberschenkel nicht zu weit nach außen führen, sodaß der Körper en bloc nach-
folgt. Jetzt sichern wir das Kniegelenk mit einer Rolle und bewegen
das Fußgelenk und die Zehen. Danach wenden wir uns dem anderen Fuß zu. Abschließend nehmen wir beide Beine und bewegen sie
wie beim Gehen. Danach winkeln wir die Beine an, die Fußsohlen
haben festen Kontakt mit dem Boden, und die Knie werden nach
rechts und links bewegt. Die Bewegung zur Seite sollte wiederum

nur in dem Maße erfolgen, wie es das Hüftgelenk zuläßt. Es soll keine Nachfolgereaktion des Körpers (En-Bloc-Reaktion) erfolgen. Wir fassen jetzt an den Unterschenkel des Partners und an die Fußsohle, beide Beine sind dabei leicht angewinkelt, und ziehen und schieben jetzt leicht den Körper des anderen. Gleiches kann man auch mit den Händen tun.

Da bei diesem Vorgehen der Rumpf weitestgehend in den Hintergrund tritt, ist es sinnvoll, hier noch Bewegunsabläufe im Sinne einer Massage, z. B. nach Jörimann, einzubinden, so daß ein komplettes Körperbild entstehen kann.

Weil der vorgeschlagene Einstieg – Bewegungen des Kopfes – nicht immer möglich ist, kann auch mit den Händen begonnen werden. Auf jeden Fall ist diese Möglichkeit etwas „neutraler", d. h. sie empfiehlt sich in all den Fällen, in denen die Beziehung noch nicht gefestigt ist. Für das Durchbewegen sollte immer genügend Zeit eingeplant werden, damit es in einer ruhigen und entspannten Atmosphäre geschehen kann. Eine Bewegungsbegleitung durch Singen oder Summen bzw. Lautieren kann ebenfalls zu einer guten Atmosphäre beitragen und die Bewegungen unterstützen. Jeder von uns, der mit Menschen mit einer schweren Behinderung zu tun hat, hat sicherlich schon die Erfahrung gemacht, daß über Musik bzw. Singen ein Zugang zum anderen oft erleichtert wird.

Mikrobewegungen

Bei Personen mit hypertoner Muskulatur und Kontrakturen treffen wir häufig nur noch auf einen geringen Bewegungsspielraum. Beim Bewegen des entsprechenden Körperteils, z. B. des Armes oder Kopfes, spüren wir den Widerstand und halten in unserer Bewegung inne, gehen zurück und nähern uns erneut an. Diese kleinen, von außen kaum sichtbaren Bewegungen bezeichnet Fröhlich (1991) als Mikrobewegungen. Sie sind aber geeignet, den Bewegungsspielraum zu vergrößern und Spannungen zu lösen.

Bewegungsmöglichkeiten bei Menschen mit einem erhöhten Muskeltonus

Bewegungen erscheinen dann fließend und harmonisch, wenn der Tonus der beteiligten Muskulatur normal ist. Ist aber z. B. der Tonus der Beugungsmuskulatur deutlich erhöht, so kommt es zu Bewegungsmustern, wie wir sie von spastisch gelähmten Menschen kennen. Lösungsmöglichkeiten von spastisch gelähmter Muskulatur sollen hier am Beispiel der Arm- und Handmuskulatur gezeigt werden:

Übung:
Wir fassen unseren/unsere Partner/-in mit der einen Hand am Handgelenk bzw. am Handrücken oder Handteller; die andere Hand stützt den Ellbogen. Jetzt soll zuerst der noch vorhandene Bewegungsfreiraum erspürt werden. Dann übt man einen leichten Zug bzw. Druck aus, so daß die Muskeleinheit leicht gedehnt wird. Gibt man diesen Druck bzw. Zug auf, so geht der Arm bzw. Unterarm in die Ausgangsposition und darüber hinaus zurück. Dieses Spiel mit der Spannung ermöglicht es, den Bewegungsspielraum zu erweitern und Spannungen zu lösen. Man hat jetzt einen Bewegungsraum, der auch mit kreisförmiger Bewegung des Oberarms kombiniert werden kann. Sind der Ellbogen und das Schultergelenk gelöst, so kann zum Handgelenk übergegangen werden. Dabei ist es wichtig, daß die Stellung der Hand zum Unterarm hin beachtet wird. Ist z. B. der Handteller zum Unterarm hin abgebeugt, so schafft man einen sicheren Halt bzw. eine sichere Unterlage für den Unterarm. Jetzt streicht man über die Rückenseite zum Ellbogengelenk zurück, während man die verkürzte Unterseite Richtung Finger ausstreicht. Auf diese Art kann es gelingen, die Hand zu öffnen.

Dieser Prozeß kann sehr langwierig sein und großes Einfühlungsvermögen verlangen. Je häufiger jedoch dieser Bewegungsansatz durchgeführt wird, um so leichter lassen sich die Spannungen lösen. Vor allem kann dieser Ansatz sehr gut in den Alltag integriert werden, denn bei jeder Situation des An- und Ausziehens muß der Arm bewegt werden. Gelingt es, hier den Arm zu lockern, so wird die Prozedur des An- und Ausziehens für alle Beteiligten erleichtert.

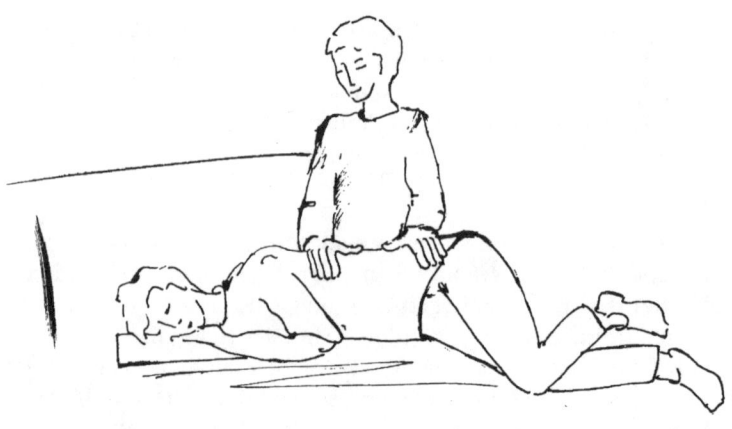

Lockern / Bewegen in der Seitenlage

Übung:
Fröhlich (1991, 169 f.) beschreibt auch eine Lockerungs- und Bewegungsform für Menschen mit einer schwersten Behinderung in der Seitenlage. Dabei sind die Beine angewinkelt, wenn möglich mit Halt gegen einen festen Widerstand, ein Kissen liegt zwischen den Knien. Die Hände sollten wenn möglich im Gesichtsbereich liegen. Der Kopf ist ebenfalls auf ein Kissen gebettet; wichtig dabei ist die Mittellage, so daß es nicht zu Überstreckungen des Kopfes kommt. Eine andere Möglichkeit der Stabilisierung der Seitenlage ergibt sich durch den Einsatz der sogenannten Lagerungsschlange. Um den/die Partner/-in jetzt zu bewegen, setzen wir uns am besten hinter ihn/sie. Dabei umfaßt die linke Hand das Becken, während die rechte Hand auf dem seitlichen Brustkorb direkt unter dem Arm liegt. (Ein Greifen an der Schulter ist nicht sinnvoll, da sie zu mobil ist). Wir beginnen nun mit vorsichtigen und kleinen Bewegungen, wobei beide Hände gleichzeitig in gleicher Richtung agieren. Diese Bewegung beginnt mit kleinen Schwingungen und weitet sich aus. Hat sich der/die behinderte Partner/-in an diese Form gewöhnt, kann man eine weitere Variation einsetzen. Dabei wird die Hüfte mit der einen Hand leicht blockiert, während der Rumpf weiter bewegt wird. Damit ergibt sich eine leichte Dehnung der Seite. Eine Steigerung der vorherigen Form erreicht man dadurch, daß Hüfte und Rumpf in unterschiedlicher Richtung bewegt werden. So zieht z. B. die linke Hand das Becken heran, während die rechte Hand

den Körper wegdrückt und umgekehrt. Dadurch erhalten wir eine Rotation zwischen Becken und oberem Thorax. Eine Lockerung und Entspannung ergibt sich häufig dann, wenn die Bewegungen im Einklang mit dem Atemrhythmus erfolgen. Dabei kann man in dieser Position die Atmung noch unterstützen, indem man in der Einatmungsphase die Schultern anhebt bzw. leicht nach hinten oben zieht, während man mit der anderen Hand die Hüfte blockiert. Auf diese Weise erreicht man eine Erweiterung des Brustkorbes und damit tieferes Einatmen.

Körpererfahrung

Die Haut, unser größtes Wahrnehmungsorgan, stellt zum einen die Grenze des eigenen Körpers dar, ist aber zugleich auch die Kontaktstelle nach außen. Voraussetzung dafür, daß ein Mensch zwischen sich und der Umwelt unterscheiden kann, ist die Ausdifferenzierung des Körperschemas und eine differenzierte Körperwahrnehmung. Nur wenn ein Mensch spürt, wo die Grenzen seines Körpers sind, kann er den Beginn der Umwelt erkennen. Um das Körperschema aufzubauen und eine differenzierte Körperwahrnehmung zu entwickeln, wird vom Zentrum des Körpers ausgegangen. „Die somatische Anregung folgt der physiologischen Entwicklung, insbesondere dem Prinzip der Tendenz vom Zentrum in die Peripherie. Der Kopf und der Rumpf stellen den Ausgangspunkt der Anregung dar, die Extremitäten schließen" (Fröhlich 1991, 164).
Eine gute Möglichkeit, die Körperwahrnehmung zu verbessern, bietet die Massage nach Leboyer (Leboyer 1986). Bei dieser ursprünglich für Babys konzipierten Massage lassen sich nach einer gewissen Vereinfachung grundsätzlich folgende Bewegungsabläufe definieren: das Ausstreichen vom Zentrum (Thorax) zum Rippenbogen hin, die diagonale Führung rechte Schulter linker Rippenbogen, linke Schulter rechter Rippenbogen, also Bewegungsabläufe in der Diagonale. Daran schließen sich eine Massage der Arme und der Beine an.
Um das Körperbild abzurunden, ist es unbedingt notwendig, den Rücken einzubeziehen. Dabei wird der/die Partner/-in in eine Bauchlage gebracht. Je nach Beweglichkeit kann dies in der Form passieren, daß die Knie unter dem Körper ruhen oder daß der Oberkörper über eine Rolle gelegt wird. Jetzt erfolgen wieder Bewegungen in der Diagonalen und später entlang der Wirbelsäule vom Hals bis zum Becken.

Wichtig ist dabei auch der Einsatz der Handballen, der eine sehr angenehme Wirkung hat.

Thorax und Rumpf sind für die Wahrnehmungsfähigkeit von zentraler Bedeutung, da die aktiven Prozesse wie z. B. Atmung und Herzschlag sich dort abspielen. Vom Thorax aus kann man die Zone nach außen hin erweitern. Eine weitere gute Möglichkeit, um die Körperwahrnehmung zu verbessern, besteht im Abfönen. Der Aufenthalt im warmen Wasser (Bewegungsbad) oder im Kugelbad unterstützen ebenfalls die Ausdifferenzierung des Körperschemas. Auch in der alltäglichen Pflege (Waschen, Cremen usw.) bieten sich dazu unzählige Möglichkeiten.

Die Berührungsform Hand/Körper (haptisch/somatisch) hat einen hohen kommunikativen interaktiven Anteil. Wenn man den Schwerpunkt ganz auf die Körpererfahrung legen möchte, so ist es sinnvoll, den direkten Körperkontakt (Hautkontakt) abzubauen und mit Materialien zu arbeiten. Häufig wird die Berührung mit der Hand auch nicht als eindeutig genug erlebt. Materialien wie z. B. Frotteetücher, Fellhandschuhe, Baumwolltücher, Seidentücher vermitteln hier wesentlich mehr an Spürinformationen. Voraussetzung ist, daß die Materialien individuell gut verträglich sein müssen. Fröhlich empfiehlt, für jeden Menschen mit einer schwersten Behinderung ein individuelles Sortiment an Materialien bereitzustellen. Bei der Stimulation mit verschiedenen Materialien ist es wichtig, den Arm oder Fuß oder den Körper als Ganzes erscheinen zu lassen, d. h. es sollte darauf geachtet werden, daß nicht nur eine Seite des Armes, z. B. die Innenseite, berührt wird, sondern in einem Bewegungsablauf der ganze Arm umfaßt und so als Ganzes Spürinformationen vermittelt werden. Die Bewegungen sollten dabei sicher, langsam aber auch kontinuierlich erfolgen.

Übung:
Ein/eine Partner/-in liegt in Rückenlage, der Körper ist dabei abgedeckt, ein Arm wird mit einer Stoffwindel bedeckt. Als erstes soll nun dieser Arm erforscht werden. Durch die Stoffwindel hindurch sollen der Oberarm, Bizeps und Trizeps, das Ellbogengelenk, der Unterarm, das Handgelenk, die Finger usw. erkundet werden. Als nächste Aufgabe soll der Arm in eine Stoffwindel gelegt werden. Er wird jetzt vom Boden leicht abgehoben und nach außen und innen bewegt. Als dritte Teilaufgabe wird der Arm vom Oberarm zu den Fingerspitzen hin ausgestrichen, und zwar immer so, daß die Win-

del um den Oberarm gelegt wird, der Arm umfaßt und jetzt mit der Windel der Arm ausgestrichen wird.

Die früher eingesetzten und favorisierten Materialien wie Bürsten und Pinsel haben heute an Bedeutung verloren, da sie nur Berührungsstreifen auf den Körper zeichnen. Eine Vermittlung des Armes oder des Beines als Gesamtes ist mit diesen Materialien nur schwer möglich.

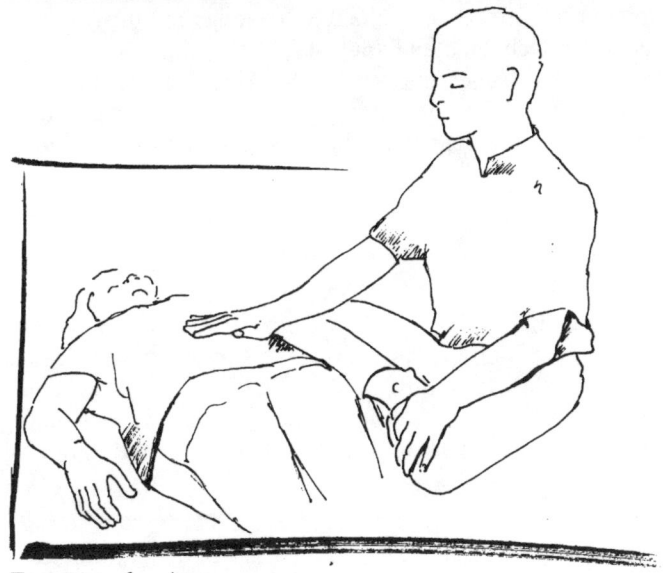

Erspüren der Atmung

Atemunterstützende Maßnahmen

Die Bedeutung des Atmens bzw. des Atemrhythmus wird von allen Autoren (Fröhlich, Mall, Jörimann usw.) ausdrücklich betont. Bewegungsabläufe, die nicht den Rhythmus der Atmung berücksichtigen, werden von den Übenden als disharmonisch erlebt. Gelingt es uns, z.B. Bewegungsabläufe im Einklang mit der Atmung anzubieten, so werden wir mehr Veränderung und größere Entspannung feststellen können. Zum einen ist die Atmung Ausdrucksmittel der aktuellen Befindlichkeit des/der einzelnen, zum anderen eröffnet sie die Möglichkeit, auf den anderen Einfluß zu nehmen, so daß eine Harmonisierung des Rhythmus bzw. eine Entspannung/Beruhigung eintreten

311

kann. Dazu einige Übungen, die sehr einfach sind, aber tatsächlich eine Harmonisierung der Atmung und eine Unterstützung der Atemtiefe bedeuten.

Übung:
Der/die Partner/-in liegt auf dem Rücken und atmet bewußt über den Bauch. Ich lege meine Hände bzw. meine Hand auf seinen/ihren Bauch, spüre bzw. erspüre seinen/ihren Atemrhythmus und versuche mitzuatmen. Jetzt versuche ich die Ausatmungsphase zu unterstützen, indem ich leichten Druck auf die Bauchdecke ausübe, während ich in der Einatmungsphase die Hand leicht anhebe. Dadurch wird sowohl die Einatmungsphase wie auch das Ausatmen unterstützt. Außerdem wird die Atmung rhythmisiert und intensiviert.

Übung:
Mein/meine Partner/-in liegt auf dem Rücken, ich sitze auf der Höhe der Hüfte über ihm/ihr, ohne ihn/sie mit meinem Körpergewicht zu belasten. Ich fasse mit beiden Händen seitlich an den Brustkorb und versuche die Ausatmungsphase durch einen leichten Druck zu unterstützen, während ich die Hände beim Einatmen leicht wegnehme.

Übung:
Ich sitze an der Wand. Mein/meine Partner/-in sitzt direkt vor mir, ich nehme beide Hände und hebe die Hände in der Einatmungsphase nach oben, in der Ausatmungsphase nach unten. Auch auf diese Weise kann eine Unterstützung der Atmung erfolgen.

Bei den atemunterstützenden Maßnahmen ist es absolut wichtig, zuerst mit meinem Gegenüber Kontakt aufzunehmen. Dann sollte der Atemrhythmus des/der Partners/-rin erspürt und mit dem eigenen verglichen werden. Die Dauer der Atemunterstützung sollte zu Beginn nicht mehr als 5 Minuten betragen. Fröhlich weist darauf hin, daß erst nach einer Gewöhnung der beiden Partner/-innen aneinander und erst mit zunehmender Sicherheit die Dauer verlängert werden kann. Voraussetzungen, damit diese Unterstützungsmaßnahmen gelingen können, sind eine geeignete Umgebung und Sicherheit seitens der Ausführenden.

Vibratorische Anregungen

Vibrationen, d. h. Schwingungen, knüpfen an Urerfahrungen im Mutterleib an. Durch die Schwingungsübertragung des Fruchtwassers werden Darm-, Atmungs, Herz-, aber auch Außengeräusche und die Stimme der Mutter auf den Embryo übertragen. Wenn wir einen Kinderwagen über einen holprigen Untergrund schieben, so reagiert der Säugling meist mit erhöhter Aufmerksamkeit, Lächeln und Produzieren von Lauten. Es scheint dies also eine bekannte wie auch angenehme Erfahrung zu sein. Später wird dieser Erfahrungsschatz noch erweitert durch ständiges Bewegen, Krabbeln, Laufen, Gehen, Hüpfen, Springen usw. Durch diese ständige Auseinandersetzung mit der Schwerkraft und mit dem Widerstand erhält das Kind immer wieder kurze vibratorische Impulse als Rückmeldung, die es ihm erlauben, die Stabilität seines Körpers und seine Festigkeit zu erfahren. Wenn sich ein Mensch nicht oder nur kaum bewegen kann, so fehlen ihm diese wesentlichen elementaren Grunderfahrungen. Die somatische Stimulation erreicht im großen Maße nur die Haut und die Muskulatur, das knöcherne System wird nicht erreicht. Vibratorische Stimulation bewirkt also eine Vervollständigung des Körperbildes, wobei auch die Grenzen, sprich die Länge des Körpers, erfahrbar gemacht werden können.

Übung:
Um den knöchernen Anteil des Skelettsystems erfahrbar zu machen, empfiehlt Fröhlich den Einsatz von kleinen Handmassagegeräten. Der/die Partner/-in liegt in Rückenlage. Wir nehmen ein „Tischmassagegerät" und setzen dieses Massagegerät an verschiedene Punkte der Fersen und spüren über die Muskulatur bzw. unsere zweite Hand die Auswirkungen dieser Vibration. Diese Übung kann jetzt an mehreren Körperstellen durchgeführt werden.

Übung:
Wir fassen jetzt mit beiden Händen um die Schultern des/der Partners/-rin und versuchen die Schultern in feinste und schnelle Vibra-

tionen zu versetzen. Als weiterer Schritt versuchen wir jetzt die Vibration über den ganzen Körper auszudehnen, indem wir an den Schultern kleine Impulse geben und die Signale im optimalen Fall an den Zehenspitzen ankommen. Diese Übung kann auch von den Füßen her vollzogen werden. Dieses manuelle Geben von Vibrationen erfordert sehr viel Erfahrung und ist sehr anstrengend.

Aber auch im Alltag, speziell in der Pflege, können Geräte, die sehr stark vibratorisch wirken, eingesetzt werden (elektrische Zahnbürste, elektrischer Rasierapparat usw.). Beim Spaziergang kann der Rollstuhl bewußt über holpriges Gelände geschoben werden, so daß Erfahrungen gemacht werden können. Im Bereich der Förderung kommen verschiedene Elemente wie Vibrationswürfel, Wasserklangbett, Vibrationskissen usw. zum Einsatz.

Neben den gespürten Schwingungen spielen gehörte Schwingungen (Schallwellen) in unserem Leben eine bedeutende Rolle. Es ist sehr wichtig, Menschen mit einer schwersten Behinderung zu zeigen, daß Objekte Geräusche und Töne erzeugen. Eine Möglichkeit, diese Aufmerksamkeit zu wecken, besteht darin, Klangkörper unmittelbar an den Körper des Menschen heranzubringen, so daß die Schwingungen über die Knochenleitung direkt auf diesen Menschen übergehen. Dabei sind besonders Musikinstrumente geeignet, die eine intensive Schwingung vermitteln und von ihrer Resonanz nichts verlieren, wenn sie Kontakt mit einem anderen Körper haben.

Geeignete Instrumente wären z. B: Klangbausteine, klingende Stäbe in Kontrabaß- und Subkontrabaßanlage, große Schlitztrommeln (auch zum Draufliegen), Sitztrommel, Kalimbaphon, Monochord zum Draufliegen. Beim Erzeugen und Hören von Klängen gilt das Prinzip der wechselnden Annäherung und Entfernung. Fröhlich beschreibt diese Vorgehensweise sehr anschaulich und einfach: „Das Musikinstrument bietet die Möglichkeit, langsam und zentimeterweise die Distanz zu vergrößern. Zuerst spürt das Kind den Klang in unmittelbarem Körperkontakt, dann gibt es einige Zentimeter Distanz. Schwingung ist dann zwar noch spürbar, aber schon mehr nur hörbar. Die Distanz wird weiter erhöht, so daß nur noch das Hören angesprochen wird. Viele Wiederholungen, Angebote von rechts, links, oben und unten können dem Kind helfen, seine auditive Wahrnehmungswelt zu erweitern" (Fröhlich 1991, 161). In gleicher Weise kann auch die menschliche Stimme erfahrbarer gemacht werden; eine bekannte Stimme vermittelt ein hohes Maß an Sicherheit und Wohlbefinden.

Darüber hinaus ergeben sich im Alltag viele Situationen, in denen über den direkten Körperkontakt – durch Summen, Singen usw. – die Stimme vermittelbar gemacht werden kann und auf diese Weise auch ein wenig die Sprachlosigkeit im Umgang mit schwerst behinderten Menschen überwunden werden kann.

Vestibuläre Anregungen

Alle Bewegungen, die eine Veränderung der Lage unseres Körpers im Raum zur Folge haben, fallen in diesen Bereich, z. B. Drehbewegungen um die Körperlängsachse, wie wir sie bei Lagerungsveränderungen kennen, Schaukelbewegungen in einer Hängematte, Auf- und Abbewegungen auf einem Trampolin und Drehbewegungen. Um ein positives Empfinden vestibulärer Reize überhaupt zu ermöglichen, ist es notwendig, daß unser/unsere Partner/-in das aus einer absolut sicheren und stabilen Position erfährt, was unserer Meinung nach am besten über den Aufbau von direktem Körperkontakt geschieht. Das bedeutet zum Beispiel, daß wir uns zu unserem/unserer Partner/-in in die Hängematte bzw. in die Schaukelwanne setzen. Da viele Menschen mit einer schweren Behinderung hier wenig Vorerfahrung mit einbringen, ist es zwingend notwendig, mit kleinen sanften Bewegungen zu beginnen. Sanfte Schaukelbewegungen um die Körperlängsachse stehen am Anfang vestibulärer Förderung. Schaukel- und Schwingbewegungen, die vor- und rückwärts ansprechen, sollten erst später erfolgen, da sie ein höheres Maß an Integrationsfähigkeit verlangen. Bei Drehbewegungen ist eine vorhandene Rumpf- und Kopfstabilität bzw. -kontrolle Voraussetzung. Dabei scheinen Drehbewegungen, deren Drehachse außerhalb des Körpers liegen, angenehmer zu sein als Drehungen um die Körperlängsachse. Bei letzterem kommt es häufig zu einer Überstimulation. Grundsätzlich kann man sagen, daß Angebote in diesem Bereich den einzelnen helfen sollen, sich in einer veränderten Situation zur Schwerkraft hin zu erfahren. Vermehrte Angebote in diesem Bereich steigern häufig die Aufmerksamkeit und Wachheit. Bei Personen mit stereotypen Bewegungsmustern, die ja häufig vestibulären Charakter haben, kann es gelingen, die monotonen Muster aufzubrechen und damit eine gewisse Variation zu integrieren.

5.3 Basale Stimulation im Alltag

In großen Einrichtungen trifft man häufig die Situation an, daß Alltag und Förderung getrennt werden. Die Heilerziehungspflegerin, die auf der Gruppe arbeitet, ist zuständig für die Versorgung und allgemeine

Betreuung, während die Förderung außerhalb der Gruppe von anderen „qualifizierteren Personen" durchgeführt wird. Dieser Ansatz ist mehr als fragwürdig, denn der/die Betreuer/-in auf der Gruppe hat meist die intensivere und bessere Beziehung zu den Heimbewohnern/-rinnen, als von außen kommende Therapeuten/-tinnen. Weiterhin bietet, wie wir bereits mehrfach betont haben, der Alltag eine Fülle von Fördermöglichkeiten, die auch einen reellen Bezug zur Lebenswelt und Lebenssituation des einzelnen bieten. Dies soll anhand von einem Beispiel verdeutlicht werden.

Pflegehandlungen spielen im Leben eines Menschen mit einer schwersten Behinderung eine große Rolle und sind außerdem äußerst zeitintensiv. So ist das Waschen und Baden für alle Beteiligten meist äußerst mühevoll und sehr zeitaufwendig. Häufig werden die Betroffenen darauf nicht vorbereitet, sie sind einer Fülle von unvorhersehbaren, rasch aufeinanderfolgenden Eindrücken ausgesetzt. Der Waschvorgang ist häufig von der Person abhängig, die ihn durchführt. Der Bewegungsablauf, die Reihenfolge und die Form des Kontaktes werden sehr unterschiedlich erlebt und fördern in einem hohen Maß die Desorientierung. Die genaue Vorgehensweise wird nicht abgesprochen, die Körperpartien werden nacheinander ohne System berührt, die Bewegungabläufe sind eher zufällig.

Aufgrund der angespannten Situation steigert sich noch das Tempo, d. h. die Pflegehandlungen werden ungeheuer schnell vollzogen. Häufig führt noch die mangelnde Fachkenntnis (unausgebildete Helfer/-innen) bzw. Personenkenntnis zu einer weiteren Zuspitzung der Situation. Personal- und Zeitmangel tun ihr übriges.

Wie aber kann die Situation verändert, verbessert werden und dabei noch der Förderaspekt im Sinne der basalen Stimulation integriert werden? Bienstein und Fröhlich haben sich mit dieser Problematik ausführlich beschäftigt und zeigen folgende Alternativen:

(1) Zentraler Faktor ist die Zeit. So scheint es erforderlich, den Alltag so zu planen, daß deutlich Freiräume für pflegerische Aktivitäten entstehen. Das Bewußtsein, Zeit zu haben und nicht unter Druck arbeiten zu müssen, läßt beim Pflegenden eine andere Grundhaltung und Sichtweise entstehen. Zeit haben bedeutet aber auch, daß die Bewegungsabläufe langsam ausgeführt werden und daß, wenn möglich, der zu Pflegende in die Aktivität einbezogen wird (Körperführung). Denn nur wenn unserem/unserer Partner/-in Zeit gegeben wird, die Reize zu integrieren, kann eine Veränderung seiner Wahrnehmungssituation stattfinden. Der Einsatz von Körperführung bewirkt eine Aktivierung und ist zugleich eine Möglichkeit die Individualität des Einzelnen (Intimzonen) zu respektieren.

(2) Die Auseinandersetzung mit dem Element Wasser sollte, wenn irgendwie möglich, in einer spielerischen bzw. attraktiven Form geschehen. Abhängig vom Entwicklungs- und Lebensalter des Einzelnen sollten Formen gefunden werden, um hier Ängste abzubauen.

(3) Die Vorbereitung bzw. Ankündigung jeder Pflegehandlung ist wesentlich, damit sich der zu Pflegende darauf einlassen kann. Sollen ihm z. B. die Haare gewaschen werden, so ist es sinnvoll, den Wasserstrahl zuerst auf die Hand zu bringen, so daß Wärme und Intensität des Strahles mit der Hand erfaßt werden können. Dazu erfolgt eine verbale Ankündigung und eventuell auch Begleitung.

(4) Damit der/die Partner/-in die Berührungsreize in ein Körperschema integrieren kann, ist es zwingend notwendig, daß die Abfolge von immer wiederkehrenden Handlungen gleich ist. Das Eintreten von erwarteten Situationen (Handlungsabläufen) gibt ein hohes Maß an Sicherheit. Dabei erscheint uns eine individuelle Vorgehensweise entsprechend der Wahrnehmungssituation des einzelnen notwendig zu sein. Der Einstieg kann z. B. beim Waschen über unempfindlichere Körperregionen erfolgen. Ausgangspunkt beim Waschen sollte der Körperstamm bilden; wir beginnen also mit dem Thorax, und erst danach werden Arme, Hände, Beine und Füße gewaschen. Der Ablauf erfolgt dabei immer in einer Richtung. Damit der zu Pflegende auch korrekte Informationen von seinem Körper erhält, paßt sich die Hand des Pflegenden möglichst der Körperform an. So kann der Arm als rund erfahren werden. Interessant ist dabei auch noch folgender Aspekt: Bewegungen, die gegen den Haarwuchs erfolgen, bewirken eine intensive Wahrnehmung und sind primär belebend und stimulierend. Erfolgen die Bewegungen mit dem Haarwuchs, so bekommt der Einzelne genaue Information über seine Körperform und sie wirken eher beruhigend. Sinnvoll ist auch der Einsatz eines Waschhandschuhes.

Der Zusatz von Bademitteln (Shampoo, Seife usw.) regt auch die Geruchswahrnehmung an.

(5) Zum Gelingen der Situation tragen aber auch optimale äußere Voraussetzungen bei. Eine höhenverstellbare Badewanne ist genauso wichtig wie ein beruhigender reizarmer Raum, z. B. eine Holzdecke. Der Aufenthalt von weiteren Personen im gleichen Raum, das Durchqueren dieses Raumes durch andere Menschen und andere Störfaktoren sollten vermieden werden. Neben dem Baden und Waschen bietet sich vor allem auch das Fönen und das Eincremen des Körpers an. Eine abschließende Massage oder ein Durchbewegen kann ein sinnvoller Abschluß sein.

LITERATUR

Affolter, F. (1987): Wahrnehmung, Wirklichkeit und Sprache. Villingen-Schwenningen

Augustin, A. (1980): Beschäftigungstherapeutische Behandlung bei Wahrnehmungsstörungen. Dortmund

Bentele, P. (1984): Motopädagogische Förderung von Menschen mit einer schweren Behinderung. In: Praxis der Psychomotorik, 2/94, S. 88–92

Bienstein, Chr./Fröhlich, A. (1991): Basale Stimulation in der Pflege. Düsseldorf

Breitinger, M./Fischer, D. (1981): Intensivbehinderte lernen leben. Würzburg

Fikar, H. (1987): Körperorientierte Förderansätze im Unterricht bei Menschen mit schwerer geistiger Behinderung. In: Geistige Behinderung, 4/87, S. 1–19

Fröhlich, A.(Hrsg.) (1978): Dokumentation zur Situation Schwerstbehinderter. Staufen

Fröhlich, A. (1991): Basale Stimulation. Düsseldorf

Fröhlich, A. (Hrsg.) (1989): Kommunikation und Sprache körperbehinderter Kinder. Dortmund

Fröhlich, A. (Hrsg.) (1990): Lernmöglichkeiten – aktivierende Förderung für schwer mehrfach behinderte Menschen. Heidelberg

Fröhlich, A. (Hrsg.) (1993): Lebensräume. Luzern

Fröhlich, A. (Hrsg.) (1994): Wahrnehmungsstörungen und Wahrnehmungstraining bei Körperbehinderten. Heidelberg

Fröhlich, A. (Hrsg.) (1991): Pädagogik bei schwerster Behinderung. In: Handbuch der Sonderpädagogik, Bd. 12, Berlin

Fröhlich, A./Haupt. U. (1982): Entwicklungsförderung schwerstbehinderter Kinder. Mainz

Leboyer, F. (1986): Sanfte Hände. München

Mall, W. (1984): „Basale Kommunikation" – ein Weg zum anderen. In: Geistige Behinderung, 1/84, S. 1–16

Mall, W. (1990): Kommunikation mit schwer geistig behinderten Menschen. Heidelberg

Pfeffer, W. (1988): Förderung schwer geistig Behinderter – Eine Grundlage. Würzburg

Prekop, I. (1980): Förderung der Wahrnehmung bei entwicklungsgestörten Kindern: In: Geistige Behinderung; Teil 1: Heft 2/1980, S. 1–20/ Teil 2: Heft 3/1980, S. 40–61/Teil 3: Heft 4/1980, S. 40–61

Prekop, I. (1981): Geschichte einer Förderung. In: Geistige Behinderung, 1/1981

Schumacher, J. (1985): Schwerstbehinderte Menschen verstehen lernen. In: Geistige Behinderung, 1/1985, S. 1–20

Basale Stimulation: Videofilm; Landesmedienzentrum Rheinland-Pfalz, Hofstr. 257, 56077 Koblenz

Basale Stimulation: In der Pflege, Videofilm. Bezugsquelle: Landesmedienzentrum, Rheinland-Pfalz, Hofstr. 257c, 56077 Koblenz

Für Instrumente: Schlagwerk, Klangobjekte, Percussion, Bahnhofstr. 42, 73333 Singen/Fils

XVI. Lernen in der Wirklichkeit

Wahrnehmungsförderung nach Felicie Affolter

Für Menschen mit einer intakten Wahrnehmung ist es nur sehr schwer vorstellbar, wie sich die Welt für Menschen mit Wahrnehmungsstörungen darstellt. Aufgrund vielfacher Erfahrungen gelingt es uns, komplexe Anforderungen zu meistern, uns in neuen Situationen zu orientieren und zurechtzufinden. Grundlage dafür ist eine rasche Be- und Verarbeitung der aufgenommenen Reize – d. h. ihre Selektion, die Trennung von Wichtigem und Nebensächlichem. Die Integration wichtiger Reize gelingt scheinbar mühelos.

Für Menschen, die Wahrnehmungsstörungen haben, stellt sich die Umwelt ganz anders dar. In vertrauter Umgebung und bei guter Verfassung scheint die Perzeption zu gelingen. Wie differenziert dabei die Umwelt durch den/die einzelnen/-ne wahrgenommen wird, ist schlecht einzuschätzen. Vielfältige Erfahrungen, z. B. die Orientierung in der eigenen Wohnung, ermöglichen ihnen ein unauffälliges Verhalten; in neuen und ungewohnten Situationen ist die Unsicherheit sehr groß, da die aufgenommenen Informationen bzw. deren Verarbeitung ein unzureichendes Bild der Wirklichkeit wiederzugeben scheinen.

Das Maß an Schwierigkeiten bei der Bewältigung des Alltags zeigt sich sehr individuell. Auch Menschen mit einer intakten Wahrnehmung haben bei Streß, Müdigkeit, Krankheit usw. Probleme, die Wirklichkeit zu meistern, auch ihre Leistungen drohen dann zu zerfallen. Im folgenden werden einige mögliche Verhaltensweisen von Personen mit Wahrnehmungsstörungen beschrieben (vgl. Affolter 1988, 97 ff.). Da Wahrnehmungsstörungen sich sehr individuell äußern können und auch nur individuell zu beurteilen sind, bleibt unsere Schilderung notwendigerweise allgemein.

(1) Leistungen gelingen meist nur in klaren Situationen und im Rahmen von einfachen Beziehungen. Wenn zwei Beziehungen bzw. Gegenstände gleichzeitig in Beziehung gesetzt werden sollen, kommt es meist zu Problemen. Komplexe Leistungen können meist nicht erbracht werden.

(2) Bei komplizierteren Erklärungen wird meist nur die erste oder letzte Information wahrgenommen und mit einer Reaktion beantwortet.

(3) Wenn in einer Handlungsfolge Schwierigkeiten auftreten, begin-

nen diese Menschen immer wieder von vorne; sie können die Ursache des Problems nicht an der Stelle erkennen, wo es aufgetreten ist.

(4) Wenn Ursache und Wirkung des Tuns nicht den Vorstellungen entsprechen, sind wahrnehmungsgestörte Menschen meist ratlos oder reagieren mit unangepaßten Betätigungen.

(5) Distanzen zu einem Gegenstand können schlecht eingeschätzt werden (mangelnde Figur-Grund-Unterscheidung).

(6) Bei Problemen geraten diese Menschen häufig in Panik und Aufregung, verspannen sich und versuchen ihre Umwelt konstant zu halten (Ordnungszwang).

(7) Häufig benützen Menschen mit einer Wahrnehmungsstörung nur eine Hand und fassen den Gegenstand oft nur mit zwei Fingern (Pinzettengriff) an, d. h. sie umfassen den Gegenstand nur kurz. Dabei erhalten sie nur unzureichende Informationen von der Umwelt.

(8) Die Kraftdosierung ist manchmal nicht adäquat ausgebildet. Bei hypo-/hypertonen Kindern ist oft ein zu starker Krafteinsatz vorhanden.

(9) Um Gegenstände zu erkunden und zu erforschen, wird zum Teil der Mund eingesetzt. An dieser Stelle sei erwähnt, daß dieses Verhalten als positiv zu werten ist, zeigt es doch die aktive Auseinandersetzung mit der Umwelt an; das wahrnehmungsgestörte Kind setzt genau die Mittel ein, die ihm die eindeutigsten Informationen liefern.

(10) Häufig werden isolierte Leistungen beherrscht, d. h. es sind durchaus Kompetenzen vorhanden, die jedoch nicht auf neue Situationen angewendet werden können.

Kommt zu einer Wahrnehmungsstörung noch eine geistige Behinderung hinzu, verschärft sich die Problematik, da in diesem Fall aufgrund eingeschränkter kognitiver Fähigkeiten oft das, was an Reizen aufgenommen wird, nicht integriert werden kann (vgl. Denkentwicklung nach Piaget, Kapitel XII). Die Orientierung in der Umwelt ist für die einzelne Person dann noch schwieriger. Das gleiche Problem findet sich oft bei Erwachsenen nach einem schweren Schädel-Hirntrauma. Affolter führt diese möglichen Verhaltensweisen bei Menschen mit Wahrnehmungsstörungen darauf zurück, daß sie die zur Lösung der Probleme notwendigen Spürinformationen in der jeweils aktuellen Situation nur in ungenügendem Ausmaß wahrnehmen können. Diese unzureichende Integration der Reize bewirkt eine veränderte Auseinandersetzung mit der Umwelt. Erlebt der Mensch diese Umwelt häufig als chaotisch, nicht durchschaubar und beherrschbar, wird er eventuell seine Aktivitäten noch steigern – oder reduzieren. In beiden Fällen wird eine gezielte Umwelterfahrung immer schwieriger.

Problemlösendes Alltagsgeschehen (PLAG)

Wie bereits im Kapitel XII erläutert, verläuft die Entwicklung der Wahrnehmung nach einem bestimmten Muster. Dabei ist erstaunlich, daß die Entwicklung bei hörgeschädigten bzw. blinden Kindern in gleicher, wenn auch zeitverzögerter Art verläuft, während sie bei Kindern mit Wahrnehmungsstörungen anders verläuft. Hier ist die Wahrnehmung im visuellen und auditiven Bereich meist normal, im taktil-kinästhetischen Bereich zerfallen aber häufig die Leistungen. Das bedeutet, wahrnehmungsgestörte Kinder versagen in der Ausführung alltäglicher Handlungsfolgen. Sie verfügen, wie bereits erwähnt wurde, nicht über die zur Lösung der Probleme notwendigen Spürinformationen in der jeweiligen Situation.

Warum aber kommt es gerade im Alltag zu diesen Problemen? Bietet nicht gerade der Alltag feste Strukturen, die Orientierung und Sicherheit gewähren? Bei genauerem Hinsehen wird jedoch deutlich, daß zwar ein fester Rahmen/ Rhythmus, z. B. Essenszeiten, Arbeit/Freizeit, Schlaf-/Wachrhythmus usw., vorhanden ist, andererseits der Alltag ein breites Betätigungsfeld darstellt. Ständig wechselnde Situationen und Anforderungen erfordern ein hohes Maß an Kompetenzen. Morgens beim Anziehen z. B. hängt die Auswahl der Kleidung ab von den Witterungsbedingungen, dem geplanten Vorhaben, der vorhandenen Kleidung (ein Teil davon ist ja schmutzig und steht deshalb nicht zur Verfügung) und den individuellen Wünschen und Vorlieben. Beim Frühstück werden wieder eine Reihe von Entscheidungen eingefordert. In der Schule wechseln die Situationen in kurzen Zeiteinheiten. Verschiedene Lehrer/-innen unterrichten mit verschiedenen Methoden verschiedene Inhalte in verschiedenen Räumen. Der Freizeitbereich bietet ein hohes Maß an „Abwechslung", Auswahlmöglichkeiten und damit an Variationen. Wechseln dann noch oft die Bezugspersonen, steht der Mensch mit einer Wahrnehmungsstörung vor einer unlösbaren Situation.

Der Alltag bietet aber für diesen Personenkreis auch ideale Voraussetzungen für eine Förderung. Die Förderung im Alltag beinhaltet Bewegungsabläufe, die für den einzelnen eine Bedeutung haben. Felicie Affolter nennt das Lösen von Problemen im Alltag „Problemlösende Alltagsgeschehnisse" (PLAG). Grundidee ist, Probleme im Alltag gemeinsam mit dem Menschen mit einer Wahrnehmungsstörung zu lösen, wobei entscheidend ist, daß die Lösung hauptsächlich von dem/der Betroffenen durchgeführt und erreicht wird, während der/die Partner/-in begleitend unterstützt. Damit soll erreicht werden, daß sich der Mensch mit einer veränderten Wahrnehmung intensiv mit sich selbst und seiner Umwelt auseinandersetzt und dabei die möglichen Lösungen als eigene Leistungen erleben kann. Voraussetzung dafür ist aber, daß er in der Handlung einen Sinn sieht, ein Ziel vor Augen hat, das zu erreichen für ihn lohnend ist. Ist dies gegeben, kann in einer Erstbegegnung auch geführt werden. Grundsätzlich ist eine gute und tragfähige Beziehung wichtig, damit die Interaktion erfolgreich verläuft. Gelingen viele dieser Situationen und wird dabei eine Vielzahl an Spürinformationen vermittelt, kann der Aufbau neuer Kompetenzen gelingen.

Ermöglicht werden soll dies durch das Führen oder Begleiten von Bewegung, wobei sich der Vorgang immer auf den ganzen Körper bezieht. Im folgenden werden dafür die Begriffe Körperführung oder Führen verwendet.

Überlegungen zum Führen

Referenzebene

Zu Beginn des Führens stellen sich zuerst die Fragen: „Wo bin ich – wo ist die Umwelt, welchen Bezug habe ich zur Umwelt?" Beispiel: Auf einer Kindergruppe im Heim sitzen die Kinder am Tisch, um das Abendessen einzunehmen. Nach kurzer Zeit fällt das erste Glas um, das nächste Kind erschrickt, sein Besteck fällt auf den Boden. Bei dem Versuch, sich Apfelsaft einzuschenken, geht die Hälfte daneben, der Saft läuft einem anderen Kind auf die Hose. Dieses schreit und beginnt um sich zu schlagen, die Situation beginnt zu eskalieren. Was aber ist die Ursache? Betrachtet man die Sitzposition der Kinder, fällt auf, daß die Füße keinen Kontakt mit dem Boden haben. Auch ist kein Kontakt mit der Rückenlehne möglich, da die Sitzfläche nicht dem Körpermaß der Kinder entspricht (Länge des Oberschenkels/Tiefe der Sitzfläche). Die Ellbogen und Unterarme liegen auf dem Tisch. Wenn ein Kind sich einen Gegenstand, z. B. die Apfelsaftflasche, holen möchte, bleiben Unterarm/Ellbogen auf dem Tisch, daher streift der Ellbogen Gläser und andere Gegenstände, die dabei unter Umständen umfallen. Das Kind kann aber nicht anders handeln, da es diese beiden Bezugsebenen braucht, um überhaupt eine „sichere" Position zu haben. Eine Veränderung dieser instabilen Sitzpositionen ist notwendig, um die Situation zu entschärfen. Stühle, die in ihren Maßen den Körperrelationen der Kinder entsprechen, bewirken, daß die Füße der Kinder einen festen Bezug zum Boden haben, die Rückenlehne gibt weiteren Halt. Jetzt braucht das Kind den Tisch nicht mehr als Bezugspunkt, die Hände werden frei zum Greifen, die Situation am Tisch kann sich entschärfen.

Kinder suchen sich ihre Referenzebene selber

Und so sitzen sie aber besser.

Für das Führen bedeutet das, daß vorher die Position der Beteiligten beachtet werden muß. Es muß eine stabile Unterlage und eine stabile Seite vorhanden sein. Diese Bezugsebenen werden auch als Referenzebenen bezeichnet, wobei der Mensch mindestens zwei Bezugspunkte/-ebenen aufbauen muß, um seine Raumlage zu definieren. Je weniger Bezugspunkte Menschen haben, desto unsicherer ist ihr Verhalten. Erst wenn genügend Bezugspunkte aufgebaut sind, kann eine aktive Auseinandersetzung mit der Umwelt geschehen. Dies gilt im besonderen für Menschen mit einer Wahrnehmungsstörung (vgl. Affolter 1988, 122 ff.).

Daraus ergeben sich für die Praxis wichtige Überlegungen:

(1) Bevor ich eine Bewegung beginne, untersuche ich die Stabilität der Unterlage und der Seite. Sitze ich z. B. auf einem Stuhl an einem Tisch, so prüfe ich, ob meine Füße festen Kontakt mit dem Untergrund haben, ob ich die Lehne des Stuhles spüren kann usw. Falls ja, kann ich meine Hände frei bewegen.

(2) Wann immer ich die Position meines Körpers verändere, benötige ich zusätzlich zur Unterlage, auf der ich stehe, einen weiteren stabilen Widerstand als Referenzebene für meine Körperbewegungen. Stehe ich, drücke ich meinen Körper an einen stabilen Seitenwiderstand, z. B. an eine Tischkante; und jetzt kann ich die Hände ebenfalls frei bewegen. Der Aufbau von Bezugsebenen ist für die Bewältigung des Alltags entscheidend. Ist zum Beispiel die stabile Unterlage nicht vorhanden, wächst die Bedeutung eines stabilen Seitenwiderstands (deshalb bewegen sich manche Personen im Hallenbad nur am Rand entlang und halten sich mit den Händen am Beckenrand fest). Das heißt aber auch, daß die Gegenstände des Alltags, z. B. Stühle, dem Körpermaß des Menschen angepaßt sein müssen.

(3) Wenn feste Bezugspunkte gegeben sind, kann die Hand beim Führen die Unterlage verlassen. Ein Führen „im freien Raum" ohne Bezugspunkte verunsichert dagegen in hohem Maße.

Körperführung ist prinzipiell aus verschiedenen Positionen möglich. Für das Führen von hinten sprechen folgende Faktoren:

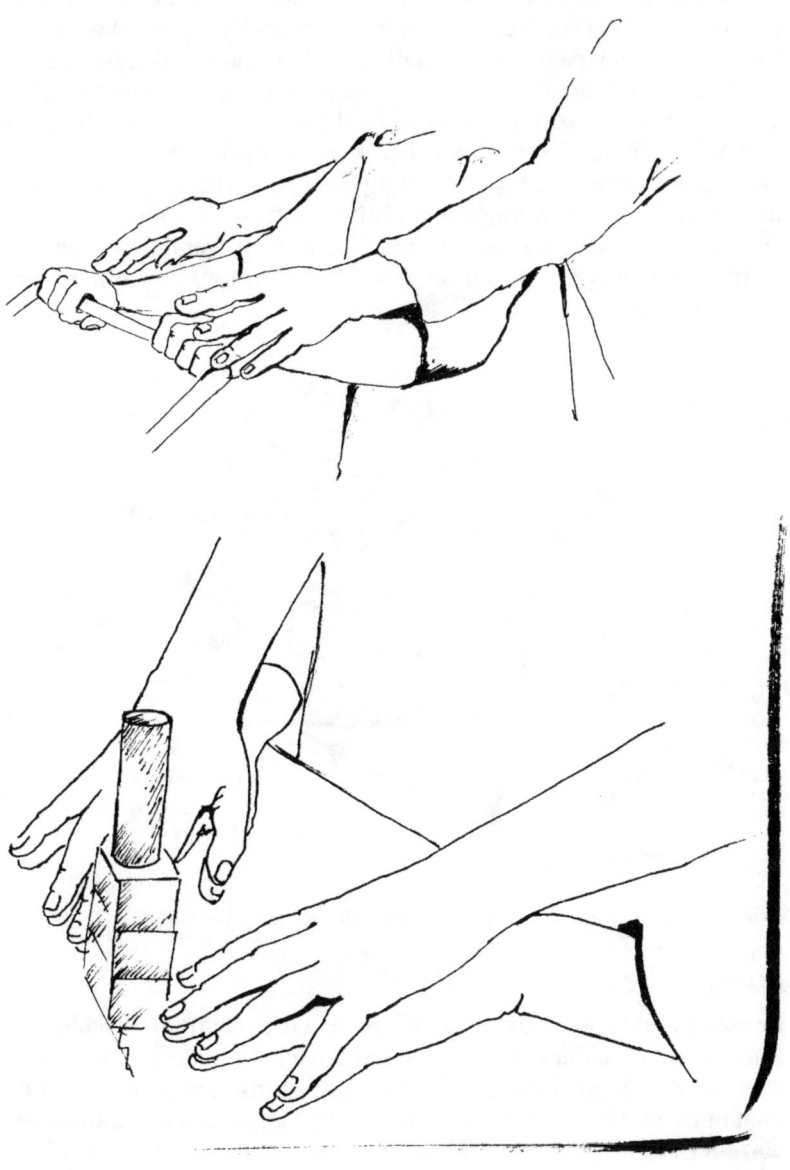

(1) Gleicher Blickwinkel und identischer Bewegungsablauf ermöglichen ein „harmonisches" Führen.

(2) Das Gesichtsfeld der/des Geführten bleibt frei.

(3) Vermittlung von Spürinformationen: Der direkte und großflächige Körperkontakt der/des Führenden mit dem/der Geführten ermöglicht eine Übertragung von Reizen, was im positiven Fall dazu führen kann, daß sich die entspannte Grundhaltung, die Ruhe des/der Führenden auf den/die Geführten/-te überträgt. Voraussetzung dafür ist aber eine „innere Ruhe" des/der Führenden. Ist diese nicht vorhanden, können sich Verspannung, Unruhe und Hektik ebenfalls übertragen.

(4) Das Erhalten von Spürinformationen: Über die große Wahrnehmungsfläche erfahre ich sehr viel über die aktuelle Verfassung des/der Geführten. Körperspannungen, vor allem auch Veränderungen der Körperspannung zeigen mir an, inwiefern sich der/die Geführte am Geschehen beteiligt.

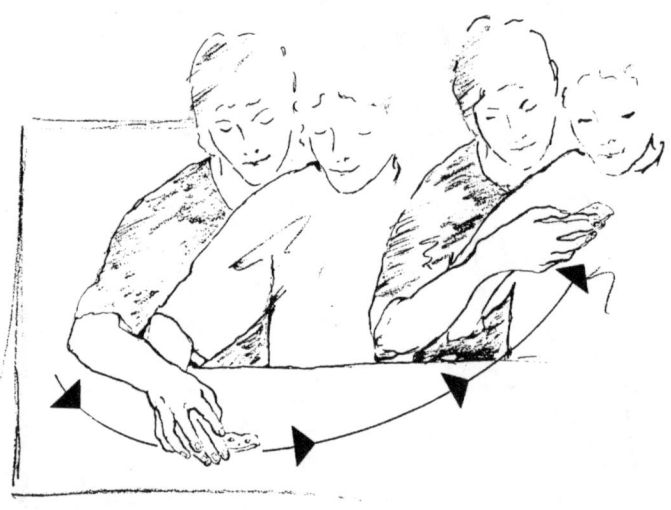

Führen von hinten; der/die Führende sitzt leicht versetzt

Beide Hände führen

Beim Führen beider Hände werden beide Gehirnhälften aktiviert, die Zusammenarbeit der beiden Gehirnhälften wird intensiviert, vor allem aber werden Verrechnungsprozesse des Gehirns ermöglicht. Würde man nur eine Hand führen, könnte der/die Geführte die Wirkung seiner/ihrer Handlungen nur schwer einschätzen, weil die Rückmeldung

328

fehlt; so ermöglicht z. B. nur der Einsatz beider Hände beim Zerreißen eines Kartons einen angemessenen Krafteinsatz. In bestimmten Situationen kann aber auch nur eine Hand geführt werden, z. B. wenn die andere Hand Kontakt mit der Unterlage (Tisch) hat, kann beim Malen einhändiges Führen sinnvoll sein.

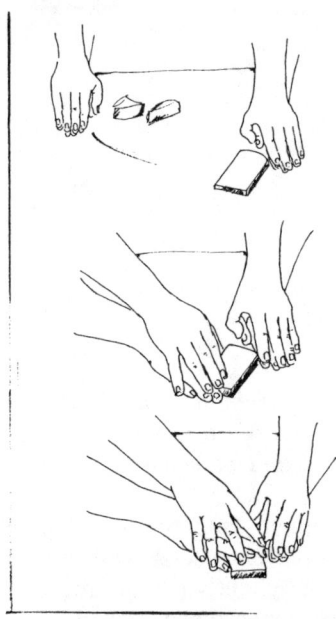

Führen beider Hände

In manchen Alltagssituationen oder beim Sport (Rollen eines Balles) ist beidhändiges Führen auch oft nicht möglich.

Hand auf Hand, Finger auf Finger

Aufgrund der großen Wahrnehmungsfläche können Tonusänderungen bei dem/der Geführten erspürt werden. Weiterhin ist es möglich, eine vorhandene Eigensteuerung wahrzunehmen und auszubauen und dadurch eine bessere Kraftübertragung und eine diffizile Führung zu ermöglichen. Das Greifen am Handgelenk ist grundsätzlich abzulehnen.

Benutzen von Gegenständen

Grundsätzlich gilt die Regel, Bewegungen des Körper ohne Hilfsmittel zu üben, wobei neben den Händen auch der Mund, der Rumpf oder die Füße eingesetzt werden. Erst wenn der direkte Einsatz des Körpers nicht die erhoffte Wirkung zeigt, werden Hilfsmittel eingesetzt.

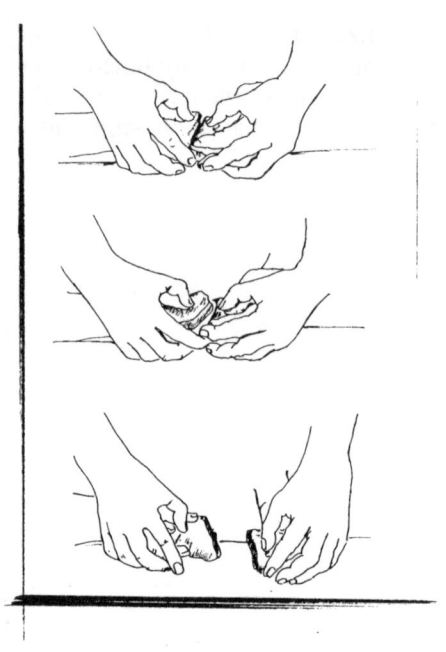

Auseinanderbrechen eines
Gegenstandes über
die Unterlage

Gelingt es z. B. dem/der Geführten nicht, einen Apfel mit der Hand in zwei Teile zu brechen, wird ein Hilfsmittel eingesetzt. Die direkte Auseinandersetzung mit dem Material ermöglicht wichtige Informationen über die Beschaffenheit. Auch über Gegenstände können Informationen aus der Umwelt wahrgenommen werden, wobei diese Informationen nicht so eindeutig und damit schwieriger einzuordnen sind.

Das Aufnehmen von Hilfsmitteln

Wir führen die Hand zum Gegenstand, legen die Handinnenflächen darauf, berühren, umfassen und ergreifen ihn. Gelingt das Ergreifen nicht, z. B., weil der Gegenstand zu klein ist (Messer), bewegen wir den Gegenstand über die Unterlage zur Tischkante, um ihn dann zu ergreifen. Die Bewegung geht dabei leicht vom Körper weg, was den Bewegungsablauf erleichtert.

Das Ablegen von Gegenständen

Zunächst erspüren wir die Unterlage, legen z. B. den ganzen Unterarm auf die Unterlage. Jetzt lösen wir den Kontakt (Hand auf Hand) und berühren das Handgelenk, den Unterarm, Oberarm und z. B. die

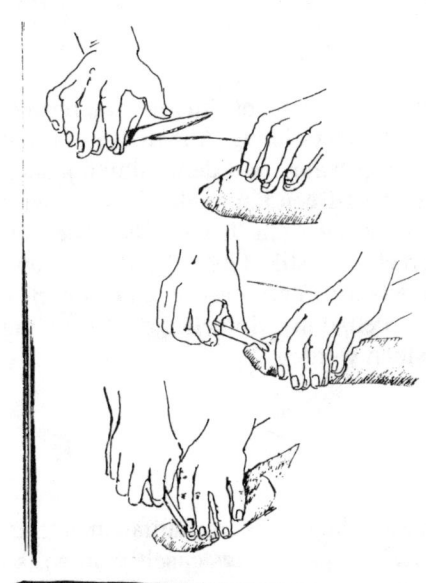

Aufnehmen von Hilfsmittel, z. B. Messer über die Tischkante

Schulter. Durch diesen Wechsel der Informationsquellen verliert der Gegenstand in der Hand seine Bedeutung und kann losgelassen werden.

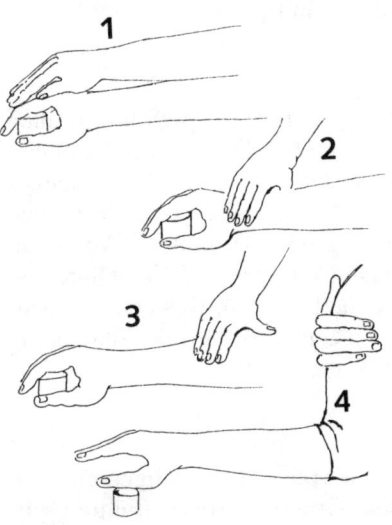

Ablegen von Gegenständen

Führen und Sprechen

Die Vermittlung von Spürinformationen steht absolut im Vordergrund, der/die Geführte soll sich darauf konzentrieren. Aus diesem Grund wird während des Führens nicht gesprochen. Vor dem Führen jedoch wird das Geschehnis besprochen, nach Beendigung des Führens wird das gespürte Geschehen nochmals verdeutlicht. Je nach Stand der/des Einzelnen kann dies mittels Sprache, Gestik, Gebärde, Bildern und Zeichnungen geschehen. Passiert beim Führen etwas Unerwartetes, kann das Führen unterbrochen werden, durch Sprechen die Spannung gelöst und das Führen neu begonnen werden.

Spontanes und geplantes Führen

Spontanes Führen

Geführt wird immer dann, wenn im Alltag Probleme auftauchen, z. B. die Türklinge ist gegen einen Drehknopf ausgewechselt worden, so daß der Mensch mit einer Wahrnehmungsstörung nicht mehr in der Lage ist die Tür zu öffnen. Es wäre nun ein leichtes, dieses Problem für ihn zu lösen und damit seine Inkompetenz zu manifestieren (vgl. Affolter 1988, 190 ff.).
Dieses Führen „so nebenbei" ist sehr wertvoll, da Probleme der alltäglichen Wirklichkeit gelöst werden, und braucht nur wenig Zeit, meistens die Zeit, die ich sowieso einsetzen müßte, um es zu tun.

Geplantes Führen

Im Alltag gibt es viele Situationen, in denen Körperführung auch gezielt eingesetzt werden kann, sei es nun bei der Essenszubereitung (z. B. Schneiden von Früchten), bei der Gestaltung des Wohnraumes (z. B. Umtopfen von Pflanzen) oder bei der Gestaltung eines festlichen Anlasses (gemeinsames Musizieren auf großen Trommeln). Vor allem bei der Körperhygiene kann durch Handführung die Intimsphäre und Individualität der/des einzelnen geschützt werden, Bewegungsabläufe, die zur Gesunderhaltung der/des einzelnen von großer Bedeutung sind, können geschult bzw. erhalten werden.

Pausen beim Führen

Die Welt besteht aus Sehen und Hören; Spüren ist im allgemeinen in den Hintergrund getreten. Aus diesem Grund ist Spüren/Führen sehr anstrengend; wir ermüden schnell (vgl. Affolter 1988, 269). Die Atempause soll von kurzer Dauer sein, gerade so lang, daß „aufgeatmet" werden kann. Wichtig dabei ist die stabile Referenzebene, damit der Erholungseffekt auch eintreten kann.

Eine Atempause erlaubt ebenfalls, die Spannung bei dem/der Geführten zu spüren und eine Kontrolle der Positionen durchzuführen.

Die Unterbrechungspause gibt mir Zeit, mich zu entspannen, neue Kräfte zu sammeln. Dabei kann der/die Geführte Betätigungen ausführen, bei denen sie/er nicht geführt werden muß.

Bewegungsdynamik

Entscheidend ist das Spüren von Widerstandsveränderungen – deshalb führen wir langsam. Nur so kann der Geführte die Spürinformationen wahrnehmen und verarbeiten und, was wichtig ist, auch eine visumotorische Kontrolle aufbauen. Der Geführte soll die Aktionen mit dem Auge verfolgen.

„Kurzes" Führen

Wenn mein/meine Partner/-in im Bewegungsablauf innehält und nicht fortfährt, kann ein kurzer Impuls im Sinne eines kurzen Führens die Fortsetzung der Bewegung bewirken.

Kontakt aufnehmen und verabschieden

Die Kontaktaufnahme und das Verabschieden müssen eindeutig sein, weshalb sowohl beim Berühren als auch beim Lösen des Kontaktes ein eindeutiger Impuls gegeben werden muß.

Grenzen

Beim Führen können auch Probleme auftreten, die niemals ignoriert werden dürfen. Häufig ist der direkte Körperkontakt, die Nähe sowie die große Berührungsfläche ein Problem. Wenn wir im Alltag nicht über die Ruhe verfügen und uns hektisch in die Situation hineinbegeben, ist sie zum Scheitern verurteilt. Bei Personen mit autistischen Zügen ist die Körpernähe ein großes Problem und kann häufig nicht in diesem Maße eingefordert werden. Wichtig ist aber immer, daß das Ziel der Handlung klar ist und für den/die einzelnen/-ne lohnend erscheint. Trotzdem sollte die Nähe beim Führen immer sehr genau und kritisch reflektiert werden, um damit nicht Verspannungen und Ängste bei dem/der Geführten auszulösen.

Wenn wir erwachsene Personen führen, ist häufig auch das Größenverhältnis ein Problem. Trotzdem sollte auf das Führen nicht verzichtet und in der Praxis nach alternativen Bewegungsabläufen (z. B. Führen von der Seite) gesucht werden.

Schwierig wird Führung, wenn wir bei dem/der Geführten einen extrem hohen Muskeltonus antreffen. Ist aber die Bewegung auf ein Ziel ausgerichtet und damit für den/die Geführten sinnvoll, kann sich der Muskeltonus gerade durch das Führen normalisieren.

Einsatzmöglichkeiten

Die Körperführung ist nicht nur bei spezifischen Wahrnehmungsstörungen einzusetzen, sondern noch in anderen Bereichen. Wenn wir die Bewegungsstörungen eines Menschen mit einer spastischen Lähmung anschauen, kann hier eine Bewegungsbegleitung überschießende Bewegungsabläufe eingrenzen und damit zu einer Harmonisierung der Bewegung führen. Grundsätzlich hat Führung den Sinn, die Eigenaktivität der/des einzelnen in den Vordergrund zu stellen. Bei der kompletten Versorgung von Menschen in Heimen kommt es immer wieder zu einer reduzierten Aktivität der Heimbewohner/-innen, die sich im extremen Fall so zeigt, daß sie im Bereich der Körperpflege keinerlei Aktivitäten mehr übernehmen, sondern nur noch alles passiv geschehen lassen. Führung ist immer dann sinnvoll, wenn Bewegungsabläufe unvollständig oder nur im Ansatz vorhanden sind. Durch häufiges Führen kann es zu einer Gewöhnung des Lernsystems an diesen Reiz kommen (Bahnung), wir haben die Chance, daß die Steuerung des Bewegungsablaufes im Laufe der Zeit von den motorischen Zentren des Gehirns selbst übernommen wird. Wenn es uns dann auch gelingt, die Fertigkeiten und Fähigkeiten in verschiedene Situationen des Alltages zu übertragen, so wird die Kompetenz zur Performanz, d. h. Leistungen sind in verschiedenen Situationen verfügbar.

Lernschritte

Die Begegnung mit der Umwelt vollzieht sich in mehreren Schritten.

Das Berühren

Beim Berühren von Gegenständen nimmt das Kind bzw. der/die Erwachsene oft neue, unvertraute Spürinformationen wahr. Die Folge davon ist, daß der Körpertonus ansteigt, oft erfolgt eine brüske, zurückweichende Bewegung, die Augen blicken dabei meist weg (vgl. Affolter 1988, 194). Ein Kind oder ein/eine Erwachsener/-ne auf dieser Stufe (Affolter bezeichnet solche Personen als schwer wahrnehmungsgestört), läßt sich aufgrund des erhöhten Muskeltonus nur sehr schwer führen.

Spüren und Vertrautwerden

Ist der geführten Person die Problemstellung (z. B. das Öffnen eines Glases) bewußt und erscheint das Ziel erreichbar und lohnend, so kann sich nach einer ersten Verspannung der Tonus normalisieren. Affolter schreibt dazu (1988, 195): „Fortgesetztes Berühren innerhalb eines ‚problemlösenden Geschehnisses' erlaubt das Vertrautwerden mit der gespürten Information; der Anteil an Unvertrautheit vermindert sich." Die Augen beginnen auf das Geschehen der Hand zu blicken. Dabei folgt der Blick der tätigen Hand noch mit Verzögerung, bei weiteren Wiederholungen wird sich aber die Dauer der Verzögerungen reduzieren. Damit wird die visuelle Information zu einer Spürinformation. Informationen werden komplexer wahrgenommen und verarbeitet, wir sprechen auch von der intermodalen Leistung „Spüren und Sehen".

Spüren und Schauen im Sinne einer serialen Organisation

Das Zusammenspiel von Auge und Hand wird intensiv; es erstreckt sich über einen gewissen Zeitraum. Weiterhin nimmt die Komplexität der Anforderungen zu, so daß zur Lösung eines Problems eine Reihenfolge von Betätigungen notwendig wird. Wir sprechen jetzt von einer serialen Organisation.

Das Gespürte wiedererkennen, Bewegungen fortsetzen und solche erwarten

Durch die aktive Auseinandersetzung mit der unmittelbaren Umwelt wiederholen sich Bewegungsabfolgen, wodurch Spürinformationen wiedererkannt werden können. Dieses Wiedererkennen gibt dem/der Geführten Sicherheit, aus der heraus Bewegungen fortgesetzt und Aktionen selbstgesteuert durchgeführt werden, wobei die Führung langsam ausgeblendet werden kann und damit ein hohes Maß an Handlungskompetenz erreicht ist. Durch diese Erfahrung entsteht aber auch eine Erwartungshaltung, Neugierde auf das, was passiert, da aufgrund der Erfahrung bekannt ist, daß noch etwas nachfolgen muß. Aufgrund der so erworbenen Handlungskompetenz kann sich jetzt der/die einzelne aktiv mit seiner/ihrer Umwelt auseinandersetzen – und damit haben wir die Grundlage zu der weiteren Entwicklung von Motorik, Wahrnehmung, Sprache, Kognition.

Was können wir an Verhaltensveränderungen bei dem/der einzelnen erwarten? Die erste Verhaltensänderung wird sein, daß – in einfacher Form – eine aktive Auseinandersetzung mit der Umwelt stattfindet, d. h. Gegenstände werden berührt und losgelassen, Türen auf- und zugemacht, Gewohnheiten bilden sich aus. Diese Gewohnheiten verlangen wenig Überlegung, Entscheidung, Auswahl oder Anpassung, und so erscheint das Verhalten dieser Personen häufig als stereotyp und monoton. Die Leistungen bleiben konstant, solange sich die Umwelt nicht verändert. Verändert sich jedoch die Umwelt und nimmt die Komplexität einer Situation zu, zerfallen die Leistungen, d. h. die Performanz zerbricht. Piaget stellt der Gewohnheit die Operation gegenüber. Kennzeichen der Operation ist ihre Mobilität mit Umwegen, Umstellungen von Reihenfolgen und Betätigungen und Einbau von Neuem. Um Gewohnheiten zu durchbrechen und neue Kompetenzen zu vermitteln, muß ich während der geführten Problemlösungen Widerstandsinformationen vermitteln, wobei minimale Veränderungen meist ohne Wirkung bleiben, da nur maximale Widerstandsveränderungen entsprechend verarbeitet werden können. Affolter (1988, 162 f.) beschreibt dies anhand eines Beispieles: Eine Frau hatte eine Hirnschädigung erlitten und war offenbar nicht mehr in der Lage, einfache Bewegungsabläufe des Alltags zu bewältigen. Durch eine Therapie sollten Bewegungsabläufe wie Äpfelschälen, Brotstreichen usw. geübt und wieder erlernt werden. Die Bemühungen blieben jedoch ohne Erfolg. Bei genauerer Analyse der Situation fiel auf, daß beim Schälen und Streichen nur minimale Widerstandsveränderungen auftreten, die zwar uns „gesunden" Personen eine Einschätzung des Ablaufes erlauben, wahrnehmungsgestörten Personen hingegen zuwenig unterscheidbare Informationen liefern und damit keine Bedeutung haben. Affolter veränderte den Ablauf z. B. beim Bestreichen eines Brotes in folgende Sequenzen: Brotscheibe in kleine Teile schneiden, mit dem Messer je ein Stück Butter abschneiden und auf ein Stück Brot drücken. Jetzt konnte der Bewegungsablauf von der Frau ausgeführt werden. Affolter erklärt dies damit, daß jeder Schnitt und jedes Drücken von kurzer Dauer und vor allem durch maximale Widerstandsänderungen gekennzeichnet war. Damit das Handeln für die Betroffenen beweglich und variabel wird, ist es wichtig, Ursache und Wirkung von Handlungen erfahrbar zu machen. Reines Schneiden mit der Schere bewirkt zwar das Trennen des Materials Papier; wird jedoch eine Milchtüte aufgeschnitten und dann Milch zum Trinken eingeschenkt, werden Zusammenhänge, die für den/die einzelnen/-ne bedeutsam sind, erfahrbar gemacht. Affolter (1988, 297) faßt zusammen: „Je umfassender die verinnerlichte gespürte Erfahrung mit ‚Problemlösen‘ der Alltagsgeschehnisse, desto besser werden die Ausführungen Wahrnehmungsgestörter: Sie werden beweglicher, angepaßter. – Umwege werden eingebaut.“

Übungskette:
Um das Führen in der Praxis richtig anwenden zu können, erfordert es ein hohes Maß an Übung und Selbsterfahrung. Im folgenden werden noch einige Übungsmöglichkeiten aufgeführt:

(1) Wir setzen uns auf verschieden große Stühle, an verschieden große Tische, versuchen die stabile Unterlage und Seite wahrzunehmen und unser Körpermaß zu definieren.

(2) Jetzt setzt sich eine Person auf den Stuhl, wir schauen, ob er korrekt sitzt, ob die Füße den Boden berühren, ob der Rücken Kontakt hat mit der Lehne und wie die Oberfläche des Tisches beschaffen ist.

(3) Wir nehmen nun einige Klötze, Bauelemente, Spiele, Holzspiele zur Hand, um damit zu üben. Eine zweite Person stellt sich jetzt hinter den Vordermann (Sitzender) und legt seine Hände auf die Hände des Vordermanns, Hand auf Hand, Finger auf Finger, und schließt dann die Augen. Der Vordermann baut nun aus den Klötzen in einer langsamen Art und Weise Türme, Vierecke, Tunnels usw.

(4) Jetzt blendet der Vordermann die Führung langsam aus, der Hintermann öffnet die Augen und versucht, die begonnene Tätigkeit des Vordermannes weiterzuführen.

(5) Wir versuchen aus verschiedenen Positionen heraus zu führen; wir setzen uns dem zu Führenden gegenüber, an seine rechte, an seine linke Seite, übers Eck und versuchen jetzt Vor- und Nachteile der einzelnen Positionen selbst zu erfahren.

(6) Wir bieten gegensätzliche geführte Bewegungsabläufe an. Einmal versuchen wir, die Gegenstände über die Unterlage zu berühren, zu umfassen, zu bewegen. Als Gegensatz bewegen wir die Gegenstände, z. B. Klötze, in der Luft von einem Ort zum anderen, ohne Rücksicht auf die stabile Unterlage. Eine weitere Möglichkeit ist es, Gegenstände über die stabile Unterlage aufzunehmen, sich dann leicht von der Unterlage zu lösen und den Gegenstand zu bewegen. Ist das Ziel erreicht, suchen wir wieder die stabile Unterlage.

(7) Wir führen unserem/unserer Partner/-in nur eine Hand, die andere Hand liegt am Körper ohne Kontakt zur Bezugsebene. Zum Gegensatz führen wir beide Hände, bzw. eine Hand liegt auf der stabilen Unterlage.

(8) Um den Einsatz von Kraft zu verdeutlichen, nehmen wir einen Teller, den wir am Rand mit einer Hand halten, und die andere Hand versucht diesen Teller wegzuziehen. – Wir benutzen nun Gegenstände des Alltags, wie z. B. Äpfel, Brot, Brötchen, Früchte, usw.; wir versuchen, die Eigenschaften des Gegenstandes zu erfahren, aber auch die Veränderbarkeit des Gegenstandes, z. B. beim Schälen einer Banane; wir versuchen, Äpfel auseinanderzubrechen, wir ziehen dabei den eigenen Körper mit ein. Sollte uns das nicht gelingen, werden Hilfsmittel eingesetzt.

(9) Wir nehmen wahr, wo ein Gegenstand, z. B. ein Messer, liegt und bewegen unsere Hand dorthin, legen die Handinnenfläche darauf und greifen. Gelingt das nicht, ziehen wir die Hand leicht vom Körper weg zur Tischkante und greifen jetzt das Messer. Wenn wir den Gegenstand wieder ablegen wollen, erspüren wir zuerst die Unterlage, wechseln dann die Informationsquelle, indem wir andere Teile des Armes/der Schulter berühren, und lassen dann den Gegenstand los.

(10) Wir versuchen nun, in einem komplexen Bewegungsablauf verschiedene Dinge des Alltags durchzuführen, z. B. Schneiden von Früchten, Bestreichen eines Brotes, aber auch Malen mit Fingerfarben, Kneten von Teig usw.

Für diese Übungskette ist es wichtig, daß mein/meine Partner/-in mir immer zurückspiegelt, was er/sie empfindet, während ich führe. Weiterhin ist es sehr interessant, verschiedene Personen in verschiedenen Situationen zu führen, um damit auch Möglichkeiten und Grenzen dieses Ansatzes zu erleben. „Führen ist keine Technik, sondern eine Kunst" (Hofer 1994).

LITERATUR

Affolter, Felicie (1988): Wahrnehmung, Wirklichkeit und Sprache. Villingen-Schwenningen

Affolter, Felicie (1972): Aspekte der Entwicklung und Pathologie von Wahrnehmungsstörungen. In: Pädiatrische Fortbildung Praxis, Heft 34, S. 49–55

Affolter, Felicie (1972): Wahrnehmungsstörung. In: Das mehrfach behinderte, hörgeschädigte Kind, S. 94–115

Affolter, Felicie (1975): Wahrnehmungsprozesse, deren Störung und Auswirkung auf die Schulleistungen, insbesondere Lesen und Schreiben. In: Zeitschrift für Kinder- und Jugendpsychiatrie, Heft 2, S. 223–234

Hofer, A. (1994): Persönliche Mitteilungen, St. Gallen

XVII. Motopädagogik

Bewegung ist ein Kennzeichen menschlichen Lebens. Sie ist Voraussetzung für die normale Entwicklung des Menschen, notwendig, um den Alltag zu bewältigen, Grundlage für Gesundheit und Wohlbefinden, Gegenstand und Mittel unseres Ausdrucksverhalten und nicht zuletzt Medium unserer Gefühle. Die Entwicklung und Ausprägung der Motorik ist ein individueller Prozeß und von vielen Faktoren abhängig. An dieser Stelle sollen einige wichtige Faktoren, welche die motorische Entwicklung beeinflussen, genannt werden.

Die Veränderung des Lebensraumes, z. B. in den Städten, führt wesentlich dazu, daß die Entwicklung der Motorik gebremst bzw. einseitig verläuft. Manche Bewegungsabläufe, wie z. B. Werfen und Rennen, sind aufgrund der Umweltbedingungen oft nur eingeschränkt möglich. Fordert man ein typisches Stadtkind auf, einen Ball zu werfen, kommt häufig ein reduzierter Bewegungsablauf (wie beim Kugelstoßen) zutage.

Elektronische Medien wie Fernseher, Video und Computer dominieren häufig im Leben eines Kindes. Die Auseinandersetzung mit dem eigenen Körper und die Förderung der motorischen Grundeigenschaften (z. B. Kraft, Ausdauer, Geschicklichkeit, Schnelligkeit) und Fähigkeiten wie Laufen, Balancieren, Werfen treten in den Hintergrund.

Ein wesentlicher Faktor ist auch das emotionale Umfeld des Kindes. Sicherheit und Geborgenheit durch verläßliche Beziehungen ermöglichen ein offenes, aktives Zugehen auf die Umwelt. Findet ein Kind in seinem Umfeld nicht ausreichend Sicherheit und Wärme, wird es sich zurückziehen oder mit übersteigerter Aktivität reagieren. Häufig werden diese Kinder dann als ängstlich oder hyperaktiv bezeichnet.

Das Auftreten einer körperlichen bzw. geistigen Behinderung hat häufig starken Einfluß auf die motorische Entwicklung eines Menschen. Hirnorganische Schädigungen sind häufig Ursache ausgeprägter und teilweise stark einschränkender Behinderungen, die oft ein Leben lang den/die einzelnen/-ne begleiten.

Das Auftreten minimaler Entwicklungsverzögerungen bzw. körperlichen Ungeschicktheiten hat im Kleinkindalter meist schon Konsequenzen. Das Kind spürt, daß es im Vergleich mit anderen Kindern mehr Schwierigkeiten beim Lösen von Aufgaben hat, sich ungeschickter anstellt und mehr Zeit braucht. Die Eltern spüren dies, reagieren unsicher und verändern den Umgang mit ihrem Kind. Entweder sie stellen höhere Anforderungen oder versuchen krampfhaft, ihr Kind vor vermeintlichen Gefahren zu schützen. Im Kindergarten und vor allem in der Schule kommt es zu vermehrten Vergleichen mit anderen Kindern und vor allem zu normierten Anforderungen. Da das Kind diese Anforderungen aber häufig nicht erfüllen kann, erfährt es oft Mißerfolg, Ausgrenzung und Spott. Aufgrund mangelnder Toleranz und Inkompetenz der Umgebung wird ihm häufig Faulheit, mangelnde Leistungsbereitschaft usw. unterstellt, wodurch es zweifach belastet wird: Zu den eigenen Problemen im Wahrnehmungs- und Bewegungsbereich tritt der psychische Druck seitens der Umgebung. Die Folge davon ist, daß das Kind sich anders verhält und die Beziehung zur Umwelt immer schwieriger wird. Häufig wird das Kind mit den Attributen „aggressiv, ängstlich, gehemmt, resignativ" (Augustin 1990, 151) belegt, was darauf hindeutet, daß das Umfeld überfordert ist und mit Ausgrenzungstendenzen reagiert.

Eltern, Erzieher/-innen und Lehrer/-innen stehen in diesen Fällen meist keine ausreichende fachliche Hilfe zur Verfügung. Es gibt Forschungsansätze bezüglich der menschlichen Motorik, z. B. innerhalb der Medizin (Kinderheilkunde, Sozialpädiatrie oder Kinderpsychiatrie), der Entwicklungspsychologie oder innerhalb der Sportwissenschaft, in denen die Suche nach einer Verbesserung der motorischen Leistungsfähigkeit im Vordergrund steht. Diese Forschungsansätze haben meist einen ganz speziellen Ansatz; so steht in den Sportwissen-

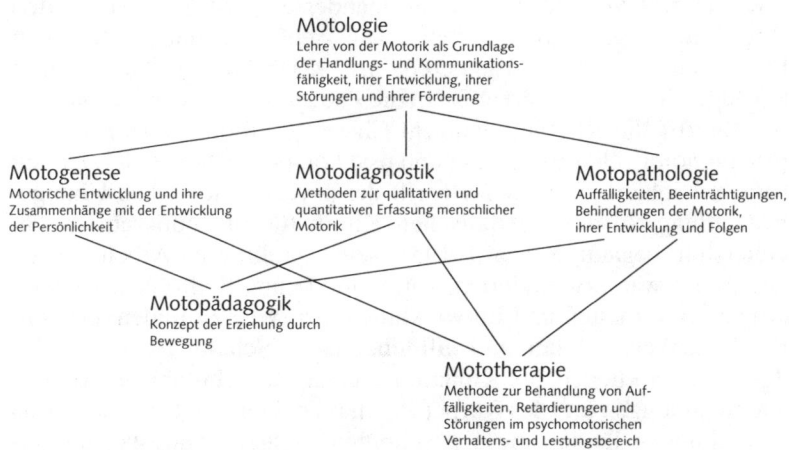

Abb. 53: Überblick über die Disziplinen der Motologie (Irmischer 1987, 7)

341

schaften die Suche nach einer Verbesserung der motorischen Leistungsfähigkeit absolut im Vordergrund.

Erfahrungen und Ergebnisse in der Praxis, z. B. durch psychomotorische Übungsbehandlungen von Kiphard, zeigen, daß die Motorik nicht auf das Funktionale zu reduzieren ist, sondern daß über Bewegung Einfluß auf die Gesamtpersönlichkeit des Menschen genommen werden kann. Um die Ergebnisse der Praxis theoretisch zu belegen, wurde ein neues Fachgebiet, die Motologie, gegründet. Unter Motologie wird „die Lehre von der menschlichen Bewegung, ihrer Entwicklung, ihrer Störungen sowie deren Erfassung und Förderung" verstanden (Irmischer 1987, 5).

Wie aus der Abbildung zu ersehen ist, umfaßt die Motologie verschiedene Bereiche: die Motogenese, Motopathologie und die Motodiagnostik, welche die Grundlage für die Mototherapie und auch für die Motopädagogik bilden. Im Rahmen dieser Ausführungen wird schwerpunktmäßig auf die Motopädagogik eingegangen, da sie als Anwendungsdisziplin für die Heilerziehungspflegerin in der praktischen Arbeit die größte Bedeutung hat. An dieser Stelle möchten wir darauf hinweisen, daß Fort- und Weiterbildung in diesem Bereich sehr zu empfehlen sind, damit dieser Ansatz richtig zum Tragen kommt.

1. Historische Entwicklung

Wer sich mit Motopädagogik auseinandersetzt, wird zuerst auf den Begriff der Psychomotorik stoßen. Die Wechselbeziehung zwischen Psyche und Motorik wurde bereits im 19. Jahrhundert, vor allem in der Jugendpsychiatrie erkannt. In die Pädagogik eingebracht hat diesen Begriff die Rhythmiklehrerin Charlotte Pfeffer, indem sie von psychomotorischer Erziehung und psychomotorischer Heilerziehung sprach. Kiphard prägte den Begriff der psychomotorischen Übungsbehandlung. In der westfälischen Klinik für Jugendpsychiatrie in Gütersloh begann Kiphard 1955 seine praktische Arbeit, deren Grundidee war, „Behinderten, von Behinderung Bedrohten, Andersartigen in Verhalten und Entwicklung einen Weg zu finden, der ihre Persönlichkeit entfalten und aufblühen läßt" (Schäfer 1989, 19). Um das zu verwirklichen, bot Kiphard Übungen zur Schulung der Sinneswahrnehmungen und des Körperschemas an. Durch zahlreiche Veröffentlichungen fanden diese psychomotorischen Übungsbehandlungen schnell Verbreitung und wurden von vielen Berufsgruppen angewandt. Seither ist dieser Ansatz weiter differenziert worden; er wurde wissenschaftlich fundiert. Ein wichtiger Schritt in diese Richtung war

1976 die Gründung des Aktionskreises Psychomotorik, der sich zum Ziel setzte, das aus der Arbeit von Kiphard entstandene, von Schilling und anderen weitergeführte Konzept „Erziehung durch Bewegung" weiter zu entwickeln und zu verbreiten. Unter dem Begriff Motopädagogik werden nun alle Ansätze der Erziehung durch Bewegung zusammengefaßt.

2. DEFINITION UND SELBSTVERSTÄNDNIS

Die Motopädagogik wird definiert als Konzept einer ganzheitlichen Persönlichkeitsbildung mittels motorischer Prozesse, in die die Wahrnehmung, die Bewegung, die Gefühle, die Kognition, die Interaktion und soziales Handeln eingebunden werden. Motopädagogik versteht sich als ein Teilgebiet der Pädagogik, vergleichbar mit der Freizeit-, Vorschul-, Behindertenpädagogik usw. Sie orientiert sich also an den Teilgebieten und den Erkenntnissen der Pädagogik und bringt ihrerseits die Erkenntnisse in diese Disziplin ein, die den Aspekt der Bewegung zum Kern haben.

Ausgehend von den Erfahrungen Kiphards mit behinderten bzw. verhaltensauffälligen Kindern und Jugendlichen, hat sich die Motopädagogik über den Behindertenbereich hinaus bewährt. Vor allem in der Vorschulerziehung, dem Elementar- und Primarbereich nimmt sie inzwischen eine zentrale Stellung ein, da ihr ganzheitlicher und individueller Ansatz dem einzelnen Kind optimale Entwicklungschancen bietet. Sie bewährt sich auch in der Erwachsenen- und Seniorenpädagogik und im sonderpädagogischen Bereich.

3. INTENTIONEN

Ziel der Motopädagogik ist die Entwicklung und Förderung einer weitgehend selbständigen Handlungsfähigkeit, damit sich der Mensch sinnvoll mit sich selbst und seiner Umwelt auseinandersetzen und entsprechend handeln kann. Durch entwicklungs- und personengemäße Übungsangebote sollen vor allem in 3 Bereichen Kompetenzen erworben werden – der Ich-, der Sach- und der Sozialkompetenz.

(1) Ich-Kompetenz bedeutet, den eigenen Körper wahrnehmen, erleben, kennenlernen, mit ihm umgehen zu können. Sie bedeutet, die Belastbarkeit, die motorischen und kognitiven Fähigkeiten usw. richtig einzuschätzen und sich im emotional-affektiven Bereich adäquat zu äußern.

(2) Sachkompetenz bedeutet, sich an die Umweltgegebenheiten anpassen, die Umwelt in ihren physikalischen Eigenschaften erfassen, mit ihr umgehen und sie verändern zu können.

(3) Sozialkompetenz bedeutet, die eigene Identität im sozialem Kontext erkennen und sich in der Gemeinschaft erleben, sich an andere anpassen können, mit ihnen sinnvoll umgehen können.

Aufgrund dieser erworbenen Kompetenzen soll sich der/die Einzelne in seinem/ihrem sozialen Umfeld selbst verwirklichen können.

4. METHODISCHE ASPEKTE

Mit der Formulierung bestimmter Ziele und Intentionen ist immer die Frage gekoppelt, wie diese erreicht und verwirklicht werden können. Für die Motopädagogik lautet sie: Wie können die adaptive Umweltbewältigung und die individuelle Handlungskompetenz verbessert werden? Dazu einige Aspekte, wobei in der Reihenfolge der Darstellung keine Wertung liegt und nicht alle Aspekte berücksichtigt sind.

(1) Nicht das isolierte Vermitteln von Bewegungsabläufen und -techniken steht im Vordergrund, sondern der ganze Mensch. Dies bedeutet, daß der/die andere zuerst einmal angenommen wird mit allen Ausprägungen seiner/ihrer Persönlichkeit, also als eine Leib-Seele-Geist-Einheit gesehen wird. Für die praktische motopädagogische Förderung bedeutet dies, daß Ansatzpunkte gefunden werden müssen, die es dem/der einzelnen ermöglichen, aktiv zu werden. Die Selbsttätigkeit und spontane Aktivität wird erleichtert, je mehr sich das Angebot an den individuellen Bedürfnissen des/der einzelnen orientiert. Ausgehend vom Entwicklungsstand der/des einzelnen sollen individuelle Angebote gemacht werden. Auch in der Art der Vermittlung, des Umgangs und der Kommunikation soll eine Form, die dem Alter entspricht, gefunden werden. Bei Kindern kann es beispielsweise in Form einer Bildersprache sein.

(2) Selbstbestimmung und Eigenaktivität wird vor allem durch das Aufgreifen der Vorstellungen der Teilnehmer/-innen gefördert. Bewegungsstunden werden, wenn möglich, gemeinsam geplant und durchgeführt, es besteht Entscheidungsfreiheit, der/die einzelne wählt selbst die Form der Ausführungen (den Schwierigkeitsgrad). Die Durchführung/Strukturierung einer Stunde und die Einbindung der Teilnehmer/-innen ist wesentlich von den Voraussetzungen der einzelnen abhängig. Bei vielen Menschen mit langjähriger Heimerfahrung ist die Artikulation der eigenen Bedürfnisse sehr schwach, was in der Praxis zur

Folge hat, daß bei diesem Personenkreis Bewegungsabläufe und Situationen anfänglich mehr durch den/die Leiter/-in der Gruppe angeboten werden müssen und sich erst aufgrund dieser neuen Erfahrungen eine Öffnung nach außen, sprich Artikulation von Bedürfnissen und Wünschen, erreichen läßt. Dieser Prozeß kann unter Umständen recht langwierig sein.

(3) Die Verbesserung der Kommunikations- und Interaktionsfähigkeit ist ein wesentliches Anliegen der Motopädagogik. Handlungs- und Spielsituationen werden gemeinsam geplant und erörtert, Stunden reflektiert, Gefühle angesprochen. Die kommunikative Aufarbeitung bewirkt eine Vertiefung des Bewegungserlebnisses. Motopädagogik ist also eindeutig kommunikationsorientiert, da die Fähigkeit, sich mitzuteilen, eine wesentliche Voraussetzung dafür ist, über sich selbst verfügen zu können. Diese sehr allgemein formulierten Aussagen bedürfen hinsichtlich der praktischen Umsetzung einer Differenzierung. Eine gemeinsame Planung und Reflexion einer Stunde kann Kinder im Vorschulalter oder Menschen mit einer geistigen Behinderung überfordern, da das Geschehen meist recht komplex und damit nicht mehr durchschaubar ist, ebenso bei Personen, die hinsichtlich dieser Vorgehensweise keine Vorerfahrungen haben. Bei der Informationvermittlung ist darauf zu achten, daß die Informationen über mehrere Kanäle (auditiv, visuell, taktil-kinästhetisch) vermittelt werden, weil dies das Verständnis erhöht.

Um diese methodischen Aspekte wirksam werden zu lassen, eignen sich folgende Vorgehensweisen:

(1) Die offene Lern- oder Handlungssituation ermöglicht die spontane Aktivität, das Sammeln vielfältiger Erfahrungen und die Förderung der Selbständigkeit. Voraussetzung dafür ist eine intrinsische Motivationslage der Teilnehmer/-innen, eine interessante Aufgabenstellung und nicht zuletzt die Person des/der Leiters/-rin. Über das Variieren von Material- und Handlungssituationen, durch das Aktivieren aller Sinne, durch die Kombination von Bewegen, Spielen, Bauen, Gestalten, durch gemeinsames Handeln und den Wechsel von Anspannung und Entspannung kann eine Einbindung der einzelnen meist gut erreicht werden. Wir begegnen in der alltäglichen Praxis Menschen, die aus sehr unterschiedlichen Gründen in die Bewegungsstunden kommen. Vielleicht hat das „Umfeld" beschlossen, daß ein bißchen Bewegung nicht schaden könne, oder es gibt keine anderen interessanten Angebote. Über ein attraktives und individuelles Angebot, gute individuelle Einbindung und eine ansprechende Atmosphäre kann erreicht werden, daß sich die anfänglich extrinsische Motivation hin zu einer intrinsischen verändert.

(2) Gezieltes Üben und Lernen ist nicht ganz ausgeschlossen, tritt aber deutlich in den Hintergrund. Wenn Lernsituationen angeboten werden, sollte das in einem Rahmen geschehen, der es dem Kind oder Erwachsenen ermöglicht, leicht zu lernen. Bei hyperaktiven Kindern sollte beispielsweise das Angebot reduziert sein, bei hypoaktiven Kindern sollte attraktives Material als Anreiz dienen.

(3) Allgemeine methodische Prinzipien – wie das Beginnen mit dem Einfachen und Bekannten – haben auch in der Motopädagogik ihre Gültigkeit.

Das Übertragen neu gelernter Fähigkeiten auf andere Situationen und damit die Erweiterung des Bewegungsrepertoires, die Förderung der Bewegungssicherheit sowie die Generalisierung von Grundbewegungsmustern läßt sich in sogenannten gelenkten Lern- und Erfahrungssituationen umsetzen. Grundmuster wie Laufen, Springen usw. lassen sich z. B. leicht in Bewegungsgeschichten bzw. Bewegungsparcours variieren.

Die Begeisterungsfähigkeit, Fachkompetenz und das Einfühlungsvermögen des/der Leiters/-rin sind entscheidend für das Gelingen der motopädagogischen Situation. Jeder/jede, der/die einmal Kiphard erlebt hat, weiß, was die Ausstrahlung einer Persönlichkeit bewirken kann.

5. INHALTE

Basis einer umfassenden Handlungskompetenz ist das Verfügen über den eigenen Körper. Häufig benutzen wir unseren Körper nur, ohne uns bewußt mit ihm auseinanderzusetzen, ihn zu erleben und zu schätzen. Die Körpererfahrung, die Summe der im Verlauf der Persönlichkeitsentwicklung erworbenen Erfahrungen des eigenen Körpers und über den eigenen Körper sind individuell ausgeprägt. Eine umfassende Körpererfahrung bildet aber Grundlage für die weitere Entwicklung, Förderung bzw. den Erhalt der Persönlichkeitskompetenzen.

Die Körpererfahrung

Grundlage der Körpererfahrung ist in erster Linie der physiologische Aspekt, der für die Ausbildung des Körperschemas verantwortlich ist: „Bei dem Körperschema handelt es sich um einen im zentralen Nervensystem gespeicherten Vergleichsmaßstab für alle Körperpositionen und Körperbewegungen, auf den wir bei allen unseren allgemeinen Handlungen angewiesen sind" (Grunewald/Kuntz 1989, 6). Ausdifferenzieren kann sich dieses Körperschema hauptsächlich durch

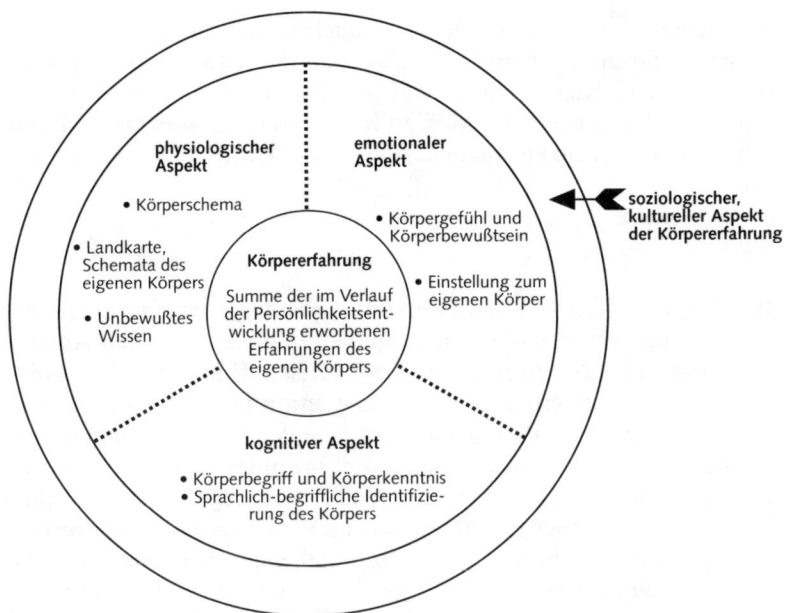

Abb. 54: Aspekte und Teilbereiche der Körpererfahrung
(Grunwald/Kuntz 1989, 5)

Informationen des vestibulären, propriozeptiven und taktilen Systems. Störungen des Körperschemas bewirken Verzögerungen in der Entwicklung erster Bewegungsmuster bis hin zur Störung der elementaren Bewegungsabläufe.

Der emotionale Aspekt der Körpererfahrung betrifft das Körpergefühl und -bewußtsein, die oft sehr vernachlässigt und nicht entwickelt sind. Anstatt auf unseren Körper zu hören und ihn zu beachten, verlassen wir uns oft auf von außen gesetzte Maßstäbe. Oft jedoch wird eine positive Auseinandersetzung mit dem eigenen Körper erschwert, da wir häufig über oder mit unserem Körper negative Erfahrungen machen. Viele haben die Grenzen ihres Körpers – z. B. in der Schule beim Geräteturnen – erfahren und sind heilfroh, dieser Situation entronnen zu sein. Für die meisten von uns ist es deshalb äußerst wichtig, einen positiven emotionalen Bezug zu unserem Körper zu entwickeln. Das Gefühl „Ich kann etwas", „Ich habe ganz besondere individuelle Fähigkeiten" kann nur förderlich sein. Der kognitive Aspekt rundet die Körpererfahrungen ab. Hier geht es vor allem um die verstandesmäßige Erfassung des eigenen Körpers: Körperteile benennen, sie zuordnen zu können und etwas über die Funktionsweise des Körpers zu wissen.

Die Akzeptanz des eigenen Körpers, auch wenn er nicht so ganz den „aktuellen Strömungen und Vorstellungen" der Umgebung entspricht, ist ein weiteres Kennzeichen eines positiven Körperbezuges. Ausgestattet mit einem gewissen Maß an Körpererfahrungen kann sich das Individuum nach außen wenden, sich mit der Umwelt auseinandersetzen.

Materialerfahrungen

Bewegen und Wahrnehmen bilden die Grundlage für eine erfolgreiche Auseinandersetzung mit der Umwelt und damit für den Aufbau der eigenen Kompetenzen. Über das Anfassen, Umfassen, Wegschieben und Herziehen erhält das Kind erste Informationen über die physikalischen Eigenschaften seiner individuellen Umwelt. Darauf aufbauend versucht das Kind, ausgestattet mit immer differenzierteren Bewegungsmustern, auf die Umwelt Einfluß zu nehmen, sie zu verändern, zunächst in einer zufälligen Art und Weise, später wird aufgrund einer großen Anzahl zur Verfügung stehender Schemata auf die Umwelt eingegangen (Zimmer 1986, 4 ff.). Am Ende dieser Entwicklungen steht die Fähigkeit des/der einzelnen, die Dinge nicht mehr in der Realität vollziehen zu müssen, sondern sie in geistiger Kombination vorausplanen zu können. Piaget bezeichnet diese Auseinandersetzung mit der Umwelt durch aktives Handeln als sensomotorische Intelligenz.

Probleme in der Auseinandersetzung mit der materiellen Umwelt entstehen häufig dann, wenn neue Erfahrungen nicht in bereits bestehende Muster integriert werden können. Die Veränderung dieser Muster und damit eine Anpassung an die Gegebenheiten der Umwelt (Akkommodation) ist ein zentraler Lern- und Erfahrungsbereich. Dies bedeutet, daß durch offene Handlungssituationen von dem/der einzelnen Problemlösungen gefunden werden – die Teilnehmer/-innen aber auch von dem/der Leiter/-in gezielt zu einer Übertragung auf neue Situationen veranlaßt werden müssen.

Sozialerfahrungen

Die Entwicklung der Sozialpersönlichkeit wird häufig mit dem umfassenden Begriff „Sozialisation" bezeichnet. „Sozialisation meint den gesamten Prozeß, während dessen ein Individuum durch Auseinandersetzung mit anderen Personen und in Abhängigkeit von der sozialen und materiellen Umwelt seine spezifischen Erfahrungen, seine Handlungsfähigkeit und seine Identität entwickelt" (Prenner 1987, 4).

Dieser Prozeß findet statt im Spannungsfeld von Anpassung (Akzeptanz vorgegebener sozialer Normen) und Selbstbehauptung im Sinne von Selbständigkeit, Selbstbestimmung und Autonomie. Erschwert wird dieser Prozeß häufig durch eine schwierige Familiensituation (Probleme der Eltern in der Partnerschaft, wechselnde Bezugspersonen usw.), durch mangelnde Möglichkeiten der Selbstentfaltung durch die Umwelt (Wohnraumsituation, Spielmöglichkeiten, Zerstörung der natürlichen Umwelt). Entscheidend für die Entwicklung des/der einzelnen sind auch die motorischen Fähigkeiten. Kinder, die den motorischen Anforderungen (z. B. beim Spielen) nicht gewachsen sind, werden häufig ausgegrenzt. Bei allen Menschen muß ein Prozeß im Sinne von Interaktion und Kooperation in Gang gesetzt werden, um soziale Verhaltensweisen zu üben. Erreicht werden kann das durch das Annehmen der Person, die Verstärkung ihrer individuellen Fähigkeiten und durch den Aufbau neuer Kompetenzen, z. B. im motorischen und kognitiven Bereich. Die Entwicklung von Grundqualifikationen sozialen Handelns, wie z. B. Kooperation und Interaktion, Einfühlungsvermögen, Rücksichtnahme, Frustrationstoleranz, Konfliktbereitschaft und Übernahme von Verantwortung, ist nur in einem Klima möglich, das durch eben diese Prozesse gekennzeichnet ist.

Praktische Beispiele

Pappkartons, Bälle, Tücher, Seile, Malstifte.

Kartons unterschiedlicher Größe und Form liegen im Raum verteilt.

Die Teilnehmer/-innen kommen in den Raum. Treffpunkt ist z. B. die Langbank, die Matte, bei dem/der Leiter/-in. Es findet die Begrüßung statt, dann wird das Material wahrgenommen.
Absprache, Aufwärmen.

Jeder/jede bewegt sich, wie er/sie will und bezieht das herumliegende Material individuell ein:
Es ist möglich, beispielsweise im Slalom um die Kartons zu laufen oder einen Hürdenlauf zu machen, ohne die Kartons zu berühren, die Kartons mit den Füßen kurz anzutippen, mit den Händen zu berühren, sie hochzunehmen, als Kopfbedeckung zu benutzen usw.

Mit den Kartons kann auch Boxauto gefahren werden (der Karton wird vor den Körper gehalten); die Kartons können jetzt wie zu einer Straßenlandschaft (Autobahn, kleine, große Straßen, Kreisverkehr usw.) angeordnet werden. Jetzt können sich die „Autofahrer/-innen" frei im Parcours bewegen. Hier kann man z. B. eine Ampel (rotes, grünes Tuch) einbauen, das Auto mit einem Seil abschleppen lassen oder einen langen Zug bilden. Alternativ zu einer Straßenlandschaft kann auch eine Eislaufbahn, Langlaufloipe usw. gebaut werden.

Was kann man alles mit Pappkartons machen? Gemeinsames Überlegen, Entwickeln des Themas.

Verschiedene Bewegungsformen in Abstimmung mit dem Material

Z. B. mit den Kartons einen Weg bilden, indem man die Kartons nebeneinander mit den Öffnungen nach oben auf den Boden legt. Nun sollen die Teilnehmer/-innen in die Kartons steigen, sich also von Karton zu Karton bewegen, ohne den Boden zu berühren. Dabei sollen noch verschiedene Fortbewegungsmöglichkeiten erfunden werden, z. B.:
– normal durchgehen;
– schnell durchlaufen;
– auf Zehenspitzen durchgehen;
– ein/e Teilnehmer/-in schließt beim Durchgehen die Augen und wird von einem/einer anderen Teilnehmer/-in geführt.

Mit den Kartons eine Reihe bilden;

– wir stellen uns vor, vor uns ist ein Graben, den wir überspringen müssen;
– mit den Kartons zwei Reihen bilden, sie nebeneinander stellen und nun wie ein Elefant durch die Kartonreihe stampfen;
– die Kartons auseinanderschieben und um die Kartons schleichen wie ein Puma (die Kartons stellen Felsen oder ähnliches dar);

Viele Kartons werden im Raum verteilt:

– in möglichst viele (alle) Kartons hineinsteigen, ohne den Boden zu berühren (die Kartons sind z. B. viele kleine Inseln);
– zu zweit, zu viert oder zu acht in möglichst viele (alle) Kartons steigen, ohne den Boden zu berühren (die Kartons sind z. B. viele kleine Inseln, der/die eine ist blind, der/die andere führt ihn);
– einer/eine sitzt oder kniet im Karton, der andere ist das Zugpferd und zieht und schiebt den/die Teilnehmer/-in durch den Raum – und umgekehrt
– römisches Wagenrennen (ein/eine Teilnehmer/-in steht im Karton, zwei ziehen)
je nach Verfassung der Gruppe kann man z. B. ein Wettrennen veranstalten.

Alternativer Themenvorschlag

Bewegen / Gestalten / Erleben

Mit den Kartons eine Mauer bauen und dann 1–2 Kartons wieder herausnehmen, so daß Löcher entstehen.
Nun kann man versuchen, durch diese Löcher durchzukriechen, ohne daß die Mauer einstürzt.
– Tunnels, Höhlen, Türme, Mauern, Burgen usw. bauen;
– durch eine aufgebaute Mauer durchlaufen, einzeln oder als Gruppe, mit dem Rollbrett durchfahren;
– mit den Kartons einen bzw. mehrere Türme bauen und anschließend z. B. mit Bällen kaputtwerfen;
– Phantasiegebilde bauen;
– jeweils zwei Teilnehmer/-innen malen die gleichen Symbole auf/in ihrem Karton. Es werden alle Kartons auf einen „Haufen" zusammengeschmissen. Die Teilnehmer/-innen werden zehn Tiersymbole (zwei von sind jeweils gleich) und z. B. zehn „technische" Symbole, z. B. Auto, Roller usw. (Zwei davon sind wiederum gleich.) Wer findet jetzt zuerst einen/eine Partner/-in, bzw. welche Gruppe ist zuerst komplett?
– Auf mehrere nebeneinandergelegten Kartons malt man eine witzige Figur (die Rückseite nummerieren),

– andere Teilnehmer/-innen versuchen, die Figur wieder zusammenzusetzen;
– vier Teilnehmer/-innen malen zusammen ein Gesicht (o. ä.) auf vier Kartons. Alle Kartons werden gemischt und jeder/jede Teilnehmer/-in nimmt sich einen Karton, wodurch sich neue Gruppen bilden.
– durch falsches Zusammensetzen der Kartons ergeben sich Witzgesichter;
– jeder/jede Teilnehmer/-in hat einen Ball und einen Karton. Jetzt wird der Ball mit Hilfe des Kartons hochgeworfen und wieder aufgefangen. Der Ball kann auch zum Partner geworfen werden; man kann auch den Ball in einer Reihe zuwerfen und einen kleinen Wettkampf veranstalten.

Alternativer Themenvorschlag:

Bewegen und Materialerfahrung

– die Teilnehmer/-innen sollen die Eigenschaften dieses Materials mit dem Körper wahrnehmen. Die Teilnehmer/-innen sollen den Karton (groß) über sich stellen. Zuvor sollte man die Teilnehmer/-innen auffordern, im Innern des Kartons auf eventuelle Veränderungen zu achten, und wenn sie Geräusche hören sollten, darauf zu achten, wie sich diese anhören. Während die Teilnehmer/-innen unter dem Karton sitzen, werden von anderen Geräusche erzeugt, z. B. reden, auf den Karton klopfen, am Karton kratzen.
– Bei vielen großen Kartons verstecken sich ein paar Teilnehmer/-innen in den Kartons. Auf ein Kommando hin geben alle Geräusche ab. Die anderen müssen jetzt raten, unter welchen Kartons sie sind. Danach Aufgabenwechsel. Welche Gruppe errät mehr? Weitere Veränderungen: Es ist dunkel, es ist wenig Platz, es wird warm. Bei all diesen Übungen ist es sinnvoll, kleine „Gucklöcher" in die Kartons zu machen. So kann man bei vielen Angst (z. B. Dunkelheit, Enge) abbauen, und sie können durch die Sehschlitze das Geschehen außen beobachten.
– 2 Kartonberge und 2 Mannschaften. In jedem der beiden „Berge" ist ein Gegenstand (Tennisball, Kugel …) versteckt. Gewonnen hat die Gruppe, die zuerst „ihren" Schatz findet.

– Alle Kartons aufklappen und den ganzen Boden damit auslegen. Jetzt legen sich einige auf die Kartons und werden von den anderen zugedeckt. Jetzt werfen die Außenstehenden Tischtennisbälle oder ähnliches auf die Kartons. Für die Personen unter den Kartons entsteht der Eindruck, wie wenn große „Regentropfen" auf die Kartons fallen würden.
– Zum Abschluß sollen alle Kartons möglichst klein zusammengelegt, zerstampft oder zerrissen werden.

LITERATUR

Aucouturier, B./Lapierre. A. (1982): Bruno. München
Deutscher Sportbund (Hrsg.) (1982): Bewegung, Spiel und Sport mit geistig behinderten Kindern. Frankfurt/Main
Flehmig, I. (1990): Normale Entwicklung des Säuglings und ihre Abweichungen. Stuttgart
Grunewald, V./ Kuntz, S. (1987): Lehrbrief Körpererfahrung. Aktionskreis Psychomotorik, e.V. Lemgo
Irmischer, T. (1981): Bewegungserziehung an der Schule für Geistigbehinderte. Dortmund
Irmischer, T. (1987): Lehrbrief – Grundzüge der Motopädagogik. Aktionskreis Psychomotorik e.V. Lemgo
Kiphard, E. J. (1979): Motopädagogik, Dortmund
Kiphard, E. J. (1983): Mototherapie I, Dortmund
Kiphard, E. J. (1983): Mototherapie II, Dortmund
Kiphard, E. J. (1980): Wie weit ist mein Kind entwickelt? Dortmund
Kiphard E./Schilling, F. (Hrsg.) (1989): Psychomotorik in der Entwicklung. Schorndorf
Miedzinski, K. (1991): Die Bewegungsbaustelle. Dortmund
Mittermair, F. (1985): Körpererfahrung und Körperkontakt. München
Möllers, J. (1987): Entwicklungsförderung von Kindern durch Bewegung und Spiel (Motopädagogik), Borken
Prenner, K. (1987): Lehrbrief – Sozialentwicklung und Sozialisation. Aktionskreis Psychomotorik e.V. Lemgo
Schäfer, I. (1989): Grundbausteine der psychomotorischen Übungsbehandlung. In: Kiphard, E./Schilling, F. (Hrsg.): Psychomotorik in der Entwicklung. Schorndorf
Scheid, V./Prohl, R.(1988): Kinder wollen sich bewegen. Dortmund
Zimmer, R./Circus, H. (1987): Psychomotorik. Schorndorf
Zimmer, R. (1986): Lehrbrief – Materiale Erfahrung. Aktionskreis Psychomotorik e.V. Lemgo

FORTBILDUNG:

Der Aktionskreis Psychomotorik bietet an seiner Akademie für Motopädagogik und Mototherapie die Zusatzqualifikation Motopädagogik an. Neben der Zusatzqualifikation werden noch viele interessante themenbezogene Fortbildungen angeboten. Informationen: Aktionskreis Psychomotorik e.V., Geschäftsstelle, Kleiner Schratweg 32, 32657 Lemgo, Tel.: 05261/72321 Eine Ausbildung zum Motopäden ist möglich an der Fachschule für Motopädie. Informationen: Fachschule für Motopädie, Lindemannstr. 84, 4137 Dortmund, Tel.: 0231/103870; ein Zusatzstudium – Motopädagogik (Motologie) – ist möglich an der Phillips-Universität, Marburg.